지리산권 민속풍수 자료집

남원 · 구례 · 하동 · 산청 · 함양

지리산권 민속풍수 자료집

남원 · 구례 · 하동 · 산청 · 함양

국립순천대 · 국립경상대
인문한국(HK) 지리산권문화연구단 엮음

　국립순천대학교 지리산권문화연구원과 국립경상대학교 경남문화연구원은 2007년에 컨소시엄을 구성하고 '지리산권 문화 연구'라는 아젠다로 한국연구재단의 인문한국(HK) 지원 사업에 신청하여 선정되었습니다.

　인문한국 지리산권문화연구단은 지리산과 인접하고 있는 10개 시군을 대상으로 문학, 역사, 철학, 생태 등 다양한 방면의 연구를 목표로 하였습니다. 이에 따라 연구단을 이상사회 연구팀, 지식인상 연구팀, 생태와 지리 연구팀, 문화콘텐츠 개발팀으로 구성하였습니다. 이상사회팀은 지리산권의 문학과 이상향 · 문화사와 이상사회론 · 사상과 이상사회의 세부과제를 설정하였고, 지식인상 연구팀은 지리산권의 지식인의 사상 · 문학 · 실천에 관한 연구를 진행하였습니다. 그리고 생태와 지리 연구팀은 지리산권의 자연생태 · 인문지리 · 동아시아 명산문화에 관해 연구하고, 문화콘텐츠 개발팀은 세 팀의 연구 성과를 DB로 구축하여 지리산권의 문화정보와 휴양정보망을 구축하였습니다.

　본 연구단은 2007년부터 아젠다를 수행하기 위해 매년 4차례 이상의 학술대회를 개최하고, 학술세미나 · 초청강연 · 콜로키움 등 다양한 학술활동을 통해 '지리산인문학'이라는 새로운 학문영역을 개척하였습니다. 또한 중국 · 일본 · 베트남과 학술교류협정을 맺고 '동아시아산악문화연구회'를 창립하여 매년 국제학술대회를 개최하였습니다. 그 과정에서 자료총서 32권, 연구총서 10권, 번역총서 8권, 교양총서 7권, 마을총서 1권 등 총 50여 권의 지리산인문학 서적을 발간한 바 있습니다.

이제 지난 8년간의 연구성과를 집대성하고 새로운 연구방향을 개척하기 위해 지리산인문학대전으로서 기초자료 10권, 토대연구 10권, 심화연구 10권을 출판하기로 하였습니다. 기초자료는 기존에 발간한 자료총서 가운데 연구가치가 높은 것과 새롭게 보충되어야 할 분야를 엄선하여 구성하였고, 토대연구는 지리산권의 이상향·유학사상·불교문화·인물·신앙과 풍수·저항운동·문학·장소정체성·생태적 가치·세계유산적 가치 등 10개 분야로 나누고 관련 분야의 우수한 논문들을 수록하기로 하였습니다. 그리고 심화연구는 지리산인문학을 정립할 수 있는 연구와 지리산인문학사전 등을 담아내기로 하였습니다.

지금까지 연구단은 지리산인문학의 정립과 우리나라 명산문화의 세계화를 위해 혼신의 힘을 다해 왔습니다. 하지만 심화 연구와 연구 성과의 확산에 있어서 아쉬운 점도 없지 않았습니다. 이번 지리산인문학대전의 발간을 통해 그 아쉬움을 만회하고자 합니다. 우리 연구원 선생님의 노고가 담긴 이 책을 통해 독자 여러분들이 지리산인문학에 젖어드는 계기가 되리라 기대합니다.

끝으로 이 책이 출간되기까지 수고해주신 본 연구단 일반연구원 선생님들, HK연구원 선생님들, 그리고 외부에서 참여해주신 필자선생님들께 깊이 감사드립니다. 또한 이 자리를 빌려 이러한 방대한 연구활동이 가능하도록 재정적 지원을 해주신 정민근 한국재단이사장님, 박진성 순천대 총장님과 이상경 경상대 총장님께도 고맙다는 말씀을 드립니다.

2016년 7월
국립순천대 · 국립경상대 인문한국(HK) 지리산권문화연구단
단장 남호현, 부단장 장원철

| 서문 및 범례 |

▣ 편찬 목적 및 의의

한국의 공간적인 전통문화 중에서 가장 역사적으로 뿌리가 깊고, 문화
경관의 입지나 조영에 전반적인 영향력을 미쳤으며, 사회 여러 계층의 공
간 담론과 이데올로기를 지배한 것에 풍수가 있다.

지리산 권역에서도 수많은 취락, 사찰, 서원, 토착신앙소 등의 가시적
인 문화경관과 지명, 설화, 도참 비기와 이상향(청학동과 십승지) 관념에
는 풍수의 영향이 깊숙하고도 다채롭게 투영되어 있다.

이 책은 지리산권의 남원, 구례, 하동, 산청, 함양에 나타나는 풍수지명,
풍수설화, 풍수비기 등의 자료를 모아 분류하여 정리한 것이다. 2010년에
지리산권문화연구단에서 자료총서로 발간한 『지리산권 풍수자료집』(이
회)을 『지리산인문학대전』의 체재에 맞게 새로 편집하였다. 이 자료를 통
해서 지리산권의 취락에 나타나는 풍수문화의 양상과 주민들의 풍수에
대한 의식과 태도를 파악할 수 있을 것이다.

▣ 수록 범위 및 편찬 체제

이 책에 수록된 공간적 범위는 현재 지리산권의 남원, 구례, 하동, 산
청, 함양에 해당하는 행정구역이다. 시간적 범위는 대체로 조선시대에서
현대까지 걸쳐있다.

자료집에서 인용한 자료는 주로 각 시군의 향토지 문헌자료와 마을소
개 웹자료이며, 그중에 풍수관련 내용을 취합·정리한 것이다. 인용한 자

료는 본문에서 출처를 밝혔다.

책의 구성 순서 및 편제 순서는 현행 행정구역의 마을 별로 해당 내용을 서술하는 방식을 취하였다.

이 책에서는 풍수문화의 요소를 풍수지명, 풍수설화, 풍수비보, 풍수비기, 풍수금기, 풍수형국 등으로 분류하였다.

해당 지역의 비기 자료는 각 행정구역별 순서의 끝에 부록(附)으로 첨부하였다.

지리산권역의 취락에 나타나는 풍수형국을 지역별, 유형별로 분석하고 도표화하였다.

풍수문화 요소 중에서 비보, 단맥, 금기, 의례의 사례는 따로 표로 요약·정리하였다.

▣ 풍수적 유형 분류

각 해당 자료의 풍수요소별 유형을 물형, 형국, 명당, 비보, 지명, 단맥, 금기, 도참, 묘지, 주택, 유적, 의례, 승지 등으로 세 분류하여 표시하였다.

풍수론에서는 물형을 형국과 동의어로 사용하기도 하지만, 이 책에서는 물형은 자연지형을 단순하게 의물화하여 비유한 것으로, 형국은 자연지형을 시스템의 기능적 한 국면(局面)으로 비유한 것으로 구분하였다.

명당은 명당풍수의 내용이 담겨 있는 내용으로, 비보는 풍수를 보완하는 내용을 포함한 것으로 따로 분류하였다.

지명은 풍수로 연유되어 생긴 땅이름으로 분류된 것이다.

단맥과 금기는 풍수 설화 중에서 풍수적으로 맥을 파괴한 것을 단맥으로 풍수적인 금기의 내용이 담겨있는 것은 금기로 분류하였다.

풍수도참의 예언적인 내용은 도참으로 분류하였다.

풍수적 대상에 따라 묘지, 주택, 유적, 승지로 분류하였다.

풍수와 관련된 마을공동체의 제의는 의례로 분류하였다.

◇ 물형 : "〈물형〉"으로 표시

◇ 형국 : "〈형국〉"으로 표시

◇ 명당 : "〈명당〉"으로 표시

◇ 비보 : "〈비보〉"로 표시

◇ 풍수 지명 : "〈지명〉"으로 표시

◇ 풍수 설화 : "〈설화〉"로 표시

◇ 풍수 도참 : "〈도참〉"으로 표시

◇ 단맥 설화 : "〈단맥〉"으로 표시

◇ 풍수 금기 : "〈금기〉"로 표시

◇ 묘지 풍수 : "〈묘지〉"로 표시

◇ 풍수 관련 유적 : "〈유적〉"으로 표시

◇ 주택 풍수 : "〈주택〉"으로 표시

◇ 풍수 의례 : "〈의례〉"로 표시

◇ 승지(勝地) : "〈승지〉"로 표시

◼ 기호 표시

   ◉ - 행정리 혹은 자연마을

   ◼ - 풍수요소

   ☐ - 설화

◼ 참고 및 인용문헌 출처

1. 면지, 지명지

   −구례군지 中·下, 구례군지편찬위원회, 2005

   −섬진강이 굽이도는 구례문척, 문척면지편찬위원회, 1996

   −하동군지명지, 하동문화원, 1999

－화개면지, 화개면지편찬위원회, 2002

－적량면지, 적량면지편찬위원회, 2002

－횡천면지, 횡천면지편찬위원회, 2003

－고전면지, 고전면지편찬위원회, 2003

－금남면지, 금남면지편찬위원회, 2004

－금성면지, 금성면지편찬위원회, 2003

－진교면지, 진교면지편찬위원회, 2002

－산청군지명고, 산청문화원, 1996

2. 웹사이트

－디지털남원문화대전 : http://namwon.grandculture.net

－남원전통문화체험관 : http://www.chunhyang.or.kr

－함양군청 : http://www.hygn.go.kr

－하동군청 : http://www.hadong.go.kr

－산청군청 : http://www.sancheong.ne.kr

－구례군청 : http://www.gurye.go.kr

3. 비기류

－손감묘결

－도선국사비기

▣ 편찬자와 편찬보조자

· 최원석(국립경상대학교 인문한국 교수)

· 구진성(국립경상대학교 한문학과 강사)

| 지리산권역 취락의 풍수 형국 종합 |

    지리산권역의 취락에 나타나는 형국 유형을 자연지형, 인문경관, 신성물, 길짐승, 날짐승 수중생물, 곤충, 식물, 사람, 신체, 물건, 문자, 기타로 분류하여 유형별, 지역별로 집계하고 표와 차트로 제시하였다.

    각 유형별로 분류된 해당 지리산권역 취락의 풍수 형국명은 아래와 같다.

① 자연지형 : 산(山), 달(月), 구름(雲), 배산임수
② 인문경관 : 전쟁터, 성곽, 고관대작의 관저, 구상(九相)의 명당
               형국
③ 신성물 : 거북이, 용, 봉황, 잉어
④ 길짐승 : 개, 개구리, 곰, 노루, 말, 뱀, 소, 쥐, 호랑이, 돼지, 토끼,
             고양이, 코끼리, 살쾡이, 자라
⑤ 날짐승 : 꿩, 꾀꼬리, 까마귀, 제비, 독수리, 갈매기, 닭, 학, 비둘기,
             오리, 매, 거위, 앵무새, 기러기, 황새, 까치
⑥ 수중생물 : 게(蟹), 새우, 붕어
⑦ 곤충 : 나비, 누에, 지네, 거미, 개미, 벌
⑧ 식물 : 꽃, 연꽃, 나무, 밤, 매화, 배(梨), 배꽃(梨花), 고추, 칡덩굴
⑨ 사람 : 유아봉모(乳兒奉母), 옥녀직금(玉女織錦), 옥녀탄금(玉女彈琴),
           장군대좌(將軍對坐), 무사가 말을 탄 형국, 노승예불(老僧禮佛)
⑩ 신체 : 성기, 눈썹
⑪ 물건 : 배(舟), 활, 다리, 조리, 벼 낟가리, 솥, 가마솥, 도장(印), 괭이,

거문고, 징, 부채, 활촉, 등잔, 붓, 옥(玉), 물레, 길마, 돛, 사다리, 술병, 벌통, 금소반(金盤), 활시위대 손잡이, 금사옥척(金絲玉尺), 금환낙지(金環落地), 풍취나대(風吹羅帶), 실을 감은 형국

⑫ 문자 : 玄字, 介字, 一字

⑬ 기타

1. 지리산권역 취락의 형국명 종합 집계

지역 \ 형국	자연지형	인문경관	신성물	길짐승	날짐승	수중생물	곤충	식물	사람	신체	물건	문자	기타	총계
남원	13	1	20	39	13		13	19	18	1	18	1	2	158
구례	2	1	12	14	7	2	4	4	7		20	1	4	78
하동	2	1	18	46	33	4	7	11	12	1	12		3	150
산청			4	20	10		2	8	10		21			75
함양	1	1	4	14	9			2	4		12	2		49
합계	18	4	58	133	72	6	26	44	51	2	83	4	9	510

유형 \ 지역	자연지형				인문경관				신성물			
형국	산	달	구름	기타	전쟁터	성곽	고관대작관저	아홉재상	거북이	용	봉황	잉어
남원	7	4		2				1	4	12	3	1
구례		2			1				2	7	3	
하동		1	1			1			1	14	3	
산청										3	1	
함양		1					1		2		2	
합계	7	8	1	2	1	1	1	1	9	36	12	1

유형 \ 지역	길짐승																
형국	개	개구리	곰	노루	말	뱀	소	쥐	호랑이	돼지	토끼	고양이	코끼리	살쾡이	자라	까치	기타
남원	2	2	1	2	6	7	9	2	6	1					1		
구례				1	2	3	2	1	2		1	1			1		1
하동	5	4		1	9	6	13	6	5	1		2	1		2		3
산청	1				3	3	4	1	5		1	1		1	1		
함양					2	1	6	1	1		1	1		1		1	1
합계	8	6	1	4	22	20	34	11	19	2	3	5	1	2	5	1	5

날짐승

형국 지역	꿩	꾀꼬리	까마귀	제비	독수리	갈매기	닭	학	비둘기	오리	매	거위	앵무새	기러기	황새	까치	기타
남원	1	2	1	3	2						1			3			
구례	1		2	1		1	1										1
하동	2	3	1	3	2		10	2	1	1	4				1		3
산청	2			1			4		1		1	1					
함양		1					1	2		1			2			1	1
합계	6	6	4	8	4	1	16	4	2	2	6	1	2	3	1	1	5

수중생물 / 곤충 / 식물

형국 지역	게	새우	붕어	나비	누에	지네	거미	개미	벌	꽃	연꽃	나무	밤	매화	배	배꽃	고추	칡덩굴
남원				2	3	3	3	1	1	3	5	4	2	5				
구례	1		1			3	1			3					1			
하동	3	1		1		6				2	1			5		2	1	
산청				1	1					2	1			5				
함양														1				1
합계	4	1	1	4	4	12	4	1	1	10	7	4	2	16	1	2	1	1

사람 / 신체 / 물건

형국 지역	유아봉모	옥녀직금	옥녀탄금	장군대좌	무탄사형말국	노승예불	기타	성기	눈썹	배	활	다리	조리	벼낟가리	솥	가마솥	도장	괭이	거문고	징	부채
남원	2	2					14	1		11	1	1	1	1	1		1				
구례		1	2	1	1		2			11			1					1	1	2	1
하동		1	3			1	7		1	1	2										1
산청			2				8			9	1										1
함양							4			7	1					1					
합계	2	4	7	1	1	1	35	1	1	39	5	1	2	1	1	1	1	1	1	2	3

물건 / 문자 / 기타

형국 지역	활촉	등잔	붓	옥	물레	길마	돛	사다리	술병	벌통	금소반	활시위대	금사옥척	금환낙지	풍취나대	玄字	介字	一字	기타	기타
남원															1				1	2
구례	1								1			1		1						4
하동		3	2	1	1										1					3
산청		3				1	1	1					3	1						
함양										1	1					1	1	1		
합계	1	6	2	1	1	1	1	1	1	1	1	1	3	2	2	1	1	1	1	9

2. 지역별 종합

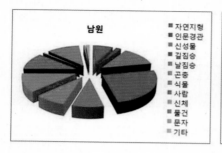

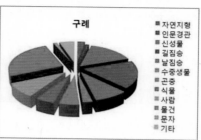

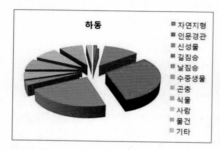

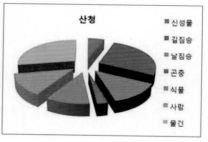

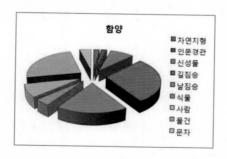

3. 유형별 분포

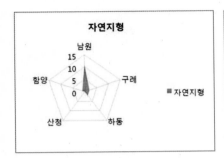

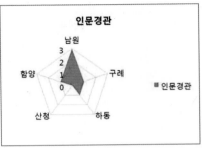

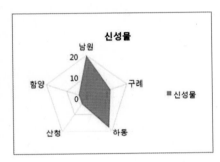

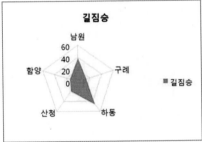

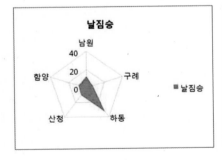

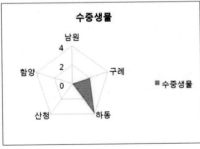

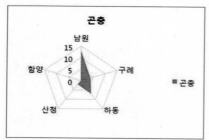

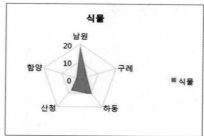

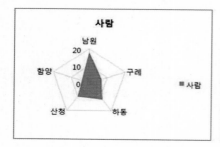

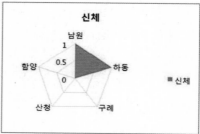

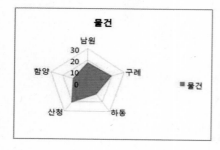

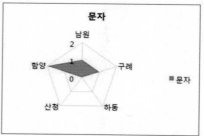

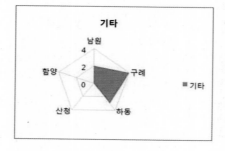

1. 지리산권역 촌락의 풍수 비보 개황

지리산 권역의 마을 경관에서 보이는 풍수 비보의 형태는 조산 혹은 돌탑, 숲, 못, 제의(놀이) 등으로 다양하게 나타났으며, 풍수 비보의 기능은 보허(補虛)나 수구막이, 형국 보완 및 진압, 흉상 차폐, 화재 방어 등으로 분류할 수 있었다. 지리산 인접권역 마을들에서 나타나는 비보 풍수의 사례를 표로 요약하면 다음과 같다.

일련 번호	소재지	형태	위치	풍수 기능	비보 경관 조성 유래	현존 유무
6	하동군 적량면 동리 동촌	조형물	기름재봉	화재 방비	동촌 뒷산 절골의 스님이 큰 바위로 거북이 한 쌍을 만들어 기름장보 밑에 묻으면 불이 나지 않는다고 하여 삼화골 내 사람들이 거북이 한 쌍을 만들어 묻었더니 불이 나지 않았다고 한다.	
7	하동군 화개면 대성리 의신	솟대(돛대)	마을 입구	형국 보완	의신 마을은 行舟形으로서 배에는 돛대가 필요하다고 해서 짐대(솟대)를 조성하여 왔다. 짐대의 위치는 마을 옛 길의 입구에 있다.	있음
8	하동군 화개면 범왕리 범왕	돌탑	마을 입구의 水口 合水處	수구막이	산간의 경사지에 마을이 입지하였기에 마을 앞으로 지형이 低陷하다. 100여 년 전에 어느 도사가 마을 터를 보더니 다 좋은데 앞이 빠져버렸다고 하여 돌탑을 조성하였다. 주민들은 재물이 빠져나가는 것을 방지하는 돌탑으로 인식한다. 돌탑이 있는 곳을 탑거리라고 한다. 돌탑의 형태는 성벽모양으로 밑변 7m, 높이 5m이다.	있음
9	남원시 고죽동 고산	조산			언제 쌓았는지는 모르나 마을 안산에 나무가 없어 보기 싫게 드러나서 그 흉액을 막기 위해 造山을 쌓았다는 조산무덤이 있다.	
10	남원시 운봉읍 교리 연동	조산	마을 앞	보허	연동리는 마을 주위가 산으로 둘러싸여 있으며 마을 앞 논에는 흙 봉분이 있는데 마을의 재난을 막고 행운을 기원한다는 뜻으로 만든 비보시설이다.	있음

11	남원시 운봉읍 행정리	숲	마을 북편	보허, 형국 보완, 방풍	마을이 자리 잡은 지 얼마 되지 않은 어느 해, 한 스님이 북쪽이 허하니 마을 북쪽에 돌성을 쌓거나 나무를 심어 보완을 하란 말을 남기고 총총히 사라졌다. 그 뒤 한동 안 해마다 병이 돌고 수해를 입는 등 재난이 끊이지 않 자 지금의 자리에 숲을 가꾸었다. 조성된 서어나무숲이 180여 년이 됐다. 배형국의 돛대라는 설명도 있다.	있음
12	남원시 운봉읍 신기리	이름, 조산	마을 북편	형국 보완, 보허	마을 앞에 있는 草峰은 1972년경 새마을사업이 한창이 던 때 동네 사름들은 와우혈인 마을 터에 걸맞게 소가 먹을 풀(밥구시)을 의미하는 草峰으로 개칭하였다. 또한 소형국인 마을 북쪽 쇠잔등이 잘려 마을의 쇠한 기운 을 막고자 예부터 裨補土城을 쌓아왔다.	
13	남원시 운봉읍 가산리	입석	마을 앞		하마정 뱀이 개구리 혈인 간데말을 향해 먹이를 먹기 위해 헤엄쳐 오는 형국이라 했다. 그래서 간데말은 뱀에 게 먹히는 형국이라 평안하지 못하다는 것이다. 이 액운 을 막기 위해서는 동네 입구 개천에 큰 바위를 세워 뱀 의 목을 눌러두어야 한다는 것이다. 그래서 동네 사람들 은 뒷산에서 바위를 끌어다 마을 앞 개천에 수구맥이 裨補石을 세워 마을의 액운을 막았다.	
14	남원시 대강면 송대리 송내	조산		수구막이	송내에는 '마을의 물(水, 재물)'이 빠져나가는 것을 막는 다는 수구막이 역할을 하는 돌탑 두 개가 있었다.	멸실
15	남원시 대강면 평촌리 평촌	돌탑	마을 동편과 서편	수구막이, 형국 비보	마을이 개구리 명당인 데, 뱀혈인 앞산이 마을을 향하여 있으므로 개구리(마을)를 보호하기 위해 조성하였다. 마 을 앞에다 소나무를 심고 입석을 세움으로써 뱀이 들어 오지 못하게 하는 수호신으로 삼았다고 한다. 특히 마을 이 밖으로 노출되면 불길하다고 하여 수구막이로 동탑 과 서탑을 세웠다.	있음
16	남원시 대강면 양촌리	솟대	마을 앞	화기 방어	양촌마을 사람들은 솟대를 거렛대라고 부르고 있다. 양촌 마을에서 거렛대를 세운 것은 마을 앞에서 훤히 고리봉이 火山이어서 마을에 화재가 자주 발생하였기 때문에 이를 막기 위하여 3기의 거렛대를 만들어 세운 후에는 화재가 발생하지 않았다고 한다. 이 거렛대는 높이가 5~6m 정도 로 소나무로 만들었으며 한 쪽에는 꼭대기에 오리가 없다.	
17	남원시 대강면 입암리	나무	마을 입구	보허	1590년경 함양 오씨가 남원시 노암동에서 대강면으로 이주하여 터를 잡은 것이 마을의 시작이었다고 한다. 오 씨 선조가 절을 세우고 불공을 드리는데 노승이 나타나 서 마을 어귀에 나무를 심으면 마을이 번창 한다고 하 여 심었다고 한다.	있음
18	남원시 보절면 괴양리 괴양	의례 (대동놀이)		형국 진압	지네밟기는 양촌마을의 뒷산인 계룡산에 뺑鷄玉井 혈 의 명당이 있는데, 음촌의 날줄기가 지네혈로 계룡산을 넘보고 있어 이 지네의 혈기를 죽이기 위해 시작되었다. 일설에는 마을 앞에 있는 약산이 지네의 형국이어서 이 를 방비하고 마을을 지키기 위해서 고려 후기부터 지네 를 밟아주고 자손의 무병과 입신출세를 기원하는 삼동 굿의 풍속이 생겼다고 전한다.	
19	남원시 보절면 금다리 다산	조산	마을 입구		마을입구에 조산을 세워 밖에서 들어오는 괴질과 액운 을 막았다고 한다.	
20	남원시 산내면 중황리	돌탑(조산)	마을 북쪽 마을 서쪽		중황마을에는 2기의 누석단이 있다. 마을 북쪽에 하나 가 있고 나머지는 마을 서쪽 개울가에 있다. 북쪽에 있 는 누석단은 마을북쪽의 논가에 있는데 너비가 640㎝ 이고, 높이는 약 4m정도이다. 마을 서쪽에 있는 누석단 은 너비가 약 6m정도이고, 높이는 약 250㎝정도이다. 이 마을에서 소년들이 자주 죽자 지관의 지시에 따라 탑을 쌓았다고 한다. 이곳에서는 누석단을 '造山' 또는 '조산무데기'라고 부른다	

21	남원시 송동면 송내리	돌탑, 숲, 선돌		형국 압승	송내마을(큰물)은 가까이에서 보면 지형이 여자가 다리를 벌리고 앉아 있는 형상으로 그 가운데 우물이 있으며 마을 앞으로는 남근 형상의 산줄기가 마을을 향해 길게 뻗쳐 있는 형상인지라 이 마을에 사는 여자들이 바람을 피우기를 잘 하여 항상 동네가 시끄러웠다 한다. 그러던 어느 날 고승이 한곳에는 남근의 기를 막는 돌비석을 세우라고 하고 다른 한곳은 흙무더기를 쌓고 그 위에 돌탑을 만들라 하였다. 그리고 여자가 옷을 벗고 있으니 치마를 입히라 하고는 사라져 버렸다. 그래서 마을 사람들은 노승이 시키는 대로 마을 앞 냇가에 버드나무를 심었다. 그 후로는 이 마을에서 바람피우는 여자들이 없어졌다고 한다. 지금은 흙무더기와 돌무더기는 없어져 버렸지만 돌비석은 마을 앞에 남아 있고 수령 300년 이상 된 버드나무가 마을 앞에 장관을 이루며 서 있었으나 20년 전 신작로 개설로 인하여 대부분 소실되어 없어지고 본 마을 앞에 한 그루와 부속마을인 간뎃몰 앞에 세 그루만이 전설을 간직한 채 있다.
					비석만 있음
22	남원시 수지면 유암리 갈촌	숲	마을 앞	보허	1400년대에 진주 소씨가 정착하였다. 마을 앞이 보이면 가난을 면치 못하니 막이를 하여야 한다는 풍수설에 의하여 1820년경에 마을 앞에 참나무 숲을 조성하였다고 한다.
23	남원시 수지면 고평	조형물		형국 진압	犬頭山 줄기인 수지면 고평리 고정마을에 虎石이 구 회관 마당에서 견두산을 향하여 지키고 있다. 옛날에는 이 산을 虎頭山이라 불러왔는데 虎患이 자주 일어나 지방에서는 조선조 영조때 전라관찰사 李書九가 마련한 호석을 세우고 호두산을 견두산으로 개명하였다. 그 후부터 재난이 없어졌다는 전설이 있다.	이전
24	남원시 아영면 갈계리 갈계	돌탑		보허	외부에서 마을이 보이면 재앙이 따른다고 하여 조탑도 세웠는데, 마을 사람들은 이 조탑과 당산이 재앙을 방지한다고 믿고 있다. 마을이 동서로 나누어져 있으나 당산제는 함께 지낸다.
25	남원시 인월면 상우리 상우	나무	마을 입구	보허	마을 입구에 나무가 있어 마을의 수호신 역할을 했는데 일본인들에 의해 그 나무가 사라지자 베어낸 그 자리에 나무를 다시 심어 지세를 북돋았다고 한다.
26	남원시 주천면 호경리 호경	돌탑(조산)	마을 입구		마을 입구 들 가운데 있는 造山은 큰 돌로 둥그렇게 쌓은 石山(높이 6m 둘레50m)으로 근래 도로개설로 인하여 돌이 훼손되어 적은 돌산으로 변형되었으나, 이 마을의 인재와 재물이 흘러나가는 것을 예방하고 안정을 유지하기 위한 인위적인 상징물로서 마을의 부흥을 꾀한 신앙심으로 만들어졌다.
27	산청군 신등면 단계리 단계	석불, 솟대(돛대)	강 옆 마을안	형국 보완	15C 말 안동 권씨가 입향하였다. 마을은 듬마산을 등지고 앞내 사이에 길게 배치되어 있으며 행주형으로서 재화를 가득 실은 배의 모습과 같다고 한다. 배 형국에 사공 역할의 상징성을 띠는 돌부처(석조좌불상)가 강 옆에 있었는데 수해(1920) 때 떠내려간 것을 현재의 위치인 마을 안쪽에 옮겨 놓았고, 돛대 두 개가 남북에 각각 1개씩 있었다. 돛대는 木刻한 기러기를 나무 장대 위에 세워 놓은 것으로 없어졌다고 한다.	없음
28	산청읍 묵곡	돛대	마을 중심부	형국 보완	바라보이는 경호강은 大海이고 마을 안산 道血은 繫舟[배]血이라 하여 중심부에 돛대를 세웠는데 새마을 사업으로 돛대의 흔적이 없어졌다.	없음
29	산청군 단성면 배양	숲	마을 구릉	흉상 차폐	마을의 陵丘에는 수 백 년 된 노송이 앞산의 험준함을 막고 있었는데, 풍수설에 의한 조치였다.	없음

| 30 | 구례군 마산면 황전리 황전 | 돌탑 | 마을 당산 앞 | 형국 보완 | 지리산의 정기가 마을 밖으로 흐르지 못하도록 하는 뜻을 담은 돌탑이며 배형국인 마을의 돛대를 상징하는 돛(솟대)을 세웠다. | 移建 |
| 31 | 구례군 산동면 좌사리 원좌 | 돌탑 | 마을 왼쪽 산줄기 끝 | 보허 | 풍수상 마을의 허전한 곳을 보충해 주고 지기가 밖으로 나가지 못하게 막아주고 전염병을 퍼뜨린 역신이 들지 못하도록 세운 胖邪塔이다. | 있음 |

2. 지리산권역 촌락의 풍수 단맥 개황

일련번호	소재지	단맥 형태	단맥 위치	단맥 주체	단맥의 유래(내용)	단맥 결과	단맥 유형
1	남원시 운봉읍 행정리 원평	쇠말뚝 박기	원평마을 입구	일본인	일제강점기 일본인들은 원평 마을 입구에 쇠말뚝을 박아 지기를 끊으려 했다고 한다.		대외 갈등 (일본)
2	남원시 운봉읍 행정리 엄계	붓으로 단혈	지도상	중국 조정	엄계리 주변에는 정승이 날 묏자리(음택)와 집터(양택)의 명당이 많았다고 한다. 그런데 조선에서 많은 인재가 배출되는 것을 두려워 한 중국 조정에서는 이름난 도사를 시켜 조선의 지형도에 붓으로 혈을 끊도록 하여 지금껏 기를 펴지 못하고 있다는 설이 전해져 오고 있다.	몰락	대외 갈등 (중국)
3	남원시 운봉읍 서천리	신작로 개설로 단맥	말등자형의 대혈	왜정 때	말의 머리 부분이 고개에 해당하며 준항 마을 쪽으로 향하고 말의 꼬리가 옛날 운봉관아에서 기우제를 지내던 야제당(野祭堂)에 해당 된다고 하는데 마산 고개에 있던 말등자형(馬鐙子形)의 대혈(大穴)이 왜정 때 신작로를 개설하면서 잘려나가 시비가 많았다고 한다.		대외 갈등 (일본)
4	남원시 운봉읍 장교리 연동	야산과 집 뒷산 트기		노승	고통을 이기지 못한 노승이 홍 대감에게 대면을 청하였다. 그리고 자신을 풀어 주면 이 마을에 대대손손 복을 누리는 처방을 알려주겠다고 제의하였다. 방법인즉 연동리 앞을 가리고 있는 작은 야산과 대감 집 뒷산을 트면 온갖 명예와 재복을 받게 된다는 것이다. 홍 대감은 노승을 풀어 준 뒤 많은 사람을 동원하여 노승의 말대로 하였다. 그러나 그것은 홍씨 일가를 망하게 하려는 노승의 복수였다. 그후 홍씨 일가는 날로 기울어지는 가문을 바로세우고자 다시 마을 앞에 독뫼(동산)를 세우고 흙 한 짐에 한 냥씩 하는 일꾼을 사서 집 뒷산을 원래 모양으로 메우고자 하였으나 허사였다.	몰락	계층 갈등

5	남원시 보절면 황벌리 외황	물레방아 설치	마을 앞	승려	마을의 지형이 낚시하는 늙은이가 수양을 하는 형국이라고 한다. 이러한 형국에 터를 잡은 최씨들이 아주 잘 살았다고 하는데 어느 날 시주를 하러온 승려에게 벌을 주어 쫓아 버리자 화가 난 승려가 뒷산의 산맥을 끊게 하려고 마을 앞에 물레방아를 놓으면 부자가 된다고 일러주어 그렇게 하였더니 마을이 망해버렸다고 한다. 뒷산의 산맥은 낚시줄이고 물레방아를 놓아 시끄럽게 하여 고기를 쫓아 버렸다는 얘기가 전해온다.	몰락	계층 갈등
6	남원시 산내면 장항리 원천	두 개의 솥 걸기	나비형국의 날개		마을의 지형은 풍수지리적으로 나비 형국이라 한다. 예전에는 대마인 삼을 많이 재배했는데, 나비의 양 날개에 해당되는 곳에 삼을 삶는 솥을 두 개 거는 바람에 마을의 맥이 끊어져 마을이 번성하지 못했다고 한다.	몰락	
7	남원시 산내면 입석리	바위 넘어뜨리기		원천리 주민	마을 동쪽에 거대한 자연석 두 개가 유달리 우뚝 서 있으므로 돌이 서 있는 마을이라 하여 선독골, 선돌골이라 불렸고, 한자로 입석(立石)이라 하였다. 그런데 이 바위가 서 있으면 입석리는 흥하지만 건너다보이는 원천리는 망한다는 전설이 있어 이를 믿고 원천리 사람들이 야간에 몰래 바위를 넘어뜨린 일이 있었다고 한다.		마을 간 갈등
8	남원시 인월면 건지리 외건	벌목	배형국의 돛대인 전나무	승려	중의 말대로 마을 중심에 큰 전나무가 있는데 그 나무를 베면 물이 있다고 해서 전나무를 베니 그곳에서 물이 나와 물은 해결하였으나 배 형국인 이 마을에 전나무는 돛대이니 돛대 없는 배가 있을 수 없어 주씨는 쇠퇴하여 뿔뿔이 흩어졌다고 한다.		
9	남원시 인월면 취암리 덕실	바위 파괴	범바위	도승	옛날 마을 앞에 범바위가 있었는데 지나가는 도승이 범바위를 깨뜨리면 부자가 된다는 말에 바위를 부셨더니 오히려 망했다는 전설이 있다.	몰락	
10	남원시 주생면 중동리 중동	봉우리 단맥	장산 봉우리	승려	스님은 마을 뒤 장산(長山) 높은 봉을 자르면 멀지 않은 장래에 지금 보다도 몇 배나 더 부귀영화를 누린다고 하였다. 욕심 많은 양씨는 그 말에 따라 장산과 고봉을 갈라놓으니, 스님의 말과는 정반대로 점차 가산이 탕진 되었다고 한다.	몰락	
11	남원시 주천면 덕치리 회덕	연못 조성		한국인	마을 주위에는 큰 연못이 세 군데나 있다. 이 연못의 유래는 당시 풍수지리설로 지리산의 맥줄기가 일본까지 뻗쳐 있어 일본이 흥성하므로 일본으로 가는 지리산의 맥을 끊기 위하여 속칭 가자골 앞, 번데기, 안터의 세 곳에 큰 연못을 팠다는 전설이 있다.		대외 갈등 (일본)

12	구례군 문척면 금정리 금평				풍수지리설로 마을 형국이 거문고혈로 마을 우측에 거문고줄 맨 바위가 6개 있었는데 경작이 불편하다 하여 여러 개를 파괴하였다.		
13	구례군 간전면 양천리 야동	단맥	하덕수 밑	영의정 이오성	불무동이라는 지형이 장군이 나올 명당이어서 임진왜란 때 영의정을 지내던 이오성이라는 사람이 자기 벼슬보다 높은 사람이 나올까 염려되어 하덕수 밑에 있는 혈맥을 잘랐다고 전해진다.		
14	구례군 광의면 구만리 구만	물레방아 설치, 솥 제조 시설 설치	마을 상류와 하류	도승	어느 날 도승 한 분이 별원촌장을 면담하여 성원 마을 상류에다 물레방아를 설치하고 하류에다 솥 만드는 시설을 하면 더욱 번성할 것이라고 하여 그와 같이 시설하였다. 이곳 별원터는 풍수설로 지네혈로 지네의 머리에다 방아를 놓고 꼬리에다 솥부리를 하였으니 지네는 죽을 수밖에 없었고, 그래서 삭녕최씨들은 패망하고 별원촌은 폐촌되었다는 전설이 있다	몰락	
15	구례군 용방면 중방리 송정	돌탑 조성	부채혈 끝	승려	마을 혈이 부채혈이라서 부채질 할 때 마다 마을의 살림살이가 늘었다. 마을에 부자가 많은데도 시주를 하지 않아 앙심을 품은 스님이 가난하게 사는 조씨를 시켜 부채혈 끝에 돌탑을 쌓게 하니 부채질이 되지 않아 부자들이 망했다는 전설 속에 조탑거리라는 터만 남아 있다.	몰락	계층 갈등
16	구례군 용방면 죽정리 분토	물레방아 설치	지네혈 성원들 주령		강정 마을 북쪽에 취석대에 구만리 삭녕최씨 정자가 있고 그 옆의 성원들 최씨들이 살았다나 지금은 없어졌다. 당시 최씨들이 스님들을 귀찮게 하니까 스님들이 성원들 주령이 지네혈로 마을 주령에 물레방아를 지으면 좋다고 속여 물레방아를 짓게 한 후부터 최씨들이 망해 그곳을 떠났다는 전설이 구전으로 내려온다.	몰락	승려와 주민 간 갈등
17	구례군 산동면 둔사리 둔기	단혈		이여송	중국의 이여송이 큰 인물이 날 혈이라 하여 세 번을 끊었다.		대외 갈등 (중국)
18	구례군 산동면 둔사리 둔기	단혈	엄지정골 등선	승려	옛날 둔기가 생기기전 다면이란 마을이 있었는데 잘 사는 마을이었다. 어느 날 스님이 지나는 중에게 시주를 하지 않고 잡아서 골탕을 먹이니 도사인 중이 괘씸하게 여겨 마을의 줄기인 엄지정골 등선을 자르면 더 좋은 것이라 하는 말을 믿고 마을 주민들이 혈을 잘랐다. 그 뒤로는 마을이 망하여 없어지고 현재의 둔기가 생기게 되었다는 전설이다.	몰락	
19	하동군 화개면 범왕리 신흥	부도 건립	신흥사		신흥사의 풍수상 지형은 '금계포란형'인데 어미닭의 날개에 해당하는 양쪽 두 곳에 무거운 석종(石鍾)으로 눌러 버렸으니 신흥사의 폐사는 예견된 일이었다 한다.	몰락	우연

20	하동군 악양면 정서리 정서	단맥	성제봉	일본인	산의 정기가 좋아 일본인이 인물이 나지 못하도록 맥을 끊었다는 이야기가 전해온다.	대외 갈등 (일본)
21	하동군 적량면 우계리	단맥	산	일본인	옛날부터 국가의 동량지재가 난다는 명당자리가 있으나 찾지를 못했고, 이를 안 일본인들은 인물이 나는 것을 막기 위해 길을 내고 산을 끊었다고 한다.	대외 갈등 (일본)
22	하동군 적량면 우계리 원우	못을 메움	마을 못	승려	스님은 지세로 보아 마을에 큰 인물이 나고 부자가 되려면, 마을 앞에 있는 못을 메워야 한다고 했다. 그 이야기를 듣고 마을 사람들은 이 못을 메웠다고 한다. 그런데 그 뒤로 사람이 죽고 마을에 불이 나고 재앙이 끊이지 않았다. 중에게 속은 것을 알고 다시 못을 팠다고 한다.	
23	하동군 금남면 송문리 미법	쇠말뚝 박기	노승예불 형국	일본인	1910년도 후반 일제 초기에 일본 명사가 전국의 명지를 찾아다니며 파헤치고 그곳에다가 불에 달군 쇠말뚝을 박았다는 설이 있다. 이곳 미법도 노승예불(老僧禮佛)의 형국으로 명당이라는 것을 알고 여러 곳을 파헤쳤다.	대외 갈등 (일본)
24	하동군 진교면 백련리 지곡	둑쌓기, 연목 파기	마을 길옆	이여송	임진왜란 때 이여송(李如松)이 산세와 지세를 살피고는 역신이 많이 출현할 장소가 있다하여 혈과 맥을 끊기 위해 길옆에 둑을 쌓고 연못을 만들게 하였다는 설화가 전해진다.	대외 갈등 (중국)
25	하동군 진교면 고룡리 구곡	단맥	쇠목아지	일본인	옛날 일본인들이 지세를 살펴보고 장차 위인이 출현할 형국이라 하여 지맥을 잘랐다는 현장이다.	대외 갈등 (일본)
26	하동군 진교면 술상리 당산등 당	길 만들기	당산등	일본인	일본인들이 산의 운기를 끊기 위해 당산등을 따라 길을 만들었다고 한다.	대외 갈등 (일본)
27	하동군 진교면 술상리 연밭골	불뜸	연밭골 능선	일본인	연밭골 능선에는 명당자리라 하여 산맥을 끊어 운기를 잡으려고 일본인들이 이곳에 불을 뜬 곳이기도 하다.	대외 갈등 (일본)
28	하동군 진교면 술상리 통뫼등	불뜸	통뫼등	일본인	한일합방 이후 왜놈들이 운기를 끊기 위해 불을 놓아 떴다고 하며 그 흔적이 지금도 남아있는 곳이다.	대외 갈등 (일본)
29	하동군 진교면 관곡리 화개	청죽 재배, 관반위 제거	뒷산	승려	마을에 유씨 성을 가진 부자가 살았는데 탁발승에게 시주는 하지 않고 내몰아 쳤다. 탁발승은 무어라 중얼거렸는데 괘씸하게 여긴 유 부자는 다시 불러들여 무엇이라 했느냐고 다그쳐 물었더니 다름이 아니라 부귀영화를 오래도록 누리려면 뒷산에 청죽과 온갖 꽃나무를 심어 가꾸고 마을 아래 관바위를 없애야 한다고 일렀다. 유 부자는 이 말을 믿고 하라는 대로 하였다. 마을 뒷산 지형은 뱀의 형상이라 얼마 후 심은 청죽은 창이 되어 뱀을 찔러 붉은 피를 토하게 하였고 가산은 일패도지 하였다.	몰락	계층 갈등

30	하동면 진교면 관곡리 성평	묘지 훼손	양씨묘	정부	옛날 이곳에 양씨 성을 가진 사람이 유언으로 12개의 관을 만들어 묻어 달라고 하였다. 그리고 자신의 시신은 맨 밑의 관에 넣고 11개의 빈관에는 팥 한줌씩을 넣으라는 것이었다. 그런데 관을 11개 까지는 구했는데 마지막 하나는 도저히 구할 수가 없었다. 할 수 없이 관 11개로 장례를 치렀다. 장차 나라에 큰 변란이 있을 거란 도승의 말에 논란 조정에서는 전국의 유명한 지사(地師)들을 불러 모아 지맥의 기가 뭉쳐있는 곳을 찾으라고 명하였다. 지사들은 전국 방방곡곡을 샅샅이 뒤져 남쪽 땅 양지바른 이곳 양씨 묘를 찾아내게 되었다. 묘를 파서 관을 열어보니, 관속에는 있어야 할 시신은 없고 다만 팥 한줌이 들어 있었다. 이상하게 여긴 이들은 창끝으로 찔러 또 하나의 관을 찾아내었다. 열어보니 역시 빈관이었다. 몇 일 동안 같은 일을 거듭하여 관 10개를 파낸 군졸들은 지칠대로 지쳐 쉬고 있는데, 이상한 일이 벌어졌다. 관을 파낸 구덩이는 짙은 안개가 서리고 안개 속에서 어린애의 울음소리가 들려왔다. 깜짝 놀란 군졸들은 창과 곡괭이로 마구 찌르고 휘둘렀다. 안개는 걷히고 묻혀있던 열한 개째의 관이 열렸다. 관속에는 상처투성이가 된 앳된 동자장군이 엎드려 흐느껴 울고 있었다. 물러서있는 군졸들은 철퇴를 내리쳐 동자장군을 죽였다.	좌절	계층 갈등 아기장수 설화의 변용
31	하동군 양보면 우복리 동촌				정씨 성을 가진 부자가 살았는데 하도 과객들이 찾아들어 과부된 자부가 힘겨워, 지나는 도사에게 과객이 적게 오도록 하는 방법을 물으니 앞들에 흐르는 개울에 큰 바위를 없애면 오지 않는다하여 인부를 들여 바위를 무너뜨렸는데 그만 부자가 망하고 말았다는 전설이 있는 곳이다.		
32	하동군 양보면 통정리 구청 내기	연못, 길내기	뒷산 능선	마을 사람	중국의 이여송이 지나면서 이곳에 명당지가 있는데 그곳에 자리를 잡으면 귀인이 태어날 것이라 하였는데, 귀인(貴人)이 아닌 기인(奇人)으로 잘못 알고, 명지라 하는 곳에 못을 파서 집을 짓지 못하게 하고, 마을 뒷산 능선을 잘라 길을 만들었다.		대외 갈등 (중국)
33	하동군 청암면 상이리 나본	단맥	뒷산 주 능선		일제 때 뒷산 주능선을 끊어 마을이 불행해 졌다는 이야기도 있다.		대외 갈등 (일본)

34	산청군 차황면 양곡리 못골	연못, 길내기	청룡백호 능선	정부, 이여송	임진왜란 때 당나라 장수 이여송이 산세가 좋아서 동리의 청룡백호의 능선에 모필로 끄어 인도가 났다고 한다. 인재가 많이 난다고 해서 마을 앞에 못을 팠다고도 하는 전설이 전해오고 있다.	대외 갈등 (중국)
35	산청군 차황면 양곡리 지동	산 뚫기	산중턱	마을 사람	옛날 이 고을에 김모(金某)란 사람이 있었다. 성품이 포악하여 백성을 괴롭히고 재물을 마구 착취하므로 주민들이 나라에 이 사실을 밝히는 상소문을 내자 결국 사형 당하였다고 한다. 어느 날 지나가는 과객이 이 마을의 북쪽에 있는 산중턱을 뚫으면 마을에 포악한 사람이 나지 않을 것이라고 하기에 그곳을 뚫어 길을 만드니 선지피가 흘러내림으로 그 후에 피막재라 부르게 되었다.	계층 갈등
36	산청군 차황면 신기리 창평	주령 끊기, 바위 제거	앞산 주령, 바위	승려	여씨가 많이 사는 마을인데, 여씨들이 하도 억세고 권세를 부려 시주 온 중을 매달아 행패를 부렸다. 중이 말하길 풀어주면 이 마을이 더욱 더 부귀영화를 누리게끔 해주겠다고 했다. 그 방법은 남쪽 앞산의 주령을 끊고 서쪽 산 앞의 큰 바위를 깨뜨리는 것이었다. 그 말대로 했더니 여씨들은 재난을 당하고 끝내는 망했다고 한다.	몰락	계층 갈등
37	산청군 오부면 내곡리	단맥	백산터	이여송	중국의 이여송(李如松)이 이곳에 있는 백산(白山) 터를 잘라버린 후에는 다른 곳으로 옮겨갔다고 한다.	쇠퇴 이거	대외 갈등 (중국)
38	산청군 삼장면 대포리	길 확장	내원사 길목	도승	지형이 고양이 형국으로 되어 있다고 한다. 건너 쪽에 있는 내원사의 터는 쥐 형국으로 되었다 하는데, 속인들이 너무 많이 찾아와서 어느 도승에게 속세인이 못 오게 하는 방법을 물으니, 절로 들어오는 모퉁이 길을 크게 넓히어 닦으면 된다하여 그대로 하였더니 절이 망했다고 한다.	몰락	
39	산청군 단성면 사월리 배양	산맥 끊기	단분치	이여송	임진왜란 시 이여송이 배양의 산맥을 끊은 탓이라 한다. 지금 단성 성내에서 마주보이는 단분치가 바로 그곳이다. V자로 끊은 산의 높이는 30미터나 된다.		대외 갈등 (이여송)
40	산청군 단성면 묵곡리	바위제거	자라모양의 바위 머리 부분	오미 마을 주민	묵곡 뒷산에 자라를 닮은 큰바위가 있는데 남쪽에 있는 명석면 오미(五美)를 바라보고 앉아 있다. 전하는 말에 '오목오목 먹고 묵실묵실 놓는다'하여 오미는 빈한하고 묵곡은 부유해진다는 것이다. 오미 사람들이 이 말을 듣고 하룻밤에 몰래 와서 자라목을 떼었다고 한다. 그 뒤로 다시 시멘트로 때워서 붙였다 한다.		마을 간 갈등
41	산청군 신안면 하정리	산맥자름	산		이 산 밑에 사람이 살면 곧 장군이 난다고 하여, 장군이 나지 못하도록 옛날에 이 산을 잘랐다고 한다.		

42	산청군 신안면 문태리 진태	바위파괴	칠성바위 중 쪽박바위	승려	조선 중종 때 이곳 조산백이에 왕씨들이 마을을 이루고 삼대가 살았다고 한다. 마을 중심부에 칠성바위가 있었으며 왕씨 중에 부자가 있었는데 승려들이 시주 얻으러 오면 포박하고 욕보였다고 한다. 어느 날 시주 온 중이 말하길 부자집 마당에 칠성바위 중 쪽박에 해당하는 바위가 있었는데, '저 바위를 없애면 큰 부자가 될 텐데...'하고 중얼거리는 말을 듣고 주인이 다그쳐 물으며 바위를 깨어 없앴다 한다. 그 후 재앙이 일기 시작하여 화재가 일고 다음해 큰 홍수가 있어 집들과 칠성바위돌 4개가 떠내려가서 그곳에 살 수가 없어 왕씨들이 떠났다고 한다.	몰락	
43	산청군 생비량면 도전리 장란	단맥	마을 입구 바위 허리	승려	하루는 중이 시주하러 온 것을 대테를 머리에 씌워 고통을 주게 하였는데, 중이 용서를 청하면서 마을 입구에 서 있는 바위허리를 자르면 벼슬할 것이라고 하였다. 우장군은 이 말을 듣고 나막신으로 바위를 치니 바위허리가 부러짐과 동시에 우장군도 사망하였다는 설화가 전해온다.		
44	함양군 함양읍 신관리 학동	도로 건설	산맥	일제	일제 때 관변으로 도로가 나면서 산세의 맥을 끊어 마을이 손해를 보았다고 한다.	손실	대외 갈등 (일본)
45	함양군 서상면 대남리 오산	단맥	함박산	도사	전설에 의하면 오백여 년 전 이 마을에 천석을 하는 부자가 과객이 오는 것이 싫어 백발도사의 말을 듣고 이 마을 좌측에 함박산의 맥을 잘라 그 부자와 마을이 망해 빈촌으로 전락했다는 이야기가 전하고 있다.	쇠퇴	계층 갈등

3. 지리산권역 촌락의 풍수 금기 개황

일련 번호	소재지	금기 대상 및 행위	금기 장소	금기 주체	금기의 유래(내용)
1	남원시 운봉읍 행정리 도깨비 혈	비각 건축	비석 근처 도로의 동쪽	마을사람	남원시 운봉읍 행정리 마을 앞 도로 건너편에는 창녕 조씨 효자비가 있다. 어느 해인가, 이 효자비가 비바람에 노출된 채 비문이 마모되자 창녕 조씨 가문에서 비각을 세웠다. 그런데 비각을 세운 후로 마을에는 여러 가지 해괴한 사고가 발생하였다. 무당에게 이유를 물으니, 그 비석을 세운 자리가 도깨비 혈이어서 도깨비들이 노하여 재앙을 일으키는 것이라 하였다. 마을 사람들은 비각을 뜯어 불에 태우고는, 이후에는 효자비가 서 있는 도로의 동쪽에는 집을 짓지 않았다고 한다.

2	남원시 운봉읍 행정리, 주천면 덕치리, 이백면 요기리의 경계산	석물 놓기	묘지	묘 주인의 후손	수정봉은 마치 학이 날개를 피고 날 듯한 형상을 하고 있다고 알려져 있다. 전설에 의하면 수정봉의 노치마을에 옛날 민씨(閔氏)라는 거지가 살았는데 그는 짚신을 삼아 팔았다. 어느 추운 겨울날 민씨가 죽어 눈 덮인 산을 헤매어 시체를 매장하려는데 신기하게도 시체의 관이 알맞게 들어갈 만큼 눈이 녹아 있는 곳이 있었다. 그리하여 그곳에 장사를 지냈는데 바로 그 자리가 용은 용인데 주인이 없다는 황룡무주(黃龍無主)의 명당이었다. 이 묘를 쓴 뒤 그 후손이 번창하였다고 한다. 그런데 그 묘에 호화롭게 석물을 세우고 보수를 한 뒤로는 자손들이 뜻밖에도 나쁜 일을 당했다. 그래서 다시 석물들을 없앴더니 화가 없어졌다고 한다. 돌이 무거워 학이 날지 못했다는 것이다.
3	남원시 대산면 대곡리 봉황대	누각 건축	봉황대 아래		봉황대에는 누각이 없는데, 누각을 지었다가는 그 아래에 있는 마을에 재앙이 발생하기 때문이다.
4	남원시 보절면 금다리 금계	집 짓기, 우물 파기	마을 복판		마을 복판에 집을 지으면 집이 쓰러진다 하여 마을 중앙의 아래와 위쪽에 집을 지었으며, 우물을 파면 베틀을 놓을 수 없다 하여 우물을 파지 않았다.
5	남원시 보절면 황벌리 은천	할아버지 비석, 할머니 비석	마을 경계 밖		마을 입구에 300년 전에 세워진 할아버지 비석과 할머니 비석이 있는데 이 비석을 경계로 안에다 집을 지으면 흥하고, 만약 그 밖으로 지으면 망한다는 설이 있다.
6	남원시 보절면 성시리	석물	묘지		개구리혈이라서 석물을 놓으면 안된다고 한다.
7	남원시 사매면 계수리 계동	비석, 망주 건립	묘지	묘 주인 후손	선각대사가 묘 옆에는 무거운 비석이나 망주를 세우지 말 것을 당부하였다. 그래서 현재까지 비석을 세우지 않았다.
8	남원시 아영면 인풍리 내인	우물물 음용	내인마을 중앙		선조의 묘를 내인마을 중앙에 쓰고, '그 밑에 있는 우물물을 먹어서는 안 된다'는 풍수지리설에 따라 그 마을을 떠나 배산임수의 길지에 마을을 형성하였다.
9	남원시 아영면 청계리 외지	벌목	날들		마을이 나무혈이어서 날들에서 나무를 베면 액운이 온다는 설이 있다.
10	남원시 아영면 청계리 청계	다리 건설	마을 강가		마을이 자라형국이라 마을 중앙을 가로지르는 다리를 놓는 것을 금기로 하고 있다고 하는데, 다리를 놓으면 자라가 다리를 건너가 마을 복도 함께 나간다고 믿기 때문이라고 한다.
11	남원시 이백면 양가리 양강	대문 설치	마을 내 주택		양강리는 풍수지리적으로 양지쪽이 개의 머리 형국이어서 마을 이름을 개머리라고 했으며, 대문을 달면 개의 입을 막는다 하여 집에 대문을 달지 않았다고 한다.
12	구례군 문척면 죽마리 죽연	우물 파기	마을 내		풍수지리설로는 동네는 배 형국으로 마을 앞에 앞사공 바위가 있었으나 매몰되었고 뒷사공 바위는 강물에 유실되었다. 배형국이라 마을에 우물을 파지 않고 1992년 우물을 팔 때까지 섬진강 물을 식수로 이용하였다 한다.
13	구례군 문척면 월전리 월평	우물 파기	마을 내		마을이 덕석 터 형국이라 샘을 파면 안 된다고 하였다. 지금은 이곳저곳에 샘을 파 놓았는데 이 때문에 이 마을에는 부자가 나지 않고 부자가 사진동으로 가 버렸다고 한다.
14	구례군 간전면 간문리 해평	우물 파기	마을 내		동네 터는 풍수지리설에 배를 닮은 행주형이며 우물을 파면 해를 입는다고 전해진다.

15	구례군 간전면 중대리 묘동	입촌	마을 내	서씨	마을 뒷동산이 백운산 준령을 타고 내려온 혈이 괘(고양이) 같다는 풍수지리설에 따라 이름이 붙여졌고 이곳에 서씨('쥐 鼠'자와 음이 같기에) 일가는 살수 없다는 속설이 있다.
16	구례군 마산면 냉천리 냉천	우물 파기	마을 내		동네 형국이 배의 형국이라 샘을 파는 것은 배에 구멍을 내는 것이므로 함부로 샘을 파지 못하게 금기시 해왔다고 한다.
17	구례군 광의면 온당리 당동	묘 쓰기	남악 사당터		해방 직후 남악 사당터에 유씨란 사람이 몰래 묘를 써놓고 크게 가뭄이 들어 인근 주민들이 괭이 호미 등을 들고 와서 그 묘를 파내고 주민들이 집에 도착하기도 전에 큰 비가 내려 그 해 모내기를 쉽게 했다는 전설이 있으며, 지금도 그 터는 손을 대지 않는다고 한다.
18	구례군 용방면 사림리 사림	우물 파기	마을 내		마을이 행주(行舟)형이기 때문에 마을 안에 샘을 파지 않았다.
19	구례군 용방면 신도리 신기	우물 파기	마을 내		풍수지리설에 의하면 본 마을의 혈이 붕어혈로 샘을 파면 마을에 재앙이 있다하여 샘을 못 파게 한다. 3개의 공동 우물이 있었으나 현재에는 1개뿐이며 그리고 마을 남쪽 논에 큰 바위가 있었는데, 바위를 없애면 재앙이 있다하여 1973년 경지 정리 사업 때 마을에서 동재를 드려 바위를 사서 현 위치에 보존하고 있다.
20	하동군 횡천면 월평리 유평	소란 행위	마을 내		유평촌(柳坪村)은 나무 가지 잎 속에 꾀꼬리가 알을 품고 있는 듯한 형국이다. 따라서 그 주변에서 소란을 일으켜서는 안 된다고 한다. 그래서 이 마을에는 예부터 농악대가 없었다. 매구와 징소리가 길조인 꾀꼬리를 날려 보낼까 경계하여 쇠붙이 소리 등 소음을 일으키지 못하게 한 것이다.
21	하동군 진교면 양포리 양포일구	개간, 묘 개축	잠밭골		범이 잠자는 형국인데 이곳을 개간하거나 묘를 개축하면 잠자던 범이 깨어나 앙갚음을 한다고 하여 자연 그대로 보존되고 있다.
22	하동군 진교면 관곡리 관곡	개사육, 풍물놀이	뒷산		마을 뒷산을 노루설이라 하여 노루가 놀라 도망칠까봐 예부터 개 사육을 금하였고 정초에는 풍물놀이를 금기시하였다는 일설이 전한다.
23	하동군 진교면 월운리 월운	곤양바우 노출	반월산 중앙		마을 앞 반월산 중앙지점에 있는 바위가 밖으로 노출되면 마을에 우환이 생긴다하여 바위를 흙으로 묻고 대나무와 수목을 심어 가리면서 곤양으로 귀양을 보냈다하여 곤양바우라고 전해오고 있다.
24	하동군 진교면 고이리 고외	우물 파기	마을 내		마을의 지형이 배 앞부분과 같이 닮은 지형이라 하여 배설(혈)이라고 한다. 배의 밑바닥이 구멍이 나면 침몰하게 됨으로 깊게 파는 우물이나 지하수 개발 등을 금기시 하였다고 한다.
25	산청군 오부면 방곡리 원방	굴 개방, 굴 폐쇄	원방곡 동편 굴바위		원방곡 동편에 큰 굴바위가 있는데, 이 굴을 막으면 동네 처녀들이 미친다고 하고, 막지 않으면 재화(災禍)를 당한다는 전설이 있다. 지금은 그곳에 돌담을 쌓은 흔적이 있다.
26	함양군 지곡면 개평리 오평	소란 행위	마을 내		마을 형국이 오리설(혈)이라고 하여 오리대라고 부른다. 마을에서 징소리와 꽹과리 소리를 내면 오리가 달아난다고 하여 꽹과리 소리와 징소리를 금하고 있다.
27	함양군 지곡면 개평리 개평	우물 파기	마을 내		풍수지리설로는 배설(혈)이라고 한다. 배에 구멍을 내면 배가 가라앉는다고 하여 우물을 파지 못하게 하였다.
28	함양군 안의면 월림리 방정	우물 파기	마을 내		마을은 배설(혈)이라 하여 우물을 파지 못하였다.
29	함양군 안의면 봉산리 평림	우물 파기	마을 내		마을 앞 들 가운데 조그만 산이 있는데 배설(혈)이라고 하여 평림 마을은 우물을 팔수가 없었다고 한다.

30	함양군 서하면 운곡리 은행	우물 파기	마을 내	마을은 배설(혈)이기 때문에 우물을 파지 못한다. 우물을 팠다가 송아지가 우물에 빠져 죽어 그 우물을 메우고 나니 그 자리에 은행나무가 났다고도 한다.
31	함양군 서상면 상남리 신기	우물 파기	마을 내	마을은 풍수지리학상 배설(혈)이라 하였고 당산을 배의 돛대라 하였는데, 전설에 의하면 옛날에는 이 마을에 우물을 파지 못하게 하였다 한다. 배의 바닥을 파면 배가 구멍이 나기 때문이다. 옛날 사람들은 이 풍수설을 믿고 마을에 화가 미칠까 두려워해서 금기로 여기고 불편한 생활을 했다고 한다.
32	함양군 병곡면 옥계리 토내	우물 파기	마을 내	풍수지리설에 의하면 마을의 지형이 행주형(行舟形), 즉 배의 형국이라 하여 마을 안에는 우물을 파지 못하게 한다고 한다. 우물을 파면 배에 구멍을 뚫는 것이기 때문에 배가 갈 수 없고 가라앉는다고 전하고 있다.

4. 지리산권역 촌락의 풍수 의례 개황

일련 번호	소재지	의례 동기	의례 형태	의례 주체	의례 내용
1	남원시 대강면 평촌리 평촌	마을이 조리 형국이며 개구리 명당인데, 지세가 뱀이 마을을 향해 있는 형상이므로 뱀이 들어오지 못하도록 하기 위해	당산제	마을 주민 공동체	마을이 조리 형국인데다 개구리 명당으로, 지세가 뱀이 마을을 향해 있는 형상이므로 뱀이 들어오지 못하도록 마을 앞에 소나무를 심고 입석을 세워서 할아버지 당산으로서 수호신 역할을 하도록 만들었다.
2	남원시 보절면 괴양리 괴양	지네혈의 해악을 진압하기 위해	당산제	마을 주민 공동체	당제가 끝나면 샘굿에 이어 삼동굿 놀이를 하고, 이것이 끝나면 지네밟기와 마당밟기 순으로 행사가 진행된다. 지네밟기는 양촌마을의 뒷산인 계룡산에 영계옥정(瑩鷄玉井)혈의 명당이 있는데, 음촌의 날줄기가 지네혈로 계룡산을 넘보고 있어 이 지네의 혈기를 죽이기 위해 시작되었다.
3	남원시 아영면 갈계리 갈례	화재를 막기 휘해	당산제	마을 공동체	당산제를 지내기 시작하면서 외부에서 마을이 보이면 재앙이 따른다고 하여 조탑을 세웠는데, 마을 사람들은 이 조탑과 당산이 재앙을 방지한다고 믿고 있다. 갈계 마을 당산제는 창원 정씨가 마을을 이루고 살기 시작할 즈음, 자주 마을 여기저기에서 불이 많이 나자 이를 막기 위해 시작되었다.
4	남원시 주천면 덕치리 노치	산의 음덕에 보답하기 위해	당산제	마을 주민 공동체	옛날 노치마을에는 오래 전부터 민씨들이 들어와 살았는데 그들 중에 짚신을 만들어 팔았던 가난한 거지가 있었다. 추운 겨울에 거지가 죽자, 우연히 관이 하나 들어갈 정도로 눈이 녹아 있는 땅에 묻어 주었는데, 나중에 알고 보니 이곳이 황룡무주(黃龍無主)의 명당이었다. 그 후로 마을 사람들이 산에 보답하기 위해서 당산제를 지내게 되었다고 한다.
5	하동군 하동군 읍내리	두꺼비가 마을을 보호하고 있으므로	당산제	마을 주민 공동체	두꺼비를 닮은 큰 바위가 있는데 이 바위가 마을 보호하기 위해 하루 종일 지켜보고 있다고 한다. 옛날에는 마을 주민이 협동하여 당산제를 지냈다고 한다.

제2부 구례군 풍수 자료 · 247

제1부

남원시 풍수 자료

남원시내

1. 금동(錦洞)

분류 : 〈형국〉, 〈비보〉, 〈지명〉

남원시의 법정동이자 행정동이다. 조산동·천거동·금동을 관할하고 있다. 금동의 북쪽으로는 왕정동 및 주생면과 경계를 이루고 있으며, 동쪽으로는 죽항동과 경계를 이루고, 남쪽으로 송동면과 연접되어 있다. 평야지대에 위치하며 북서쪽으로 축천이 흐르고, 남쪽으로는 요천이 동에서 서로 흘러 나간다. 금동은 남원시의 경제와 유통의 중심지로서 상업 지역이자 도농경관이 복합된 지역이다. 금동은 본래 장흥면(長興面)에 속했던 지역이다. 1914년 행정구역 통폐합 때 장흥면 검멀의 대부분을 금리라 개칭하였고, 검멀 일부와 조산리를 병합하여 조산리라 하였다. 1981년 남원읍이 시로 승격함에 따라 각각 금동·조산동으로 바뀌었고, 1998년에 천거동이 편입되었다.

자연마을로는 검머리·도칭거리·들독거리·관왕멀 등이 있다. 금동의 관내인 조산동이라는 지명은 남원부의 풍수 비보(裨補)를 위해 만든 수구막이 조산(造山)이 있어서 유래된 이름이다. 풍수지리설에 의하면 남원의 지형이 행주형(行舟形)인데 서남쪽이 허하여 기운이 흘러나가기 때문에 인재와 재물이 모이지 않는다 하여 수구막이로 숲과 조산을 만들어 지형상의 허함을 보완하였다고 전해진다. 이와 관련하여 『용성지(龍城誌)』에는 "7개의 돌무더기가 설치되어 있다. 읍을 지키고 살기 위한 수구막이라 한다."는 기록이 있다.

■ 율림(栗林)

1. 명칭 : 율림
2. 소재지 : 전라북도 남원군 남원읍 천거리
3. 지황 : 남원 읍내의 광한루 남쪽에 위치하는 시장 지역으로 평탄지이다.
4. 임황 : 미립목 가옥 대지 및 잡종지
5. 기타 : 광한루의 못 가에 왕버들 거목이 산생하고 있다. 읍의 남서쪽 교외에 위치한 금리의 논 안에는 1800년대에 만든 목패가 남아 있는 사정(射亭)이 있고, 이 사정 양쪽에는 팽나무 거목 3거루가 서 있다.

— 『조선의 임수』

■ 유림(柳林)

1. 명칭 : 유림
2. 소재지 : 전라북도 남원군 남원읍 금리
3. 지황 : 남원읍의 남쪽 교외에 있는 논 안에 남북으로 길게 띠 모양으로 교호하고 있다. 연장 550미터, 폭 6미터 내외이다. 이곳은 주위보다 높고 인근지역은 모두 트여 있으며, 북쪽은 순창가도에서 시작하여 남쪽은 조산리를 통과하여 곡성·순천 간 도로에 이른다. 동쪽에는 읍을 두고 서쪽에는 요천 연변의 넓은 취락과 경작지와 마주하고 있다.

4. 임황 : 왕버들. 최대 흉고직경이 50센티미터, 평균 흉고직경이 30센티미터인 수목 30그루가 열생하고 있는 숲이다.

5. 기타 : 토축한 것으로 윗부분은 통로, 수림은 그 양쪽에 나란히 서 있다.

-『조선의 임수』

■ 당산길

분류 : 〈형국〉, 〈비보〉

당산길은 조산동에 있으며, 조산동은 풍수지리설에 의해 만든 수구막이의 산이 있어서 조산이라 하였다.

남원의 지세는 배가 떠나가는 행주형이어서 인물과 재물이 귀하다고 한다. 그래서 배가 떠나가지 않도록 인공적으로 토성을 쌓고 배를 매어두는 산을 만들어 조산이라 하였으며, 조산 마을의 당산으로 여겼다.

-『디지털남원문화대전』

■ 토성(土城)

분류 : 〈형국〉, 〈비보〉

풍수지리설에 의하면 남원의 지형이 행주형(行舟形) 즉, 배가 떠내려가는 형세로 서남방이 허하여 기운이 밖으로 흘러나가기 때문에 인재와 재물이 모이지 않는다고 생각했다. 그래서 수구(水口)막이로 이곳에 토성을 쌓고 현 비행장 앞들에 나무숲(참나무정)과 토성 남쪽머리에 산(지금의 조산마을 당산)을 조성하여 지형상 허함을 보완하였다고 전해온다. 토성 안쪽을 가방(可防)뜰이라 하고 산 주변 마을을 조산(造山)이라 이름 붙였는데 현재의 조산동·가방뜰이라는 명칭의 유래가 되었다.

이 토성은 읍성 서남방 5리쯤 만복사의 서쪽 오암(석별바위)에서 쇠내(丑川)를 가로질러 조탄(棗灘·대추여울: 현 가방들과 조산들의 경계지점으로 추정)에 이르렀으며, 토성에는 일곱 개의 흙무덤 동산과 나무가 무성하게 있었다고 한다. 고종 12년(1875년) 이계순(李啓淳)이 주민의 뜻을 모아 성을 더 쌓고 나무를 심어 숲을 조성하였다는 기록이 있다.

토성의 규모는 넓이가 10척, 높이가 4척에 자갈과 흙을 섞어서 축조하였다고 한다.

－『남원전통문화체험관』

◉ 조산동(造山洞)

분류 : 〈형국〉, 〈비보〉, 〈지명〉

본래 남원의 장흥면(長興面) 지역으로 1914년 행정구역통폐합 때 조산리(造山里)와 금리(錦里)의 일부를 병합하여 조산리라 하였다. 1981년 남원시로 승격함에 따라 리가 동으로 바뀌었는데 동부 조산동과 서부 조산동으로 나뉜다.

동부 조산동은 영조 2년(1726년) 진주 강씨(晉州姜氏)가 처음 마을을 개척하였으나, 금리의 박씨, 공씨, 고씨가 마을 앞에 흘러드는 요천강변에 물레방아를 설치하면서 마을이 형성되었다고 하며, 일설에는 1800년대에 곡부 공씨(曲阜孔氏)와 단양 우씨(丹陽禹氏)들이 정착하여 형성되었다고도 한다.

조산동은 풍수지리에 의해 만들어진 이름으로 남원의 지세가 행주형(行舟形 : 떠내려가는 배의 형국)이어서 재물이 모이지 않고 인재가 나지 않으므로, 지세의 허약함을 보완하기 위해 이곳에 인공으로 토성을 쌓고 배를 매어두는 산을 만들었기 때문에 조산(造山)이라 하였다. 또한 농우정(農友亭), 교남정(橋南亭)이라고도 했는데 농우정이란 정자가 있었고, 승사교 남쪽 마을이란 뜻에서 불렀다고 한다.

한편 서부 조산동은 1945년 해방이후 일본, 만주 등 해외에서 돌아온 사람들이 정착하여 형성된 마을로 농원촌(農園村)이라고 부른다.

2. 노암동(鷺岩洞)

남원시의 법정동이자 행정동이다. 어현동, 신촌동을 관할하고 있다. 노암동은 요천강의 남쪽에 있으며 주천면·수지면·송동면과 접하고 있다. 노암동 전체면적의 55%가 산림으로서 어현동, 신천동의 대부분은 산지 경관을 보이며, 북쪽으로는 요천강이 흐르고, 동쪽에는 원천천, 서쪽으로는 주천천이 있다. 노암동은 관광과 문화예술의 중심지이며 농공단지도 조성되어 있다. 노암동은 본래 주촌면(朱村面) 지역이었다. 1914년 행정구역 개편에 따라 주천면에 편입하였다. 1981년 7월 1일 남원시로 승격됨에 따라 노암동으로 개칭되었다. 1983년 주천면의 어현리와 신촌리가 남원시 노암동에 편입되고 어현동과 신촌동이 신설되어 관할하게 되었다. 1995년 1월에 남원시와 남원군이 통폐합함에 따라 남원시 노암동이 되었다.

자연마을로는 남산골·비안정·술메·소골·수무골·쑥고개·양촌·새몰·엉골·함파우·독도랑골 등이 있다. 노암동의 자연마을인 술메(술뫼: 戌山)는, 풍수지리설로 노암동 뒷산이 개가 앉아 있는 모양으로 해석되기도 하였다.

■ 비안정길

분류 : 〈형국〉

비안정(費眼亭)이 있었던 곳을 지나는 길이어서 붙여진 이름이다. 비안정은 지금의 노암동 승사교 서쪽 금암봉 아래 요천 변에 있었다. 금암봉 남서쪽 마을 이름이 비안정 또는 비오정인데 이 정자에서 유래한 것으로 보인다. 마을 뒷산이 기러기가 내려앉은 형국이라 해서 비안정(飛雁亭)이라 하기도 한다.

비안정은 동애(東崖) 양형우(梁亨遇)가 세웠는데 그의 형 양경우(梁慶遇)와 함께 문장으로 이름이 널리 알려졌다. 특히 양형우의 시는 중국에서 간행되기도 할 만큼 뛰어났다고 한다. 예로부터 비안정 앞 요천 백사장에 떼 지어 날아와 앉은 기러기 풍경을 비정낙안(飛亭落雁)이라 하여 남원팔경의 하나로 꼽았다.

-『디지털남원문화대전』

■ 쑥고개길

분류 : 〈형국〉, 〈지명〉

쑥고개길은 고유 지명 숙호(宿虎)에서 따왔으며, 노암동 484번지에서 노암동 396-1번지 사이에 있는 도로이다.

쑥고개길의 쑥고개는 숙호·숙호치(宿虎峙)·애현(艾峴)이라고도 하며, 양촌 동쪽에 있는 마을이다. 풍수지리설에 의하면 쑥고개 앞에 있는 금암봉은 호랑이 머리에 해당하고 뒤쪽의 범실 마을은 호랑이의 자궁에 해당된다고 한다.

또한 이 고개는 호랑이가 누워있는 형상이라 하여 호랑이가 자고 있다는 의미의 숙호라 하였다고 한다. 숙호와 숙호치란 용어는 호랑이와 관련이 있는 것이고, 쑥고개와 애현은 쑥과 관련이 있는 것이니 이들이 서로 혼용되고 있음을 알 수 있다.

-『디지털남원문화대전』

3. 도통동(道通洞)

남원시의 법정동이자 행정동이다. 월락동·고죽동·식정동·갈치동을 관할하고 있다. 시의 동북부하고 있으며, 동쪽으로 요천이 흐른다. 동북쪽으로는 이백면과 산동면을 접하고 있으며, 죽항동·동충동·향교동과 접하고 있다. 행정의 중심지이자 교통의 중심지에 위치하고 있다. 도통동은 본래 통한면(通漢面)·갈치면(葛峙面) 지역이었다. 1914년 행정구역 개편에 따라 통한면의 통기리·동도리 일부와 갈치면의 월천리 일부를 병합하여 동도와 통기의 이름을 따 도통리라 하였다. 1981년 7월에 행정구역 개편으로 도통동이라 하였다. 1995년 1월에 남원시와 남원군이 통폐합함에 따라 남원시 도통동이 되었다. 도통동에는 동도역이 있었는데, 사방으로 길이 통하는 곳이라고 하여 도통리라고 하였다고 한다. 도통동에 있는 문화재로는 선원사 철조여래좌상, 선원사 동종, 선원사 약사전, 선원사 대웅전, 창주서원 등이 있다. 창주서원에는 옥계(玉溪) 노진(盧禛)을 배향하였다. 도통동에 있는 백공산(百工山)은 남원부의 주산으로 예부터 소중히 관리하였다. 백공산의 허약한 지세를 북돋우기 위한 비보사찰(裨補寺刹)로 선원사도 창건하였다고 전해진다.

■ 요천임수(蓼川林藪)

1. 명칭 : 요천임수
2. 소재지 : 전라북도 남원군 남원읍 도통리·죽항리·쌍교리·천거리
3. 지황 : 남원 읍내의 동쪽 교외에 있는 섬진강 지류인 요천의 서안에 연하여 축조된 제방을 중심으로 남북으로 연장 약 3000미터에 이르는 하반평탄지에 위치한다. 동쪽은 하도(河道)를 사이에 두고 산 구릉에 접해 있고, 서쪽은 남원읍 교외의 넓은 논을 두고 있어 탁 트여 있다.
4. 임황 : 상류부인 도통리와 죽항리 지역의 연장 1500미터 사이에 팽나무, 왕버들, 서어나무 등이 있는데, 이곳에는 평균직경 50센티미터인 수목이 50여 그루 있고, 그 연천의 분류가 합류되는 가장자리는 연속으로 열생하지만, 그 밖의 지역은 일반적으로 산생하고 있다. 하류부 지역은 근년의 식재와 관계된 벚나무, 포플러 등이 약간 있기는 하나, 주로 미립목(未立木)의 제당수(堤塘藪) 및 가옥 대지 등이다.
5. 기타 : 총동부 하천 조사서에 의하면 "남원읍의 방수제방은 남원읍

성의 상류에서 요천이 그 흐름의 방향을 바꿈으로 인하여 읍내를 맞부딪쳐 흐르는 관계로 성곽을 보존하기 어렵게 되므로, 약 3킬로미터 사이의 좌안(左岸) 산기슭에 붙여 완장(頑丈)된 돌제방을 축조하기로 하여, 하상(河床)의 암반위에 거대한 돌을 쌓는 방법인 3분 내지 4분의 돌담을 만들고, 배면도 전부 옥돌을 채우는 법은 3할 내외의 흙을 채우고 제방 위에 거목을 심는다. 높이는 대홍수에도 견디기 충분한 것으로 조선에 현존하는 제방 중에서도 손꼽힐 만큼 훌륭하다. 조선 선조 30년(1597년) 남원성 중수 때에 이 제방을 축조한 것이 아닐까 생각한다. 지금 남원군민은 연 1회 부역으로 보수하는 관습이 있다."라고 기록하고 있으며, 한반도에서 성벽으로서 방수제를 겸하고 있는 것으로 남원읍성을 게재(揭載)하고 있다. 본 방수제의 축조공법은 현존하는 남원읍성 터의 성벽공법과 유사하며, 그 분류인 연천이 합류하는 곳의 가장자리는 특히 높다. 그리고 제방의 윗부분은 통로로 이용되고, 일부에서는 관개용수가 설치되어 그 남은 물을 이용하는 정미용 수침(水砧) 및 물레방아가 양쪽 3개소에 설치되어있다. 본 수림은 방수제방의 양쪽에 있으며, 그 강에 면하는 쪽은 돌담에서 하부의 법선 하안에 있고 경작지 쪽은 모두 이법토축(裏法土築)의 아래쪽 과반부와 법선 부근의 평지에 있다. 현재 제방 몸체에 있는 것은 뿌리뻗음을 하지 못하여 가지 밑이 매우 낮다. 이러한 것들은 부근의 평지에 성립된 것과 비교 추정해보면 아마도 누차의 보수에 의해 복부에 동반해 제방 몸체 안에 매몰되어버린 것으로, 예전에는 제방 기초 부분에 있었을 것이다. 읍의 북쪽 교외에 위치한 향교리의 문묘 앞을 흐르는 소류의 남안인 읍쪽 하안에는 연장 1000미터에 이르는 곳에 최대 흉고직경 70센티미터의 왕버들이 열생하고 있다.

―『조선의 임수』

■ 동장수(東帳藪)

1. 명칭 : 동장수

2. 소재지 : 전라북도 남원군 왕치면 월락리

3. 지황 : 남원 읍내의 북동쪽 약 3킬로미터에 위치한 요천 강가의 전주 및 운봉가도를 중심으로 한 평탄지역에 위치하며, 동서쪽은 산악지대이고 남북쪽은 요천 유역의 경작지대이다.

4. 임황 : 미립목답지(未立木畓地)

5. 기타 : 옛날의 역원인 동도역의 소재지이다.

－『조선의 임수』

■ 백공산(百工山)

분류 : 〈형국〉, 〈비보〉, 〈유적〉

남원시 도통동에 있는 산이다(고도: 185m). 백두대간의 주맥에서 덕유산과 장안산을 지나 장수 동쪽의 영취산(靈鷲山)으로부터 맥이 갈라져 내려와서 천황산에 이르고 그 큰 가지는 교룡산으로 이어지고, 지맥은 백공산을 맺어 남원 읍치의 풍수적인 주산이 되었다. 수계는, 백공산의 동사면으로 고죽천으로 모여 흐르다가 요천을 만나 합류하고, 서사면으로는 율치천으로 모여 흐르다가 역시 요천을 만나 합류된다. 『신증동국여지승람』(남원)에 "백공산은 부의 동쪽 8리에 있다."라는 기록이 있다. 『여지도서』(남원)에는 "백공산은 무주 덕유산에 나와 남원부의 주맥(主脈)이 되며 남원부의 동쪽 2리에 있다."라는 기사 내용이 있다. 『1872년지방군현지도』에는 남원부 읍성의 동북쪽 모서리 위편에 백공산이 그려져 있다. 『대동여지도』에도 도동역(道東驛) 남쪽에 '백공산'이 표기되어 있고, 산의 맥이 요천 아래의 맥으로 표현되어 있어 백두대간에서 바로 뻗어 나온 것으로 표기되어 있다. 남원의 지세는·백공산이 주산이고 교룡산이 객산(客山)인데·주산은 약하고, 객산인 교룡산은 산세가 강대하므로 주산이 객산에 압도당한 형국이다. 대복사·만복사·선원사를 비보사찰로 짓되, 선원사를 백공산 날줄기의 끝에 세운 뜻은 백공산의 약세를 북돋기 위함이다. 그리고 남원의 주산인 백공산의 형세가 마치 남원읍에 대드는 것과 같이 억센 형세를 이루고 있어 남원성 내에 거주하는 주민들이 많은 재난을 겪는다고 여겨 이 억센 기운을 억누르기 위해 '쇠로 만든 소[鐵牛]'를 세웠다고 한다.

■ 선원사(禪源寺)

분류 : 〈비보〉, 〈유적〉

남쪽 산천을 유력하던 도선국사(道詵國師)가 남원의 지형에서 주산인 만행산(萬行山)의 지세가 객산(客山)인 교룡산에 비해 너무 허약한 것을 알고, 지세를 돋우고자 만복사(萬福寺)·대복사(大福寺)와 더불어 선원사(禪源寺)를 창건했다는 설이 있다.

– 『디지털남원문화대전』

◉ 고산(高山) 마을

분류 : 〈비보〉

고산 마을은 역사적으로 남원에 전란이 있을 때마다 피난처로 알려왔다. 1597년 정유재란으로 남원성이 함락될 때에도 많은 피난민들이 몰려와 전쟁이 끝난 후에도 돌아가지 않고 이곳에 정착하였는데 김씨와 박씨들이 대부분 이었다고 한다.

그 후 1800년경 황죽 마을 쪽에서 이씨들과 양씨들 이 이주해와 마을이 형성되었는데 지형이 높은 산으로 둘러 싸여 굴속같이 아늑하다 하여 고산골이라 부르게 되었다. 이 마을에서는 매년 정월 초이튿날 저녁 5시에 '탑제'라고 부르는 당산제를 지낸다. 또 언제 쌓았는지는 모르나 마을 앞 산에 나무가 없어 보기 싫게 드러나서 그 흉함을 가리기 위해 조산(造山)을 쌓았다는 조산 무덤이 있다.

– 『남원전통문화체험관』

■ 고죽동 느티나무

분류 : 〈비보〉

고죽 마을에서는 당산제를 탑제라고 한다. 제를 지내는 목적은 동네 생성 때부터 있어 왔던 탑(조산) 때문이라고 한다. 하지만 당산제를 지낼 때는 당산나무 앞에서 제를 지낸다고 한다. 제가 끝나면 굿을 치며 마을 사람들이 한데 모여 음식을 먹고 즐긴다.

—『디지털남원문화대전』

4. 왕정동(王亭洞)

남원시의 법정동이자 행정동이다. 왕정동·신정동·화정동을 관할하고 있다. 신정동과 화정동은 야산으로 둘러싸여 있으며, 요천으로 합류하는 축천(丑川)이 있다. 동쪽으로는 죽항동, 서쪽으로 대산면, 남쪽으로 금동, 북쪽으로는 향교동과 접하고 있다. 왕정동은 본래 만덕면(萬德面), 서봉면의 일부 지역이었다. 1914년 행정구역통폐합 때 왕묘와 강정에서 이름을 따 왕정리로, 신기와 정치의 이름을 따서 신정리로, 화산리와 대정리를 병합하여 화정리라고 하고 남원읍에 편입되었다가 1981년 남원읍이 시로 승격됨에 따라 동으로 바뀌어 각각 왕정동·신정동·화정동으로 되었다. 고려 말 이성계가 운봉 황산에서 왜구를 격파하고 돌아가는 길에 마을 앞 강변에서 쉬어 간 일이 있었는데, 훗날 왕위에 오르니 사람들은 마을 이름을 왕정(王亭)이라고 부르게 되었다고 한다. 1650년경 옥천 조씨(玉川趙氏)가 처음 터를 잡았으며 1700년경 장수 황씨(長水黃氏)가 옮겨와 살면서 마을이 형성되었다.

■ 대복사(大福寺)

분류 : 〈형국〉, 〈명당〉, 〈비보〉, 〈설화〉, 〈유적〉

남원 교룡산과 성원고등학교 사이의 명당에 위치하고 있는 작은 사찰로 비구니 승려들의 수행 정진 도량이다.

893년(진성여왕 7)에 도선 국사가 이곳의 지세가 너무 강하다고 여겨 이를 누르기 위해 대곡암(大谷庵)이란 절을 세웠다고 전해진다. 교룡산(蛟龍山)이 강세이므로 이를 누르기 위한 것이었다고 한다.

도선국사가 본 남원의 풍수형국은 행주형(行舟形)이다. 교룡산이 객산이고 백공산(百工山)이 주산인데, 주산의 힘이 허약해 인공적인 방법으로 객산의 강함을 누르고 주산의 약함을 북돋우려 진압사찰(鎮壓寺刹)로 만복사(萬福寺)와 대복사를 짓고, 비보사찰(裨補寺刹)로 선원사(禪源寺)를 짓되 백공산 날 줄기 끝에 세웠다고 한다.

- 『디지털남원문화대전』

◉ 동부 화정(화산당)

분류 : 〈형국〉, 〈지명〉

1730년경 김해 김씨(金海金氏)가 처음 터를 잡아 마을이 형성되었다. 본래 이름은 화산당(花山堂)이다. 이 마을이 나비와 벌이 꽃을 찾아드는 연화봉접(蓮花蜂蝶) 형국으로 마을 앞산이 벌을 상징하는 벌봉, 마을 양쪽의 산이 나비봉이고 마을이 꽃에 해당되어 마을 이름을 화산당이라 했다고 한다.

- 『남원전통문화체험관』

5. 죽항동(竹巷洞)

남원시의 법정동이자 행정동이다. 하정동, 쌍교동을 관할하고 있다. 동북쪽에 도통동, 서쪽에 왕정동, 남쪽에 금동, 북쪽에 동충동과 접하고 있다. 조선시대에 읍치가 있었던 곳이다. 죽항동은 시장 및 공공기관, 금융기관이 밀집된 동으로서, 남원시의 교육, 문화, 교통, 금융, 유통의 중심적 역할을 담당하는 지역이다. 죽항동은 본래 만덕면 지역이었다. 1914년 행정구역 개편에 따라 죽우리·상항리 일부를 병합하여 죽항리가 되었다. 1981년 4월에 남원읍이 남원시로 승격되어 죽항리가 죽항동으로 되었다. 이후 쌍교동을 죽항동으로 편입시켰으며, 1998년 9월에 죽항·하정·쌍교동을 통합하여 죽항동이 되었다. 1995년 1월에 남원시와 남원군이 통폐합함에 따라 남원시 죽항동이 되었다.

죽항이라는 동의 명칭은 하천의 범람을 막기 위해 풍수 비보를 위한 대나무숲을 조성하면서 유래되었다. 1300년경부터 남원 양씨(南原梁氏)가 세거하여 오늘에 이르고 있다. 죽항동에 있는 문화재로는 남원석돈, 관서당 남성재가 있다. 석돈은 남원부의 풍수 비보물로 객사(龍城館) 뒤를 보허(補虛)하기 위해 조산(造山)한 것으로 추정된다. 『용성지』에 의하면, "객관 뒤에는 석돈(石墩)이 있어서 고을이 풍요로웠고 인물이 번성하였는데 아사(衙舍)를 고칠 때 돌을 쓰면서 고을이 쇠락하고 인재가 성하지 못하였다는 말이 회자한다."는 기록이 있다.

6. 향교동(鄕校洞)

남원시의 법정동이자 행정동이다. 용정동·광치동·내척동·산곡동을 관할하고 있다. 남원시 내의 북쪽 지역으로 향교 앞으로 축천이 흐르고 있다. 주거 지역이다.

향교동의 자연마을로는 광석(廣石)·율치(栗峙)·내동(內洞)·미동(彌洞)·보성(保城)·재실·산곡(山谷)·구룡(九龍)·박달(朴達)·신생(新生)·용갈(龍渴)·구암(龜岩)·용정(龍井) 등이 있다.

향교동은 본래 서봉면과 통한면 · 왕지전면(王之田面)의 일부 지역이었다. 1914년 행정구역 통폐합 때에 서봉면의 구암 · 교촌 · 장승 · 정치와 통한면의 용정, 왕지전면의 응곡 일부를 병합하여 향교리라 하고 남원읍에 편입되었다. 1930년에 남원읍 향교리로, 1956년에 왕치면이 남원읍으로 통합하였다. 1981년 남원읍이 시로 승격됨에 따라 남원시 향교동으로 되었다. 1998년에는 용정동과 통합되어 5개 법정동을 관할하게 되었다. 남원향교가 위치한 데서 향교동이라는 이름이 유래하였다. 향교동 교촌은 1443년(세종 25) 남원향교가 덕음봉에서 옮겨온 후에 마을을 형성함으로써 이루어졌다.

■ 축천(丑川)

분류 : 〈형국〉, 〈비보〉

축천에는 축천정이라는 정자가 있었고 그 주변에는 쇠붙이로 된 황소 한 마리가 세워져 있었는데 이를 철우(鐵牛)라 하였다. 그 위치는 지금의 향교동 남원고등학교 인근이다. 풍수설에 의하면 동서남북 24방위 중 정북(正北)과 정동(正東) 사이 즉, 북동쪽을 오행 상으로 간방(艮方)이라 한다. 남원읍의 간방(艮方: 북동)에는 만행산(萬行山)의 지류인 백공산(百工山)이 있는데 백공산은 바로 남원의 주산(主山)이다. 그러나 백공산의 형세가 마치 남원읍에게 대드는 것과 같아 간방이 억센 형세를 이루고 있어 남원성 내에 거주하는 주민들이 많은 재난을 겪는다는 것이다. 철우를 세운 것은 바로 이 간방의 억센 기운을 억누르기 위한 것이라고 전한다.

- 『디지털남원문화대전』

■ 축천(丑川)

축은 혹 '축(畜)'으로도 쓴다. 남원부 동북방의 시냇물이 들이치기 때문에 마을을 설치할 때에 술자(術者)의 말을 따라서 쇠로 소를 만들어 기세를 누르도록 하였다. 이 대문에 축천이라 부르게 되었는데 그 소가 지금도 남아 있다.(신증동국여지승람 전라도 남원도호부 산천)

— 『조선의 임수』

◉ 구암(龜岩) 마을

분류 : 〈형국〉, 〈지명〉

구암의 주요 자연환경으로는 남원의 서부권역의 중심 하천인 축천을 꼽을 수 있다. 남원의 행주형(行舟形) 지세에서 남원을 관통하는 동남쪽의 요천(蓼川)과 북서쪽의 축천은 남원시의 2개의 축이 되는 하천이다.

두 하천이 남원 도심을 마치 물 위에 떠 있는 배 형상의 지세를 만들고 있다고 한다. 구암 마을 앞으로 축천이 흐르면서 섬진강 요천수의 지류천인 광치천과 만나 아름다운 하천 풍경을 뽐내고 있다.

예부터 남원팔경 중의 하나가 축천모설(丑川暮雪)이었다. 따라서 함박눈이 내리는 축천의 저녁 설경은 남원에서 두 번째로 손꼽는 비경일 정도로 구등바위 부근의 축천 풍경은 지금도 일품이다. 이를 풍수지리학으로 금구몰니(金龜沒泥)라고 하는데 거북이가 흙 속에 묻혀있는 형국의 바위가 있어 구암(龜岩) 마을이라 칭하였고, 네모실 마을 남쪽 숫 거북이는 이곳을 바라보고 있다고 한다.

— 『디지털남원문화대전』

◉ 내동(內洞) 마을

분류 : 〈형국〉, 〈지명〉

풍수설에 의하면 부근의 산세가 여인이 베틀에 앉아 베를 잣대로 재고 있는 형국에서 유래 되었다고 하는데, 여자를 상징하는 '안 내(內)'자와

'자 척(尺)'자에서 마을 이름이 내척(內尺)이 되었다고 한다.

— 『남원전통문화체험관』

◉ 재실 마을

분류 : 〈형국〉, 〈지명〉

풍수지리설에 의하여 마을 산세가 자(尺)혈 인데다 마을이 골짝(谷)에 있다하여 마을 이름을 자실(尺谷)로 불렀는데 지금은 재실로 부르고 있다. 자(尺)혈이 있다는 골짜기는 철도와 밭으로 변해 버렸다.

— 『남원전통문화체험관』

◉ 산곡(山谷) 마을

분류 : 〈형국〉, 〈지명〉

교룡산을 매(鷹)에 비유하고 마을이 교룡산 골짝에 있다하여 응실(鷹谷)이라 불렀다고 하고 또 교룡산에 매혈(鷹穴)이 있어 그렇게 부른다는 설도 있다.

— 『남원전통문화체험관』

◉ 구룡(九龍) 마을

분류 : 〈형국〉, 〈지명〉

이 마을 뒷산은 교룡산 줄기가 뻗어내려 이룩되었는바 그 모습이 용 아홉 마리가 꿈틀 거린 듯하므로 마을 이름을 구룡(九龍)이라 칭하게 되었으며, 일설에 의하면 아득한 옛날 마을 중앙에 있는 우물에서 용 아홉 마리가 하늘로 올라가므로 구룡(九龍)이라 부르게 되었다고 전해지고 있다.

— 『남원전통문화체험관』

(附) 남원의 비기

그렁 저렁 구경ᄒ고 南原으로 나려가니 歸龍踐水 조흔 形體 天基 하나 싱겨구나. 連代南行 날거시오 三代 文科나리로다. 金溪洞 武公端坐 掛弓案 分明ᄒ다. 艮丑脈 甲入首의 庚水 歸申ᄒ니 穴在窟中 ᄒ여스니 알기가 어려워라. 西北의 龍虎出地 弄珠案이 되어구나. 穴을 찾자 ᄒ거드면 中孚卦를 살펴보소. 生巳出草 · 金歸形은 上下로 싱겨구나. 黃龍이 물을 써니 土山 天基 丁寧ᄒ다.

南으로 나려가니 비들귀가 우난구나. 家勢는 至貧ᄒ나 領相一代 ᄒ리로다. 穴在平地ᄒ야 艮水가 歸巽ᄒ니 神眼이 아니어든 裁作ᄒ기 어려워라. 기러기와 바람치는 숨풀노 안을 삼고 洞庭湖 어듸두고 호올노 안자난냐. 金盤의 수문 穴은 玉杯를 젓틔두고 酒海가 橫流ᄒ여 완완이 가는구나. 贈職은 자조나되 大小科慶 못ᄒ리다.

–『도선국사비기』

獅子山 너머가니 風吹羅帶 보기조타. 그 아릭로 나려가니 仙人騰空 · 雌鳳歸巢 · 海蝦弄珠 · 金釵掛壁 四大穴이 完然ᄒ다. 이 穴을 보랴거든 木山小過 살펴보소. 西 泰山 올라서서 꾀코리 자나누나. 亥龍이 轉兌ᄒ야 辛入首 丁作穴의 平岡의 局을 치고 逆水로 안자스니 明堂이 平坦ᄒ고 水口가 緊固ᄒ네. 萬石君이 될거시오 名公巨卿 나리로다. 寅方의 虎蹲石은 支孫이 虎死ᄒ리.

鶴嶺의 東南麓애 三大穴이 무처구나. 怪穴이 되얏스니 찾기가 어려우리. 泰山이라 비록 하나 龍虎도 回抱ᄒ고 穴前의 大江水가 自西流東 ᄒ야스니 만일 어더 쓰거드면 文武不絶 ᄒ리로다.

–『도선국사비기』

飛龍峙 올라서니 北麓 穴이 奇妙ᄒ다. 兩谷水가 合流ᄒ야 東北으로 흘너

가니 節鐵之將 날거시오 白花二人 나거구나. 大峯下 다섯 穴은 陰陽宅이
俱吉ᄒ다. 主人峯도 다섯시라 解遜小畜 歸妹로다. 질마재 五里許의 躍馬赴
敵 더욱 조타. 巽辛峰은 木體되고 庚兌峰은 火星이라. 穴在石間 ᄒ야스니
仔詳이 살펴서라. 三代翰林 二代大將 水姓이 主人이리. 三邑地境 三大穴은
各在東西 ᄒ얏스니 水口는 一般이라 自西北流 ᄒ엿구나. 하나는 進士나고
ᄒ나는 文科나리. 中派無穴支孫이나 血食千秋 ᄒ리로다.

馬峯 壯洞 드러가니 長水地境 仙人讀書 文科不絶ᄒ온 중의 南行判書나거
구나. 天財土星 凹腦穴은 孝順鬼를 빼어는다. 師丈峰이 案이 되고 劍刀星
이 안이로다. 微窩中 斜鉗穴은 俗眼이 어이알고. 主人峯이 버려스니 留待
後人ᄒ는구나. 南으로 나려가니 七星形 銀河案과 金盤의 玉壺形은 求禮지
경 머잔ᄒ다. 그 안의 三大穴은 頭流山의 穴이 잇다. 亥龍 十二節에 左右로
回抱ᄒ야 龍虎가 重重ᄒ고 雙樂山이 主人되니 交劍形과 帝座案의 穴在平地
ᄒ여구나. 沖天紫氣 木星體를 俗眼이야 어이알가. 엇저다 어더쓰면 當代
에 發福ᄒ야 三十代 宰相나고 王妃가 發出ᄒ리.

-『도선국사비기』

南原大地
南原東孝順體國師北迁歌曰 后土地逢高高軟 / 世文武竝連出 / 揷空山連一
字案 / 百子千孫別無疑

-『손감묘결』

橫琴形
南原東橫琴形穴居背上此穴他本無

-『손감묘결』

운봉읍(雲峰邑)

—

남원시에 속한 읍으로, 17개의 리가 포함되어 있다. 남원시의 동남쪽에 위치하고 있으며, 동쪽에는 산내면, 남쪽은 주천면, 북쪽은 산동면, 서쪽은 이백면과 접하고 있다. 백두대간의 지리산 동편의 고원분지에 입지하였으며, 운봉읍 유역 내의 하천은 동남쪽으로 흘러 남강으로 합류한다. 본래 신라의 모산현으로서 아영성, 혹은 아막성이라 하였는데, 신라 경덕왕이 운봉현으로 고쳤고, 고려 때에 남원부의 임내로 삼았다가, 조선 태조 원년에 감무를 두었다.

1. 공안리(孔顔里)

분류 : 〈형국〉

공안리는 해발 1,200m 이상에 위치한 수철(水鐵)·공안(孔顔), 해발 540m 이상에 위치한 유평(柳坪)·용은(龍隱) 등 4개 행정리로 이루어져 있다. 동쪽으로는 바래봉, 남쪽에 세걸산, 서쪽에 수정산을 두고 있는 와우형국(臥牛形局)이다.

－『디지털남원문화대전』

● 용은(龍隱) 마을

분류 : 〈형국〉, 〈명당〉, 〈지명〉, 〈설화〉

본래 운봉의 남면(南面)지역으로 용은이었는데 1914년 행정구역 통폐합 때 수철리, 용은리와 덕산리, 유평리 각 일부가 병합되어 공안리에 편입되었다.

마을은 약 200년 전에 청도 김씨가 정착하면서 형성되었다. 이들 김씨는 현재까지 마을의 대종을 이루고 있으며, 그 후 박씨, 이씨, 오씨, 등이 차례로 이주하였다.

전설에 의하면 옛날 어느 도사가 이곳을 지나가다 마을 터를 유심히 살펴보고는 이 마을에 언젠가는 용이 나타났다가 승천하지 못하고 숨어버릴 형국이라 하였다고 한다.

그로부터 수 년 후 과연 짙은 안개와 함께 발산에서 내려온 용이 마을 어딘가에 숨어버렸다고 한다. 그 후 이 마을을 용이 숨은 마을이라 하여 용은(龍隱) 마을로 부르게 되었다.

또 일설에는 마을 형성 이전부터 신라 말 도선 국사가 이곳이 용이 숨어 있는 길지임을 알고 터를 잡아두었는데, 그 후 사람들이 명당 터를 찾아 들어 살면서 용은 마을로 부르게 되었다고 한다. 마을 사람들에 의하면 마을 동쪽에 작은 바위가 있었는데 그 바위를 용 이빨바위라고 부르고 있다.

지리산의 정기가 멀리 고리봉가 세걸산을 타고 부운치로 이어져 내려와 향교 뒷산에서 뭉쳐 향교의 주산이라 일컫는 발산(鉢山)이 되었다. 그 발산 남쪽 아래 웅크리듯 자리한 마을이 용은 마을이다.

－『남원전통문화체험관』

2. 화수리(花水里)

본래 운봉군 서면 지역이었으나 1914년 행정구역 통폐합 때 전촌리, 옥계리, 비전리, 소석리 일부를 병합하여 화수리라 하고 남원군 운봉면에 편입되었다. 1995년 3월 운봉면이 읍으로 승격됨에 따라 운봉읍 화수리가 되었다.

화수리의 자연 마을로 전촌, 소석리, 육거리, 지와막, 비전, 하마정, 옥계동이 있었으나 현재 육거리, 지와막, 하마정, 옥계동은 폐촌이 되었으며, 1961년 이후 군화동과 화신동이 새로 형성되었다.

■ 덕두봉(德頭峯)

분류 : 〈형국〉, 〈지명〉, 〈설화〉

운봉읍 화수리, 인월면 중군리 사이에 걸쳐있는 봉우리이다.

일명 흥덕산(興德山)으로 불린다. 전설에 따르면 산기슭에 있는 '용마름산'이 옛적에 자꾸 움직이자 어느 도사가 칼로 산을 갈라서 석축을 쌓고 산을 못 움직이도록 하였다고 한다. 그러나 실제로 용의 허리에 해당하는 중요한 곳을 갈라놓아서 용이 멈추어 형성된 산을 용산(龍山)이라 이름 하였고, 현재 축산연구소 옆에 자리하는 용산리라는 지명이 실재하고 있다. 또 옛날에 덕두봉 동쪽 아래에 있는 절에 장성 이씨가 수양하러 왔다가 수려한 자연경관에 반하여 동쪽아래 마을에 정착하면서 이곳의 산세와 지형이 노루의 목과 같다하여, '노루 장(獐)'자와, '목 항(項)'자를 써서 '장항 마을' 또는 '노루목'이라 불렀다고 한다. 이 마을은 현재 산내면에 속하며, 남천과 만수천이 합류하는 목에 위치하고 있다.

－『디지털남원문화대전』

◉ 비전(碑前) 마을

분류 : 〈명당〉, 〈묘지〉

운봉 읍내를 출발하여 함양으로 가는 도중 전촌 입구에서 북쪽으로 약 500m 거리에서 반월형의 화수산 아래 고송이 우거진 황산대첩비가 있다. 그 동편에는 비전 마을이 위치하고 있다.

본래 비전 마을에는 이씨 문중의 묘가 있었으나 황산대첩비지(荒山大捷碑址)에 밀려 황산 서편 기슭으로 이장되었다. 이장한 묘 자리 역시 국가에서 지정한 국풍(國風)이 잡은 명당이라 오랜 세월이 지난 지금까지도 성묘 행렬이 이어지고 있다.

-『디지털남원문화대전』

3. 덕산리(德山里)

◉ 가장 마을

분류 : 〈형국〉, 〈명당〉

가장마을은 풍수지리설에 의하면 하늘에서 내려온 선녀가 화장을 하고 있는 형국이라 하여 가장(佳粧)이라 불렀다고 한다. 지금은 들녘에 농사짓는 움막 터를 뜻하는 '농막 장 (庄)'자를 써 가장(佳庄)으로 쓰고 있다.

-『디지털남원문화대전』

◉ 덕산 마을

분류 : 〈명당〉

덕산 마을은 1580년경 김씨와 오씨가 수정봉의 정기가 맺힌 명당 터를 찾던 중 버려진 황무지가 명당인지라 이곳에 터를 잡고 정착하였다고 한다.

-『디지털남원문화대전』

4. 행정리(杏亭里)

□ 설화「도깨비 혈」

분류 : 〈설화〉, 〈금기〉

남원시 운봉읍 행정리 마을 앞 도로 건너편에는 창녕 조씨 효자비가 있다. 어느 해인가, 이 효자비가 비바람에 노출된 채 비문이 마모되자 창녕 조씨 가문에서 비각을 세웠다.

그런데 비각을 세운 후로 마을에는 여러 가지 해괴한 사고가 발생하였다. 일가친척들이 갑자기 비명횡사를 하는가 하면, 마을에 원인을 알 수 없는 불이 여러 번 났다. 그런가 하면 밥을 지으려고 이제 막 마루에 내어놓은 쌀바가지에 있던 쌀알들이 벌레처럼 기어나가고, 저녁밥을 푸려고 솥뚜껑을 열자 솥뚜껑이 밑으로 빠지는 등 이유를 알 수 없는 일들이 계속해서 일어났다.

한 무당에게 이유를 물으니, 그 비석을 세운 자리가 도깨비 혈이어서 도깨비들이 노하여 재앙을 일으키는 것이라 하였다. 마을 사람들은 비각을 뜯어 불에 태우고는, 이후에는 효자비가 서 있는 도로의 동쪽에는 집을 짓지 않았다고 한다.

- 『디지털남원문화대전』

■ 수정봉(水晶峰)

분류 : 〈명당〉, 〈설화〉, 〈금기〉

운봉읍 행정리와 주천면 덕치리, 이백면 효기리의 경계에 있는 산이다.

수정봉은 마치 학이 날개를 피고 날 듯한 형상을 하고 있다고 알려져 있다. 전설에 의하면 수정봉의 노치마을에 옛날 민씨(閔氏)라는 거지가 살았는데 그는 짚신을 삼아 팔았다. 어느 추운 겨울날 민씨가 죽어 눈 덮인 산을 헤매어 시체를 매장하려는데 신기하게도 시체의 관이 알맞게 들어갈 만큼 눈이 녹아 있는 곳이 있었다. 그리하여 그곳에 장사를 지냈는데 바로 그 자리가 용은 용인데 주인이 없다는 황룡무주(黃龍無主)의 명당이었다.

이 묘를 쓴 뒤 그 후손이 번창하였다고 한다. 그런데 그 묘에 호화롭게 석물을 세우고 보수를 한 뒤로는 자손들이 뜻밖에도 나쁜 일을 당했다. 그래서 다시 석물들을 없앴더니 화가 없어졌다고 한다. 돌이 무거워 학이 날지 못했다는 것이다.

－『디지털남원문화대전』

◉ 엄계리(嚴溪里)

분류 : 〈형국〉, 〈명당〉, 〈설화〉, 〈묘지〉, 〈단맥〉, 〈주택〉

엄계리는 행정리에 최초로 정착한 선비 엄씨(嚴氏)가 낚시하던 시냇가라 하여, '엄할 엄(嚴)'자와 '시내 계(溪)'자를 합해 엄계라 부르게 되었다고 한다.

엄계리는 활의 형국이라 해서 '활터'라고도 하며 마을 앞 도로가 화살이라고 한다. 지형은 지리산 맥이 고리봉을 타고 수정봉으로 이어지면서 행정리 황새봉을 거쳐 엄계리로 내려온다. 다시 마을을 감싸 안고 돌아 마을 끝 북쪽에 기를 모아 댓봉을 밀어 올리면서 내달아 마산 천마봉에서 멈춰 선다.

지기(地氣)를 지리산 정기로 보는 이유는 고리봉과 원평 마을 뒷산 덕음봉을 경계로 주촌천과 운봉 광천의 분수계가 분리되는데 이는 맥이 끊이지 않고 이어지기 때문이다. 따라서 일제강점기 일본인들은 원평 마을 입구에 쇠말뚝을 박아 지기를 끊으려 했다고 한다.

여원치 남쪽에는 주지암(住智庵)이 있는데 이 지명 유래가 바로 지리산이 주지암까지 이어져 멈춘 자리라는 데서 연유한다. 이러한 지맥의 형성 과정에서 엄계리 주변에는 정승이 날 묏자리(음택)와 집터(양택)의 명당이 많았다고 한다.

그런데 조선에서 많은 인재가 배출되는 것을 두려워 한 중국 조정에서는 이름난 도사를 시켜 조선의 지형도에 붓으로 혈을 끊도록 하여 지금껏 기를 펴지 못하고 있다는 설이 전해져 오고 있다. 황새봉에는 김진사 묘가 남아 있다.

- 『디지털남원문화대전』

5. 매요리(梅要里)

분류 : 〈형국〉, 〈지명〉

지세가 말의 형국을 닮았다 하여 '말 마(馬)'자와 '허리 요(腰)'자를 합하여 마요리(馬腰里)라 칭하게 되었다. 그 후 임진왜란·정유재란이 7년 만에 끝나자 고승 사명당(유정(惟政))이 산천을 두루 유람하다가 마요리에 당도하였다.

사명당은 매화의 꿋꿋한 정기가 감도는 것을 보고, 이 마을 사람들은 매화같이 선량할 것이니 지형과 인심에 맞게 매요리(梅要里)로 고치는 것이 합당하다 하여, 그 후부터 매요리로 부르게 되었다.

약 400년 전 임진왜란을 전후하여 진주 강씨와 양성 이씨(陽城李氏)가 왜적의 침범이 잦을 것을 예상하여, 지리산 능선을 따라 서북쪽으로 수정봉과 고남산을 차례로 지나 이곳에 터를 잡고 중시조가 되었다.

고남산과 황산의 날줄기로 장수군 번암면의 경계선 상에 위치하고 있으며, 그 날줄기가 마을을 포옹하듯 휘감고 있다. 북쪽 뒷산이 구릉을 이루어 바람을 막는 구실을 하니 바람과 홍수로 인한 재해가 없어질 뿐만 아니라, 농사에도 더없이 좋은 환경이 되었다고 한다.

- 『디지털남원문화대전』

임재왜란 전후 진주 강씨(晉州姜氏)와 양성 이씨(陽城李氏)는 왜적의 침범이 잦을 것을 예상하여 지리산 능선을 따라서 북쪽으로 수정봉과 고남산을 차례로 지나 이곳에 터를 잡고 중시조가 되었다.

마을의 지형이 고남산과 화산의 날줄기로 장수군 번암면의 경계선상에 위치하고 좌청룡 우백호 날줄기가 마을을 이루어 방풍 구실을 하니 풍해와 수해가 없어 농사에 더없이 좋은 길지이다.

임진, 정유 양난이 7년 만에 끝나자 고승 사명당 유정(惟政)이 산천을 두루 유람하다가 매요리에 당도하여 보니 매화의 꿋꿋한 정기와 순결한 향기가 감도는 것을 보고 이 마을에서 낳은 사람들은 매화같이 선량할 것이니 지형과 인심에 맞게 매요리라 고치는 것이 합당하다 하여 매요리로 바뀌었다.

– 『남원전통문화체험관』

6. 산덕리(山德里)

분류 : 〈형국〉, 〈명당〉

산덕리는 행정리인 삼산리와 자연 마을인 삼산 마을을 포함하고 있다. 지리산 바래봉과 세걸산 아래 구릉에 위치하고 있다.

동복 오씨가 처음 터를 잡은 뒤, 산제당을 지어 산의 덕을 받아 마을의 무사태평을 기원한 데서 '산덕(山德)'이란 마을이름이 유래하였다.

고려 후기인 1380년(우왕 6)에 동복 오씨가 처음 터를 잡고 마을을 이루었다. 본래는 운봉군 남면 지역이었으나 1914년 행정구역 통폐합 때 삼산리와 교촌리, 군내면의 동천리 일부를 병합하여 산덕리로 통칭하고 운봉면에 편입하였다. 1995년 3월 2일 운봉면이 운봉읍으로 승격되어 운봉읍 산덕리가 되었다.

부운이재(부운치)와 너랭이재(팔랑치)의 분수령 서쪽에서 발원하는 산덕천이 마을을 지나고, 남쪽에는 향교 주산인 앞바람이 우뚝 서 있다. 마을 동쪽 솔목 안 아래 장기절이라 부르는 장계암 터가 있고, 북쪽에는 옥림사 터가 있어 마을 주변이 모두 산세가 좋은 주머니혈의 명당 터임을 알 수 있다.

또한 마을 남쪽 서당 안 골짜기에는 장차 삼정승이 나올 길지가 있으며, 죽제봉에는 챙이혈과 금계포란형, 부처가 춤추는 형국인 불무혈과 목탁혈, 개혈, 사두혈, 장군금반형 등의 명당이 있다고 전해 온다.

- 『디지털남원문화대전』

◉ 산덕(山德) 마을

분류 : 〈명당〉, 〈지명〉

본래 운봉의 남면(南面) 산덕이었는데 1914년 행정구역 통폐합 때 삼산리, 교촌리와 군내면의 동천리 일부가 병합되어 삼산리에 편입되었다. 고려 말 우왕 6년(1380년) 동복 오씨(同福吳氏)가 명산의 정기를 모은 이곳 길지에 터를 잡아 그 효험으로 평화롭게 살아왔다.

지리산 줄기가 이어져 고리봉(1,304m), 세걸산(1,198m), 바래봉(1,110m) 등이 산세를 갖추고 바래봉 밑 정기를 받은 이곳은 예부터 화기가 감돌고 수려하여 동복 오씨(同福吳氏)가 처음 터를 잡고 산제당을 지어 산의 덕을 받아 마을이 무사태평하기를 기원한데서 산덕(山德)마을로 불렸다고 한다.

바래봉이란 본래 발산(鉢山)이라 쓰며 곧 운봉 향교의 주산이다. 바래란 나무로 만든 승려의 밥그릇인 바리란 뜻으로 운봉 10경 중의 '바래봉 달빛 아래 들리는 경쇠소리'가 있듯이 바래봉(발산)에는 산제당과 많은 절이 산재해 있었다고 한다.

- 『남원전통문화체험관』

7. 서천리(西川里)

■ 서림숲

분류 : 〈비보〉

산림 생태계에서 극상림을 구성하고 있는 나무가 서어나무인데, 서어나무들이 숲을 이루어 서림숲이라 전해 왔다.

원래는 느티나무·밤나무 등으로 숲을 이루어 마을에서는 선두숲이란 명칭으로 관리하여 왔다. 그러다 고목나무 등이 폭풍 또는 병해로 한두 그루씩 고사되어 현재는 서어나무 5주가 남았으며, 88서울올림픽을 맞아 남원군에서 올림픽 숲 조성사업으로 심은 느티나무 40주가 있다.

주변에는 서림정이 있으며, 현재 목장승은 없고 석장승과 충혼탑이 있다. 현재 서림숲은 여원치에서 팔랑치로 부는 바람의 통로가 되어 운봉읍에서 가장 지세가 허한 곳이다. 따라서 석장승과 짐대가 숲과 함께 비보 및 액막이, 그리고 방재 등의 역할을 하였다.

서림숲 좌측 느티나무 아래 서하동 당산제단에서는 매년 정월 초 2일에 제관을 선정하여 당산제를 지내고 있다.

－『디지털남원문화대전』

◉ 서남(西南)마을, 서하(西下)마을

분류 : 〈형국〉, 〈명당〉, 〈단맥〉, 〈유적〉

고리봉과 세걸산에서 발원한 주촌천과 공안천이 합류하여 마을 서쪽을 흐른다. 운봉에서는 가장 수량이 풍부하여 잦은 수해를 겪어온 관례로 일찍부터 천변에 남북으로 제방을 쌓고, 마산고개로 통하는 아홉 칸 다리 서천교가 놓여졌다.

과거 운봉 서면(西面) 사람들이 넘나들던 마산(馬山)은 말이 바람을 가르는 천마시풍형국(天馬澌風形局)이었다고 한다.

말의 머리 부분이 고개에 해당하며 준향 마을 쪽으로 향하고 말의 꼬리가 옛날 운봉관아에서 기우제를 지내던 야제당(野祭堂)에 해당 된다고 하는데 마산 고개에 있던 말등자형(馬鐙子形)의 대혈(大穴)이 왜정 때 신작로를 개설하면서 잘려나가 시비가 많았다고 한다.

서천이 흐르는 안쪽 서림숲은 더위를 식히는 마을 휴식처로 사용되었으며 마을을 수호하는 석장승 2기와 갑오토비사적비, 충혼탑 등 각종 비석군(碑石群)이 산재해 있어 서천리가 과거 역사와 전통을 이어온 마을임을 짐작케 한다.

— 『남원전통문화체험관』

8. 장교리(長橋里)

◉ 장교(長橋) 마을

분류 : 〈형국〉, 〈지명〉, 〈도참〉

본래 운봉의 서면(西面) 지역으로 지형이 긴 다리와 같아 장다리 또는 장교리(長橋里)라 하였다. 1914년 행정구역 통폐합 때 여원리(女院里), 장치리(獐峙里), 연동리(蓮洞里)일부가 병합되어 장교리(長橋里)라 하고 남원군 운봉면에 편입되었다.

이곳은 삼국시대부터 천씨 3가구가 움막을 치고 부족사회와 같은 원시생활을 시작하였다고 한다. 고려 말 왜구가 자주 침략하여 급기야는 운봉과 인월에 은거를 두고 약탈과 온갖 만행을 저지르자 조정에서 이성계 장군으로 하여금 토벌케 하였다.

당시 장군은 고승 무학대사를 대동하고 퉁두란(이두란), 변안렬 등 무자등과 1000여 군병을 거느리고 이곳을 통과할 때 고남산(적산)에서 3일 기도를 드리게 되었다.

이때 수행하던 무학대사가 지형을 살펴보니 고남산 줄기가 마을까지 뻗어 내린 모양이 마치 긴 교량을 가설한 듯 하므로 마을 이름을 '장다리'라 지어 주면서 이 마을은 장차 이씨와 김씨의 터가 될 것이라 예언하였다.

또 일설에는 이성계가 고남산에서 3일 기도를 드린 후 왜구를 몰리치고 제왕이 되었기에 고남산을 제왕봉(帝王峰)이라 불렀으며 제왕봉의 정기를 받아 마을이 부촌을 이루고 도적이나 재앙이 없이 대대로 태평하였다고 한다.

마을 남쪽 할머니당산이 있는 안산이 거북이 혈(穴)이고, 중고개 등쪽 산이 용혈이며, 연재마을 동북쪽 야산에 봉당혈이 있다고 전해진다. 그래서 이 세 야산사이에 있는 들녘을 구렁터 또는 구룡봉(龜龍鳳)터라고 부른다.

- 『남원전통문화체험관』

◉ 장동 마을

분류 : 〈형국〉, 〈명당〉, 〈비보〉, 〈묘지〉

장동리는 예로부터 노루가 한가로이 낮잠을 즐기는 형국이라 하여 노루골이라 했는데 지명을 한자로 바꾸면서 장동이 되었다. 연동리는 연꽃 형국의 길지라 해서 연골, 연동 또는 삼막, 산막이라 하였다.

장동리의 경우 최초의 입향조는 신씨로 알려져 있고 그 뒤 고씨가 터를 잡았으며 지금은 여러 성씨가 모여 살고 있다. 본래 운봉의 서면 지역으로 노루골 또는 장치리라 하였다. 1914년 행정구역 통폐합 때 여원리와 장치리를 합하여 장동리라 하고, 연동리 일부가 병합되어 장교리에 편입되었다가 1972년 행정 분리에 따라 단위 행정마을로 독립된 곳이다.

조선시대 여원이 있던 연재는 30여 년 전만 하여도 남원시장을 보러 다니는 사람들의 휴식처인 주막이 있었던 마을로 하루 종일 성황을 이루었다고 하나 지금은 집터만 남아 있다.

장동리는 마을 입구 논 한가운데 작은 흙 봉분이 있는데, 마을 사람들은 똥뫼라 부르지만 그 모양이 상서롭지 않다 하여 그대로 보존하고 있다. 마을 내 장자터는 본래 운봉박씨 묘가 있던 곳인데 지금은 이장을 하였다. 장자터에 큰 바위가 하나 있는데 묘를 조성할 때 마을 뒤 고개 너머에 있던 기묘한 형상의 쌍바위 중 하나를 옮겨온 것이다. 과거 기우제와 당산제를 지내던 앞, 뒤 당산이 있다.

연동리는 마을 주위가 산으로 둘러싸여 있으며 마을 앞 논에는 흙 봉분이 있는데 마을의 재난을 막고 행운을 기원한다는 뜻으로 만든 비보(裨補) 시설이다.

–『디지털남원문화대전』

◉ 연동 마을

분류 : 〈형국〉, 〈명당〉, 〈비보〉

연동리는 1400년경 홍정승이 전국을 유람하다 여원재 아흔 아홉 고개를 구비구비 돌아 고갯마루 여원에 이르러 말을 풀밭에 놓게 하고 잠시 휴식을 하였다. 다시 행차를 수습하는데 풀을 뜯던 말이 온데간데 없으므로 수행원들이 말의 발자국을 따라 갔더니 지금의 연동리 106번지 지점의 따뜻한 양지 바른 곳에 누워 있는 것이었다.

이를 기이하게 여긴 수행원들이 홍정승에게 아뢰자 홍정승은 이곳이 길지임을 깨닫고 남양홍씨 자손을 연동리로 이주시켰다. 이후 홍씨 가문이 번성하여 큰 마을이 형성되었다.

이후 홍씨들은 타지로 이동해 가고 1730년경 전주이씨와 김해 김씨가 장교리에서 분가해 와 다시 마을을 형성하였다. 홍씨들이 3대에 걸쳐 막을 치고 살았다 하여 '삼막'이라 하였으며 '산막'이라고도 하였다.

그 후 마을 뒤 노루봉과 마을 앞 연못의 연꽃이 유달리 아름다워 속칭 연골이라 부르기 시작한 것이 어느덧 마을 이름으로 되었다. 지명을 한자로 바꾸면서 연동이 되었다. 본래 운봉의 서면 지역으로 1914년 행정구역 통폐합 때 여원리, 장치리, 연동리 일부가 병합되어 장교리에 편입되었다.

－『디지털남원문화대전』

본래 운봉의 서면(西面)지역으로 연꽃 형국의 길지라 해서 연골, 연동(蓮洞) 또는 삼막(三幕)이라 하였다.

1914년 행정구역 통폐합 때 여원리(女院里), 장치리(獐峙里), 연동리(蓮洞里)일부가 병합되어 장교리(長橋里)에 편입되었다.

조선 초(1400년경) 홍정승(洪政丞)이 전국을 유람하다가 여원재 아흔아홉 고개를 굽이굽이 돌아 고개마루 여원(女院)에 이르러 말을 풀밭에 놀게 하고 잠시 휴식을 하다 다시 행차를 수습하니 풀을 뜯던 말이 온데간데 없으므로 발자국을 따라 찾아 갔더니 현재 연동리 106번지 지점의 따뜻한 양지쪽에 누워 있는지라 수행원들이 기이하게 여겨 홍정승에게 아뢰었다.

홍정승은 이곳이 길지임을 알고 남양 홍씨(南陽洪氏) 자손을 이곳에 이주시켜 홍씨 마을을 형성하여 크게 번창하였다.

그러다가 홍씨들은 타지로 이동해 가고 1730년경(영조 때) 전주 이씨와 김해 김씨가 장교 마을에서 분가해 와 본격적인 마을을 형성하였다. 홍씨들이 3대에 걸쳐 막(幕)을 치고 살았다거 해서 삼막(三幕)이라 했는데 일명 산막으로 불리어 왔다.

덕유산 지맥이 유유히 남으로 흐르다가 멀리 지리산이 마주 보이는 운봉고원에서 불끈 솟아 올라 태조봉이라 일컫는 고남산을 만들고 그 정기(精氣)를 바래봉 쪽으로 슬그머니 밀어 내며 뭉쳐놓아 연꽃형국의 길지를 만들어 놓은 곳이 바로 연동마을이다.

예부터 풍수가들은 운봉의 4개 읍면에서 명당 마을을 꼽을 때면 으레

"일 산막 이 구색, 삼 개암"이라고 말하여 왔다.

이는 운봉 4개 읍면에서 명당 마을은 첫째가 산막(운봉읍 연동마을), 둘째가 구색이(아영면 구상마을), 셋째가 개암(동면 의지 마을)이라는 뜻이다. 또 마을 앞 논 가운데에는 토봉(土峰)이 있는데 마을의 재난을 막고 행운은 기원하는 뜻으로 주민들이 흙을 쌓아 만든 비보(裨補)시설이다.

— 『남원전통문화체험관』

□ 설화 「연동마을과 노승」

분류 : 〈명당〉, 〈설화〉, 〈단맥〉

조선시대 초기 홍정승 일행이 운봉의 장승백이를 지나고 있었다. 이곳에는 맑은 샘물이 있어서 사람들이 쉬어가는 곳이었다. 여느 때처럼 일행이 잠시 쉬는 사이에 홍정승이 타던 말이 없어졌다.

사람들이 놀라서 말을 찾아 나섰는데, 말은 그곳에서 1㎞쯤 떨어진 지금의 연동마을에 누워 있었다. 사람들이 이를 상서로운 일로 여겨 말이 누운 자리를 명당 터로 믿었다. 그리하여 홍정승은 말이 누운 자리에 집을 짓고 살면서 연동마을의 입향조가 되었다.

그곳은 예전부터 '산막'이라 부르던 곳이었다. 이는 주변이 모두 명당터인지라 권세 있는 집안에서 쓴 묘가 많아 주변에 막을 치고 삼년상을 치르는 시묘살이가 끊이지 않았기 때문이었다. 그러다가 홍정승이 마을에 살게 되면서, 마을 한가운데에 커다란 연꽃방죽이 있다고 하여 마을 이름을 연동(蓮洞)이라 부르게 되었다.

어느 날 연동리에 노승 한 명이 찾아들었는데, 홍대감이 이를 괘씸하게 여기어 노승을 잡아다 대테를 틀게 하였다. 대테란 원래 대나무를 쪼개어 나무그릇이나 오지그릇을 매는 데 쓰던 것이다. 그러니까 대테틀기란, 대나무 대신 넓은 보자기에 콩을 넣고 둘둘 말아서 머리를 꽁꽁 동여맨 다음, 콩보자기에 물을 부어 콩이 점점 불어나면서 머리를 조여 고통을 주는 일종의 고문이었다.

고통을 이기지 못한 노승이 홍 대감에게 대면을 청하였다. 그리고 자신을 풀어 주면 이 마을에 대대손손 복을 누리는 처방을 알려주겠다고 제의하였다. 방법인즉 연동리 앞을 가리고 있는 작은 야산과 대감 집 뒷산을 트면 온갖 명예와 재복을 받게 된다는 것이었다.

홍 대감은 노승을 풀어 준 뒤 많은 사람을 동원하여 노승의 말대로 하였다. 그러나 그것은 홍씨 일가를 망하게 하려는 노승의 복수였다. 그 후 홍씨 일가는 날로 기울어지는 가문을 바로세우고자 다시 마을 앞에 독뫼(동산)를 세우고 흙 한 짐에 한 냥씩 하는 일꾼을 사서 집 뒷산을 원래 모양으로 메우고자 하였으나 허사였다.

결국 홍씨 집안은 연동 마을을 뜨고 말았다. 지금도 마을 뒤 가동으로 넘어가는 고개를 홍씨들이 많은 돈을 들여 메운 곳이라 하여 돈구뎅이라 부르고 있다.

- 『디지털남원문화대전』

9. 임리(林里)

마을 둘레 야산에 소나무 숲이 우거져 그 풍경이 일품이라 하여 '숲머리', '숲멀'이라 하였다. 본래 운봉군 서면 지역이었으나 1914년 행정구역 통폐합 때 임리(林里)라 하여 남원군 운봉면에 편입시켰다. 1995년 3월 운봉면이 운봉읍으로 승격됨에 따라 운봉읍 임리가 되었다.

- 『디지털남원문화대전』

◉ 임리 마을

분류 : 〈형국〉, 〈명당〉, 〈묘지〉

임리 마을은 서북쪽 고남산 줄기가 동쪽으로 흘러내리면서 독골재(통안제) 상사바위를 비쭉 밀어내고 서치(턴저골-유치재)에서 잠시 멈추어서 말머리형국의 터를 만들고, 노승타불의 목탁혈 명당이 있다는 불당제(새방죽)와 그곳에서 흘러내린 영천(영천)물줄기를 순사날망으로 감사며 수려한 소나무 숲으로 훈훈한 동풍을 가두어 소위 풍수에서 말하는 장풍득수(藏風得水)의 명당터를 이룬 곳이다.

마을 서쪽에 위치한 안산에는 여러 고분이 산재해 있어 분명 옛날부터 길지임을 말해준다. 임리는 과거 현지 시찰을 위한 원님 행차 시 운봉 동헌을 출발하여 아곡으로 넘어갈 경우 마을 앞에서 솥을 걸고 밥을 지었다고 하여 이곳을 밥재이들(식정: 食鼎)이라고 한다.

ー『남원전통문화체험관』

10. 주촌리(舟村里)

분류 : 〈형국〉, 〈지명〉

본래 운봉의 남면(南面)지역을 배말 또는 주촌이라 했는데 1914년 행정구역 통폐합 때 원평(元坪), 주촌(舟村) 및 남원군 상원천면(上元川面) 노치(盧峙) 일부를 병합하여 주촌리라 하여 남원군 운봉면에 편입되었다.

이 마을의 본래 이름은 배몰 또는 배촌으로 지형이 바다에 떠있는 배의 형국이기 때문이라고 한다. 또 마을이 배의 한복판에 있어 항상 배의 뒤를 돌아보아 배의 안전을 살펴야 했기 때문에 배의 꼬리 부분을 바라본다는 뜻으로 마을 이름을 망종리(望終里)라 부르기도 하였다.

일설에 의하면 석기시대 때 운봉이 큰 호수로 있을 때 사람들이 고리봉에 배를 매고 고기잡이 생활을 하였다가 배말 또는 뱃몰이라 하였다는 설도 있다. 지명을 한자로 바꾸면서 '배 주(舟)'자를 넣어 주촌(舟村)이 되었다.

ー『남원전통문화체험관』

11. 권포리(權布里)

분류 : 〈물형〉, 〈명당〉, 〈지명〉, 〈설화〉, 〈묘지〉

마을 뒤쪽 고남산을 배경으로 정씨들이 주종을 이루며 대대로 평화롭게 살아왔다. 고남산을 마주 바라보면 제단을 쌓은 고남산 정상이 마치 감투를 쓴 것처럼 보인다.

서쪽으로 동학혁명 다시 남원에서 진격해 오는 동학군과 운봉 민보군의 큰 전투가 있었던 관음치와 고남산성 동쪽으로 통하는 통안재가 있어 이 두 고개는 과거 교통이 불편하던 시절 산동면 부절리와 월석리로 통하는 유일한 통로 역할을 하였다.

또한 통안재 북동쪽에 위치한 봉낙골은 경주 정씨(慶州鄭氏) 선산이 있는 곳으로 근동에서 보기 드문 명당자리로 알려져 있다.

전설에 의하면 마을 남쪽 1㎞ 지점의 팔봉(八鳳)에는 여덟 곳의 명당이 있다는 말이 전해지고 있었다.

그 후 이 말을 믿는 많은 도사와 일반 사람들이 8명당을 찾아 헤매었으나 아무도 그 혈(穴)을 찾지 못하였다.

그런데 어느 날 명당의 지기(地氣)가 다하였는지 그 여덟 명당 자리에서 봉(鳳) 여덟 마리가 한꺼번에 날아올라 북쪽을 향해 날더니 상사바위 뒤쪽에 내려앉았다.

이것을 본 사람들은 명당자리가 있을 것이라며 이곳을 봉락골이라 불렀다. 지금도 봉락골 어디에 8개의 명당이 있다고 전해진다.

－『남원전통문화체험관』

⊙ 가동(加洞)마을

분류 : 〈형국〉

장교 마을을 지나 덤멀(몰)고개를 넘어서면 먼저 운상원소리터와 30호

남짓 되는 가동 마을이 나타난다. 뒤로는 제왕봉이라 불리는 고남산이 마을을 수호하듯 우뚝 서 있고 마을 앞에는 풍수지리적으로 막이가 되는 독뫼가 마을 앞 들녘에 있다.

－『남원전통문화체험관』

12. 북천리(北川里)

분류 : 〈형국〉, 〈명당〉

마을 뒤편으로 남천(濫川)이 마을을 휘감듯 흐르고 냇가 건너 운보의 주산인 잿뫼산(성산)이 운봉의 역사와 함께 유유히 고을을 지켜왔다. 잿뫼산에는 운중발룡(雲中發龍)의 명당터가 있다고 한다.

－『남원전통문화체험관』

13. 신기리(新基里)

분류 : 〈형국〉, 〈명당〉, 〈비보〉

운봉의 주산인 성산(城山:잿뫼산) 남쪽 기슭을 휘돌아 광천(남천)은 마을 동쪽 너른 광탄 들녘을 기름지게 하고 황산이 지키는 좁은 협곡을 지나 인월 풍천으로 빠져 나간다.

덕유산 줄기가 고남산을 통해 성산에 그 기(氣)를 묻었다가 오리정에서 화산으로 이어지는 길목 진수러기와 와우형(蝸牛形) 명당터에 이룬 마을이다.

성산은 신라의 국경 요새였다 하며, 주변 경치가 아름다운 광탄에는 옛날부터 수많은 백로가 날아들어 장관을 이루었다 한다. 그래서 이곳은 운봉 10경중의 하나인 광탄면로(광탄의 잠자는 해오라기)의 풍치를 엮어내던 곳이다.

특히 마을 앞에 있는 초봉(草峰)은 본래 이름이 구암(口岩)이었는데, 1972년경 새마을사업이 한창이던 때 동네 사람들이 와우혈인 마을 터에 걸맞게 소가 먹을 풀(밥구시)을 의미하는 초봉(草峰)으로 개칭하였다.

마을 앞에는 이층 규모의 운악정이란 큰 정자가 있었으나 1955년경 순흥 안씨 제각을 지었다고 전한다. 또한 소형국인 마을 북쪽 쇠잔등이가 잘려 마을의 쇠한 기운을 막고자 예부터 비보토성(裨補土城)을 쌓아왔다.

－『남원전통문화체험관』

14. 용산리(龍山里)

분류 : 〈형국〉, 〈비보〉, 〈지명〉, 〈설화〉

옛날 덕두산 중턱의 용마름산이 떠내려가듯 움직였는데 어느 도사가 칼로 산줄기를 잘라 그곳에 석축을 쌓아 산이 움직이지 못하게 했다고 한다.

이것은 산을 자른 것이지만 실제로는 용(龍)의 목을 자른 것이 되어 용이 멈춰 산을 이루었다고 하여 산 이름을 '용산'이라 부르게 되었다.

일설에는 용이 산에서 마을까지 내려오다 치마를 입은 여자를 보자 멈춰버려 그 후로는 마을이 번성하지 못한다는 이야기가 있다.

동쪽으로 멀리 해발 1150m의 덕두산이 솟아 있다. 이산의 남쪽 바래봉과 한께 지리산 줄기의 일부분으로 산이 험준하여 덕두산 정상에 이르면 그로부터 산내면 구역이 되고, 이 산을 분수령으로 서쪽에 흐른 계곡물은 모두 동천에 합류한다.

'부채설(혈)'은 돌을 인공으로 쌓아 석산을 만든 것인데 마을 입구 양편 두 곳에 인조 석산이 있으나 이것은 옛날 서낭당 일종인 듯하고 마을의 재난을 막고 산짐승을 방어하는 수단으로 쌓은 것이다. 마을 앞을 흐르는 동천이 만들어 낸 풍경에 작은 용쏘, 큰 용쏘가 있다. 일설에 의하면 작은 용쏘는 동생, 큰 용쏘는 형이라고 한다.

- 『남원전통문화체험관』

(附)운봉의 비기

竹杖을 밧비하야 雲峰으로 넘어가니 咸陽之境 天峙下의 龍馬入廐 多情
하다. 上下로 큰질 잇고 그 가온대 岩石잇서 盤石이 잇서스니 그 고듸 쓰
거드면 文武七人늘거시오 百子千孫 흐리로다. 姓名居住 살펴보니 咸陽朴
氏 物件이라. 東五里 雙龍弄珠 九川이 同朝흐니 欠업시 무친 穴이 火雷噬嗑
分明흐다. 艮峯이 尖秀흐고 丙丁이 特立흐니 長孫이 先發흐야 榮華가 無窮
흐네. 聯界洞 十五許의 靈龜曳尾 너는 어이 主山石穴마다ㅇ고 空然이 도라
서서 蟬翼砂만 엽폐싸고 壬山三節 依持흐야 明堂을 좁게흐고 滋味업시 숨
어는냐.

―『도선국사비기』

西嶺의 雌鳳抱卵 鼎足水足을 압폐놋코 金水星峯 七八節의 端正이 숨어
스니 이 山 主人찻자흐면 土山无妄 알아보소. 台峯下 數三節의 臥牛形이
더욱 좃타. 靑草를 압폐놋코 牛山을 案을 삼고 소리업시 숨어스니 그 뒤
라서 아라볼고. 그 알애 半月形은 銀河案이 되어구나. 明泉을 압폐두고 東
西로 通達흐니 主人峯 싱긴거시 文科五代 連發흐리.

東으로 바리보니 將軍形勢 雄壯흐다. 三代統相 흐려니와 寡不絶欠이로
다. 敵陣을 압폐두고 武公으로 활을 다려 쏘와 잡게 되어스니 旗鼓兵器 俱
備흐다. 西山의 乳兒逢母 龍虎回抱 흐여도다. 三四峯버린 中의 雙峰이 孝順
鬼라. 鉗 속의 微突穴이 三階坮 잇서구나. 四五尺을 파거드면 五色土 나리
로다. 主人形勢 살펴보니 水土姓이 發達이라. 九峙의 猛虎出林 狗山案이 完
然흐다. 先貧後富 多子孫 文科七人 나리로다.

―『도선국사비기』

금지면(金池面)

—

남원시 남서부에 있는 법정면이다. 남원 시역의 동남쪽에 자리 잡고 있다. 면의 동쪽은 송동면, 서쪽은 대강면, 남쪽은 곡성군, 북쪽은 주생면과 접해 있다. 풍악산과 문덕봉, 고리봉으로 이어지는 산맥이 금지면의 서쪽에 남북 방향으로 병풍처럼 둘러쳐져 있고, 요천이 금지면의 서편에 위치하여 남쪽으로 흘러나간다.

1. 서매리(書梅里)

서촌은 순창설씨(淳昌薛氏)가 처음 입주하여 서당을 열어 서촌이라 하였으며 매촌은 마을의 형국이 풍수지리상 매화낙지(梅花落地) 형국이라 하여 매촌이라 하였는데, 1914년 행정구역 통폐합 때 서촌과 매촌의 이름을 따서 서매리라 하였다.

◉ 매촌(梅村) 마을

분류 : 〈형국〉, 〈지명〉

본래 남원군(南原郡) 기지면(機池面) 매촌리(梅村里) 지역으로 매화낙지
(梅花落地) 형국이라하여 매촌(梅村)이라 했는데 1914년 행정구역 통폐합
때 서촌리(書村里), 매촌리(梅村里), 입암리(笠岩里) 각 일부가 병합되어
서촌과 매촌의 이름을 따서 서매리(書梅里)라 하고 서매리에 편입되었다.

매촌(梅村)마을은 지금으로부터 약 460년 전 남평 문씨(南平文氏)가 이
곳에 와 넓은 들을 보고 살기가 좋은 곳이라 생각하여 정착하고자 하던
중 현 위치인 매화산의 아름다움과 남으로 우뚝 솟은 고리봉(環峰), 북으
로 문덕봉이 있어 시원스럽고 맑은 물이 흐르는 만학동 골짜기의 아름다
음에 도취되어 이곳에 정착하게 되었다. 그 후 광산 김씨, 김해 김씨 등이
이주하여 살면서 매화산으로부터 매화꽃이 떨어진 곳 즉 매화낙지(梅花
落地)가 있다는 곳이라 하여 매촌(梅村)이라 부르게 되었다.

- 『남원전통문화체험관』

2. 신월리(新月里)

◉ 황구(黃龜) 마을

분류 : 〈형국〉, 〈지명〉

본래 남원군(南原郡) 금안면(金岸面) 신기리(新基里) 지역으로 구석몰,
구석(龜石) 또는 황구(黃龜)라 했는데 1914년 행정구역 통폐합 때 신기리
(新基里), 평촌리(坪村里), 하귀리(下貴里) 각 일부와 두동면(豆洞面)의 상
신리(上新里) 일부가 병합되어 신월리(新月里)라 하고 신월리에 편입되
었다.

황구(黃龜) 마을은 본래 신기리의 자연 마을이었던 것으로 추정되지만

정확한 것은 알 수 없다. 전해오는 이야기에 따르면, 이 마을 아래쪽에 용수막(현재의 龍田)이라는 큰 마을이 있었는데 1920년 이른바 경신년의 큰 홍수로 인하여 마을이 유실되자 용수막에 거주하던 일부 주민들이 이곳으로 이주해 왔는데, 처음에는 진주 하씨(晋州河氏)와 김해 김씨(金海金氏)가 정착하여 점차 마을을 형성하였다. 그 후 박씨, 양씨, 노씨, 라씨, 최씨, 오씨 등이 이주하여 약 22농가의 작은 마을을 형성하였다고 한다.

1920년 마을이 형성되어 장승, 금평과 함께 신월리(新月里)라 불렀으나 1972년 행정구역 분리로 황구마을도 독립 마을로 운영하고, 마을의 지형이 거북과 같다하여 황구(黃龜)라 칭하게 되었다.

- 『남원전통문화체험관』

3. 창산리(昌山里)

■ 창활수(昌活藪)

1. 명칭 : 창활수
2. 소재지 : 전라북도 남원군 금지면 창산리
3. 지황 : 남원 읍내의 남서방향 14킬로미터에 위치한 요천의 하안에 있는 창활리 취락의 북쪽 교외 일대에 자리한 하반평탄지이다. 동서쪽은 산악지대이며, 남북쪽은 요천유역의 경작지대로 이 지역은 요천의 모든 분류가 모여드는 곳에 해당한다. 요천은 남쪽 3킬로미터 되는 지점에 본류인 섬진강과 합류되며, 그 뒤 얼마 되지 않아 강변의 평야가 되어 특히 넓게 트여 있다.
4. 임황 : 미립목답지(未立木畓地)
5. 기타 : 창활리 취락은 예전의 역원지역이다.

- 『조선의 임수』

대강면(帶江面)

—

남원시의 남서부에 있는 법정면이다. 남원 시역의 동쪽 끝에 자리 잡고 있다. 면의 동쪽은 금지면과 주생면, 서쪽과 북쪽은 순창군, 남쪽은 곡성군과 접해 있다. 풍악산과 문덕봉, 고리봉으로 이어지는 산맥이 대강면의 동쪽에 남북방향으로 길게 뻗쳐있고, 섬진강이 대강면을 둥글게 에워싸고 동쪽으로 흐르면서 청계동 계곡을 지나 금지면으로 이어진다.

1. 사석리(沙石里)

▫설화「머슴이 스님을 구하고 명당을 얻어 아내를 맞이한 이야기」

분류 : 〈명당〉, 〈설화〉, 〈묘지〉

옛날에 성이 김해 김씨인 어떤 사람이 있었다. 그 사람은 집도 가난한데다가 어려서 부모를 잃어 남의 집 머슴으로 들어갔는데 주인은 광산 김씨였다. 광산 김씨네는 3백 석 정도 하는 부자였는데, 이웃에는 만석

거부인 과부 최씨가 살고 있었다.

  머슴은 광산 김씨네 집에서 삼십 년을 넘도록 착실하게 머슴살이를 하고 있었다. 하루는 주인어른이 논을 한 번 둘러보고 오라고 하여 논으로 나가는데, 이웃에 사는 과부 최씨가 샘에서 머슴을 불렀다. 평소에 얼굴한 번 제대로 볼 수 없던 사이인 최씨는, 머슴 김씨에게 동네 주막에 가서 스님 한 분을 살려 달라고 부탁하였다. 그러나 머슴 김씨는 그 이야기를 건성으로 듣고는 길을 갔다.

  과부 최씨가 말한 주막은 논으로 가는 길목에 있었는데, 주막 안에서 사람이 죽어가는 소리가 흘러나왔다. 머슴 김씨는 과부 최씨가 했던 말을 떠올리며 주막으로 달려 들어갔다. 주막 안에서는 어떤 남자가 스님의 옷을 벗겨 놓고는 죽일 듯 패고 있었다. 머슴 김씨는 방안으로 달려들어 말리면서 이유를 물었다.

  그러자 스님을 때리던 사람이, "이 중놈이 명당자리를 잘 잡는 풍수쟁이인 체하고 1년 동안이나 내 집에서 공짜 밥을 먹었다."면서 또 스님에게 달려들어 주먹질을 하려고 하였다. 머슴 김씨는 자신이 1년 동안의 밥값을 대신 치러 주겠노라면서 싸움을 말렸다.

  머슴 김씨는 30년 동안 안 받은 새경을 염두에 두고 밥값을 치러 주겠다고 장담을 했지만, 막상 주인이 그 돈을 한꺼번에 줄지 걱정이 되었다. 집에 돌아와 밥도 못 먹고 담배만 피우는 머슴에게 자초지종을 들은 주인은 머슴 김씨에게 백 냥을 주었다.

  머슴 김씨는 백 냥을 들고 주막으로 향했다. 그런데 과부 최씨가 어느새 머슴 김씨를 따라나와서는 머슴 김씨의 돈 꾸러미를 자신이 들고 나온 돈 꾸러미와 바꿔 주었다. 머슴 김씨는 영문도 모른 채 과부 최씨가 준 돈 꾸러미를 들고 주막에 가서 보니 거기에는 백한 냥하고도 닷 돈이 들어 있었다. 계산을 해보니 치러야 할 밥값이 백한 냥이었다. 머슴 김씨는 백한 냥을 밥값으로 주고 남은 닷 돈으로는 스님을 때린 사람과 화해

주를 마셨다.

　주막을 나온 후 스님은 머슴 김씨에게 고맙다는 인사를 하면서, 머슴 김씨의 부모님 묏자리를 잘 잡아서 장례를 모셔 주는 것으로 은혜를 갚겠다고 하였다. 평소 머슴 김씨의 착한 성품 덕분에 마을 사람들이 도와주어 장례는 성대하게 치러졌다. 장례를 지낸 스님은 머슴 김씨에게, "첫 장가는 한 삼백 석이나 가는 곳으로 올 가을 농사를 지은 후에 갈 것이고, 두 번째 장가는 한 만 석 정도 하는 곳으로 가게 될 것이오." 하고는 떠났다.

　그 해 가을 머슴 김씨가 추수를 다 해놓고 지붕 이을 일꾼을 하나 구하려고 동네로 나왔는데, 과부 최씨가 집에 한 번 다녀가라고 청하였다. 저녁 늦게야 과부 최씨의 집에 들어서자, 최씨는 하녀를 시켜 머슴 김씨를 목욕시키고 여자처럼 낭자를 틀어 올려 비녀를 꽂아 주고 치마저고리를 입게 하였다.

　머슴 김씨가 영문을 몰라하자 과부 최씨는, "오늘 밤에 김씨가 머슴을 사는 집 주인어른이 나를 보쌈하려고 올 것이네. 나대신 여기 가만히 누워 있으면 오늘 밤에 자네는 주인어른 네 19살 먹은 딸과 혼인하게 될 것이네." 하고는 방문을 탁 닫고 나가 버렸다.

　아닌게 아니라 조금 후에 보쌈꾼이 달려들어 머슴 김씨를 자루에 넣어 가지고 주인어른의 집으로 갔다. 머슴 김씨가 자루주머니를 꼭 쥐고 열지 못하도록 하자, 주인어른의 딸 방에 갖다 놓으면서 그날 밤은 딸과 함께 자라고 하였다. 사람들이 모두 잠든 후 자루에서 나온 머슴 김씨는 그날 밤 주인어른의 딸과 첫날밤을 치러 버렸다.

　다음 날 아침 모든 상황을 알게 된 주인어른은 어쩔 수 없이 두 사람을 혼인시킨 후 그날로 딸 내외를 집에서 쫓아내 버렸다. 그러자 과부 최씨는 기다렸다는 듯이 두 사람을 맞아들이고는 잔치를 준비하였다. 그러고는 집안사람들과 동네 사람들을 모두 모아 놓고 말하였다.

"내가 부자이기는 하지만 가까운 일가친척 하나 없고 살림도 쓸 데가 없는데, 여기 있는 김해 김씨가 사람이 괜찮은 듯하여 인연을 맺으려고 합니다. 그러니 그리들 아십시오." 그러고는 김씨의 아내에게, "당신은 나보다 나이가 어리기는 하지만 귀밑머리를 마주 풀었으니 본처가 되고, 나는 아무리 재산이 많고 나이가 많아도 혼례를 치르지 않았으니 첩이오. 앞으로 서방님 모시고 잘 지내봅시다."라고 일렀다.

김씨는 광산김씨 처한테서는 3남 2녀를 낳고, 최씨 부인한테서는 2남 3녀를 낳았다. 세월이 흘러 광산김씨 처의 아들과 최씨 부인의 아들이 과거를 보았다. 그런데 작은 부인인 최씨의 아들이 과거에 급제를 하게 되었다.

최씨 부인의 아들은 과거에 급제하여 어사 벼슬을 제수받아 임금을 뵙는 자리에서 자신의 처지를 하소연하였다. 서손인 자신은 어사가 되었는데 정작 본손은 벼슬을 못해서 자신의 입장이 참으로 난처하다는 이야기였다. 그러자 임금이, "그러면 네 아버지 성은 김해 김씨지만 네 성은 도광 김씨(道光金氏)로 하자."고 하며 성씨를 내려주어 최씨 부인의 아들은 도광 김씨의 시조가 되었다고 한다.

－『디지털남원문화대전』

2. 방동리(芳洞里)

분류 : 〈형국〉, 〈명당〉, 〈지명〉

방골(芳洞)과 닥밭골[楮洞]을 함께 부르는 이름이다. 마을의 서쪽에 꽃을 상징하는 꽃봉[花峯]이 있고, 남쪽에는 매화꽃을 상징하는 매산등(梅山嶝)이 있으며, 마을 주변의 산세가 마치 피어나는 연꽃처럼 보인다 하여 꽃다운 마을이라는 뜻으로 '꽃다울 방(芳)'자와 '골을 동(洞)'자를 쓴 방동(방골)이라 한 것이다. 마을의 모양이 온통 꽃을 상징하고 있을 뿐만 아

니라, 실제로 옛날부터 마을의 집앞방죽과 새방죽에는 해마다 붉은 연꽃
이 피어난다.

1420년(세종 2)에 남원 진씨(南原晉氏) 정착조인 진호노(晉虎老)가 문덕
봉 아래 시전동(柿田洞, 지금의 송내리)에 은둔하면서 지역의 산세를 살
피다가, 방골이 좋은 땅임을 발견하여 집을 짓고 살게 되면서 후손들의
세거지가 되었다.

대강의 명산인 고리봉, 문덕봉을 할아버지산(祖山)으로 하여, 북서쪽으
로 구마산맥이 병풍처럼 둘러싸 주고 있는 해발 70~80m의 구릉 지대에
있다. 감투봉 · 깃대봉 · 망월동산을 잇는 청룡등과 백호등이 마을을 감싸
주고 있다. 마을 앞으로는 넓은 방뜰평야가 펼쳐져 있고, 그 앞을 섬진강
물이 흐르며, 마을에 있는 집앞방죽과 새방죽에는 연이 자생하여 해마다
아름답게 핀다.

– 『디지털남원문화대전』

3. 송대리(松帶里)

◉ 송내(松內) 마을

분류 : 〈형국〉, 〈비보〉

본래 남원군의 초랑면(草郎面) 송내리(松內里) 지역으로 방터, 서안, 솔
안 또는 송내(松內)라 했는데 1914년 행정구역통폐합 때 대치리(帶峙里)가
병합되어 송내와 대치의 이름을 따 송대리(松帶里)라 하고 송대리에 편입
되었다. 자연마을 송내리와 상대치, 하대치 3개 마을이 합하여 법정리인
송대리로 관리하여 오다가 1960년대에 행정리로 송내리가 분리되었다.

1380년경(고려 말) 현재 마을에서 1.5km 떨어진 방터[房基]에 성씨 미상
의 씨족이 마을을 형성하여 왔으나 1750년경 마을이 폐허가 되고 장수 황

씨 8가구가 현 위치에 터를 잡았고 그 후 방씨, 소씨 등이 이주하여 마을을 이루게 되었다.

마을 터를 잡을 당시 마을 이름을 마을 뒤에 금지면 서매리로 넘어가는 그럭재가 있고 이곳에서 기러기가 쉬어가는 곳(마을)이라 하여 서안리로 부르게 되었으나 그 후 마을이 소나무 숲으로 둘러싸여 솔 숲속에 있어 솔 안으로 부르고 한자음으로 솔 송자(松)와 안 내자(內)를 써서 송내리(松內里)라 부르게 되었다.

마을 앞에 산줄기가 북에서 남으로 또 동에서 서쪽방향으로 내려와 병목형상을 이루고 있어 그곳에 마을의 물이 빠져나가는 것을 막는다는 수구막이로 2개소에 돌탑을 설치했으나 1942년 소류지 신설 적지로 판단되어 송강제를 신설하여 멸실되었으며, 소류지의 수리구역인 원수평들 명칭도 이 지역이 수리조건이 아주 좋지 않아 한해 상습지로 한발이 계속되면 "물이 원수다"는 뜻으로 원수평이란 들명이 붙게 되었다는 설이 있다.

- 『남원전통문화체험관』

4. 수홍리(水鴻里)

◉ 수촌(水村)마을

분류 : 〈비보〉, 〈지명〉

본래 남원군 견소곡면(見所谷面) 수촌리(水村里) 지역으로 물거슬 또는 물곳이라 했는데 1914년 행정구역 통폐합 때 초랑면(草郎面)의 도곡리(道谷里)와 견소곡면(見所谷面) 수촌리(水村里) 일부가 병합되어 수촌과 비홍재(飛鴻峙)의 비홍에서 이름을 따서 수홍(水鴻)이라 하고 수홍리에 편입되었다.

마을이 형성된 후 문덕봉의 끝이 마을을 넘어보고 있는데 문덕봉이 불을 일으키는 화산(火山)이어서 마을에 매년 불이 일어나 물을 통해 견제하고자 마을 이름을 물 수(水)자를 넣어 수촌(水村)이라 부르게 되었는데 본래는 '물곳'이라고 한다. 또한 마을 앞에 세천이 있는데 물이란 북에서 남으로 흐르는 것이 일반적인 것이나 이 세천은 물이 남에서 북쪽으로 흘러 물이 거슬러 내려간다 하여 물거슬이라 부르다가 이 발음이 생략되어 '물곳'이라 불렀다는 설도 전해진다.

— 『남원전통문화체험관』

5. 신덕리(新德里)

◉ 가덕(加德)마을

분류 : 〈형국〉, 〈명당〉

본래 남원군의 초랑면(草郎面, 또는 생조벌면) 가덕(加德) 지역으로 더덕정이 또는 가덕(加德)이라 했는데 1914년 행정구역통폐합 때 견소곡면(見所谷面) 신기리(新基里) 일부와 초랑면(草郎面) 가덕리(加德里)가 병합되어 신기와 가덕의 이름을 따 신덕리(新德里)라 하고 신덕리에 편입되었다.

원래 마을 이름은 더덕정이라 했는데 풍수지리설에 따르면 이 마을이 잉어꼬리에 해당하는 명당자리로 북쪽에는 산이 가로 놓여있고, 앞으로는 섬진강 맑은 물이 흐르고 있어 덕이 깃든 곳이라 하여 더덕정이라 불렀다고 한다. 그 후 덕(德)을 더한다는 뜻으로 더할 가(加)자를 써서 약 100여 년 전부터 가덕(加德)으로 바뀌었다.

또, 전해오는 말에 의하면 마을 터가 잉어가 풀숲에 숨어있는 형상으로 잉어가 넓은 바다에 가야 활발히 놀고 살 수 있듯이, 마을 주민은 객지로 나가야 성공 할 수 있다는 뜻으로 해석되어 현재까지 타지로 출향한 마을 주민은 거의 성공하였다고 한다.

-『남원전통문화체험관』

6. 입암리(立岩里)

■ 입암리 느티나무

분류 : 〈비보〉

1590년경 함양오씨가 남원시 노암동에서 대강면으로 이주하여 강석마을, 옥전마을로 전전하며 살 곳을 찾다가 책여산 줄기인 이곳에 터를 잡은 것이 마을의 시작이었다고 한다. 오씨 선조가 절을 세우고 불공을 드리는데 노승이 나타나서 동쪽 마을 어귀에 해 막이 나무를 심으면 마을이 번창 한다고 하여 심었다고 한다.

-『디지털남원문화대전』

7. 평촌리(坪村里)

조선시대까지는 견소곡방(見所谷坊)이라 하여 속칭 '견바실' 또는 '점바실'로 불리다가 1914년 행정구역 통폐합 때 대강면 평촌리가 되었다. 1995년 1월 1일 도농 통합 시 발족으로 남원시 대강면 평촌리가 되었다.

◉ 평촌(坪村)마을

분류 : 〈비보〉

이 마을을 본래 견마(바)실 또는 점바실로 불렀다. 견마(바)실은 견소곡(見所谷)의 한자 새김으로 부른데서 유래했으며, 점바실은 덕동(새터)

에 점(店)이 있다고 하여 붙여졌다가 마을 앞뜰이 넓어 평촌(坪村)이라 바꾸었다.

마을의 동쪽과 서쪽에 조산(造山)의 흔적이 남아 있다. 이것은 마을의 수호신 역할을 했다고 하는데 특히 이곳은 개구리 명당으로 지세가 뱀이 마을을 향해 있는 형상으로 개구리를 보호하기 위하여 마을 앞에 소나무를 심어 뱀을 막고 아울러 입석을 세워 뱀이 들어오지 못하도록 수호신 역할을 했다고 한다. 특히 이 조산은 수구막이로 마을이 밖으로 노출되면 불길하다고하여 동탑과 서탑을 세웠는데 마을 사람들이 이것이 수호신 역할을 한다고 믿고 있다.

-『남원전통문화체험관』

마을 주민들이 건립하였으며, 서쪽은 지방도 730호(현 국도 13호) 확장, 포장 공사로 헐렸고, 동쪽은 그대로 흔적이 있다.

특히 마을이 밖으로 노출되면 불길하다고 하여 수구(水口)막이로 동탑과 서탑을 세웠는데, 동탑은 높이가 120cm이고 서탑은 높이가 180cm였다. 그 위에 입석은 높이가 50cm였다.

-『디지털남원문화대전』

■ 평촌리 평촌 당산제

분류 : 〈형국〉, 〈비보〉, 〈의례〉

평촌 마을은 약 3백 년 전 천안 정씨가 들어와서 처음 마을을 이룬 곳이다. 뒤이어 경주 정씨가 이주해 오면서 한 마을로서 온전한 형태를 갖추었는데, 당산제는 이즈음부터 행해진 것으로 보인다. 마을이 조리 형국인데다 개구리 명당으로, 지세가 뱀이 마을을 향해 있는 형상이므로 뱀이 들어오지 못하도록 마을 앞에 소나무를 심고 입석을 세워서 할아버지 당산으로서 수호신 역할을 하도록 만들었다. 마을의 안녕과 질서를 위해서 시작했던 당산제는 지금도 마을 사람들을 중심으로 활발하게 전승되고 있다.

- 『디지털남원문화대전』

8. 옥택리(玉宅里)

◉ 옥전(玉田) 마을

분류 : 〈형국〉, 〈비보〉, 〈지명〉

본래 남원군 견소곡면(見所谷坊) 옥전리(玉田里)지역으로 웃밭 또는 옥전(玉田)이라 했는데 1914년 행정구역 통폐합 때 옥전리(玉田里)와 택촌리(宅村里) 일부가 병합되어 옥전과 택촌의 이름을 따서 옥택(玉宅)이라 하고 옥택리에 편입되었다.

이 마을은 고려 충렬왕 때 성주 이씨(星州李氏) 문열공 이조년(李兆年)의 9세손인 이홍인(李弘仁)이 1580년경(성종 11년) 경북 성주로부터 이주하여 이곳에 정착하였는데, 풍수지리설에 따라 마을의 주산이 목사(木祀)이고 이씨(李氏)는 화성(火姓)이므로 목생화(木生火)의 이치에 따라 이씨가 번성하여 400여 년을 두고 성주 이씨의 주거지로서 마을이 형성되었다고 한다.

풍수지리상의 형국을 따라 마을 이름이 옥밭이 되었다고 한다. 이 마을의 주산을 옥수봉(玉首峰)이라 칭한 것도 구슬을 꿰어 놓은 것 같은 산형으로 보이기 때문이다.

이 마을의 지리적 특징 역시 산 형국의 짜임새라고 한다. 동, 서, 남, 북 사방이 금, 목, 수, 화, 토의 오행으로 정확한 물형을 갖추고 있는 점이다. 그러나 마을 앞으로 흐르는 개울이 막힘이 없이 곧바로 흐르니 마을에 재물 축적이 안 되고 흘러내린다 하여 지금으로 부터 약 400여 년 전에 옥전리와 평촌리 사이에 수구막이를 설치하여 직선으로 흐르는 개울을 곡선으로 흐르도록 변형시켰으며 개울 양쪽에 돌무덤을 만들어 놓아 지금도 그 형상을 찾아 볼 수 있다.

- 『남원전통문화체험관』

◉ 택촌(宅村)마을

분류 : 〈비보〉, 〈지명〉

본래 남원군 견소곡면(見所谷坊) 지역으로 댕말, 댁몰 또는 택촌(宅村)이라 했는데 1914년 행정구역 통폐합 때 옥전리(玉田里)와 택촌리(宅村里) 일부가 병합되어 옥전과 택촌의 이름을 따서 옥택(玉宅)이라 하고 옥택리에 편입되었다. 과거 견소곡면의 소재지였다.

고려 개국공신 평산 신씨(平山申氏) 신숭겸(申崇謙)의 20대 후손인 신맹일(申孟一)이 1680년(숙종 6년) 임실 삼계면 학정리로 부터 이곳에 이주하여 최초로 마을을 형성하였다. 그로부터 2년 후인 1682년 강화 노씨(江華魯氏) 노중연이 임실 성수면에서 이주해 왔으며 지금도 신씨, 노씨 두 집안의 후손이 주축을 이루고 있다.

이 마을은 앞산 문덕봉이 불을 상징하는 화산(火山)으로 불이 위험하다 하여 마을 이름을 택촌(澤村)으로 불렀으며 마을 앞에 방화정(防火井)이란 우물을 파고 돌무덤을 쌓아 불을 방지하였다. 현재도 방화정에 물은 없으나 움푹 파인 우물 자취가 있고 돌무덤 자취도 남아있다. 지금은 택(澤)자보다 음이 같고 쓰기 쉬운 '집 택(宅)'자로 고쳐 택촌(宅村)이라 부르고 있다.

- 『남원전통문화체험관』

9. 월탄리(月灘里)

◉ 금탄(金灘) 마을

분류 : 〈형국〉

본래 남원군의 견소곡면(見所谷面, 또는 생조벌면) 금탄리(金灘里)지역으로 쇤여울, 또는 금탄(金灘)이라 했는데 1914년 행정구역 통폐합 때 월산리(月山里), 금탄리(金灘里), 제암리(濟岩里) 각 일부가 병합되어 월산과 금탄의 이름을 따 월탄리(月灘里)라 하고 월탄리에 편입되었다.

마을 뒷산으로 순창 책여산을 넘어가는 계곡의 지형이 말이 구유에서 먹이를 먹고 있는 형국이라 하여 구마동(廐馬洞)으로 부르다가 마을 앞을 흐르는 섬진강변에서 사금(沙金)이 나온다고 하여 금탄(金灘)이라 바꿔 부르게 되었다.

-『남원전통문화체험관』

◉ 월산(月山)마을

분류 : 〈명당〉, 〈지명〉

본래 남원군의 견소곡면(見所谷面, 또는 생조벌면) 월산리(月山里)지역으로 신당골 또는 월산(月山)이라 했는데 1914년 행정구역통폐합 때 월산리(月山里), 금탄리(金灘里), 제암리(濟岩里) 각 일부가 병합되어 월산과 금탄의 이름을 따 월탄리(月灘里)라 하고 월탄리에 편입되었다.

1570년경(선조 4년)에 양천 허씨(陽川許氏) 허점술(許点述)의 21대조가 살 곳을 찾아다니다 옥출산을 넘어오니 달이 갑자기 튀어 오르듯 솟아오르며 한줄기 달빛이 무지개처럼 뻗어 유난히도 밝게 비치는 곳이 있어 그곳에 가보니 마을을 형성할 수 있는 산 좋고 물 좋은 명당자리라 생각되어 이곳에 터를 잡은 곳이 월산인데 산에 비친 달빛이 인연이 되었으므로 마을 이름을 월산(月山)이라 하였다. 그 후 영천 이씨(寧川李氏)와 문화 유씨가 정착하게 되어 비로소 마을이 형성되었다.

-『남원전통문화체험관』

10. 풍산리(楓山里)

◉ 산촌(山村) 마을

분류 : 〈형국〉, 〈명당〉

본래 남원군의 견소곡면(見所谷面)의 산촌리(山村里) 지역으로 1914년 행정구역 통폐합 때 초랑면(草郞面)의 곡촌리(谷村里)와 산촌리(山村里), 양촌리(陽村里)가 병합되어 풍산리에 편입되었다.

마을 뒤로 풍악산(楓岳山) 줄기가 솟아 있어 그 줄기가 마을로 뻗어 청룡, 백호를 이루어 이른바 적성강(赤城江) 상류의 계곡으로 흘러 산과 물이 아름다운지라 당초에 마을 이름을 '산수몰'이라 부르다가 나중에 산촌으로 바꾸어 부르게 되었다.

장수 황씨의 선산에는 조선 8대 명당의 하나인 홍곡단풍(鴻谷丹楓)은 조선조 명재상 황희의 조부인 황균비의 묘로서 나옹대사(懶翁大師)가 자리를 잡아주었다고 하며, 묘를 쓴 뒤 황희(黃喜) 정승을 낳았다고 한다.

－『남원전통문화체험관』

대산면(大山面)

—

　남원시의 서부에 있는 법정면이다. 남원 시역의 동쪽에 자리 잡고 있다. 면의 동쪽은 이백면, 순창군, 남쪽은 주생면, 북쪽은 사매면과 접해 있다. 대산면은 서쪽으로 노적봉, 풍악산, 응봉으로 이어지는 산맥이 뻗쳐있고, 동쪽으로는 교룡산의 지맥이 두르고 있는 가운데의 분지 경관을 보인다. 유역권 내의 운교천은 남쪽으로 흘러 옥률천과 만나고 이어 요천으로 합수한다.

1. 길곡리(吉谷里)

■ 노적봉(露積峰)

분류 : 〈형국〉

전라북도 남원시 대산면 길곡리와 사매면 계수리 그리고 순창군 동계면의 경계에 있는 산이다.

산의 모양이 벼 낟가리 모양으로 생겼다고 하여 이름이 붙여졌으며, 풍수적으로 큰 부자가 나온다고 한다.

사매면 노봉마을을 둘러싸고 있는 산들 중 가장 높은 봉우리가 노적봉이며, 그 옆으로 닭의 벼슬을 닮았다는 계관봉이 있다. 풍악산(605m)과 이어져 있으며, 임실군 삼계면, 오수면의 경계를 이루는 산으로 이어진다.

- 『디지털남원문화대전』

2. 대곡리(大谷里)

■ 「봉황대 전설」

분류 : 〈형국〉, 〈설화〉, 〈금기〉

대산면 대곡리에는 '봉황대(鳳凰臺)'라는 글씨가 새겨져 있는 바위가 있다. 옛날에 이 마을을 지나가던 어떤 사람이 이 바위를 보고, 중국 중원(中原)에 있는 봉황대와 똑같이 생겼다고 하여 써놓은 것이라고 한다. 봉황대는 날아가는 봉황이 알을 품고 있는 형국, 즉 비봉포란(飛鳳抱卵)이라 하여 붙은 이름이다.

봉황대에는 누각이 없는데, 누각을 지었다가는 그 아래에 있는 마을에 재앙이 발생하기 때문이다. 또한 마을에서 높은 벼슬에 오를 사람이 태어나면 운다고 하여 명암(鳴岩)바위라고도 불린다. 봉황대 주변에는 탄금(彈琴) 바위와 말바위, 소바위 등이 몰려 있다.

'봉황대 전설'은 봉황대라는 바위의 이름에 얽힌 지명 유래담이다. 바위의 이름은 그 생김새의 특징에서 연유하는 경우가 많다. 봉황대 역시 날아가는 봉황이 알을 품고 있는 모양새를 하고 있는 데서 붙은 이름이다. 바위에 대한 마을 사람들의 자부심이 담겨 있는 이야기이다.

-『디지털남원문화대전』

◉ 하대(下大)마을

분류 : 〈형국〉, 〈명당〉, 〈비보〉, 〈지명〉

본래 남원군(南原郡) 대곡면(大谷面) 하대리(下大里) 지역으로 대나무가 많아 대실 또는 대곡이라 했는데 1914년 행정구역 통폐합 때 하대리(下大里)와 소대리(小大里), 노산리(老山里), 월계리(月桂里) 각 일부를 병합하여 대곡리(大谷里)라 하고 대곡리에 편입되었다.

지금으로부터 약 500년 전 장수 황씨가 순창에서 잠시 풍악산을 넘어 이곳에 당도하여 보니 대나무로 둘러싸인 마을의 정기는 장차 천하대장군의 탄생을 품고 있는 듯한 기상이므로 다음날 일가는 이곳으로 이주하여 정착하자 여러 다른 이주민이 모이게 되었고 몇 사람의 진씨가 이주해 와서 마을을 형성하였다.

이곳은 마을 형국이 봉황이 날개를 펴고 알을 감싼 비봉포란(飛鳳包卵)의 형국으로 봉황의 먹이가 대나무 열매라고 하여 봉황터인 마을에 대나무를 심고 처음부터 대나무 숲이 무성하여 봉황의 먹이인 대나무 열매가 많다하여 대실(大實)이라 불렀다고 한다.

-『남원전통문화체험관』

3. 신계리(新溪里)

■ 신계리 마애여래좌상(新溪里磨崖如來坐像)

분류 : 〈유적〉

전라북도 남원시 대산면 신계리 산 18번지에 있다.

이 불상은 도선 국사가 하룻밤 만에 만들었다는 전설이 전해지고 있다.

－『디지털남원문화대전』

◉ 신촌(新村) 마을

분류 : 〈형국〉, 〈명당〉, 〈지명〉, 〈설화〉

본래 남원군(南原郡) 시라산면(時羅山面, 또는 晴山面) 신계리(新啓里) 지역으로 섶갓 또는 신촌(薪村)이라 했는데 1914년 행정구역 통폐합 때 신계리(新啓里)와 대곡면(大谷面)의 노산리(老山里), 월계리(月桂里) 각 일부가 병합되어 신촌과 월계의 이름을 따서 신계리(新溪里)라 하고 신계리에 편입되었다.

신촌 마을은 1592년(선조25) 임진왜란 당시 설씨(薛氏) 삼형제가 장수에서 피난 왔다가 깜빡 잠이 들어서 졸고 있다가 꿈을 꾸는데 부처님의 품안에서 노는 꿈을 꾸고 벌떡 일어나보니 여장은 완전히 풀려 있었다. 여기저기를 살펴보니 뒷산 중턱에 석가마애여래좌상이 보인지라 바로 그곳에 터를 잡고 정착하였다. 얼마 후 흥덕 장씨(興德張氏)가 풍악산의 정기를 모은 이곳이 마을 터로서는 그지없이 적합하다고 생각하여 이곳으로 이주, 정착하여 마을을 형성하게 되었다.

어느 도사가 이곳을 지나가다 마을 뒤 풍악산(楓岳山)과 근처의 숲이 울창하여 늙은 누에가 섶에 올라가 집을 짓는 노잠등신(老蠶登薪)의 형국이라고 해 섶가로 불렸는데 지명을 한자로 바꾸면서 '섶 신(薪)'자를 써서 신촌(薪村)으로 부르다 후에 '섶 신(薪)'자가 변하여 신촌(新村)으로 표기하게 되었다. 또 일설에는 설씨 삼형제가 부처가 인도하여 새로운 터를 잡았다하여 신계(新啓)라 했다고 한다. 이로 미루어 본래 설씨가 잡은 터가 지금의 마을 보다 위쪽에 위치해 있었다고 하므로 신계(新啓)로 부르다 장씨들이 들어와 현재의 마을에 터를 잡은 후부터 신촌(薪村)으로 불렀을 것으로 추정된다.

처음 이곳에 터를 잡았던 설씨들은 장씨들에게 터를 비워주고 순창군 구미리로 정착하여 순창 설씨의 집성촌을 이루었다고 한다.

-『남원전통문화체험관』

◉ 월계(月溪)마을

분류 : 〈형국〉, 〈지명〉

본래 남원군(南原郡) 시라산면(時羅山面, 또는 晴山面) 월계리(月桂里) 지역으로 마을이 달의 형국으로 계수나무가 있다 하여 월계(月桂)라 했는데 1914년 행정구역 통폐합 때 신계리(新啓里)와 대곡면(大谷面)의 노산리(老山里), 월계리(月桂里) 각 일부가 병합되어 신촌과 월계의 이름을 따서 신계리(新溪里)라 하고 신계리에 편입되었다.

지금으로부터 약 200년 전에 최씨가 대곡방에서 분가, 자립하기 위해 농경지의 위치에 따라 독립하여 이곳에 오게 되었다. 그 후 윤씨가 이주함으로써 농토를 개척하고 자손이 번창 하여 마을을 형성하였다.

이 마을의 뒤편에는 풍악산이 솟아있는데 산의 줄기가 반달형의 골짝을 이루고 있어 달(月)의 형국으로 달 속에 계수나무가 있다고 하여 월계(月桂)라고 불렀다. 그러다 마을 앞 시내(溪)가 장관을 이루고 있어 마을의 지형을 본떠서 월계(月溪)라 고쳐 현재까지 이어지고 있다고 한다.

-『남원전통문화체험관』

4. 수덕리(水德里)

◉ 노산(老山)마을

분류 : 〈형국〉, 〈지명〉

1914년 행정구역 통폐합 때 노촌리(蘆村里)와 대곡면(大谷面)의 노산리

(老山里) 일부와 주포면(周浦面) 충촌리(忠村里) 일부가 병합되어 수덕평(水德坪)의 이름을 따서 수덕리(水德里)라 하고 수덕리에 편입되었다.

지금으로부터 400여 년 전 임진왜란 당시 남원 양씨가 순창군 동계면(당시는 동계가 남원에 속해 있었다)으로 피난을 가려다가 이곳을 지나면서 노산마을 뒷산기슭에 자리를 잡고 정착을 하였다. 이 소식을 들은 대곡(대실)의 정씨와 소씨가 안전한 곳을 찾아 차츰 이곳에 이주를 하였다. 그러나 마을 뒤편 계곡에는 농경지가 비좁고 수자원이 충분치 못하여 농경지 개척이 어려워 산 아래로 내려와 현재의 마을을 이루었다.

풍악산의 줄기가 흘러내려 마을 뒤에 이르러 야산으로 변해 있는 지리적 형국이 풍수지리적으로 늙은 쥐가 먹이를 찾으러 밭으로 내려오는 노서하전(老鼠下田) 형국이라 하여 '늙을뫼', '늘뫼', '늘메'라 부르다 지명을 한자로 바꾸면서 노산(老山)으로 바뀌었다.

－『남원전통문화체험관』

◉ 노촌(蘆村) 마을

분류 : 〈형국〉, 〈명당〉, 〈지명〉

본래 남원군(南原郡) 사라산면(時羅山面, 또는 晴山面) 노촌리(蘆村里) 지역으로 갈랭이, 갈어니, 가랭이 또는 노촌(蘆村)이라 했는데, 1914년 행정구역 통폐합 때 노촌리(蘆村里)와 대곡면(大谷面)의 노산리(老山里) 일부와 주포면(周浦面) 충촌리(忠村里) 일부가 병합되어 수덕평(水德坪)의 이름을 따서 수덕리(水德里)라 하고 수덕리에 편입되었다.

지금으로부터 약 600년 전(고려 말기) 풍수 3인이 갈대밭에 용이 변한다는 노중화룡(蘆中化龍)이란 명당을 찾아 방랑의 길을 계속하던 중 교룡산 줄기의 모든 정기가 이곳에 뭉쳐 있음을 알고 그중 김씨 성을 가진 사람이 정착하였다고 한다. 그 후에 강화 노씨(江華魯氏)와 진씨(陳氏), 양씨(梁氏)가 정착하여 마을이 형성되었다.

처음 김씨가 정착을 할 당시에는 마을 주변에 갈대가 많아 여름에는 갈대숲의 초원이 장관을 이루었고, 가을에는 이 갈대숲에 갈대꽃이 피어 하얀 들판을 이루어 갈대가 많은 것으로 인하여 '갈랭이', '갈어니', '가랭이' 등으로 불러 오다가 지명을 한자로 바꾸면서 '갈대 노(蘆)'자를 붙여 노촌(蘆村)으로 바꾸었다.

-『남원전통문화체험관』

5. 옥율리(玉栗里)

◉ 옥전(玉田) 마을

분류 : 〈형국〉, 〈명당〉, 〈지명〉

본래 남원군(南原郡) 시라산면(時羅山面, 또는 睛山面) 옥전리(玉田里) 지역으로 옥밭 또는 옥전(玉田)이라 했는데, 1914년 행정구역 통폐합 때 옥전리(玉田里) 일부와 율정리(栗亭里)가 병합되어 옥전과 율정의 이름을 따서 옥률리(玉栗里)라 하고 옥률리에 편입되었다.

지금으로부터 약 400년 전 선조 때에 박씨 성을 가진 사람이 이웃마을 운교에서 지리를 살피다가 동북쪽을 바라보니 교룡산과 풍악산 중간에 용(龍)이 생동하여 밭을 일구고 있는 형국이 있어, 크게 길한 곳이라 생각하고 그곳에 정착하였다.

본래는 마을의 지세가 용(龍)이 생동하여 밭을 일구는 형국이라 자손이 용처럼 밭을 이루라는 뜻으로 용전(龍田)이라 하였다가 나중에 귀한 터란 의미로 옥전(玉田)으로 고쳤다.

-『남원전통문화체험관』

덕과면(德果面)

—

남원시의 북부에 있는 법정면이다. 남원 시역의 북쪽에 자리 잡고 있으며, 면 경계의 동쪽은 보절면, 서쪽은 임실군, 남쪽은 사매면, 북쪽은 임실군과 장수군에 접해 있다. 삼산, 도리봉, 둔내산이 서쪽에 솟아 있으며 동쪽으로는 성산으로 뻗어난 지맥에서 생겨난 구릉지가 산재하여 있다. 유역권 내의 주요 하천은 남쪽의 수외천으로 모여서 서쪽으로 흘러 오수천과 합수한다.

1. 고정리(高亭里)

분류 : 〈형국〉, 〈비보〉

본래 남원의 덕고면(德古面) 지역으로 고정리(高亭里)라 했다. 1914년 행정구역 통폐합 때 신정리(新亭里), 월평리(月坪里), 수촌리(藪村里), 금암리(金岩里), 사곡리(沙谷里) 더구리 임실군 둔덕면의 용정리(龍井亭), 대촌

(大村)의 각 일부를 병합하여 고정리라 하고 덕과면에 편입되었다.

지금으로부터 약 300년 전 밀양 박씨가 벼슬을 잃고 내려와 이곳에 터를 잡아 거주하기 시작하였고 1676년경 김해 김씨가 들어와 자손을 번창하여 마을을 이루게 되었다. 마을의 이름은 1652년경 밀양 박씨가 이곳에 왔을 당시, 들과 산에는 산나물이 많이 나고 또 길 건너에 있다하여 건너물이라 불렀다. 후에 고정이라 고치게 되었는데 그 까닭은 전하지 않는다. 이 마을에는 원고정 덕고방(源高亭 德古坊)이란 말이 전해오고 있는데 이것은 남원부 48방의 하나인 덕고방의 고정리란 뜻이다. 이 마을 입구의 형세가 배인데 마을 앞산이 배를 뚫고 들어오는 형국인지라 이를 막고 마을의 안녕과 평화를 위해 세웠다는 얘기가 전해온다.

－『남원전통문화체험관』

2. 용산리(龍山里)

□ 설화 「남사구 이야기[南師古 이야기]」

분류 : 〈명당〉, 〈설화〉, 〈묘지〉

성이 남씨이고 이름이 사구라는 남자가 살고 있었는데 성격이 매우 괴팍하였다. 남사구는 박씨 성을 가진 여성과 혼인을 하였다. 아내는 열다섯 먹은 몸종을 데리고 시집을 왔다.

어느 날 아침, 아내의 몸종이 세수 수발을 하는데, 갑자기 무슨 일로 비위가 상했는지 몸종에게 놋대야를 내던졌다. 남사구가 던진 놋대야에 맞은 몸종은 그 자리에서 죽고 말았다. 하지만 남사구는 워낙 부자인데다가 권세가 있는 집안 덕에 벌을 받지 않았다.

오랜 세월이 흘러 남사구가 죽자 그의 아들이 명당을 찾아 장사를 지내려고 할 때였다. 갑자기 중 하나가 나타나 아들이 택한 곳은 좋지 못한 곳이라며 장례를 방해하였다. 중이 "사구야 사구야 남사구야, 생사구새生蛇掛形로 엇다두고 사사구귀死蛇掛形로 니가 왔냐."라는 노래를 부르며 계속해서 장례를 방해해 아들이 막대기를 때리려 하자 온데간데없이 사라져 버렸다.

훗날 아들이 명당 공부를 하고 나서 살펴보니 아버지가 묻힌 묏자리는 명당이 아니고 중이 가리킨 자리가 명당이었다. 집에 돌아온 아들이 가슴을 치며 통탄해하자 어머니가, "너희 아버지는 살아생전 사람을 죽게 만들었다, 생전에 죄를 지은 사람이 죽어 명당에 들기를 바라는 것은 옳지 않다."며 아들을 나무랐다고 한다.

전국적으로 분포되어 있는 명당 이야기들은 대부분 살아서 착한 일을 한 사람이 뜻하지 않게 명당에 묻혀 후손들의 발복을 돕는다는 내용으로 이루어져 있다. 그러나 「남사구 이야기」에서는 선행을 베풀어야만 얻을 수 있다는 명당 모티브가 악덕한 이는 죽어서 명당을 차지할 수 없다는 모티브로 변형되어, 살아생전에 착한 일을 하고 살라는 내용을 담고 있다.

－『디지털남원문화대전』

◉ 용산(龍山)마을

분류 : 〈형국〉, 〈명당〉, 〈비보〉, 〈지명〉

본래 남원의 덕고면(德古面) 용주리(龍珠里)지역으로 1914년 행정구역 통폐합 때 갈산(葛山), 배산(盃山), 용주(龍珠), 수촌(藪村), 내동(內洞) 및 지사면 현계리(玄溪里) 각 일부를 병합하여 용주와 갈산에서 따 용산이라 하고 용산리에 편입되었다.

확실한 기록의 근거는 없으나 이곳에 먼저 평강 최씨가 터를 잡고 살다가 하나 둘씩 다른 곳으로 이전을 하고 지금으로부터 230년 전 금산 김씨 중 한사람이 이곳에 와서 보니 지형이 외룡이 비를 토하는 형국으로 마을 앞에 노적봉이 있어 백대나 자손을 정착시킬 수 있다는 좋은 터라 믿고 이곳에 입주 하였는데 과연 자손이 번창하여 오늘에 이르렀다고 한다.

마을 이름은 본래 분토동(奔兎洞)이었다. 이 마을은 옥토끼가 달을 바라보고 1년 운을 축원하며 재미있게 소원성취를 축원을 하다가 헤어진 곳이라는 얘기가 전해온다. 이로 인해 마을 이름을 분토동(奔兎洞)이라 불렀는데 물길을 막기 위해 인공으로 산을 만들었으므로 분토동을 분토(盆土)로 쓰기도 하였지만 지명을 한자로 바꾸면서 용(龍)이 비를 토한다는 전설에 따라 용(龍)자와 지세가 좋은 마을 앞 노적봉의 산(山)을 따서 용산(龍山)이라 고쳐 부르게 되었다.

－『남원전통문화체험관』

◉ 배산리

분류 : 〈형국〉, 〈명당〉, 〈지명〉

배산리는 마을이 신선봉과 옥녀봉 중앙에 자리 잡고 있으며, 마을 앞에 술잔바위가 있어 이 술잔의 잔 배자[盃]와 신선봉이 있는 산자를 합하여 배산이라 했다고 한다.

확실하지는 않지만 평강 최씨가 터를 잡고 살다가 하나둘씩 다른 곳으로 이전을 하고, 지금으로부터 230년 전 금산 김씨 중 한 사람이 이곳에 와서 지형을 보니, 외룡이 비를 토하는 형국으로 마을 앞에 노적봉이 있어 백 대나 자손을 정착시킬 수 있다는 좋은 터라 믿고 이곳에 입주하였다고 하며, 과연 자손이 번창하여 오늘에 이르렀다고 한다.

－『디지털남원문화대전』

◉ 추산(秋山) 마을

분류 : 〈형국〉, 〈설화〉, 〈지명〉

본래 남원의 덕고면(德古面) 지역으로 1914년 행정구역 통폐합 때 갈산(葛山), 배산(盃山), 용주(龍珠), 수촌(藪村), 내동(內洞) 및 지사면 현계리

(玄溪里) 각 일부를 병합하여 용주와 갈산에서 따 용산이라 하고 용산리에 편입되었다.

역사적으로 기록된 분명한 근거는 없으나 다만 사람의 입에서 전해 오기를 지금으로부터 약 400여 년 전 마씨(馬氏) 성을 가진 사람이 처음 이 마을에서 살았다고 하며 그뒤 1650년경 경주 김씨의 한 집이 이곳에 자리를 잡고 살아오던 중 마씨 집안은 자꾸만 쇠퇴하여 이곳을 떠났고 김씨 집안은 하늘의 뜻이었는지 차츰 자손과 재물이 늘어 지금까지 그 후손들이 이곳에 살고 있다.

마을의 처음 이름은 마을의 형국이 말이 물을 마시는 모습 같다고 해서 갈마동(渴馬洞)이라고 했다.

-『남원전통문화체험관』

3. 덕촌리(德村里)

◉ 수촌(藪村) 마을

분류 : 〈형국〉, 〈지명〉

본래 남원의 덕고면(德古面) 수촌리(藪村里) 지역으로 1914년 행정구역 통폐합 때 덕동리(德洞里)와 수촌리(藪村里), 고정리(高亭里), 용주리(龍珠里)의 각 일부와 장수군 외진전면(外田面)의 시목리(柿木里) 일부가 병합되어 덕동과 수촌의 이름을 따서 덕촌리라 하고 덕촌리에 편입되었다.

1443년경 김녕 김씨가 정착할 당시 이곳이 유지앵소(柳枝鶯巢)형국, 즉 버드나무 가지에 꾀꼬리 집이 있는 혈(穴)에 정착하였다고 하는데 마을 사방이 숲으로 쌓여 '숲말'로 불렀으나 지명을 한자로 바꾸면서 '수풀 수(藪)'자와 '마을 촌(村)'자를 써서 수촌(藪村)이라 부르게 되었다.

-『남원전통문화체험관』

4. 사율리(沙栗里)

■ 사곡송림(沙谷松林)

분류 : 〈형국〉, 〈비보〉

전라북도 남원시 덕과면 사율리에 있는 소나무 숲이다.

마을의 명칭은 1580년경 이상길이 처음으로 터를 잡을 때 지세를 풀이하되 '배가 짐을 가득 싣고 있는 형국'이라 하여 마을 이름을 속칭 삽실'이라고 부르게 되었는데, 부근의 작은 마을 새터와 소나무정을 합하여 사곡송림이라 부르게 되었다. 참판림이라고도 불린다.

또한 높이 88㎝, 두께 43㎝ 규모의 입석이 있는데, 마을 사람들은 마을의 안녕과 평화를 가져다주는 돌이라 믿고 있다.

-『디지털남원문화대전』

◉ 사곡(沙谷) 마을

분류 : 〈형국〉, 〈명당〉, 〈지명〉

본래 남원의 덕고면(德古面) 사곡리(沙谷里) 지역으로 1914년 행정구역 통폐합 때 적과면의 상율리(上栗里), 하율리(下栗里)와 덕고면(德古面)의 사곡리(沙谷里) 일부가 병합되어 사곡과 상율의 이름을 따서 사율리라 하고 사율리에 편입되었다.

1580년경 벽진 이씨 중시조인 충숙공 이상길이 명당을 찾으러 전국을 두루 다니다가 이곳 사곡 땅에 이르러 바로 이곳만이 자손이 번창할 곳이라 감탄하고 둘째 아들 계를 이곳에 살도록 하여 오늘의 마을을 형성하게 되었다.

이 마을의 명칭은 1580년경 이상길이 처음 터 잡을 때 지세를 풀이하되 '배가 짐을 가득 싣고 있는 형국'이라 하여 마을 이름을 속칭 '삽실'이라 부르게 되었는데 부근의 작은 마을 새터와 소나무정을 합하여 사곡이라 부르게 되었다.

또 높이 88cm, 두께 43cm 규모의 입석이 있는데 이 자리에 이성계가 쉬면서 개미와 뱀이 많아 호령을 하자 그 뒤부터는 없어졌다고 한다. 그래서 마을 사람들은 마을의 안녕과 평화를 가져다주는 돌이라 믿고 있다.

ㅡ『남원전통문화체험관』

◉ 율천(栗川) 마을

분류 : 〈형국〉, 〈지명〉

본래 남원의 적과면(迪果面) 하율리(下栗里) 지역으로 1914년 행정구역 통폐합 때 적과면의 상율리(上栗里), 하율리(下栗里)와 덕고면(德古面)의 사곡리(沙谷里) 일부가 병합되어 사곡과 상율의 이름을 따서 사율리라 하고 사율리에 편입되었다.

조선조 초기의 명재상 황희를 모신 풍계서원이 이곳 연동에 건립되어 장수 황씨가 처음 정착하게 되었고 그 후 어명에 따라 서원이 대강면 풍촌으로 옮겨지자 황씨들도 서원을 따라 대강면으로 이주하였다.

그 후 인조왕비를 배출한 청주 한씨 일파가 뒤이어 입주하여 번창하다가 순조 이후에 다른 곳으로 이사했으며 다시 장수 황씨가 들어와 김씨, 강씨 순으로 정착하면서 이 마을을 형성하게 되었다.

전설에 의하면 조선 중엽 전라도 관찰사 이서구(李書九)가 지방을 순회하던 중 이곳에 이르러 지형이 "밤이 떨어진 낙율형(落栗形)"이라고 감탄하여 '밤두내'라고 했다고 하는데 이곳에서 생산된 알밤이 유달리 컸다고 한다. 그 후에 지명을 한자로 바꾸면서 '밤 율(栗)'자와 마을 앞을 흐르는 시냇물이 있어 '내 천(川)'자를 합하여 율천(栗川)이라 했다. 또는 율촌(栗村)이라고 부르기도 한다.

ㅡ『남원전통문화체험관』

5. 만도리(晚島里)

◉ 만동(晚洞) 마을

분류 : 〈명당〉

본래 남원의 적과면(迪果面) 만적리(晚迪里) 지역으로 1914년 행정구역 통폐합으로 만적리(晚迪里)와 도촌리(島村里), 작소리(鵲巢里)의 각 일부와 고절면(高節面)의 다산리(茶山里) 일부가 병합되어 만적과 도촌의 이름을 따서 만도리라 하여 만도리에 편입되었다.

만동 마을은 1400년경(조선 태종)에 진주 소씨의 소석지(蘇錫智)가 처음 이곳을 개척하고 정착하였는데 이때 사람들은 북쪽 1㎞지점 소씨가 터 잡은 곳이 천황봉과 계룡산의 정기가 맺힌 곳이라 하여 좋은 명당자리라 칭찬해 마지않았다.

소석지가 처음 터를 잡을 때 마을 이름을 만적(晚迪)이라 하였으나 1555년(명종 10년) 이성춘(홍주 이씨)이 자포실(子抱谷)에 살다가 이웃 산수동으로 이주한 후 만적과 산수동을 합쳐 만동(晚洞)이라 하였다.

-『남원전통문화체험관』

6. 신양리(新陽里)

◉ 비촌(扉村) 마을

분류 : 〈명당〉, 〈설화〉, 〈묘지〉

본래 남원의 적과면(迪果面) 비내리(扉內里) 지역으로 1914년 행정구역 통폐합 때 비내리(扉內里), 양선리(陽先里), 신촌리(新村里)와 오현리(梧峴里), 작소리(鵲巢里)의 각 일부가 병합되어 신촌과 양선의 이름을 따서 신양리라하고 신양리에 편입되었다.

비촌 마을은 처음 조선조 초기(1390년경) 당시 태조 이성계의 고려 왕족 말살로 인해 왕족인 왕씨(王氏) 일가가 옥씨(玉氏)로 성을 바꾸어 이곳 비촌 마을로 피신하여 숨어 살았던 곳이라고 한다.

그 후 1400년경 진주 소씨가 입주하여 살다가 미구에 떠났고 조선조 말 광주 이씨 이명천이 이곳에 입주하여 마을을 형성하여 오늘에 이르고 있다. 이씨들은 이때 마을 변두리에 빙 둘러 담을 치고 출입하는 사립문을 만들어 종족이 아닌 타족은 울타리 안에 들어와서 살지 못하게 하였다고 한다.

울안에 사는 종족은 한집안과 같이 우애 있게 살았다하여 마을이름을 '사립안'이라 하였는데 지금도 외부에서 이 마을 이씨들을 사립안 이씨라 부를 만큼 이름 있는 곳이다. 사립안은 한문으로 옮길 때 '사립 비(扉)'자와 '안 내(內)'자를 써 '비내(扉內)'가 되고 창촌과 합하여 비촌(扉村)이라 부르게 되었다.

이 마을에는 진주 소씨가 마을 터를 차지한 전설이 내려오는데 다음과 같다.

조선조 초 옥씨가 이 마을에서 부를 누리고 살았는데 부근의 소씨 집에 도사가 찾아와 융숭한 대접을 받고 돌아가면서 보은의 뜻으로 사립안 마을 뒷산에 묏자리를 잡아주고 갔다. 소씨들은 옥씨들의 반대가 예상되어 광대를 불러 마을 앞에서 굿을 하게 하여 마을 사람들의 시선을 돌린 다음 묘를 이장하였는데 그 후 옥씨들이 차츰 쇠멸하여 마을을 떠나고 소씨가 사립안을 차지하여 부를 누리고 살았다고 한다.

－『남원전통문화체험관』

보절면(寶節面)

—

남원시의 북부에 있는 법정면이다. 남원 시역의 북쪽 끝에 자리 잡고
있다. 면 경계의 동쪽은 산동면, 서쪽은 덕과면, 남쪽은 이백군, 북쪽은
장수군과 접해 있다. 동쪽으로는 상서산, 천황산, 낙산으로 이어지는 산
맥과 북쪽은 사계봉, 서쪽은 성산으로 에워싸고 있는 산맥의 가운데에 있
는 분지지형이다. 유역권 내의 주요 하천은 서남쪽으로 흘러 율천에 모이
고 다시 수외천과 합수한다.

1. 괴양리(槐陽里)

괴양리는 면소재지로부터 남쪽으로 3.5km 떨어져 있고 보절면의 계룡
산 줄기를 타고 내려온 산 아래에 위치하며 개신마을, 양촌마을, 음촌마
을로 구성되어 있다.

■ 괴양 마을 당산제

분류 : 〈형국〉, 〈명당〉, 〈비보〉, 〈의례〉

전라북도 남원시 보절면 괴양리 괴양 마을에서 음력 7월 15일에 마을 사람들이 공동으로 올리는 제사다.

괴양리는 양촌 마을과 음촌 마을, 괴양 마을로 이루어져 있다. 괴양리의 역사는 5백 년쯤 되었는데 언제부터 당산제가 행해졌는지는 정확하게 알려지지 않고 있다. 옛날에는 마을 안에 괴목나무가 세 그루 있다고 하여 삼괴정(三槐亭)이라고 부르기도 하였다.

괴양 마을 당산제는 당제가 끝나면 우물굿(샘굿)과 삼동굿놀이, 지네밟기, 마당밟기 등으로 진행되는데, 마을의 안녕과 풍년을 비는 기풍과 점풍의 풍속에서 실시되었다는 것이 이 마을 당산제의 특징이다.

당제가 끝나면 샘굿에 이어 삼동굿 놀이를 행한다. 즉 출산 과정과 성장 과정, 입신 출세 과정 순으로 삼동굿 놀이를 행하는데, 이것이 끝나면 지네밟기와 마당밟기 순으로 행사가 진행된다. 지네밟기는 양촌마을의 뒷산인 계룡산에 영계옥정(嬰鷄玉井)혈의 명당이 있는데, 음촌의 날줄기가 지네혈로 계룡산을 넘보고 있어 이 지네의 혈기를 죽이기 위해 시작되었다.

－『디지털남원문화대전』

■ 삼동굿 놀이

분류 : 〈형국〉, 〈명당〉, 〈비보〉, 〈묘지〉, 〈의례〉

삼동굿 놀이는 전라북도 남원시 보절면 괴양리의 삼동굿 놀이 보존위원회에서 매년 음력 7월 15일 백중에 행하는 민속놀이이다. 지네가 닭을 해친다는 설화에서 일 년에 한 번 음력 7월 15일 백중에 삼성(양촌마을·음촌마을·개신마을)의 세 동자를 앞세우고 입신양명 및 마을의 무사와 풍년을 기원하는 민속놀이이다. 삼동마을 기세배, 당산제, 우물굿, 삼동서기, 지네밟기, 합굿(마당밟기) 등으로 진행되며, '지네밟기 노래'를 부른다. 1982년 전국민속놀이경연대회에서 대통령상을 수상하였다.

언제부터 삼동굿 놀이를 시작하여 현재에 이르렀는지는 확실하지 않다. 마을 사람들에 의하면, 우리나라에는 계룡산이 세 곳 있는데, 함경도 계룡산과 충청도 계룡산, 전라도 계룡산이 그것이다. 그중에 전라도 계룡산은 남원시 보절면에 있는 뒷산으로, 산봉우리가 수탉의 벼슬 모양으로 생겨서 계룡산이 되었다고 한다. 그리고 양촌마을의 뒷산은 풍수지리적으로 닭에 해당한다고 한다.

해발 700여m의 계룡산은 남북으로 길게 뻗어 있는데, 동쪽으로 지네 모양의 약산(藥山)이 있다. 계룡산 밑에는 장태(닭장)봉이 있고, 그 아래 회산천(回山川)과 만나는 지점에 영계욕진(靈鷄浴塵, 언양김씨의 묘가 있음)이라는 대명당이 있다. 이곳에 묘를 쓰면 삼정승이 나온다고 알려진 곳이다.

일설에, 마을 앞에 있는 약산이 지네의 형국이어서 이를 방비하고 마을을 지키기 위해서 고려 후기부터 지네를 밟아주고 자손의 무병과 입신출세를 기원하는 삼동굿의 풍속이 생겼다고 전한다.

삼동들은 이러한 부녀자의 등 위로 올라가 밟아줌으로써 명당을 침범한 지네를 마을 밖으로 몰아내는 것이다. 이때 진행자와 주민들이 '지네밟기 노래'를 함께 부르는데, '지네밟기 노래'는 다음과 같다.

(앞소리)
삼괴정이 우리동민 지네밟기를 힘을 쓰세
삼강오륜 예의촌은 삼괴정이 이아닌가
삼태화백 계룡산에 영계욕진 대명당은
삼정승이 난다하고 자고지금 전해왔네
삼생굿을 저지네가 삼백육순 욕침하니
삼동굿을 마련하여 삼동으로 밟아내세

삼십삼천 도솔천명 저지네를 반복시켜
삼재팔란 물리치고 삼괴정이 부흥한다
(후렴)
얼럴럴 지네밟기 일심으로 지네밟세
얼럴럴 지네밟기 일심으로 지네밟세

「지네밟기 노래」를 부르면서 마을 주민들의 무병장수와 입신출세를 기원하고, 이 모든 과정이 끝나면 굿패와 구경꾼이 한데 어울려 한바탕 신명나는 합굿을 벌이며 삼동굿 놀이를 마친다.

- 『디지털남원문화대전』

2. 금다리(錦茶里)

면 소재지 상신 마을로부터 남동 방향 2km 지점에 위치하고 있으며, 남쪽으로는 신기와 연접한다. 마행산 줄기의 산인 옥녀봉과 청황봉이 마을을 감싸고 있으며, 금계 마을에 모종천이, 다산 마을에 다산천이 흐르며, 해발 200m에 위치하고 있다.

◉ 다산(茶山)마을

분류 : 〈형국〉, 〈비보〉, 〈지명〉

본래 남원군(南原郡) 고절면(高節面) 호복리(狐復里) 지역으로 다메, 호복동 또는 다산리(茶山里)라 했는데 1914년 행정구역 통폐합 때 호복리(狐復里), 금계리(錦溪里), 신기리(新基里), 다산리(茶山里) 각 일부와 보현면(寶玄面) 신흥리(新興里) 일부가 병합되어 금계와 다산의 이름을 따서 금다리(錦茶里)라 하고 금다리에 편입되었다.

1961년도에 난민 정책 사업으로 난민을 모아 마을 뒤에 농원을 만들어

25호를 이주시켰다. 이 마을에는 다뫼와 호복동 등 2개의 자연 마을이 있는데 천황봉 산하에 차나무가 마을 앞에 우거졌다하여 '다뫼'라 하였고 만행산 호랑이가 먹이를 찾아 엎드린 형국이어서 '호복동'이라 했으며 2개 마을을 합하여 '다산'이라 하였다.

마을에는 다산송림이 있는데 어느 날 도사가 이곳에서 잠시 쉬다가 잠이 들었는데 개미들이 귀찮게 하자 도술로 개미들을 없애버렸다고 한다. 그 뒤부터는 이 숲에는 개미가 없어졌다고 하며, 마을입구에 조산을 세워 밖에서 들어오는 괴질과 액운을 막았다고 한다.

- 『남원전통문화체험관』

● 금계리(錦階里)

분류 : 〈형국〉, 〈명당〉, 〈지명〉, 〈금기〉, 〈묘지〉

금계리는 보절면 소재지 상신 마을에서 남쪽방향 3㎞ 지점에 위치한 농촌마을로 벼농사를 주로 한다.

옥녀봉 밑에 자리한 금계 마을은 옥녀가 베를 짜는 옥녀직금(玉女織錦) 형상으로, 마을에 베를 짜는 데 필요한 바디(베틀·가마니틀·방직기 따위에 딸린 기구의 하나)가 있어 '바디절'이라 불리기도 하였다. 지명을 한자로 바꾸면서 '베틀 성(筬)', '마을 촌(村)'의 성촌으로 불리다가 시냇물처럼 비단(재물)이 많이 생기라는 의미에서 금계로 명명하였다.

마을 복판에 집을 지으면 집이 쓰러진다 하여 마을 중앙을 경계로 아래와 위쪽에 집을 지었으며, 우물을 파면 베틀을 놓을 수 없다 하여 우물을 파지 않았다.

전설에 의하면 약 300여 년 전 괴양리에 살던 광주 안씨 문중의 효자가 부친상을 당하여 명당자리를 찾으려고 주위 산천을 두루 살피다가 지금의 금계마을 뒷산에 움막을 짓고 10년 동안 시묘살이를 하였다고 한다. 그래도 미진하여 전 가족과 이주하여 금계마을을 형성하였다고 한다. 그 후 수원백씨와 장수황씨가 이주하여 현재는 이들이 주류를 이루고 있다.

금계마을 뒤쪽에는 만행산 줄기인 옥녀봉이 자리 잡고 있으며, 산세는 마을 뒤쪽이 험하고 마을 앞쪽은 경사가 완만한 농경지이다. 마을은 해발 170m에 위치하며, 마을 앞에는 천황봉 줄기에서 시작된 모종천이 흐르고 있다.

- 『디지털남원문화대전』

3. 도룡리(道龍里)

도룡리는 보절면 소재지로부터 북쪽 방향으로 2.5㎞ 지점에 위치한 마을로 도촌마을, 용평마을, 안평마을로 구성되어 있다.

◉ 안평 마을

분류 : 〈명당〉, 〈설화〉, 〈묘지〉

안평마을은 조선 중엽 장군이 난다는 명당이 이 마을에 있다는 것을 알고 배씨 일가가 정착하여 묘를 안장하였다고 한다. 그 후 아들을 낳았는데 양쪽 겨드랑이에 날개가 돋아 있어 깜짝 놀란 부모가 묘를 파헤치자 아이는 죽고 배씨 일가도 떠나버렸다. 그러자 임실에 사는 김해 김씨 후손들이 정착하여 현재까지 살고 있으며 그 후 박씨와 정씨가 이주해 왔다.

- 『디지털남원문화대전』

본래 남원군(南原郡) 보현면(寶玄面) 지역으로 1914년 행정구역 통폐합 때 도촌리(道村里), 용동리(龍洞里), 영양리(永養里), 사촌리(沙村里)의 각 일부가 병합되어 도촌과 용동의 이름을 따서 도룡리(道龍里)라 하고 도룡리에 편입되었다.

조선조 중엽에 장군이 난다는 명당이 이 마을에 있다는 것을 알고 배씨(裵氏) 일가가 정착하여 묘를 안장하였다고 한다. 그 후 아들을 낳았는데 양쪽 겨드랑이에 날개가 돋아 있어 너무 놀란 부모가 묘를 파헤치자 이 아이가 죽고 배씨 일가는 떠나버렸다. 이 소식을 들은 임실에 사는 김해 김씨 후손들이 이 마을에 정착하여 현재까지 이어오고 있다. 그 후 박씨와 정씨가 이주하여 왔다.

- 『남원전통문화체험관』

4. 황벌리(黃筏里)

◉ 벌촌리(筏村里)

분류 : 〈형국〉, 〈지명〉

벌촌리는 낮은 야산이 있는 전형적인 농촌 마을로, 보절면 소재지로부터 북쪽방향으로 1.5㎞ 지점에 위치해 있다.

조선 중엽 명감도사가 벌촌리를 지나다가 지형이 뗏목(배)처럼 생겼다고 하여 뗏목마을, 뗏몰이, 뗏말로 불렀다고 한다. 차츰 시간이 흘러 '뗏목 벌(筏)'자를 써서 벌말, 벌촌으로 바뀌었다.

- 『디지털남원문화대전』

◉ 내황(內黃) 마을

분류 : 〈형국〉, 〈명당〉, 〈지명〉

본래 남원군(南原郡) 보현면(寶玄面) 내황리(內黃里) 지역으로 누른대, 안누른대 또는 내황(內黃)이라 했는데 1914년 행정구역 통폐합 때 내황리(內黃里), 외황리(外黃里), 벌촌리(筏村里), 도촌리(道村里)와 적과면(迪果面) 은천리(隱川里) 각 일부가 병합되어 내황과 벌촌의 이름을 따서 황벌리(黃筏里)라 하여 황벌리에 편입되었다.

마을의 지형이 풍수지리적으로 거미가 먹이를 잡기 위하여 거미줄을 치고 있는 형국의 지주설망(蜘蛛設網)의 형국이라는 유명한 명당이 있다고 하며 여기에 연유하여 처음에 '느린데'라 부르던 것이 와전되어 '누른대'가 되었다고 한다.

- 『남원전통문화체험관』

◉ 외황(外黃) 마을

분류 : 〈형국〉, 〈명당〉, 〈설화〉, 〈단맥〉

본래 남원군(南原郡) 보현면(寶玄面) 외황리(外黃里) 지역으로 누른대, 바깥누른대 또는 외황(外黃)이라 했는데 1914년 행정구역 통폐합 때 내황리(內黃里), 외황리(外黃里), 벌촌리(筏村里), 도촌리(道村里)와 적과면(迪果面) 은천리(隱川里) 각 일부가 병합되어 내황과 벌촌의 이름을 따서 황벌리(黃筏里)라 하여 황벌리에 편입되었다.

마을의 지형이 낚시하는 늙은이가 수양을 하는 형국이라고 한다. 이러한 형국에 터를 잡은 최씨들이 아주 잘 살았다고 하는데 어느 날 시주를 하러온 승려에게 벌을 주어 쫓아 버리자 화가 난 승려가 뒷산의 산맥을 끊게 하고 마을 앞에 물레방아를 놓으면 부자가 된다고 일러주어 그렇게 하였더니 마을이 망해버렸다고 한다. 뒷산의 산맥은 낚시줄이고 물레방아를 놓아 시끄럽게 하여 고기를 쫓아 버렸다는 얘기가 전해온다.

- 『남원전통문화체험관』

◉ 외황(外黃) 마을

분류 : 〈형국〉, 〈명당〉, 〈지명〉

풍수지리설에 의하면, 마을 앞산에 거미가 먹이를 잡기 위해 거미줄을 치고 있는 모양이라 하여 '지주설망'이라 부르는 유명한 명당이 있다고 하는데, 여기에 연유하여 처음에는 '느린데'라고 부르던 것이 와전되어 '누른대'라 부르게 되었다. 이것을 한자로 쓴 것이 안누른대[내황(內黃)], 바깥누른대[외황(外黃)]이다.

-『디지털남원문화대전』

◉ 은천(隱川) 마을

분류 : 〈비보〉, 〈금기〉, 〈도참〉

본래 남원군(南原郡) 적과면(迪果面) 은천리(隱川里) 지역으로 시무내, 숨은내 또는 은천(隱川)이라 했는데 1914년 행정구역 통폐합 때 보절면으로 편입되어 보현면(寶玄面) 내황리(內黃里), 외황리(外黃里), 벌촌리(筏村里), 도촌리(道村里) 각 일부가 병합되어 내황과 벌촌의 이름을 따서 황벌리(黃筏里)라 하고 황벌리에 편입되었다.

조선조 선조 때 소(蘇)상관이 임란을 피해 다니다가 이곳에 이르러 토지가 비옥하고 물이 좋아 터를 잡아 진주 소씨 단일마을을 이루었으나 현재는 소씨, 이씨 등이 살고 있다. 은천마을은 숨은내[隱川], 발메(簾山: 지형이 주름발 형국이라는 마을)로 나뉘어 있다.

마을 사방이 하천으로 둘러싸여 그 안에 마을이 있어 시내 가운데 숨어 있는 형상이라 하여 은천(隱川)이라 불렀다.

마을 입구에 300년 전에 세워진 할아버지 비석과 할머니 비석이 있는데 이 비석을 경계로 안에다 집을 지으면 흥하고, 만약 그 밖으로 지으면 망한다는 설이 있으나 현재는 밖에도 다수 지어져 있다. 또 마을 뒤에는 언젠가는 마을이 물에 잠긴다는 도사의 예언에 따라 이를 대비하기 위해 만들었다는 높이 5~6m의 돌기둥이 있다.

-『남원전통문화체험관』

5. 사촌리(沙村里)

분류 : 〈형국〉, 〈지명〉

사촌리는 보절면 전 지역에 능선을 이루는 천황봉을 기점으로 12평파(平波)가 동서로 뻗어 있는 첫 번째 능선인 제1용이 넓고 평평한 마을 터를 싸안고 있어 평사낙안형(平沙落雁形)이라 하여 사랭이라 불리다가 지명이 한자로 바뀌면서 사촌(沙村)이라 불리게 되었다.

- 『디지털남원문화대전』

6. 성시리(城侍里)

□ 설화 「삼형제의 보물로 장가간 이야기」

분류 : 〈명당〉, 〈설화〉, 〈묘지〉

옛날 어떤 마을에 삼형제가 살았는데, 어찌나 가난하던지 아무리 노력해도 형편이 나아지지 않았다. 삼형제는 할 수 없이, 한 명은 고개를 넘어가는 사람을 습격하고 나머지 두 명은 구해 주는 척해서 대가를 받아내기로 하였다. 어느 날 갓을 쓴 노인 한 명이 고개를 넘어가자, 삼형제는 미리 짠 대로 하여 노인을 집으로 모셨다.

기절했다가 깨어난 노인은 삼형제에게 자기를 구해 준 보답으로 명당자리를 잡아 주겠다고 하였다. 노인은 산을 여기저기 둘러보더니 한 곳을 가리키면서, "여기를 파면 처음에는 지팡이가 나오고, 두 번째는 두루마기가 나오고, 세 번째는 바구니가 나올 것이네. 바구니가 나오거든 거기에 아버님을 이장하시게." 하고는 가버렸다.

노인이 떠나고 그 자리를 파보니 아닌 게 아니라 노인의 말 대로였다. 삼형제는 그 자리에 아버지의 묘를 이장하고 나서 큰형은 지팡이를, 둘째

형은 두루마기를, 막내는 바구니를 나누어 가졌다.

그날 밤, 막내는 내일 날이 밝으면 심으려고 바구니에 콩을 담아 두었다. 그런데 다음날 아침 일어나서 보니 바구니 속에 콩이 한 가득 들어 있었다. 깜짝 놀란 막내가 바구니를 들고 형님 집에 가서 쌀을 넣어 보니 바구니 속에는 또다시 쌀이 한 가득 찼다.

막내는 한 동네 김대감네 딸에게 마음이 있었다. 어느 날 밤 막내는 아무도 모르게 김대감네 담을 넘어 딸의 방으로 들어갔다. 막내는 김대감 딸에게, "나한테 아주 큰 보물이 있으니 혼인을 하자."고 하였다.

김대감 딸이 어떤 보물이냐고 하자, 막내는 김대감 딸의 금가락지를 바구니에 넣었다. 그러자 바구니에는 어느 새 금가락지가 가득 찼다. 이를 본 김대감 딸은 하녀에게 술상을 차려 오게 하여 막내에게 술을 잔뜩 먹이고는, 바구니만 빼앗고 막내를 쫓아내 버렸다.

막내는 큰형 집으로 가서 지팡이를 달라고 하였다. 큰형은 벽에 걸어 둔 채 쳐다보지도 않던 터라 막내에게 그냥 내주었다. 지팡이를 들고 집으로 온 막내는 지팡이를 이리저리 둘러보고 휘둘러보고 하였으나, 거기에서는 보물이 나오지 않았다. 그러다가 지팡이를 거꾸로 들고 거울을 보니 거울에 자신의 모습이 비치지 않았다. 막내는 지팡이를 들고 김대감 딸에게 찾아갔으나 이번에도 지팡이만 빼앗겼다.

막내는 이번에는 둘째 형에게 가서 두루마기를 달라고 하였다. 둘째 형 역시 두루마기를 걸어만 두었기에 막내가 달라고 하자 주저 없이 내주었다. 그 두루마기는 하늘을 나는 두루마기였다. 막내는 김대감 딸을 찾아가 살살 꾀어내어 둘이서 하늘을 날았으나, 이번에도 김대감 딸은 막내를 떨어뜨리고는 두루마기를 차지해 버렸다.

막내는 아무도 살지 않는 어떤 섬으로 떨어졌다. 며칠이 지나도록 먹을 것이 없어 헤매다가 어느 날인가 빨간 열매, 파란 열매, 노란 열매가 열린 나무를 보았다. 배가 고팠던 막내는 정신없이 나무 열매를 따먹었다.

먹으면서 보니 빨간 열매는 눈을 멀게 하고, 파란 열매는 조금씩 눈이 보이게 하고, 노란 열매는 온전히 보이게 하였다. 막내는 주머니 가득 나무 열매를 따 넣고는 지나가는 배에게 구조를 요청하여 집으로 돌아왔다.

그날 밤 막내는 또다시 김대감 딸에게 찾아가서는 빨간 열매를 먹었다. 다음 날 아침 김대감네 집은 딸이 갑자기 눈이 멀어서 난리가 났다. 아무리 용하다는 의원을 불러도 김대감 딸의 눈은 낫지 않았다.

며칠 후 막내는 김대감을 찾아가 딸을 낫게 해줄 테니 딸과 자기를 결혼시켜 달라고 하였다. 김대감은 마땅치 않았으나 어쩔 수 없이 허락을 하였다. 딸의 눈이 다 낫고 나니 김대감은 막내에게 딸을 주고 싶지 않았으나, 약속을 지키지 않으면 다시 딸의 눈을 멀게 하겠노라는 막내의 말에 두 사람을 혼인시켰다. 그 후 삼형제는 보물을 모두 찾고 부자가 되어 잘 살았다.

□ 설화 「운봉의 황새봉과 개구리혈」

분류 : 〈형국〉, 〈명당〉, 〈설화〉, 〈금기〉, 〈묘지〉

옛날 운봉에 삼 형제가 살고 있었다. 하루는 삼 형제가 남원으로 장을 보러 갔는데, 한 노인이 남원장을 쓸고 다니면서 뫼(묘)를 쓰라고 소리를 질렀다. 다른 사람들은 모두 미친놈 취급을 하였지만, 삼 형제는 노인에게 다가가 뫼(묘) 한 자리 쓰겠다고 함께 자신들의 집으로 가자고 하였다.

그렇게 하여 집으로 돌아오는데 노인이 다리가 아프다며 업어 달라고 하여, 삼 형제가 번갈아가며 노인을 업고 고개를 넘어 집으로 데려왔다. 그런데 집으로 온 노인은 묏자리 이야기는 하지 않고 매일 술과 밥만 축냈다.

석 달이 지나도록 묏자리 구경하자는 소리를 안 하자 화가 난 막내가 몽둥이를 들고 들어가, 지금까지 돌봐 주었는데 묏자리 보자는 말도 안하고 술만 먹는다고 하면서 당장 나가라고 하였다.

　정신없이 쫓겨 나온 영감이 동구 밖을 나오다가 지세를 보니, 묘를 쓰면 딱 망하기 좋은 곳이 눈에 띄었다. 그곳은 다름 아닌 개구리혈이었는데, 물길이 뱀 형상으로 되어 있어 뱀이 개구리를 잡아먹으러 올라오는 형국이었다. 뱀이 개구리를 잡아먹으면 끝장나는 자리였던 것이다.

　영감은 여기에다 묘를 쓰면 당장 부자가 된다고 거짓말을 하고는 도망가 버렸다. 몇 년이 흐른 후 삼 형제는 그곳에 묘를 썼는데, 살림이 자꾸 불어나 정말 큰 부자가 되었다.

　10년이 흐른 뒤 영감은 그 집이 망해서 오막살이만 있을 것이라고 생각하고 와서 보니 대궐같이 큰 집이 보여 의아하게 여겼다. 이웃에게 물어 보니, 개구리혈에 뫼를 쓴 이후 부자가 된 집이라고 하였다.

　영감이 뫼자리에서 고개를 들어 지리산 쪽을 보니, 이쪽으로 고개를 팔딱 들고 넘어 보는 봉우리가 하나 있었는데 그것이 황새혈이었다. 봉우리 이름을 물어 보니 황새봉이라 하였다. 영감은 무릎을 탁 쳤다. 뱀이 개구리를 잡아먹으려는 형국에 마침 황새가 그 뱀의 머리를 콱 찍는 형국이었다. 그래서 개구리는 뱀에게 잡아먹히지 않고 폴짝 뛰어오를 수 있었던 것이다.

　영감이 삼 형제의 집을 찾아가니, 형제가 영감을 알아보고는 왜 이제야 오느냐며 환영을 하였다. 그러면서 "뫼자리에 석물을 써야 하는데 영감님께 물어 보려고 오기만 기다리고 있었다."고 하였다. 영감은 그 묘는 개구리혈이니 석물을 놓지 말라고 하였다. 그리하여 영감은 뫼자리를 잘 잡아 주었다고 대우도 잘 받고 돈도 많이 받았다고 한다.

– 『디지털남원문화대전』

◉ 성시리(城侍里)

　분류 : 〈형국〉, 〈지명〉

성시리는 성남리와 성북리 · 계월리 등의 행정리를 포함하고 있다. 남원시의 최북단 오지마을로 보절면의 면소재지인 상신리에서 북쪽으로 6㎞ 지점에 위치하고 있다. 마을을 조그마한 산들이 에워싸고 있어 외부에서는 전혀 보이지 않아 반월성을 연상케 한다.

본래 남원군 보현면 성리 지역이었으나 1914년 행정구역 통폐합 때 성리와 시동리 · 사촌리 · 외항리의 각 일부를 병합하고, 성리와 시동의 이름을 따서 성시리라 하였다.

성남리와 성북리 · 계월리의 명칭유래를 보면, 고려 전기에 축성된 성산산성을 중심으로 성의 남쪽에 위치한 마을이라 하여 성내미 · 성남이라 하고, 북쪽에 위치한 마을을 성북이라 하였다.

계월리는 마을 뒷산이 달 속의 계수나무 형국이라 하여 계월이라 하였다. 계월이란 지명 이전에는 시묘동이라 했다. 진양 강씨 후손 중에 부모가 살아 계실 때에도 효성이 지극하더니 그 부모가 죽자 여러 해 동안 시묘살이를 하였다. 이 사실이 널리 알려져 시묘동이라 불렀다.

- 『디지털남원문화대전』

7. 신파리(新波里)

신파리는 하신리와 상신리 · 파동리 · 중신리를 행정리로 포함하고 있다. 상신리는 보절면의 면소재지이다.

◉ 파동리

분류 : 〈형국〉, 〈명당〉, 〈지명〉

파동리는 풍수지리에 의하면 마을을 감싸고 있는 양쪽의 산을 파도라 하여 12평파(平波)라 했고, 마을 가운데 있는 동산은 배가 곡식을 싣고 거친 파도를 헤치며 들어오는 형국이기 때문에 재물이 모이는 명당이라고 한다. 파동리는 평파가 있는 마을이라 하여 붙여진 이름이다.

파동리는 천황봉의 줄기를 따라 12평파(平波)의 대명당이 있다는 풍수지리설에 따라 약 4백 년 전에 흥덕 장씨가 터를 잡아 마을을 이루었다. 그 후 흥덕 장씨가 쇠퇴하고 이씨가 흥창하는 등 시대의 흐름에 따라 마을의 흥망이 거듭하였다. 한때는 청송 심씨와 경주 김씨가 마을의 주축을 이루다 조선 말기에 남원 양씨가 정착하여 오늘에 이르고 있다.

- 『디지털남원문화대전』

◉ 신동(薪洞) · 중현(中峴) 마을

분류 : 〈형국〉, 〈명당〉, 〈지명〉

본래 남원군(南原郡) 보현면(寶玄面) 신동리(薪洞里)와 중현리(中峴里) 지역으로 섶골, 신동(薪洞)또는 중고개, 중현(中峴)이라 했는데 1914년 행정구역 통폐합 때 중현리(中峴里), 파동리(波洞里), 신동리(薪洞里), 신흥리(新興里)와 적과면(迪果面) 도촌리(道村里) 각 일부가 병합되어 신동과 파동의 이름을 따서 신파리(新波里)라 하고 신파리에 편입되었다. 이 마을에는 신동(薪洞)과 중현(中峴) 두 마을이 있다.

신동(薪洞)은 약 350여 년 전 진주 강씨(晉州姜氏)가 천황봉(天皇峰) 명산 아래 명당터를 잡아 정착하였다. 이곳이 신동(新洞) 마을이다. 신동(薪洞)은 마을의 지형이 누에가 섶[薪]에 올라 집을 짓는 형국이라 하여 섶골[薪洞]이라 불렀는데 1972년 행정구역 개편에 의하여 두 마을을 합하여 첫 자를 따서 중신(中薪)이라 했다. 현재는 중신(中新)이라고 부르고 있다.

그로부터 30년 후에 중고개(中峴)라는 곳에 나주 임씨(羅州林氏)가 명산협곡을 찾아 정착하여 중현(中峴)마을을 이루었다고 한다. 지금도 풍수지리설에 따라 마을의 터가 명당자리라 하여 조그마한 촌락을 이루고 현재 강씨, 임씨를 비롯해 6개 성씨 30호가 거주하고 있는데 중현마을은 도

승이 천황봉의 명당을 찾기 위해 허기진 몸으로 고개를 넘다 사망하였다
하여 중현[僧峴]이라 했는데 나중에 중현(中峴)으로 바뀌었다.

- 『남원전통문화체험관』

사매면(巳梅面)

—

남원시의 북서부에 있는 법정면이다. 남원 시역의 서북쪽에 자리 잡고 있다. 면 경계의 동쪽은 보절면과 이백면, 서쪽은 임실군과 순창군, 남쪽은 대산면과 이백면, 북쪽은 덕과면에 접해 있다. 서쪽으로는 둔내산, 노적봉, 풍악산으로 이어지는 산맥이 뻗쳐있고, 동쪽으로는 계룡산에서 뻗어난 지맥에서 생겨난 구릉지가 산재하여 있다. 유역권 내의 주요 하천은 북쪽으로 흘러 율천으로 모이고, 율천의 유역에 넓은 들을 이루었다.

1. 계수리(桂壽里)

● 계동(桂洞) 마을

분류 : 〈형국〉, 〈명당〉, 〈설화〉, 〈금기〉, 〈묘지〉, 〈지명〉

계동리는 수동리와 함께 법정리인 계수리에 속해 있다. 마을 앞에 소

하천이 흐르는 낮은 산악 지대로 형성되어 있으며, 전답이 즐비하여 오곡이 풍부하고, 울창한 소나무림으로 이루어진 마을이다.

계동리는 본래 남원군 사동면 계동 지역으로, 계수나무가 있고, 계화낙지(桂花落地) 명당이 있어 계수동 혹은 계동이라 하였다. 이 마을의 유래에 대해서는 다음과 같은 이야기가 전해진다.

1770년경 지사방에서 거주하던 채규권의 7대조 채영국은 당시 만석을 가진 큰 부자였는데, 부모에게 효성이 극진하고 주변의 가난한 주민들에게 선덕을 베풀었다. 어느 날 부모의 명당을 찾지 못하고 고심하던 중 선각대사와 대화할 기회가 있어 함께 명당을 찾아다녔다.

그러던 중 비암골(지금의 인화리)이란 마을 뒷산에 올라가서 사방을 둘러보더니 선각대사가 하는 말이 "명당이 바뀌었구나!"해서 무슨 말이냐고 물으니, 현지로 가자고 했다.

그 명당으로 와서 선각대사가 하는 말이, "복치명당(伏雉明堂 : 꿩이 엎드린 형상의 명당)이 위에 있고, 계화명당(桂花明堂 : 하늘에서 내려오는 신선이 놀다 심은 나무)이 아래에 있어 서운하기는 하나, 위치가 서로 비켜 있으니 큰 문제는 없을 것 같다"면서 복치명당이 부모님 운세에 맞으니 묘를 쓰라고 했다.

하지만 묘 옆에는 절대 무거운 비석이나 망주를 세우지 말 것을 당부하였다. 그래서 현재까지 비석을 세우지 않았다. 그리하여 그 할아버지가 부모님의 묘를 쓰고 그 옆에 시묘초막을 지어 살다가 정착하게 되었다는 것이다.

본래 마을 이름은 채씨가 시묘살이를 한 골짜기의 이름을 따서 제정골, 또는 대습지라고도 불렀다. 그 후 제정골에 마을이 있다고 하여 제도라 이름지어 부르다가 얼마 지나 계수나무가 있고, 계화낙지의 명당이 있다고 하여 계동으로 바꾸었다고 한다.

- 『디지털남원문화대전』

■ 노적봉(露積峰)

분류 : 〈명당〉, 〈지명〉

전라북도 남원시 사매면 계수리와 대산면 길곡리 그리고 순창군 동계
면의 경계에 있는 산이다.

산의 모양이 벼 낟가리 모양으로 생겼다고 하여 이름이 붙여졌으며, 풍
수적으로 큰 부자가 나온다고 한다.

사매면 노봉마을을 둘러싸고 있는 산들 중 가장 높은 봉우리가 노적
봉이며, 그 옆으로 닭의 벼슬을 닮았다는 계관봉이 있다. 풍악산(605m)
과 이어져 있으며, 임실군 삼계면, 오수면의 경계를 이루는 산으로 이어
진다.

－『디지털남원문화대전』

2. 대신리(大新里)

대신리는 2개의 행정리, 즉 대산리(大山里)·상신리(上新里)로 나뉘어
있다. 혼불의 고장인 사매면의 면소재지로부터 남동쪽 3㎞ 지점에 위치
해 있으며, 보절면과 광치동의 경계이다.

◉ 상신(上新) 마을

분류 : 〈형국〉, 〈명당〉, 〈지명〉

본래 남원군(南原郡) 매내면(梅內面) 상신(上新) 지역으로 여의터(如意),
매안골 또는 상신(上新)이라 했는데 1914년 행정구역 통폐합 때 대산리
(大山里)와 상신리(上新里)의 일부가 병합되어 대산과 상신의 이름을 따서
대신리(大新里)라 하고 대신리에 편입되었다.

자연마을 상신, 대산 2개 마을로 법정리 대신리라 불리고 있으며 원

매안(元梅岸), 여의(如意)터라고 부르기도 한다. 원매안은 당초부터 구
내방(丘內坊)이었는데 약 300년 전 공자(孔子)의 이름자가 '구(丘)'라 하
여 지명으로 사용하는 것은 불손하다하여 마을 앞 동산에 매화낙지(梅
花落地) 명당이 있어 매내방(梅內坊)이라 했다가 매안방(梅岸)으로 바뀌
었다.

또 여의 터는 마을 뒤 계룡산이 용의 형상을 가지고 여의주가 있다고
하여 붙여진 이름이라 한다. 그러다가 1910년 이후 사매면의 위쪽 마을이
라는 뜻에서 상신(上新)이라 개칭하여 현재에 이르고 있다.

－『남원전통문화체험관』

3. 대율리(大栗里)

분류 : 〈형국〉, 〈명당〉, 〈지명〉

마을 이름을 대율리라고 부르게 된 것은 병풍처럼 둘러싸인 마을의 뒷
산에 밤혈(栗穴) 명당이 있고, 마을 서편의 서촌마을 그 밑의 골짜기 마을
을 모굴, 남원을 가는 길목에 있는 쌍거리(삼거리), 박석치 등을 통칭하여
한밤(큰밤), 한배미(栗峙) 등으로 불리어오다가 1860년경 큰대(大) 밤율
(栗)을 따서 '대율'이라 고쳐 불렀다.

－『디지털남원문화대전』

4. 서도리(書道里)

서도리는 노봉리와 수촌리·서촌리를 행정리로 포함하고 있다. 사매면
의 서북쪽에 위치한다.

노봉리의 이름은 원래 이곳에 노봉서원이 있었던 것으로 미루어 서원

리였을 것으로 추정된다. 언제부터인지는 알 수 없으나 마을 뒤로 노적을 쌓은 듯이 우뚝 솟아 있는 노적봉의 정기를 이어받았다 하여 노봉마을로 불리고 있다.

-『디지털남원문화대전』

◉ 수촌(藪村) 마을

분류 : 〈형국〉, 〈지명〉

본래 남원군(南原郡) 사동면(巳洞面) 도촌리(道村里)지역으로 숲말 또는 수촌(藪村)이라 했는데 1914년 행정구역 통폐합 때 서원리(書院里)와 도촌리(道村里)를 병합하여 서도리(書道里)라 하고 사매면(巳梅面)에 편입되었다.

흥덕 장씨가 형성한 마을을 수촌(藪村)이라 하고, 이사덕이 형성한 마을을 도루메(道村)라 했다고 하는데 마을 앞뒤로 송림이 울창하다하여 숲산 또는 숲말 등으로 불러오다 지명을 한자로 바꾸면서 숲속 깊숙한 곳에 위치해 있다 하여 수촌(藪村)으로 바뀌었고, 마을에서 약 300m 떨어져 있는 도루메라는 자연 마을은 풍수학상 마을 주변이 연화도수(蓮花倒水)의 형국이다 하여 도연(道蓮)이라고 불리어 내려오다가 도루메로 부르고 있으며 행정리 상 수촌마을에 속해 있지만 과거에는 두 마을을 합해 도촌리(道村里)라 했다.

-『남원전통문화체험관』

5. 오신리(梧新里)

오신리는 하신리와 중신리·신촌리·오현리 등의 행정리를 포함하고 있다. 사매면의 면소재지이기도 하다.

◉ 하신(下新) 마을

분류 : 〈형국〉, 〈지명〉

하신리는 형국이 배 모양과 같아 배정재라 불렀는데, 배에서 내린다는 뜻으로 하선계(下船界)로 고쳤다고 한다. 일설에 의하면 350년 전 신선이 내려와 터를 잡고 마을을 이루었다 하여 하선계(下仙溪)라 했다고 한다. 최근 이 마을이 새로이 발전해 감을 상징하여 새로울 신(新)자로 바꾸었다고 한다.

― 『남원전통문화체험관』

◉ 중신(中新) 마을

분류 : 〈형국〉, 〈지명〉

본래 남원군(南原郡) 매내면(梅內面) 중신리(中新里)지역으로 매화골, 매락골, 매내골 또는 중신(中新)이라 했는데 1914년 행정구역 통폐합 때 하신리(下新里), 중신리(中新里), 신촌리(新村里), 세동리(細洞里), 풍촌리(豊村里)의 각 일부와 적과면(迪果面)의 오현리(梧峴里) 일부가 병합되어 오현과 신촌의 이름을 따서 오신리(梧新里)라 하고 오신리에 편입되었다.

매내(梅內)골과 학동(鶴洞) 2개의 자연 마을로 형성되어 있다.

1700년경 진주 강씨 선조가 임진왜란이 종식될 무렵 진주로 하향하던 중 매화꽃이 만발하여 경치가 아름다워 잠시 휴식하던 인연으로 이곳이 평화스럽고 온화한 매화락지 터라하여 그대로 정착하게 되었다.

그 후 김씨, 이씨, 사씨 등이 차례로 입주하여 마을이 형성 되었다.

마을 안에 벗꽃, 개나리 등이 무성히 자라 봄이면 꽃바다를 이루며, 특히 매화꽃으로 유명하여 매화꽃이 아름다워 매화골이라 하였는데 풍수설에 따르면 매화꽃이 땅에 떨어져 눈처럼 쌓인 형국 즉 매화낙지(梅花落地)라 하여 마을 이름을 일명 매락골이라고도 하였다.

― 『남원전통문화체험관』

6. 인화리(仁化里)

분류 : 〈형국〉, 〈명당〉, 〈지명〉

이 마을은 1540여 년경에 김씨가 처음 정착하였으며 그 후 문씨, 이씨, 최씨가 정착하여 마을을 형성하였으며, 현재는 많은 성씨의 분포를 가지고 있다.

이 마을은 풍수지리적으로 세 마리의 뱀 머리의 형국 즉 사두혈(巳頭穴)이 있는 곳이라 하여 일찍이 비암골 또는 뱀골이라 불러 왔다.

1914년 행정구역 통폐합으로 지명을 모두 한문으로 옮길 때 인화리(仁化里)로 바뀌었다. 일설에는 이 마을 뒷산인 무산(舞山)에 선인무수(仙人舞袖)의 명당이 있어 인화(仁化)라 했다고 한다.

－ 『남원전통문화체험관』

7. 화정리(花亭里)

분류 : 〈형국〉, 〈명당〉, 〈지명〉, 〈설화〉

마을의 지세가 꽃봉오리 속의 가장 큰 꽃술인 화심(花心)과 같은 화심명당이라 하여 화정리(花亭里)라는 마을 이름이 붙여졌다. 일설에는 옛날 유명한 대사가 따뜻한 봄날 노적봉을 산책하다가 멀리 한 정자가 보이는데 정자를 둘러싼 주변의 아름다운 정기가 꽃봉오리가 피어나는 것처럼 보이는지라 마을 이름을 '꽃정이'라 지었다고 한다.

50년 후 산내면 덕동에 살던 진주 강씨는 한배미 뒤에 화심명당이 있고 그 옆에서 살면 자손이 융성하다는 말을 듣고 수소문하여 화정으로 옮겨와 살게 되었다. 이어 경주이씨가 들어와 살면서 3개 성씨가 살던 중 김씨, 박씨 등이 들어와 살면서 마을을 형성하였다.

본래 남원군 사동면 지역으로 꽃정이 또는 화정이라 했으나, 1914년 행정구역 통폐합 때 화정리와 서촌리 일부가 병합되어 화정리라 하고 사매면에 편입되었다. 1995년 남원시·남원군 통합으로 남원시 사매면 화정리가 되었다.

-『디지털남원문화대전』

8. 월평리(月坪里)

◉ 수월(水月)마을

분류 : 〈형국〉, 〈지명〉

본래 남원군(南原郡) 사동면(巳洞面) 수월리(水月里) 지역으로 1914년 행정구역 통폐합 때 덕평리(德坪里), 수월리(水月里), 손율리(孫栗里), 인화리(仁化里) 각 일부가 병합되어 수월과 덕평의 이름을 따서 월평리(月坪里)라 하고 월평리에 편입되었다.

옛 지명은 수헐(愁歇)로, 동네 앞 수구(水口)막이가 완벽하게 막혀 있는 데서 연유했다. 풍수지리학적으로 물속에 달의 명당이 있다는 이 마을은 형국이 음풍영월(吟風詠月)의 수중반월형(水中半月形)이라 해서 약 150년 전부터 수월(水月)이라고 불렀다고 한다.

-『남원전통문화체험관』

◉ 덕평(德坪) 마을

분류 : 〈형국〉

월평리는 자연마을로 수월, 덕평, 손율 등 3개 마을을 합한 것이고 수월의 월자와 덕평의 평자에서 유래 되었다. 마을 뒷산의 형상이 마치 모새(茅巳)와 같다고 한다. 마을 어귀는 사두선(巳頭先)이라 하여 뱀 머리 모양이고 그 옆에는 큰 바위가 있는데 뱀이 개구리를 잡아먹으려는 형용이

라 하여 이곳을 모사정(莽巳亭)이라 했다가 덕평(德坪)으로 바뀌었는데
이유는 알 수 없다.

— 『남원전통문화체험관』

산내면(山內面)

—

남원시의 동남부에 있는 법정면이다. 남원 시역의 동쪽 끝에 자리 잡고 있다. 면 경계의 동쪽은 하동군과 함양군, 서쪽은 주천면·운봉읍·인월리, 남쪽은 구례군과 하동군군, 북쪽은 주천면·운봉읍·인월면과 접해있다. 지리산의 지맥인 삼봉산, 반야봉, 만복대, 고리봉, 세걸산, 덕두산으로 둘러싸인 고원 분지에 입지하여 있고, 유역권 내의 주요 하천은 동북쪽으로 흘러 만수천으로 모여 임천에 합류한다.

1. 대정리(大井里)

분류 : 〈형국〉, 〈명당〉, 〈지명〉

법정리로서의 대정리에는 중기리(마을), 대정리(마을), 매동리(마을) 등 3개의 행정리가 있으며, 산내면 사무소가 위치하고 있다.

매동리는 매계리와 묘동리를 병합하여 이름을 한자씩 따서 지은 이름이다. 마을 앞 200m 지점에 고양이 모양의 바위가 있어 괭이골이라 해서, '고양이 묘(猫)'자를 써서 묘동(猫洞)이라 했다. 그러다가 묘동은 풍수지리설에 의해 마을의 위치가 명당이라 하여 '무덤 묘(墓)'자를 넣어 묘동(墓洞)이라고 불렀다. 매계리는 1870년경부터 땅 모양이 매화꽃 모양으로 생겼다고 하여 붙은 이름인데, 두 마을이 병합되면서 마을 이름을 매동(梅洞)으로 바꿨다.

- 『디지털남원문화대전』

◉ 매동 마을

분류 : 〈형국〉, 〈지명〉

매동 마을은 1700년대에 솔고개에서 김씨들이 들어오고, 뒤이어 밀양 박씨들이 이주해 오면서 마을을 형성하게 되었다. 마을 앞 200m쯤 되는 곳에 고양이 모양의 바위가 있어서 괭이골로 부르다가 묘동(猫洞)으로 고쳐 불렀는데, 1870년대에 땅의 모양이 매화꽃 모양으로 생겼다고 해서 다시 매동(梅洞)으로 바꾸어 부르게 되었다.

- 『디지털남원문화대전』

2. 장항리(獐項里)

분류 : 〈물형〉, 〈지명〉

마을 뒤 덕두산 줄기의 자락에 마을이 위치하고 있는데, 산세가 노루목과 같은 형국이라 하여 '노루 장(獐)'자, '목 항(項)'자를 써서 장항리라 하였고, 지금도 사람들은 노루목이라 부른다.

- 『디지털남원문화대전』

● 원천리(元川里)

분류 : 〈형국〉, 〈단맥〉

본래 운봉군 산내면 지역이었으나 1914년 행정구역 통폐합 때 원천
리가 병합되어 장항리에 편입되었다. 1995년 1월 1일 남원시와 남원군
이 통합되어 남원시 산내면 장항리가 되었고, 행정리로 원천리가 되었
다.

마을의 지형은 풍수지리적으로 나비 형국이라 한다. 예전에는 대마
인 삼을 많이 재배했는데, 나비의 양 날개에 해당되는 곳에 삼을 삶는
솥을 두 개 거는 바람에 마을의 맥이 끊어져 마을이 번성하지 못했다
고 한다.

－『디지털남원문화대전』

3. 입석리(立石里)

분류 : 〈형국〉, 〈명당〉, 〈단맥〉

마을 동쪽에 거대한 자연석 두 개가 유달리 우뚝 서 있으므로 돌이 서
있는 마을이라 하여 선독골, 선돌골이라 불렸고, 한자로 입석(立石)이라
하였다. 선독골은 '서다'와 '돌', '골'로 분석이 된다. '독'은 '돌'의 전라북도
방언이다.

그런데 이 바위가 서 있으면 입석리는 흥하지만 건너다보이는 원천리
는 망한다는 전설이 있어 이를 믿고 원천리 사람들이 야간에 몰래 바위
를 넘어뜨린 일이 있었다고 한다.

입석리와 신흥리는 주산을 경계로 나뉘어 있으며, 주산은 풍수지리상
와우형(臥牛形)의 길지라고 한다.

－『디지털남원문화대전』

4. 중황리(中黃里)

분류 : 〈형국〉, 〈지명〉

마을이 들어서기 전에 뒷산 백운산 기슭에 황강사(黃岡寺)란 절이 있었고, 북쪽으로 약 500m 위치에 꿩이 엎드려 있는 형국이라는 복치혈(伏雉穴)이 있어 황강사의 황(黃)자와 복치혈의 치(雉)자를 따서 황치(黃雉)라 했다. 한편 황치(黃雉)의 치(雉)를 고개 치(峙)로 써서 황치(黃峙)골이라 불리기도 한다. 마을 주변의 세 개의 자연 마을 중 가운데 있어 중치, 중몰이라고 불렀는데 한자로 중황(中黃)이라 하였다.

- 『디지털남원문화대전』

● 상황(上黃) 마을

분류 : 〈형국〉, 〈지명〉

마을이 들어서기 전에는 뒷산 백운산 기슭에 황강사(黃岡寺)란 절이 있었고 북쪽으로 약 200m 위치에 꿩이 엎드려 있는 형국이라는 복치혈(伏雉穴) 굴이 있어 황강사의 '황(黃)'자와 복치혈의 '치(雉)'자를 따서 황치(黃雉)라 하였다. 마을 주변의 3개 자연 마을 중 위쪽에 있어 웃황치라 하다가 한자로 바꾸어 상황(上黃)이라 하였다.

- 『디지털남원문화대전』

5. 하황리(下黃里)

분류 : 〈형국〉, 〈명당〉, 〈지명〉

마을이 들어서기 전에는 뒷산 백운산(白雲山, 902.7m) 기슭에 황강사(黃岡寺)라는 절이 있었고, 북쪽으로 약 600m 위치에 꿩이 엎드려 있는 형국이라는 복치혈(伏雉穴)이 있어 황강사와 복치혈을 따서 황치(黃雉)라 하였다. 하황리는 황치의 제일 아래쪽에 있다 하여 붙여진 이름이며 상황리·중황리·하황리를 통틀어 황치골이라고 한다.

1600년경 참판을 지낸 김인배(金寅培)가 관직에서 물러난 후 함양에서 임진왜란을 피하여 지리산을 찾았다가 이서구(李書九) 선생이 말한 황강동천(黃岡洞天: 살기 좋은 곳)이 이곳이라 믿고 정착하여 마을이 형성되었다.

하황리에는 1902년 김봉문(金鳳文)이 창건한 백운암(白雲庵)이라는 암자가 있다. 하황리 앞에는 황강동천(黃岡洞天)이라 새겨진 황강대(黃岡臺)라는 기암괴석이 있다. 황강동천이란 전설에 나오는 무릉도원과 비슷한 말로, 신선들이 산다는 살기 좋은 낙원을 가리킨다.

－『디지털남원문화대전』

산동면(山東面)

—

　남원시의 북부에 있는 법정면이다. 남원 시역의 북쪽에 자리 잡고 있다. 면 경계의 동쪽은 운봉읍과 장수군, 서쪽은 보절면, 남쪽은 이백면, 북쪽은 장수군과 접해 있다. 면을 가로질러 서쪽으로 흐르는 요천을 사이에 두고, 북서쪽으로 천황산, 연화산, 낙산의 연맥이 뻗어 있고, 남서쪽으로도 시루봉, 말봉, 매봉의 연맥이 뻗어내려 그 사이의 요천 유역에 위치하였다.

1. 월석리(月席里)

　월석리는 월산리와 석동리의 이름을 따서 월석리라 하였다.

　■ 대성산(大聖山)

　분류 : 〈물형〉, 〈명당〉

전라북도 남원시 산동면 월석리와 전라북도 장수군 번암면의 경계에 있는 산이다.

옛날 삼한시대에 어느 임금이 산동면 대상리 귀정사에서 삼 일간 정치를 하면서 천황봉에 비해 성인격이라 하여 대성산이라 하였다고 한다. 또 마을을 둘러싼 산이 반달형으로 생겨 마치 솟아오른 달을 맞이하는 형상이어서 대성산을 '큰달뫼', 영월산을 '작은달뫼'라 불렀다.

산 아래의 마을은 큰달뫼와 작은달뫼가 있어 달뫼 또는 월산(月山)이라 했는데 1300년경 대성산 아래 삼봉의 서당기가 있어 이곳에서 성인(聖人)을 배출한다는 풍수지리설에 따라 여기저기에서 많은 씨족들이 찾아 들었다. 농토가 기름진 이곳을 찾아 온 씨족들은 나주 임씨, 서산 유씨, 밀양 박씨 등이 각각 정착함으로써 일찍부터 큰 마을을 형성하였다.

- 『디지털남원문화대전』

◉ 월산리(月山里)

분류 : 〈물형〉, 〈명당〉, 〈도참〉

월산리는 본래 달뫼였다. 이 마을에는 대성산 자락에 자리한 큰 달뫼와 영월산 아래의 작은 달뫼가 있었다. 마을을 둘러싼 산이 반달형으로 생겨 마치 솟아오른 달을 맞이하는 형상이다. 일설에는 마을 터가 높아 달이 다른 마을에 비해 먼저 비친다고 해 월산이라고 했다고 한다.

1300년경 대성산 아래 삼봉(三峰)의 『서당기(書堂記)』가 있어 이곳에서 성인을 배출한다는 풍수지리설에 따라 여기저기에서 많은 씨족들이 찾아 들었다. 농토가 기름진 이곳을 찾아온 나주 임씨, 서산 유씨 12대손, 밀양 박씨 11대손이 각각 정착함으로써 일찍부터 큰 마을을 형성하였다.

- 『디지털남원문화대전』

◉ 월석리(月席里)

분류 : 〈물형〉, 〈지명〉

월산리는 본래 달뫼였다. 이 마을에는 대성산 자락에 자리한 큰 달뫼와 영월산 아래의 작은 달뫼가 있었다. 마을을 둘러싼 산이 반달형으로 생겨 마치 솟아오른 달을 맞이하는 형상이다. 일설에는 마을 터가 높아 달이 다른 마을에 비해 먼저 비친다고 해 월산이라고 했다고 한다.

- 『남원전통문화체험관』

◉ 석동(席洞) 마을

분류 : 〈형국〉, 〈지명〉

본래 남원군(南原郡) 산동면(山東面) 석동리(席洞里) 지역으로 돗골, 독골 또는 석동(席洞)이라 했는데 1914년 행정구역 통폐합 때 월산리(月山里)와 석동리(席洞里)를 병합하여 월산과 석동의 이름을 따서 월석리(月席里)라 하고 월석리에 편입되었다.

1550년경 처음 단양 우씨(丹陽禹氏)와 전주 최씨(全州崔氏)가 터를 잡아 정착하였다. 그 후 나주 임씨(羅州林氏), 영천 이씨(寧川李氏), 수원 백씨(水原白氏) 등 각 성씨가 이주하여 마을을 이루었다. 동쪽과 서쪽의 계곡에 둘러싸인 마을의 지형이 닻을 내리고 정박해 있는 배(舟)의 형국이라 하여 '돛단배'를 상징하는 '돗골'이라 이름 하였다. 시간이 지남에 따라 '돗골'이 독골로 변하여 '독'을 '돌 석(石)'으로 표기하여 석동(石洞)이라 부르다 이름이 좋지 않다고 하여 '돌 석(石)'자와 음이 같은 '자리 석(席)'자가 좋겠다는 주민들의 의견에 따라 석동(席洞)으로 바꾸어 지금에 이른다고 한다.

- 『남원전통문화체험관』

2. 목동리(木洞里)

분류 : 〈형국〉, 〈명당〉, 〈묘지〉

본래 마을 주변에 나무가 무성하여 나무골로 부르다, 지명을 한자로 바꾸면서 목동으로 바뀌었다.

목동은 1570년(선조 3) 김일의 20세손인 김익복이 부안군에서 출생하여 남원군 금지면 순흥 안씨를 아내로 맞아 세 아들을 낳았다. 세 아들은 마을 뒤 풍곡사 주변의 운중발룡형(雲中發龍形)의 터에 선조를 모시면 자손들에게 큰 벼슬이 이어지고 번창할 것이라는 말에 따라 이곳에 묘를 썼다.

－『디지털남원문화대전』

3. 부절리(釜節里)

◉ 부동(釜東) 마을

분류 : 〈물형〉, 〈지명〉

본래 남원군(南原郡) 산동면(山東面) 부곡리(釜谷里) 지역으로 가말 또는 부동(釜洞)이라 했는데 1914년 행정구역 통폐합 때 부동리(釜洞里), 중절리(中節里), 이곡리(梨谷里) 일부를 병합하여 부동과 중절의 이름을 따서 부절리(釜節里)라 하고 부절리에 편입되었다. 1975년 부동리(釜洞里)가 부동(釜東), 부서(釜西)로 나뉘어졌다.

고려 말엽 마을 동쪽으로 1㎞쯤 떨어져 있는 속칭 통덤에서 평산 신씨(平山申氏)가 살았다 하며, 동쪽으로는 500m에 위치한 현재의 '개양골'에서 양씨(梁氏)가 살았다고 한다.

그 후 조선조 선조 때(1600년경) 전주 최씨(全州崔氏), 밀양 박씨(密陽朴

氏), 전주 이씨(全州李氏) 등 세 성이 이곳에 정착하여 살기 시작함으로써 오늘에 이르고 있다. 본래 이름은 가말이다. 조선조 이서구(李書九)대감이 전라감사 시절에 이곳을 지나다가 마을을 가리키며 만 사람을 배불리할 수 있는 곳이라는 만인호인지상(萬人好人地相)이라 감탄했는데, 이에 따라 지세가 가마솥과 같다하여 처음에는 '가마말' 또는 '가말'이라고 했다가 지명이 한자로 바뀌면서 부동(釜洞)으로 바뀌었다.

－『남원전통문화체험관』

4. 태평리(太平里)

태평리는 마을에 처음으로 들어와 터를 잡고 집을 지으려 할 때 땅속의 바위에 천하태평(天下泰平)이라 새겨진 바위가 나왔다 하여 태평촌(泰平村)이라 부르게 되었다.

◉ 이곡(梨谷) 마을

분류 : 〈형국〉, 〈지명〉

본래 남원군(南原郡) 산동면(山東面) 이곡리(梨谷里) 지역으로 지형이 이화낙지(梨花落地) 형국이어서 배실 또는 이곡(梨谷)이라 했는데, 1914년 행정구역 통폐합 때 태평리(太平里), 신풍리(新豊里), 이곡리(梨谷里), 대촌리(大村里)의 각 일부가 병합되어 태평리라 하고 태평리에 편입되었다.

1420년경 고려 말 장연 변씨(長淵邊氏)가 처음 터를 잡아 거주하던 중 조선조에 들어와 병자호란 때 함양 오씨(咸陽吳氏)가 입주하여 마을을 형성하였으며 그 후 함안 조씨(咸安趙氏), 남원 양씨(南原梁氏) 등이 입주하여 현재에 이르고 있다. 맨 처음 정착하였던 장연 변씨는 한 집도 없다.

본래 이름은 배실이다. 마을의 모양이 배를 잡아 맨 것 같다하여 처음에는 배실이라 불러오다 땅모양이 배(舟)를 잡아 맨 것 보다는 배꽃(梨花)이 사방(四方)에 날려있는 형태라 하여 배나무의 배실로 고쳤다고 하는데 마을의 지형이 배꽃이 떨어진 이화낙지(梨花落地) 형국이기 때문에 처음부터 불려 진 것으로 보이며, 지명을 한문으로 옮길 때 '배 이(梨)', '골 곡(谷)'자로 표기하였다.

－『남원전통문화체험관』

5. 대기리(大基里)

◉ 등구(登九) 마을

분류 : 〈형국〉, 〈지명〉

본래 남원군(南原郡) 산동면(山東面) 등구리(登九里) 지역으로 거북이가 기어 올라가는 형국이라 하여 등구레 또는 등구(登龜)라 했는데 1914년 행정구역 통폐합 때 등구리(登九里), 선촌리(仙村里), 신기리(新基里), 대촌리(大村里), 대치리(大峙里)의 각 일부가 병합되어 대촌과 신기의 이름을 따서 대기리(大基里)라 하고 대기리에 편입되었다.

1400년경 김녕 김씨(金寧金氏)가 처음 터를 잡고 정착하였다. 조선조 초기에는 남원 양씨, 여산 송씨, 전주 이씨가 이주해 마을을 형성하여 오늘에 이른다. 현재는 이씨, 양씨, 박씨, 송씨, 순으로 처음 정착한 김녕 김씨 자손들은 세 가구가 거주하고 있다.

조선조 중엽 전라감사 이서구(李書九)가 이 마을을 지나가다가 크게 길한 지형이 있다하여 말에서 내려 마을 뒷산을 향해 큰절을 올리며 "저 산은 거북이가 기어오르는 형상이니라." 하므로 등구레라 불렀다고 한다.

－『남원전통문화체험관』

◉ 평선(平仙) 마을

분류 : 〈형국〉, 〈지명〉

본래 남원군(南原郡) 산동면(山東面) 선촌리(仙村里) 지역으로 불선치(佛仙峙)라 했는데 1914년 행정구역 통폐합 때 등구리(登九里), 선촌리(仙村里), 신기리(新基里), 대촌리(大村里), 대치리(大峙里)의 각 일부가 병합되어 대촌과 신기의 이름을 따서 대기리(大基里)라 하고 대기리에 편입되었다.

평선 마을은 1750년경 남원으로부터 밀양 박씨(密陽朴氏)가 처음 이주하여 살기 시작하였다. 그 후 등구리의 김해 김씨(金海金氏)가 분가하여 불선치(佛仙峙)에 살기 시작하여 연이어 등구 주민들이 분가하여 평지에 취락을 형성하여 현재에 이르고 있다.

전설에 의하면 옛날 어느 도사가 마을 앞을 지나다가 앞산은 신선(神仙)이 독서하는 형세이고 뒷산은 부처를 모시는 형상이라 했는데 이에 따라 그 산을 선인봉(仙人峰)과 불선암이라 부르고 불선암(佛仙岩)과 선인봉(仙人峰)의 둘을 합해 불선치(佛仙峙)라 불렀다고 한다. 그 후 불선치 마을 아래에 등구(登九)에서 분가한 주민들이 마을을 형성하였는데 평지(平地)에 형성된 마을이라 해서 평지(平地)라 불렀다.

— 『남원전통문화체험관』

6. 목동리(木洞里)

◉ 목동(木洞) 마을

분류 : 〈형국〉, 〈묘지〉

목동은 1570년(선조 3년) 김일(金鎰)의 20세손인 김익복(金益福)이 부안군에서 출생하여 남원군 금지면 순흥 안씨를 아내로 맞아 세 아들을 낳았다, 세 아들은 마을 뒤 풍곡사 주변의 운중발룡형(雲中發龍形)의 터에 선조를 모시면 자손들에게 큰 벼슬이 이어지고 번창할 것이라는 말에 따라 이곳에 묘를 쓴 후 그 자손들이 살아옴으로써 오늘에 이르렀다고 한다. 그 후 많은 성씨들이 들어왔으나 이씨 3호, 오씨 3호, 기타 성씨 8호를 제외하고 모두 부안 김씨로 집성촌을 이루고 있다.

-『남원전통문화체험관』

송동면(松洞面)

  남원시의 남서부에 있는 법정면이다. 남원 시역의 서남쪽 끝에 자리 잡고 있다. 면 경계의 동쪽은 수지면과 주천면, 서쪽은 금지면과 주생면, 남쪽은 곡성군, 북쪽은 이백면과 접해 있다. 남쪽으로는 옥녀봉, 원동봉, 가마봉, 금저봉이 에워싸고 있고, 요천을 사이에 두고 주생면과 경계를 이루는데, 유역권 내의 물은 북쪽으로 흘러 요천에서 만나 다시 남쪽으로 흘러 섬진강에 합류한다.

1. 송내리(松內里)

  분류 : 〈형국〉, 〈비보〉
  가마봉은 마을 남쪽을 둘러싸고 있으며, 가마봉과 마을 사이에 개천이 흐른다. 풍수 지리적으로 가마봉은 남근의 모양을 띠고 있고, 마을은 여근 형국이라고 한다. 이에 따라 마을 사람들이 마을 앞 개천에 버드나무

를 심어 음기가 밖으로 나가는 것을 막았다고 전한다.

마을 가운데에 봉황의 알이라는 우물이 있는데, 이 마을에서 나오는 물은 '암물'이고, 우물이 여자의 성기를 상징한다고 전한다. 또한 가마봉의 속동발은 남자의 성기를 상징하는데, 사람들이 마을 앞에 버드나무를 심은 뒤, 높이 140㎝, 둘레 175㎝의 바위를 세워 마을로 들어오는 양기의 지맥을 눌러놓았다고 한다.

-『디지털남원문화대전』

◉ 송내(松內) 마을

분류 : 〈형국〉, 〈지명〉

송내리는 고려 경종 5년에 전주 최씨와 오씨가 처음 터를 잡았으며 그 이후 여양 진씨, 김해 김씨, 남원 양씨, 밀양 박씨, 옥천 조씨 등의 후세들이 터를 잡아 살아오던 중, 오늘에는 대촌 마을과 택촌 마을로 이루어져 75세대가 살고 있으며, 송내 본 마을과 사름몰, 댁몰, 간뎃몰 등 3개의 부속마을로 이루어져 있다.

이 마을의 본래 이름은 명칭은 봉황이 알을 품고 있는 형상이라 봉수동이라 하였는데 그 후 큰 솔안, 작은 솔안으로 불리다가 지명을 한자로 바꾸면서 '솔 송(松)'자와 '안 내(內)'자를 따서 송내리(松內里)라 하였다.

-『남원전통문화체험관』

2. 세전리(細田里)

분류 : 〈형국〉, 〈지명〉, 〈도참〉

본래 조선조에 남원부(南原府) 두동방(豆洞坊) 세전리(細田里)로서 잠전(潛田) 또는 세전(細田)이라 호칭하였다. 그러나 일제강점기에 접어든

1914년의 행정구역 통폐합에 따라 두동방과 흑송방(黑松坊)을 통합하여 남원군(南原郡) 송동면(松洞面) 세전리(細田里)가 되었다.

그 후 1995년 1월1일 남원시 군이 통합됨에 따라 남원시 송동면 세전리로 행정구역이 개편 되었다. 세전리에는 동양(東陽), 중상(中上), 신산(新山) 등 3개 마을이 있다. 세전마을 유래를 살펴보면 원명(原名)은 잠밭(潛田)이다. 이 밖에도 솔뫼에서 뻗어 내린 낙맥(落脈)의 형태가 마치 지네 같다 하여 오공동(蜈蚣洞)이라 하고 또한 노거수인 비사리나무가 마을 한복판에 자리하고 있어 축동(柚洞)이라 부르기도 하였다. 그러나 전통적인 원명은 세전(細田)보다는 잠밭(潛田)이 원명(原名)이다.

잠밭(潛田)이란 명칭의 근거는 풍수지리설과 더불어 문헌적 근거는 『주역(周易)』건괘(乾卦)에 근거하였다. 건괘(乾卦)의 괘사(卦辭)에서 잠용물용(潛龍勿用)이라는 잠용(潛龍)과 풍수지리설에서 나온 회룡은산(回龍隱山) 외 은용(隱龍)과 실제 세전리의 지세인 잠용(潛龍)의 형국 등 삼자(三者)가 상호 일치하여 부합된 명칭이다. 잠용은 때를 기다리고 있는 것(인물)을 말한다. 한편 『주역(周易)』건괘(乾卦)의 다음 괘사(卦辭)에서의 현룡재전(見龍在田)은 용이 밭에 나타나 있음을 뜻한 것이다. 용(龍)이 드디어 세상에 나타남은 바로 왕권(王權)의 권좌인 왕위(王位)에 오른 것을 의미한다.

이 두 괘사에서 잠(潛)자와 전(田)자를 취하여 잠밭(潛田)이라 이름 붙인 것이다. 즉 때를 기다린 용이 때가 오면 세상에 나타나 마침내 용비어천(龍飛御天)하여 왕위(王位)의 권좌에 오른다는 것이므로 앞으로 세전 마을에서 백의정승이 나온다는 말이 바로 여기에 근거한 결(訣)이다.

－『남원전통문화체험관』

3. 송기리(松基里)

분류 : 〈형국〉, 〈명당〉, 〈지명〉, 〈묘지〉

소가 누워 있는 형국이라 하여 소터, 솔터, 또는 우동이라 불렸다. 풍수지리설에 의하면 지형이 소가 누워 있는 와우혈이라고 한다. 마을 건너편 안산은 쇠구시라 하여 구시골로 부르고 있어 송기마을이 와우혈이란 것을 뒷받침해 주고 있다. 우동리는 소의 형국이라 하여 우동이라 했고, 부동리는 빈곤층이 많이 살고 있어서 부자 마을이 되라는 염원에서 '부(富)'자를 넣어 부동이라고 하였다.

송기리는 산간 지대도 아니고 평야 지대도 아닌 한국의 전형적인 농촌마을로, 해발 100m 정도에 자리 잡고 있다. 논은 저지대로 구레실이라 했는데, 옛적에는 물이 좋고 땅이 비옥해서 살기 좋은 지방이라고 했지만 저습답이 많아 농사짓기에 불편함이 많았다. 견두산을 주봉으로, 그 산맥이 송동면으로 흘러들어와 명당이 많다고 하여 묘지가 많고 종산이 대부분이다.

－『디지털남원문화대전』

◉ 부동(富洞) 마을

분류 : 〈형국〉, 〈지명〉

송기리의 자연마을로 도로를 중심으로 동쪽은 우동(宇洞), 서쪽은 부동(富洞)이다.

본 마을은 풍수지리설에 근거하여 마을이 형성되었다고 한다. 풍수지리설에 의하면 송기는 와우혈(臥牛穴)로 소가 누워있는 형국이라 한다. 좌청룡은 소의 머리 부분이고, 우백호는 소꼬리 부분이며 가옥이 많이 집중 되어 있는 우동은 소의 배 부분에 속한다고 한다. 건너편 안산은 쇠구시라 하여 구시골로 명명한 것을 봐도 송기마을이 와우혈이란 것을 뒷받침해 준다.

와우혈은 소가 배불리 먹고 누워있는 형국이므로 평화적이고 풍요함을 상징한 것이므로 옛날부터 비산비야 피난지로 생각하여 지금부터 약 270년 전(1720년대) 경주 최씨가 최초로 정착하기 시작하여 진주 강씨, 전주 이씨, 옥천 조씨, 밀양 박씨, 남원 양씨 등 순으로 입주하여 현재는 15개 성씨로 54호가 살고 있다.

-『남원전통문화체험관』

◉ 우동(宇洞) 마을

분류 : 〈형국〉, 〈지명〉

본래 남원군(南原郡) 두동면(豆洞面) 송기리(松基里) 지역으로 소가 누워있는 형국이라 하여 소터, 솔터 또는 우동(牛洞)이라 했는데 송기리로 바뀌어 송기리에 편입되었다.

이 마을은 풍수지리설에 근거하여 마을이 형성되었다고 한다. 풍수지리설에 의하면 지형이 와우혈로 소가 누워있는 형국이라 한다. 좌청룡은 소의 머리 분분이고, 우백호는 소꼬리 부분이며 가옥이 많이 집중 되어 있는 마을은 소의 배 부분에 속한다고 한다. 건너편 안산은 쇠구시라 하여 구시골로 부르고 있어 송기 마을이 와우혈이란 것을 뒷받침해 준다. 와우혈은 소가 배불리 먹고 누어있는 형국이므로 평화적이고 풍요함을 상징한 것이므로 옛날부터 우동이라 했으나 지금은 '집 우(宇)'를 써서 우동(宇洞)으로 바뀌었다.

-『남원전통문화체험관』

4. 송상리(松上里)

송상리는 문치리와 오촌리 · 원촌리 · 생촌리 등의 행정리를 포함하고 있다.

본래 남원군 송내면 지역이었으나 1914년 행정구역 통폐합 때 송내리의 위쪽에 있는 마을이라 해서 송상리라 하였다.

◉ 문치리

분류 : 〈물형〉, 〈지명〉

문치리는 마을의 지형이 물레 형국이라 하여 물레재로 불리던 곳으로, 마을에 사당이 생긴 뒤로 공부하는 학생들이 많아져서 '글월 문(文)'자를 써 문치라고 했다는 설도 있다.

-『디지털남원문화대전』

◉ 오촌리

분류 : 〈물형〉, 〈지명〉

오촌리의 원래 이름은 자래울인데, 마을 남쪽에 자라 모양의 바위가 있고, 주위의 산 형세가 울타리를 둘러친 형국이라 하여 '자라 오(鰲)'자를 써서 오촌이라 했다. 생촌리의 원래 이름은 생장촌이었으나 발음이 와전되어 생강촌, 생촌으로 불린다.

-『디지털남원문화대전』

◉ 생촌(生村) 마을

분류 : 〈물형〉, 〈지명〉

본래 남원군(南原郡) 송내면(松內面) 생촌리(生村里) 지역으로 생장촌, 생강촌 또는 생촌(生村)이라 했는데 1914년 행정구역 통폐합 때 원촌리(元村里), 오촌리(鰲村里), 문치리(文峙里), 생촌리(生村里) 일부가 병합되어 송내리(松內里)의 윗쪽에 있는 마을이라 해서 송상리(松上里)라 하고 송상리에 편입되었다. 이 마을은 지금으로부터 약 200여 년 전 양씨, 유씨, 윤씨가 정착하여 살았으며 그 후 김씨, 권씨, 하씨가 합세하여 30여 농가를 형성했다.

　마을 이름은 처음에는 생장촌(生獐村)이라 부르다가 그 후 발음이 와전되어 생강촌, 생촌이라 부르고 있다. 처음 생장촌이라고 불렀던 것은 마을의 좌측 산이 살아 있는 노루가 누워있는 형국이라 하여 진장등(眞獐嶝)이라고 했는데 생장촌으로 와전되었다고 한다.

－『남원전통문화체험관』

5. 장국리(奬國里)

◉ 동서내(東西內) 마을

　분류 : 〈형국〉, 〈지명〉, 〈설화〉

　본래 남원군(南原郡) 흑성면(黑城面) 동내리(東內里), 서내리(西內里) 지역으로 1914년 행정구역통폐합 때 태동리(苔洞里), 동내리(東內里), 서내리(西內里)일부를 병합하여 장국리(奬國里)라 하여 장국리에 편입되었다. 동내리를 큰 안골, 서내리를 작은 안골이라 했다.

　이 마을은 기러기가 알을 품고 있는 형국이라 하여 안골(雁洞)이라 했는데 나중에 지명의 음만 취해 동쪽마을을 동내리, 서쪽마을을 서내리라 했다.

　이 마을에 양가촌(양씨 집성촌)이 있었는데 어느 날 스님이 찾아와 시주를 구하자 묶어놓고 매질을 했다고 한다. 그 후 스님이 다시 찾아와 집집마다 싸리문을 만들어 달아 놓으면 부자가 될 거라고 하자 그대로 하였더니 양씨들이 망해버렸다고 한다.

－『남원전통문화체험관』

◉ 태동(苔洞) 마을

분류 : 〈형국〉, 〈명당〉

본래 남원군(南原郡) 흑성면(黑城面) 태동리(苔洞里) 지역으로 이뜰 또
는 태동(苔洞)이라 했는데 1914년 행정구역 통폐합 때 태동리(苔洞里), 동
내리(東內里), 서내리(西內里)일부를 병합하여 장국리(獎國里)라 하여 장
국리에 편입되었다.

본래 이 마을 이름은 이뜰이라고 했다. 마을에 힘이 장사인 이뜰이란
사람이 살았는데 힘이 좋다는 소문이 남원에 퍼져 이뜰 장사라고 불렀는
데 이것이 마을 이름이 되었다고 한다. 그 후 마을 이름이 태동(苔洞)으로
바뀌었는데, 전해오는 이야기에 따르면 다음과 같다.

이 마을은 지형이 장군혈(將軍穴)이어서 힘이 센 장사가 나온다는 명당
터인데, 이 마을의 서쪽 요천 부근에 살던 어떤 사람이 일남일녀를 길렀
는데 모두 힘이 장사였다고 한다.

― 『남원전통문화체험관』

6. 흑송리(黑松里)

◉ 안계(雁溪) 마을

분류 : 〈형국〉, 〈지명〉

본래 남원군(南原郡) 흑성면(黑城面) 안동리(雁洞里) 지역으로 안가리 또
는 안계(雁溪)라 했는데 1914년 행정구역 통폐합 때 안동리(雁洞里), 척동
리(尺洞里)일부를 병합하여 흑송리(黑松里)라 하여 흑송리에 편입되었다.

본래 이름은 안가리였으나 마을의 지형이 요천수가에 위치해 있어 기러기
가 날개를 접고 백사장에 내려앉는 형국이라 하여 안계(雁溪)로 바뀌었다.

― 『남원전통문화체험관』

수지면(水旨面)

—

　남원시의 남서부에 있는 법정면이다. 남원 시역의 남쪽 끝에 자리 잡고 있다. 면 경계의 동쪽은 구례군, 서쪽은 송동면, 남쪽은 곡성군과 구례군, 북쪽은 송동면과 주천면에 접해 있다. 수지면의 북쪽으로는 옥녀봉, 원동봉, 가마봉, 금저봉이 에워싸고 있고, 남쪽으로는 견두산에서 천마산에 이르는 지리산의 지맥이 높이 솟아 있는 가운데의 분지에 입지하여 있다. 유역권 내의 주요 하천은 수지천으로 모여 남서쪽으로 흐르다가 섬진강에 합류한다.

1. 산정리(山亭里)

　분류 : 〈형국〉, 〈지명〉

　산정리는 등동리, 가정리, 마연리, 산촌리를 행정리로 포함하고 있다. 수지면 면소재지에서 남쪽으로 약 3km 떨어져 있다. 1914년 행정구역 통폐합 때 마연리, 산촌리, 둔촌리, 가정리, 외호곡리의 각 일부를 병합하고, 산촌과 가정의 이름을 따서 산정리라 하였다.

● 마연(馬淵) 마을

분류 : 〈형국〉, 〈지명〉, 〈묘지〉

본래 남원군(南原郡) 수지면(水旨面) 마연리(馬淵里) 지역으로 말쏘, 마소(馬沼) 또는 마연(馬淵)이라 했는데 1914년 행정구역 통폐합 때 마연리(馬淵里), 산촌리(山村里), 둔촌리(屯村里), 가정리(柯亭里), 외호곡리(外虎谷里) 각 일부가 병합되어 산촌과 가정의 이름을 따서 산정리(山亭里)라 하고 산정리에 편입되었다.

이 마을은 풍수지리설에 따르면, 목마른 말이 물을 마시는 쏘의 형국이라고 하는데 마을의 형국을 그대로 옮겨 마소(馬沼) 또는 마연(馬淵)이라 하였다. 일설에 의하면 마을의 형국이 연못은 말이 물을 마셨던 곳이며, 말의 방울이 떨어져 굴러간 자리에 바위가 생겨 마연에서 등동까지 바위가 뻗쳐 있다고 한다.

목마른 말은 마을 뒤에 큰 바위가 있어 말의 형국을 이루고 마을 앞 안산이 목마른 말이 물 마시는 곳으로 개성 왕씨(開城王氏)의 묘 자리가 곧 말이 물 마시는 자리라 하며, 그 앞에 있는 가릿대들은 말의 목에 있는 갈기라고 하여 엽평이라 하였고, 마을 앞의 '맘머리들'은 말머리들이라 하여 마두평(馬頭坪)이라 불러오고, 마을 뒤 말머리에 해당하는 자리에는 문화 유씨 문과 급제자의 무덤이 있다 한다. 그래서 오랫동안 말쏘(馬沼)라 불러 오다가 행정구획을 정비할 때 마연(馬淵)으로 바꾸었다.

－『남원전통문화체험관』

2. 유암리(柳岩里)

1914년 행정구역 통폐합 때 유촌리와 포암리의 이름을 따서 유암리라
했다.

- 『디지털남원문화대전』

◉ 갈촌(葛村) 마을

분류 : 〈형국〉, 〈비보〉

본래 남원군(南原郡) 수지면(水旨面) 갈촌리(葛村里) 지역으로 함박골,
갈볼, 갈벌 또는 갈촌(葛村)이라 했는데 1914년 행정구역 통폐합 때 포암
리(包岩里), 유촌리(柳村里), 갈촌리(葛村里), 둔촌리(屯村里), 가정리(柯亭
里), 외호곡리(外虎谷里) 각 일부를 병합하여 유촌과 포암의 이름을 따서
유암리(柳岩里)라 하고 유암리에 편입되었다.

마을이 해발 250m 고지의 견두산 줄기에 자리 잡고 있어 마을 앞이 훤
하게 트였는데 이러한 지형은 옛 부터 가난을 면치 못하는 형국이어서
마을 앞을 막아 밖에서 마을이 보이지 않아야 재물이 모인다는 풍수설에
따라 1820년 참나무 숲을 인공으로 조성하였다.

- 『남원전통문화체험관』

◉ 유촌(柳村) 마을

분류 : 〈형국〉, 〈명당〉, 〈지명〉

본래 남원군(南原郡) 수지면(水旨面) 유촌리(柳村里) 지역으로 버더, 버
터 또는 유촌(柳村)이라 했는데 1914년 행정구역 통폐합 때 포암리(包岩
里), 유촌리(柳村里), 갈촌리(葛村里), 둔촌리(屯村里), 가정리(柯亭里), 외호
곡리(外虎谷里) 각 일부를 병합하여 유촌과 포암의 이름을 따서 유암리
(柳岩里)라 하고 유암리에 편입되었다.

1535년(中宗 30년) 봄에 죽성 박씨(竹城朴氏) 연주(延柱)라는 사람이 처음 정착하였다.

이 사람은 풍수설에 조예가 깊어 견두산(犬頭山) 상봉에 올라가 아래를 내려다보고, 춘삼월 버드나무에 꾀꼬리집이 있는 유지앵소(柳枝鶯巢)의 길지가 있음을 알고, 온 골짜기를 헤매다가 지금의 마을을 찾아 마을 입구에 버드나무를 심었는데 꾀꼬리가 모여들었다고 한다.

여기가 꾀꼬리의 집의 유지앵소의 명당터라 하여 정착하였다고 한다. 그 후 1650(孝宗)년경 남원 양씨가 산골짜기를 개간하여 살면서부터 전남 구례 등지에서 이주해와 마을이 형성되었다.

마을 앞에 버드나무를 심었더니 꾀꼬리가 모여 들어 집을 지은 유지앵소(柳枝鶯巢)의 풍수설에 의해 버드나무 첫 자 '버'와 버드나무가 섰다는 밑자리의 '터'를 합쳐 '버터'라 불러오다가 '버들 류(柳)'자와 '마을 촌(村)'자를 따서 유촌(柳村)이라 불렀다.

－『남원전통문화체험관』

3. 고평리(考坪里)

◉ 진곡(眞谷) 마을

분류 : 〈형국〉, 〈명당〉, 〈지명〉

본래 남원군(南原郡) 수지면(水旨面) 진곡리(眞谷里) 지역으로 명당, 참나무실 또는 진곡(眞谷)이라 했는데 1914년 행정구역 통폐합 때 진곡리(眞谷里), 마륜리(馬輪里), 양촌리(良村里), 내호곡리(內虎谷里) 각 일부와 송내면(松內面)의 생촌리(生村里) 일부가 병합되어 고평리(考坪里)라 하고 고평리에 편입되었다.

마을 뒤에 옥녀봉(玉女峰)에 옥녀가 베를 짜는 형태와, 실꾸리와 북이 있는 산이 있고, 옥녀봉 밑 바위 사이의 유명한 샘이 있는 곳에 명당이 있다 하여, 처음에는 마을 이름을 '명당'이라 부르다가, 그 후 이 마을에 참나무가 울창하여 '참나무실'이라 불렀는데 후에 참진(眞)자만 따서 진곡(眞谷)으로 개칭 하게 되었다.

-『남원전통문화체험관』

4. 남창리(南倉里)

◉ 신평(新坪) 마을

분류 : 〈설화〉

본래 남원군(南原郡) 수지면(水旨面) 남창리(南倉里) 지역으로 둔북골, 뚠부골 또는 신평(新坪)이라 했는데 1914년 행정구역 통폐합 때 두동면(豆洞面)의 세전리(細田里)가 병합되어 남창리(南倉里)라 하고 남창리에 편입되었다.

1894년(高宗 31) 진주 하씨(晋州河氏) 하성화(河成和)가 들에서 일을 하던 중 어떤 동자 하나가 다가와 "무엇을 하느냐?"고 묻기에 "밭을 일구고 있다."고 하였더니 동자가 하는 말이, "그 자리에다 집을 짓고 사는 것이 좋겠다."하므로 하씨는 매우 신기하게 여겼다. 이때 하씨는 송동면 장포리에 살았으나 동자의 암시에 따라 그 곳에 집을 짓고 터를 잡아 후손들이 정착하여 마을이 형성되었는데 밭에 새로 만든 마을이라는 뜻으로 신평(新坪)이라 불렀다.

-『남원전통문화체험관』

◉ 용강(龍岡) 마을

분류 : 〈형국〉, 〈지명〉

본래 남원군(南原郡) 수지면(水旨面) 남창리(南倉里) 지역으로 용강(龍

岡) 또는 남원부의 남창이 있어 남창(南倉)이라 했는데 1914년 행정구역 통폐합 때 두동면(豆洞面)의 세전리(細田里)가 병합되어 남창리(南倉里)라 하고 남창리에 편입되었다. 1990년에 남창리를 남창(南倉)과 용강(龍剛)으로 분리하였다.

원래 마을 이름을 용강(龍剛)이라 했는데, 이 마을의 지세가 늙은 용이 하늘을 오르는 형국이어서 용강이라 했다.

-『남원전통문화체험관』

5. 초리(草里)

◉ 서당(書堂) 마을

분류 : 〈형국〉, 〈지명〉

본래 남원군(南原郡) 수지면(水旨面) 초리(草里) 지역으로 서당골, 서당동이라 했는데 1914년 행정구역 통폐합 때 남창리(南倉里) 일부가 병합되어 초리(草里)라 하고 초리에 편입되었다.

사방이 대밭으로 둘러싸여 은폐된 한적한 곳이어서 서생이나 유생들이 글 쓰고 책 읽기에 알맞아 서당이 발달했다고 해서 서당동(書當洞)이라 부르게 되었다.

본래 이 마을의 본래 이름은 서당(鼠堂)이었다고 한다. 풍수지리적으로 이 마을에 늙은 쥐가 도장(창고)에 들어있는 격, 또는 늙은 쥐가 먹이를 구하러 밭으로 내려오는 형국인 노서하전(老鼠下田)이라고 하는데, 병풍을 친 듯한 아름답고 기름진 곳에 쥐(鼠)들이 많이 서식하고 있어 '쥐 서(鼠)'자를 써서 서당(鼠堂)으로 부르다가 1800년경 서당(鼠堂)을 서당(書堂)으로 바뀌었다. 지금도 이 마을에는 여전히 쥐가 많다고 한다.

-『남원전통문화체험관』

아영면(阿英面)

—

남원시의 북동부에 있는 법정면이다. 남원 시역의 동북쪽 끝에 자리 잡고 있다. 면 경계의 동쪽은 함양군·서쪽은 장수군·남쪽은 인월면, 북쪽은 장수군과 함양군에 접해 있다. 1995년 남원시·남원군 통합으로 11개 법정리·26개 자연마을로 되었다.

■ 모산(母山)

분류 : 〈형국〉, 〈지명〉

전라북도 남원시 아영면과 전라북도 장수군 번암면의 경계에 있는 산이다.

백제와 신라 사이에 격렬한 영토 쟁탈전이 벌어진 아막성은 둘레 633m를 돌로 쌓은 산성이다. 신라에서는 '모산'이라 불렀다.

아기들이 어머니를 받들어 모시는 유아봉모형국(乳兒奉母形局)이라고 하여 붙여진 이름이다.

－『디지털남원문화대전』

1. 갈계리(葛溪里)

천년 묵은 칡덩굴이 우거지고 마을 앞으로 냇물이 흐르고 있어 갈계(葛溪)라 하였다.

해발 450m의 지대로, 마을 뒤로는 소나무가 무성하고 앞으로는 풍천(楓川)이 흐르고 있어 논농사에 유리한 조건을 갖추고 있다.

◉ 갈계 마을

■ 갈계 마을 당산제

분류 : 〈비보〉, 〈의례〉

전라북도 남원시 아영면 갈계리 갈계 마을에서 음력 1월 2일에 마을 사람들이 공동으로 올리는 제사다.

갈계 마을은 창원 정씨가 들어와 이주할 당시 마을자리에 천년 묵은 칡덩굴이 무성하게 자라고 마을 앞쪽으로 냇물이 동맥처럼 흐르고 있어서 갈계(葛溪)라고 이름 지었다. 당산제를 지내기 시작하면서 외부에서 마을이 보이면 재앙이 따른다고 하여 조탑도 세웠는데, 마을 사람들은 이 조탑과 당산이 재앙을 방지한다고 믿고 있다. 마을이 동서로 나누어져 있으나 당산제는 함께 지낸다.

갈계 마을 당산제는 창원 정씨가 마을을 이루고 살기 시작할 즈음, 자주 마을 여기저기에서 불이 많이 나자 이를 막기 위해 시작되었다. 예전에는 음력 초사흘과 음력 시월 초사흘 두 차례에 걸쳐 당산제를 지냈으나 지금은 초이틀에만 지낸다. 초이틀에 지내는 이유는 초사흘에 지내면 마을에 불이 자주 나고 해서 날짜를 변경하여 초이틀에 지내니 마을에 불이 나지 않았다고 한다.

- 『디지털남원문화대전』

◉ 서갈리(西葛里)

분류 : 〈명당〉

천년 묵은 칡덩굴이 우거지고 마을 앞으로 냇물이 흐르고 있어 '칡 갈(葛)'자와 '시내 계(溪)'자를 써서 갈계(葛溪)라 하였다가 갈계의 서쪽에 위치한다 하여 서갈이 되었다.

시루봉(776m) 지맥이 폭넓게 밀고 내려와 풍천 앞에서 멈춰 뭉쳐진 곳으로 해발 고도는 450m이다. 예로부터 전라북도 장수군 번암면 유정리로 넘어가는 육판거리에는 6판서가 나온다는 장군대좌혈(將軍對坐穴) 명당이 있어 마을 터가 길지임을 말해 준다. 마을 뒤로는 무성한 자연생 송림이 있으며 앞으로는 풍천이 흐르고 있어 물이 풍부한 지형적 요건을 갖추고 있다.

마을 뒷산에 옛날 절이 있어 지금까지 절터라 부르는 곳이 있으며, 마을 회관 한 동과 마을 창고 한 동이 있다. 마을 중앙에는 500년 고령의 느티나무가 서 있으며, 뒷산으로는 풍수지리설에 따라 6판서가 나온다는 육판거리가 주민들에게 휴식처가 되고 있다.

－『디지털남원문화대전』

◉ 동갈(東葛) 마을

분류 : 〈형국〉, 〈명당〉

본래 운봉의 북상면(北上面) 지역으로 북상면 소재지였다. 1914년 행정구역 통폐합 때 남원군 아영면 갈계리가 되었고 1970년대에 동갈과 서갈로 분리 되었다.

해발 776m의 시루봉 지맥이 폭넓게 밀고 내려와 풍천 앞에서 멈춰 뭉쳐진 곳으로 예부터 장수군 번암면 유정리로 넘어가는 육판거리에는 판서가 나온다는 장군대좌혈 명당이 있어 마을 터가 길지임을 말해준다.

일반적으로 마을 등 뒤를 싸고 무성한 자연생 송림이 있고 마을 앞으로는 풍천이 흐르고 있어 물이 풍부한 지형적 요건을 갖추고 있다.

- 『남원전통문화체험관』

◉ 서갈(西葛) 마을

분류 : 〈형국〉, 〈명당〉

아영을 가로지르는 시·군도 29번선에 접한 마을로써 아영면 소재지(광평)에서 서남쪽으로 2㎞ 지점에 있다.

해발 776m의 시루봉 지맥이 폭넓게 밀고 내려와 풍천 앞에서 멈춰 뭉쳐진 곳으로 예부터 장수군 번암면 유정리로 넘어가는 육판거리에는 6판서가 나온다는 장군대좌혈 명당이 있어 마을 터가 길지임을 말해준다.

일반적으로 마을 등뒤를 싸고 무성한 자연생 송림이 있고 마을 앞으로는 풍천이 흐르고 있어 물이 풍부한 지형적 요건을 갖추고 있다.

- 『남원전통문화체험관』

2. 아곡리(阿谷里)

분류 : 〈형국〉

마을 앞산에는 베틀바위가 베를 짜는 형상으로 마을을 굽어보고 있으며 그것으로 부터 200m지점에 웃돗치[鳴石峙]가 있다.

마을 뒷쪽으로 경사가 심한 산이 있으며, 산에는 소나무와 잣나무가 무성하다.

- 『남원전통문화체험관』

■ 기암대(베틀바위)

분류 : 〈형국〉, 〈설화〉

　기암대는 옥녀직금(玉女織錦)이라고도 하고 검도암(劍道岩)이라고도 부르는 바위로, 너비가 약 5m쯤 된다. 이 기암대 밑에는 석굴이 있는데, 30여 명 정도 들어가서 놀 수 있을 만큼 넓다. 아득한 옛날에는 음력으로 8월 15일만 되면 선녀(옥녀)들이 이 석굴에 들어가 베틀을 괴 놓고 베를 짜고는, 이긴 편에 상을 주고 즐겁게 놀았다고 한다. 기암대가 있는 산을 옥녀봉이라고 부르는 것도 이 때문이다.

　선녀들이 내려와서 베를 짰다고 하여 기암대라는 바위가 옥녀직금으로도 불린다는 유래담이다. 광포 설화의 하나인 베틀바위 전설과 비슷한 유형의 이야기로, 한가위의 유래를 말해 주는 가배 설화와도 유사하다 다만 여인들은 선녀로, 장소도 바위 동굴이라는 점만 다르다.

－『디지털남원문화대전』

◉ 당동리(唐洞里)

분류 : 〈형국〉

　법정리인 아곡리가 당동리와 아곡리의 2개 행정리로 분리되어 생겨났다. 아영면 소재지(광평)에서 서남 방향으로 농로를 따라 약 6.5㎞ 지점에 있다.

　마을 이름을 땅골·당골·당동이라 부르는데, 원래는 복성동이라 했다고 한다. 이 마을의 개울 상류에는 새목이재, 복성이재(일명 두고개)와 장삼이 등이 있는데, 당시는 통칭하여 복성동이라 했다. 오늘날까지 새복이재와 복성이재에는 토성 터가 뚜렷하게 남아 있다.

　옛날에는 점을 쳐서 전쟁을 했는데, 이곳에서 점을 쳤다고 하여 복성동이라 했다는 설도 있다. 현재도 장삼이 입구 말바위에는 큰 글씨로 복성동이라고 새겨져 있다. 또 삼국시대 나·당연합군이 백제를 물리치고 당군(唐軍)이 머무는 동안 마을 건너 골짜기에 집을 짓고 살았다 하여 '당골'이라고도 한다. 이를 후에 한문으로 표기하면서 '당골'을 그대로 옮겨 '당동'이 되었다는 설도 있다.

서리봉에서 흘러내린 골짜기 물을 따라 형성된 마을로, 깊은 계곡에 자리잡고 있다. 해발 500m에 이르는 지역으로, 풍수적으로 와우형(臥牛形)이다.

- 『디지털남원문화대전』

3. 인풍리(引風里)

◉ 외인(外引) 마을

분류 : 〈금기〉, 〈묘지〉

1820년경 옆 마을 내인마을에 거주하던 이씨가 새 터를 잡아 이주 정착하면서 마을이 형성되었다.

그는 자기 선조의 묘를 내인마을 중앙에 쓰고, '그 밑에 있는 우물물을 먹어서는 안 된다'는 풍수지리설에 따라 그 마을을 떠나기 위하여 여러 곳에 터를 고르다가 현재 외인 마을의 위치가 북쪽으로 산을 등지고 앞에 흐르는 하천이 좋아서 배산임수(背山臨水)의 길지인 이곳에 마을을 형성하였다.

- 『남원전통문화체험관』

◉ 내인(內引) 마을

분류 : 〈형국〉, 〈지명〉

본래 운봉의 북상면(北上面) 지역으로 바람시기 또는 인풍(引風)이라 했는데 1914년 행정구역 통폐합 때 매산리(梅山里)가 병합되어 인풍리에 편입되었다. 고려 말엽부터 사람이 살았다고 하는데 1400년경에 경주 이씨, 풍산 유씨, 함양 오씨가 이주하여 마을이 형성되었다.

고려 우왕 6년(1380)에 이성계 장군이 황산에서 왜적을 섬멸하기 위해 이곳의 바람을 끌어와 그 바람을 이용하여 왜장 아지발도를 물리쳤다고 해서 인풍이라 했다.

또 일설에 풍수지리설에 따르면 이 마을이 풍치나대 즉 비단 자락이 바람에 나부끼는 형국으로 비단은 바람에 나부껴야 빛이 난다고 생각하여 바람을 끌어와야 번창한다는 뜻으로 인풍이라 했다고 하는데 지형적으로도 이곳은 남원에서 여원치를 넘어 황산 북쪽 명석치를 지나 정치나 응곡치를 통과하는 길목임으로 평소에도 바람이 많은 곳이다.

－『남원전통문화체험관』

◉ 매산(梅山) 마을

분류 : 〈형국〉, 〈지명〉

본래 운봉의 북상면(北上面) 지역으로 창말 또는 매산(梅山)이라 했는데 1914년 행정구역 통폐합 때 인풍리와 병합되어 인풍리에 편입되었다. 1530년경에 남양 홍씨가 수년 내려온 방죽 옆에 집을 짓고 살면서부터 이씨, 김씨, 박씨 등이 차례로 입주하여 마을을 형성하여 현재에 이르고 있다.

남양 홍씨가 처음 터를 잡을 때 방죽이 있어서 마을 명칭을 방죽 터라 불렀다. 고려 말에는 이곳에 군량을 보관하던 창고가 있어 창몰이라 부르다 사창(社倉)으로 바뀌었다.

한때에는 '창촌(倉村)'이라고 하기도 했는데 1941년에 행정구역 통폐합 시 이 마을의 지형이 매화낙지(梅花落地) 형국이라 하여 매산(梅山)으로 바꾸었다.

마을 앞의 넓은 들의 토지가 비옥하여 주민생활이 부유했으나 사창(社倉)이 생기고 관원들이 거주하면서 그들의 행패가 심해 인심이 거칠어지고 점차 마을이 쇠퇴했다고 전한다.

- 『남원전통문화체험관』

4. 봉대리(奉大里)

◉ 봉대 마을

분류 : 〈지명〉

봉대마을은 고대 삼국시대 신라와 백제의 국경 지대로서 유명한 곳이다. 마을이 번창할 무렵에는 하천, 중촌, 상촌, 임곡 등 4개의 마을로 형성되었으나, 지금은 중촌[奉大]과 숲실[林谷]만 남았다. 처음에는 중촌의 속명인 쑥대에서 쑥 봉(蓬)자를 따와 봉대(蓬臺)로 표기했다가 풍수설에 따라 '새 봉(鳳)'자를 넣어서 봉대(鳳臺)로 고친 것을 1914년에 다시 봉대(奉大)로 고쳐 부른 뒤 지금까지 사용하고 있다. 봉대마을에서 지내는 당산제는 종교적인 기능보다는 마을 주민들의 결속을 강화하여 주는 구실을 하고 있다.

- 『디지털남원문화대전』

5. 월산리(月山里)

◉ 오산(五山) 마을

분류 : 〈형국〉, 〈명당〉, 〈지명〉

마을 옆 산의 형국이 자라와 같아 자래뫼(자라뫼)라 불렸다. 그 후 오산(鰲山)으로 표기하다가 한문으로 '자라 오(鰲)'자를 쓰기에 번잡하므로 발음이 같은 오산(五山) 또는 오산(吾山)으로 고쳐 썼다고 한다. 그 뒤 지금은 오산(五山)으로 표기하고 있다. 1930년 무렵 한때는 원월산(元月山)으로 부른 적도 있었다.

1500년경 탐진 최씨(耽津崔氏)가 풍수리지설에 의하여 처음 이곳에 정착하였으며 이어서 김씨(金氏), 이씨(李氏), 형씨(邢氏) 등이 들어와 살면서 마을이 형성되었다고 한다.

월산리 관내에서는 가장 오지의 산속에 묻혀 있는 마을로서 해발 470m의 구릉지 중턱 완만한 경사지에 자리 잡고 있다. 마을 가운데 도로를 따라 작은 개울이 흐른다. 마을 뒷산에 까마귀가 시체를 쪼는 형국인 비오탁시형(飛鳥啄屍形)의 명당이 있다고 한다.

- 『디지털남원문화대전』

6. 의지리(蟻池里)

분류 : 〈물형〉, 〈지명〉

최초로 마을에 정착한 옥천 조씨(沃天趙氏)가 마을 터를 잡을 때 지형이 개미의 허리를 닮았다 하여 개미주라 하였다가 개암지 또는 개암주라고 하던 것을 한자로 바꾸어 의지(蟻池)가 되었다.

1494~1506년경 옥천 조씨가 괴질을 피하여 들어와 정착하였으며, 그 후 김해 김씨 등 타성이 옮겨와 살면서 마을이 형성되었다. 본래 운봉의 북하면(北下面) 지역으로 지형이 개미허리 형국이어서 개암주 또는 의지(蟻池)라 했는데 1914년 행정구역 통폐합 때 월성리(月城里)와 의지리 일부를 병합하여 의지리(蟻池里)라 하고 남원군 아영면에 편입되었다. 1995년 남원시·남원군 통합으로 남원시 아영면 의지리가 되었다.

- 『디지털남원문화대전』

■ 의지리 느티나무

분류 : 〈형국〉, 〈명당〉

높이 21m, 흉고둘레 5.4m, 근원둘레 6m, 수관폭 28m이다. 지상 2m 정도에서 두 가지로 갈라져서 수형이 아름답다. 나무의 나이는 470년 정도이다. 1850년경 여름에 남쪽 윗 가지가 낙뢰를 맞아 큰 상처가 생겼다고 한다. 2006년 남원시 산림과에서 외과 수술을 하였다.

고려 초기인 1009년경 김해 김씨와 진주 형씨가 낙향하여 길한 곳을 찾던 중 갈계리 앞뜰에서 관망한 결과 선녀들이 놀다가 갔다는 옥녀봉이 있고 옥녀가 비녀를 꽂는 형국의 명당 터가 있었다. 앞산은 노적봉을 이루는 다람섬이 자리하고 있어 삶의 터전으로 삼고 생활하던 중 여름철 불볕 더위를 피하기 위하여 마을 서쪽 산기슭에 느티나무를 심었다 한다.

1850년경 여름에 낙뢰를 맞아 큰 가지가 잘리고 찢어져 나무의 수세가 약해지면서 마을에는 흉년이 들고 젊은 사람들이 죽게 되자 마을 사람들이 정성을 다하여 낙뢰 맞은 가지에 진흙으로 발라주며 새끼로 잘 감아 정성 드려 보살핀 느티나무는 기력을 회복하여 무성하게 자랐다.

그 뒤 마을에 큰 흉사가 없고 풍년이 들고 있어 사람들은 마을의 길흉화복이 이 느티나무의 운명에서 나온다고 생각하며 수호수로 믿고 있다. 특히 한국전쟁 때 옆 마을에서는 빨치산 공비들이 출현하였으나 서정 마을에는 빨치산 침입 없이 넘어가자 이곳을 『정감록』에 나오는 우리나라 10대 피난지인 운봉현 행촌으로 생각하고 주변 마을에서 사람들이 이주해 들어와 마을이 번창 하였다고 한다. 정월 초사흘에 주민의 무사 안녕과 풍년을 기약하는 당산제를 올리고 있다.

－『디지털남원문화대전』

● 율동(栗洞) 마을

분류 : 〈형국〉, 〈명당〉

본래 운봉의 북하면(北下面) 지역으로 월성(月城)이라 했는데 1914년 행정구역 통폐합 때 월성리(月城里)와 의지리 일부가 병합되어 의지리에 편입되었다.

임진왜란(1592년)을 피하여 경주(慶州) 김씨가 처음 정착할 때 옥녀봉(玉女峰) 정기가 뭉친 이곳에 터를 잡아 씨족 마을을 형성하였다. 그 후 성씨(成氏), 정씨(鄭氏) 등이 차례로 입주하였고 대대로 토호 부촌으로 이어 현재에 이르렀다.

주의의 지세가 아담스러워 아늑하고 포근한 느낌이 드는 마을로써 피난처로 알맞기에 초기에는 마을 이름을 야동(夜洞)이라 칭하다가 경주 김씨의 집성촌이라 하여 경주(慶州)의 옛 이름을 따서 월성(月城)이라 하였다.

– 『남원전통문화체험관』

● 의지(蟻池)마을

분류 : 〈형국〉, 〈지명〉

본래 운봉의 북하면(北下面) 지역으로 지형이 개미허리 형국이어서 개암주 또는 의지(蟻池)라 했는데 1914년 행정구역 통폐합 때 월성리(月城里)와 의지리 일부가 병합되어 의지리(蟻池里)에 편입되었다.

최초 정착한 옥천 조씨가 마을 터를 잡을 때 이곳의 지형이 개미 허리를 닮았다 하여 마을 이름을 '개미주'라 불렀는데, 오랜 세월을 지내는 동안 어원이 변형되어 '개암지' 또는 '개암주'라 하였다. 후에 지명을 한자로 바꾸면서 의지(蟻池)라고 하였다.

– 『남원전통문화체험관』

7. 청계리(淸溪里)

본래 운봉의 북상면(北上面) 지역으로 물이 맑아 청계(淸溪)라 했는데 1914년 행정구역 통폐합 때 고인리(高印里)를 병합하여 청계리라 하고 남원군 아영면에 편입되었다. 1995년 남원시·군이 통합되면서 남원시 아영면 청계리가 되었다. 1985년을 전후하여 아영면 면사무소가 설치되었는데 과거 운봉군 북상면의 면사무소가 있었던 갈계리에서 이전하여 면소재지가 되었다. 청계리에는 외지(外至), 광평(廣坪), 청계(淸溪), 고인(高印) 등이 있다.

◉ 외지(外至)마을

분류 : 〈형국〉, 〈명당〉, 〈금기〉

본래 운봉의 북상면(北上面) 청계리(淸溪里) 지역으로 밧진애기라 했는데 1914년 행정구역 통폐합 때 고인리(高印里)와 병합되어 청계리에 편입되었다.

풍수설에 의하여 명당이라 전해 온 곳으로 1590년경 송씨(宋氏) 일가가 피난 차 이곳을 지나다가 터를 잡고 씨족마을을 형성하였으며 그 후 형씨, 오씨, 정(丁)씨 등이 이주 정착하여 오늘에 이르고 있다.

마을의 뒷산이 모산(母山)으로 풍수지리설에 의한 명산으로 북쪽에 어린아이가 어머니를 받들어 모신다는 유아봉모(乳兒奉母)의 형국이라고 한다. 어머니를 모시는 여러 아이 중의 아기 자리가 이 마을에 해당된다고 믿고 마을 이름을 밖에 있는 아기의 뜻으로 '밧진애기'라 하였다고 한다.

1914년 행정구역 통폐합 때 '밧진애기'를 한문으로 표기하면서 외지리(外至里)라 쓰게 되었다. 또 일설에는 밭이 흔한 곳인지라 '밭진애기'라 했다고도 하고, '밧진애기'는 사실상 '밧진내기'로 발음이 되므로 밭을 지나가서, 즉 밭을 건너 마을이 있었으므로 '밭지내기'가 마을 이름이 되었다고도 한다. 마을이 나무혈이어서 날들에서 나무를 베면 액운이 온다는 설이 있다.

-『남원전통문화체험관』

◉ 고인(高印) 마을

분류 : 〈형국〉, 〈명당〉

본래 운봉의 북상면(北上面) 지역으로 고인(高引)이라 했는데 1914년 행정구역 통폐합 때 청계리에 병합되었다.

마을 뒷산이 아기들이 어머니를 받들어 모시는 형국을 가졌다는 유아봉모(乳兒奉母)산의 이름을 딴 모산(母山)이 있어 신라 때 이 지역을 모산현(母山縣)이라 했는데 그때 고인이라는 장수가 관장하는 모산현 소재의 마을이었다고 한다.

-『남원전통문화체험관』

고인 마을은 광평리, 청계리, 의지리와 함께 법정리인 청계리에 속해 있다. 아영면 소재지(광평)에서 서북쪽으로 약 400m 지점에 위치하며, 마을 바로 뒤로 88올림픽고속국도가 지나고 있다.

시리봉 계곡의 맑은 물이 청계마을을 경유하여 고인에 이른다. 유아봉모의 마을 풍수로 청계리 일대에 모산(母山)인 누운어미와 아이팔, 고작(두더기·두덕강변), 아다리 등의 지명과 함께 마을 뒷산 명당날 밑에 모산혈의 명당이 있다. 해발은 450m이다.

-『디지털남원문화대전』

◉ 청계(淸溪) 마을

분류 : 〈형국〉, 〈금기〉

본래 운봉의 북상면(北上面) 지역으로 물이 맑으므로 청계(淸溪)라 했는데 1914년 행정구역 통폐합 때 고인리(高印里)를 병합하여 청계리라 하였다.

마을 뒷산이 모산(母山)인데 모산의 남쪽 계곡은 아흔 아홉 골짝으로 골짝마다 절경을 이루고 있으며, 그 계곡의 물이 맑고 시원하여 웬만한 피부병은 이 물에 목욕하면 치료할 수 있다고 하여 옛날부터 인근 함양과 운봉 등 각지에서 찾아와 여름에 목욕을 하였고, 그 물로 음식을 끓여 먹었다고 한다. 이로 인해 이 계곡을 탕실이라 부르며 계곡의 맑은 물이 마을의 중앙을 흐르고 있기에 청계동(淸溪洞)이라 했다.

이곳은 신라 때 모산현의 현청(縣廳)이 있었던 곳으로 관원들이 살았다고 하는데 그 후손들은 없고 500년 전에 파평 윤씨(坡平尹氏)를 비롯해 김씨와 맹씨(孟氏)가 정착하여 마을을 형성했다고 한다.

마을이 자라형국이라 마을 중앙을 가로지르는 다리를 놓는 것을 금기로 하고 있다고 하는데, 다리를 놓으면 자라가 다리를 건너가 마을 복도 함께 나간다고 믿기 때문이라고 한다.

－『남원전통문화체험관』

청계마을 뒷산이 모산(母山)인데 이 산은 아기들이 어머니를 받들어 모시는 유아봉모형국(乳兒奉母形局)이라고 한다.

풍수의 형국을 따라 이 모산을 중심으로 어머니를 받들어 모시는 유아 중에 아기 자리에 해당하는 마을이 형성되었는데 구진애기, 신진애기, 밧진애기, 모대기였다고 한다.

그중 모대기는 없어지고 지금의 구지, 신지, 외지마을이 나머지 세 아기에 해당하는 마을이다. 이러한 지리의 풍수설에 따라 과거 이 지역을 모산현(母山縣)이라 했다고 한다.

－『남원전통문화체험관』

8. 구상리(九相里)

◉ 구상(九相) 마을

분류 : 〈형국〉, 〈명당〉, 〈지명〉, 〈도참〉

본래 운봉의 북하면(北下面) 지역으로 구식이(拘食), 구색이(拘索) 또는 구상(九相)이라 했는데 1914년 행정구역 통폐합 때 송리(松里), 부동(釜洞), 성리(城里)의 각 일부가 병합되어 구상리(九相里)에 편입되었다.

1100년경(신라 헌강왕 때) 경주 김씨(慶州金氏)가 독립 가옥으로 처음 이곳에 거주하였으며 산림이 좋고 물이 맑아 살기 좋은 곳이라 하여 경주 이씨(慶州李氏), 전주 이씨(全州李氏)가 차례로 입주하여 마을을 형성하였다.

조선조 말엽에 초계 변씨(草溪卞氏)가 입주하면서부터 마을을 형성하게 되었다. 구한말에 이르러 세상이 어지러워지고『정감록(鄭監綠)』비결이 성행하자 자손들의 안전을 기하는 이렇다하는 가문들이 피난지로 알고 찾아와 거주하게 됨으로써 큰 마을을 이루게 되었다고 한다.

마을이 형성될 당시만 해도 이곳은 사람이 드물고 천연의 밀림이 우거진 깊은 골짜기이므로 호랑이가 자주 출몰하여 인명에 피해를 끼치니 사람들은 자연히 산신을 섬기게 되었는데 그것은 집집마다 정성을 드리고 매년 마을 공동으로 산신제(山神祭)를 모셔 개를 잡아 호랑이에게 바쳤다 하여 마을 이름을 구시기[拘食]라고 하였다고 한다.

또 일설에는 호랑이가 먹이로 개를 찾는다고 해서 구색(拘索)이라 불렀다고도 한다. 그러다 마을의 지형이 풍수지리적으로 장차 아홉 재상이 나올 수 있는 명당자리라 하여 구상(九相)이라 이름 지었다고도 한다.

－『남원전통문화체험관』

9. 두락리(斗落里)

◉ 두락(斗落) 마을

분류 : 〈형국〉

경상남도 함양군과의 도계에 위치한 와우형국의 마을로, 도사의 교시로 샘을 얻으니 통정(桶井)이라 했는데 이 샘이 마르면 흉년이 든다는 얘기가 전해왔다. 한국전쟁 때도 갑자기 샘이 마르더니 전쟁이 끝나자 물이 다시 나왔다고 한다.

마을 주위를 산이 감싸고 있으며 논, 밭이 넓게 펼쳐져 있는 평범한 농촌이다.

— 『남원전통문화체험관』

◉ 이동(梨洞) 마을

분류 : 〈형국〉

동면 성내 마을과 인접해 있고 진양재를 넘으면 경남 함양군 백전면 오천리로 통한다. 북쪽의 덕유산 정기를 타고 두류봉에서 지기가 뭉쳐 다시 남쪽으로 연비산으로 흘러가는 중간 지맥에 터를 잡은 이곳은 풍수지리상 배 형국이다.

그런데 마을에 우물을 두개나 파서 배가 좌초되는 형세가 되므로 마을이 발전할 수 없다고 한다.

— 『남원전통문화체험관』

10. 일대리(日臺里)

◉ 부동(釜洞) 마을

분류 : 〈물형〉, 〈지명〉, 〈도참〉

본래 운봉의 북하면(北下面) 지역으로 가말 또는 부동(釜洞)이라 했는데 1914년 행정구역 통폐합 때 송리(松里), 부동(釜洞), 의지리(蟻池里)의 각 일부가 병합되어 일대리(日臺里)에 편입되었다.

1894년(高宗 31) 동학농민전쟁이 일어나자 남원 양씨(南原梁氏)가 '봉화산 밑은 만인이 살 수 있는 곳[烽火山下可活萬人]'이라는 비결문구를 보고 이곳으로 이주하여 살면서 뒤따라 김해 김씨, 인씨(印氏), 이씨(李氏) 등이 입주하여 큰 마을을 이루었다.

마을의 중앙을 흐르는 개울이 있고 그 곳에 두개의 천연 교량이 있다. 뒷산에서 내려다보면 마을이 가마솥[釜]과 같이 생겼고, 윗다리는[上橋] 솥의 뒷 이마, 아래다리[下橋]는 솥의 앞 이마처럼 보인다고 한다. 이 형국을 딴 명칭인 가마마을 줄여서 '가마말'이라 불렀는데 오랜 세월이 흐르는 동안 가마말이 변하여 '가말'이 되었고 한자로 부동(釜洞)이라 표기하게 되었다.

－『남원전통문화체험관』

◉ 일대(日臺) 마을

분류 : 〈명당〉

본래 운봉의 북하면(北下面) 일대리(日臺里) 지역으로 1896년부터 1914년까지 북하면의 소재지였다. 1914년 행정구역 통폐합 때 송리(松里), 부동(釜洞), 의지리(蟻池里)의 각 일부가 병합되어 일대리(日臺里)에 편입되었다.

들이 넓고 마을 터가 명당으로 알려져 많은 사람들이 몰려 큰 마을을 이루었으며 과거 북하면(北下面)의 면사무소가 있었다.

아영면의 곡창이라 할 수 있는 평야가 넓게 펼쳐져 있고 수많은 골짝에서 흘러내리는 풍부한 수자원과 평탄한 위치, 무성한 산림자원이 있어 사람 살기 좋은 곳이어서 일찍이 마을이 형성되어 발전해왔다.

마을이 길게 뻗어 있어 마치 띠와 같다하여 처음에는 일대(一臺, 逸臺)라 했다가 햇볕을 가장 많이 받는 곳이라 하여 그 후 마을 이름을 일대(日臺)로 바뀌었다.

— 『남원전통문화체험관』

이백면(二白面)

—

—

남원시의 중부에 있는 법정면이다. 남원시의 가운데 지역에 자리 잡고 있다. 동쪽은 운봉읍·서쪽은 대산면과 주생면, 남쪽은 송동면과 주천면, 북쪽은 사매면·보절면·산동면과 접해 있다. 면 소재지를 중심으로 매봉, 솟구리봉, 장백산 등의 봉우리가 둥글게 에워싸고 있고, 유역권 내의 주요 하천은 백암천으로 모여 서쪽으로 흐르다가 요천과 합류한다.

1. 강기리(康基里)

◉ 내기 마을

분류 : 〈형국〉, 〈명당〉

내기 마을의 경우 약 400년 전 임진왜란 당시 남원에 정착한 부안 김씨 중시조 김익복(金益福)이 낙향하여 백파방(白波坊) 대명당(大明堂) 금반

(金盤)에 터를 잡고 부안 김씨 집성촌을 형성하였으나 100여 년 후 홍주 이씨가 정착하여 오늘에 이르고 있다. 본래 남원군(南原郡) 백파면(白波面)에 속해 있던 지역으로 1914년 행정구역 개편에 따라 강촌과 내기의 이름을 따서 내기리라 명명하고 강기리에 편입하였다.

-『디지털남원문화대전』

◉ 강촌 마을

분류 : 〈명당〉

강촌 마을은 1515년경 전주 최씨의 시조 최아(崔阿)의 8대손인 최우향이 자손이 번창하고 평안히 살 수 있는 곳을 찾기 위해 두루 살피다가 현재의 강촌 마을에 터를 잡고 정착하였다. 본래 남원군 백파면에 속해 있던 지역으로 1914년 행정구역 개편에 따라 내기리를 병합하여 강기리에 편입하였다.

-『디지털남원문화대전』

2. 과립리(科笠里)

◉ 입촌(笠村) 마을

분류 : 〈형국〉, 〈지명〉

본래 남원군(南原郡) 백암면(白岩面) 입촌리(笠村里) 지역으로 갓바래 또는 입촌(笠村)이라 했는데 1914년 행정구역 통폐합 때 과리(科里), 입촌리(笠村里)와 파과리(坡科里) 일부가 병합되어 과리와 입촌의 이름을 따서 과립리(科笠里)라 하고 과립리에 편입되었다.

이 마을은 속칭 갓바래라고 부르며 이는 중이 삿갓을 쓰고 배낭을 지고 가는 모습의 산혈(山穴)이 있어서 갓바래라고 불렀다고 한다. 또한 갓

[笠]을 만드는 사람이 있어서 그렇게 불렀다고 하는데, 지명을 한자로 바꾸면서 입촌(笠村)으로 바뀌었다.

마을의 동쪽은 운봉읍을 접경으로 높은 산이 있는데 이 재 또한 갓바래재로 부르고 있다. 일설에는 홍거리와 두무실이 있는데 이 가운데 아홉 구비 혈중에는 바래혈이 있다고 하여 갓바래재라고 한다.

– 『남원전통문화체험관』

3. 양가리(陽街里)

양가리는 목가리와 양강리를 행정리로 포함하고 있다. 자연 마을로는 갱거리, 나뭇거리, 양강, 구룡새터 등이 있다. 본래 남원군(南原郡) 백파면(白波面) 기양리(岐陽里) 지역으로 갱거리 또는 개머리라고 했는데 1914년 행정구역통폐합 때 기양리(岐陽里) 일부와 목가리(木街里)가 병합되어 기양과 목가의 이름을 따서 양가리(陽街里)라 하고 양가리에 편입되었다.

◉ 양강리

분류 : 〈형국〉, 〈지명〉, 〈금기〉

양강리는 지금으로부터 약 550년 전인 조선 전기 세조 조에 순흥 안씨와 남원 양씨가 정착하면서 마을이 형성되었다. 하천을 가운데 두고 양쪽으로 갈라져 있어 양지 쪽을 개머리(갱머리), 또는 길이 갈라지는 양지라하여 기양리로 부르고, 음지 쪽은 구룡새터(속칭 구룡혈), 또는 용강으로 불렀다.

양강리는 풍수지리적으로 양지쪽이 개의 머리 형국이어서 마을 이름을 개머리라고 했으며, 대문을 달면 개의 입을 막는다고 하여 집에 대문을 달지 않았다고 한다. 또 음지 쪽 산에는 아홉 마리의 용이 여의주를 찾는 형국이라 하여 구룡새터, 또는 용강이라 했다. 개머리는 기양리인데, 기양과 용강의 이름을 따서 양강이라고 불렀다.

- 『디지털남원문화대전』

4. 척문리(尺門里)

◉ 척동(尺洞) 마을

분류 : 〈형국〉, 〈지명〉

본래 남원군(南原郡) 백암면(白岩面) 척동리(尺洞里) 지역으로 잣골, 자골 또는 척동(尺洞)이라 했는데 1914년 행정구역 통폐합 때 척동리(尺洞里)와 폐문리(閉門里)가 병합되어 척동과 폐문의 이름을 따서 척문리(尺門里)라 하고 척문리에 편입되었다.

파평 윤씨가 최초로 정착한 것으로 전해지고 있으나 연대나 근원은 알 수 없다. 조선조 선조 때 성규남(成奎南)씨 12대조가 창녕에서 내려와 주천 용담에서 거주하다가 임진왜란 시 피난지로 잣나무가 무성한 백암방 옥녀봉 아래 백동(柏洞, 잣골)에 정착하였으며, 때를 같이하여 이씨, 양씨, 김씨 등이 들어와 마을을 형성 하였다.

마을 앞에는 백암천이 뒤쪽으로는 요천이 흐르고 있으며, 옥녀봉을 배경으로 앞에는 무동산이 상대하고 있는 마을에 잣나무가 많아 잣골이라 하였으나, 그 후 풍수지리설에 뒷산이 옥녀가 베를 자는 옥녀직금(玉女織錦) 형국이 있는데 마을이 옥녀가 비단을 재는 재[尺]에 해당된다고 하여 척동(尺洞)으로 바뀌었다고 한다.

- 『남원전통문화체험관』

◉ 폐문(閉門) 마을

분류 : 〈형국〉

본래 남원군(南原郡) 백암면(白岩面) 폐문리(閉門里) 지역으로 1914년 행정구역 통폐합 때 척동리(尺洞里)와 폐문리(閉門里)가 병합되어 척동과 폐문의 이름을 따서 척문리(尺門里)라 하고 척동리에 편입되었다.

마을 앞으로 백암천이 흐르고 뒤에는 요천이 흐르고 있으며 약 500미터 지점인 목 너머에 누에머리와 같다하여 누에 머리골과 서북방 700미터 지점에 광바우가 있는 이 마을은 1825년경에 경주 김씨(慶州金氏) 12대손 김성수(金聖洙)가 최초로 이 마을에 정착하여 현재 19대손까지 거주하고 있다.

그 후 타성이 거주하게 되어 마을에서 약 500미터 지점인 목 넘어(산맥이 누에 형태를 갖추어 누에머리 형국)에 풍천 임씨(豊川任氏), 가운데 씨야(앗)골에 해주 오씨(海州吳氏), 광바위 부근에 순흥 안씨(順興安氏) 등이 정착하여 마을을 형성하였다.

이 마을의 이름이 폐문(閉門)인 것은, 연산군 때 고죽동에 거주하던 유자광이 마을 뒤로 흐르는 요천수(蓼川水)의 물을 조절하기 위해 수문을 만들어 폐문루(閉門樓)를 세우고 아침, 저녁으로 고기를 잡아 임금의 아침 수랏상에 올렸다고 하는데, 폐문루에서 연유하여 수문을 열고 닫는다고 하여 폐문이라고 불렀다고 한다.

－『남원전통문화체험관』

5. 초촌리(草村里)

◉ 오촌 마을

분류 : 〈형국〉, 〈명당〉, 〈지명〉, 〈설화〉, 〈묘지〉

1637년경 연안 이씨가 정착한 후 자손의 번성과 안녕을 염원 하면서 당시 풍수지리상 조상의 묘를 잘 써야 한다는 사회적 기풍에 편승하여 선조의 묘를 명단에 모시고자 당시 유명한 풍수(지관)를 초빙 명당자리를 찾아 물색 하던 중, 마을 앞 당산에 좌청용 우백호 형상의 천하제일의 명당자리를 찾아 장지로 정하고 묘혈을 파는데, 천광(天光)자리에 암반이 나오자 풍수(지관)는 묘를 암반위에 쓰는 것은 길조라며 권했으나, 자손들은 조상의 묘를 암반에 쓸 수 없다면서 암반을 깨고 보니 암반 밑에서 커다란 자라가 나와 건너편 숲으로 도망가는 기이한 현상이 일어났다.

자라가 도망간 지점을 파보니 청광수가 터져 이곳에 우물을 파고 식수로 사용했으며, 이후 마을에서는 매년 정월 초하루 자정에 당산제를 지내므로 마을에 안녕과 재앙을 물리쳤다고 한다.

이후 마을 명을 자라울이라 부르게 되었고 한자 표기상 오산(鰲山)으로 칭하다가 이후 변천하여 오촌(鰲村)이라 하다가 한자 표기가 어려워 오촌(五村)으로 표기하여 오늘에 이르고 있다.

- 『남원전통문화체험관』

◉ 무동산

분류 : 〈형국〉, 〈명당〉, 〈설화〉

오촌 마을에서 남동쪽으로 솟은 산 중턱에 미인 단지라는 명당자리가 있다. 그 앞에 조그마한 비녀산이 있고, 우측으로 거울산, 그 앞에 분통, 좌측으로 무동산이 있는데 이것은 미인이 알몸으로 춤추는 형세라며 이 미인단지와 마주보는 산이 치알봉으로 남근이 성내는 형세라고 한다. 이 무동산에 얽힌 전설이 있다.

옛날에 무동산 주변에 식구 50명이 넘는 대가집이 있었는데 대가집에만 유독 호랑이가 나타나 식구를 차례로 잡아먹어 결국 18살 된 딸 한명만 남게 되자 그녀는 호환을 각오하고 모든 것을 체념하며, 이후 다른 사람의 희생을 막기 위해 천지신명께 기도를 올리기 위해 연지샘에서 목욕을 하고 거울 바위에서 마지막 단장을 하여 유부녀로 가장하고 호랑이를 기다렸으나 호랑이가 나타나지 않자 천지신명께 감사의 백일기도를 하였는데 기도 마지막 날 옥황상제의 아들과 잠자리를 같이하는 꿈을 꾸고 옥동자를 낳았다고 한다.

처녀가 아이를 낳은 부끄러움에 옥동자를 안고 행장을 차려 무동산의 암굴에 들어가니 같은 시간에 한 쌍의 돼지가 암굴에 들어와 같이 기거를 하였다고 한다.

그런 뒤 이때까지 빈번하게 일어났던 도적, 질병, 호환 등 재난이 사라지고 이 아이는 천하의 장사로 자랐다고 하며, 아이가 미인봉에서 선녀와 어울려 놀았다 하여 무동산(舞童山)이라 부르게 되었다고 전해진다.

-『남원전통문화체험관』

◉ 내기 마을

분류 : 〈물형〉, 〈형국〉, 〈설화〉, 〈묘지〉

내기 마을에는 하늘에 날아다니는 산이라 하여 방학산이 있는데 여기에는 가매바위와 쌍둥이 바위가 있는데 이 바위 때문에 쌍둥이가 많이 나온다고 한다.

마을 형상이 뒤에 있는 고남산이 어깨 넘어 내다보는 모양이라서 도둑이 많이 든다하여 마을 사람들이 마을을 밑으로 옮겼다. 어느 날 선사가 옥옹(병속에 금붕어를 집어넣은 것)을 마을 뒤에 묻었는데 세월이 흐른 뒤 마을사람 하나가 묘를 쓰려고 그 자리의 땅을 팠더니 큰 반석이 있었고, 그 반석을 들어내니 상자가 나왔다.

상자 안에는 옥옹이 들어 있어 사람이 옥옹을 열어보니 그때까지 그 속에서 금붕어가 살아 있었다 한다.

-『남원전통문화체험관』

● 초동(草洞) 마을

분류 : 〈명당〉

본래 남원군(南原郡) 백암면(白岩面) 초동리(草洞里) 지역으로 푸르리 또는 초동(草洞)이라 했는데 1914년 행정구역 통폐합 때 백암면(白岩面)의 오촌리(五村里) 일부가 병합되어 초동과 오촌의 이름을 따서 초촌리(草村里)라 하고 초촌리에 편입되었다. 1592년 임진왜란 시 영천 이씨(寧川李氏) 충절공(春節公)과 한양 조씨(漢陽趙氏) 산서공(山西公)이 양병을 모아 거병할 때 이공은 장백산에, 조공은 여원치에 포진 합동작전으로 운봉을 거쳐 백암방을 침공하는 왜적을 물리친 후 이곳이 동에는 장백산, 남에는 궁장동, 서에는 교룡산, 북에는 무동산이 둘러싸여 있는 자연 요충지로 최상의 피난지요 명당 터라 믿고 영천 이씨 일가친척을 비롯한 휘하 의병들과 함께 이곳에 남아 마을을 형성하여 오늘에 이르고 있다.

이 마을의 본래 이름은 주변이 푸르고 물이 맑아 '푸르리'라 불렀으나 지명을 한자로 바꾸면서 '풀 초(草)'를 써서 초동(草洞)으로 바뀌었다.

– 『남원전통문화체험관』

7. 남계리(藍鷄里)

● 계산(鷄山) 마을

분류 : 〈형국〉, 〈지명〉

본래 남원군(南原郡) 백파면(白波面) 계산리(鷄山里) 지역으로 풍암(楓岩), 닭뫼 또는 계산(鷄山)이라 했는데 1914년 행정구역 통폐합 때 남평리(藍坪里), 계산리(鷄山里), 내동리(內洞里) 각 일부와 산동면(山東面) 남평리(藍坪里) 일부가 병합되어 남평과 계산의 이름을 따서 남계리(藍鷄里)라 하고 남계리에 편입되었다.

순흥 안씨 11대손 안귀행이 단종 때 양성(陽城)현감으로 있을 때 1456년 세조가 단종의 왕위를 찬탈하자 불사이군의 정신으로 남원부 백파방 여원치 아래 빈들에 숨어 살게(下野寓居) 되었다.

그 후 1567년경부터 안귀행의 현손 안신손의 후손이 번창하여 단일 씨족마을을 형성하여 왔으나 일제시대부터 연척간의 타성이 10여 호 정도가 입주하게 되었다.

본래 이름은 단풍나무가 많아 풍암(楓岩)이라 불렀다고 한다.

마을 앞산 청룡산에서 마을을 바라보면 마을이 닭이 알을 품고 있는 형국으로 보인다고 하여 '닭뫼'라 불러 오다가 지명을 한자로 바꾸면서 계산(鷄山)이라 하였다.

－『남원전통문화체험관』

인월면(引月面)

—

남원시의 동부에 있는 법정면이다. 남원시의 동쪽 끝 북편에 자리 잡고 있으며, 면 경계의 동쪽은 운봉읍, 서쪽은 함양군, 남쪽은 산내면·북쪽은 아영면과 접해 있다. 남쪽으로는 지리산 연맥이 크게 솟아있고, 유역권 내의 주요 하천은 풍천으로 모여 남쪽 방향으로 흐르다가 만수천과 합수한다. 1380년에 이성계 장군이 황산대첩에서 달을 끌어 승전하였다는 유래가 있어 인월(引月)이라 부르게 되었다는 설화가 전한다.

1. 건지리(乾芝里)

◉ 내건(內乾) 마을

분류 : 〈형국〉, 〈명당〉

본래 운봉군의 동면(東面) 지역으로 1914년 행정구역 통폐합 때 내건

(內乾里), 외건(外乾里) 일부가 병합되어 건지리(乾芝里)에 편입되었다.

1650년경 함안 조씨(咸安趙氏)와 김해 김씨가 정착하여 마을을 이룬 후, 차차 그 밖의 여러 씨족들이 이주하여 오늘에 이르고 있다. 이 마을의 형국이 배 형국이고 배가 짐을 실으면 내건이 흥하고 배가 짐을 풀면 외건이 흥한다는 설이 전하여 내려오고 있다.

이 마을은 지형적 조건으로 물이 풍부하지 못하여 주민들은 물을 갈망하는 심정에서 마을을 하늘이 보호해야 한다는 뜻으로 건(乾)자를 따서 건지(乾芝)라 이름 지었으며 그 후 주민들의 끈질긴 노력으로 지하수를 개발하여 식수 걱정이 없게 되었다.

연대미상의 노거수(느티나무)가 있는데 마을의 중심에 자리하고 있어 풍경의 조화를 이루고 있다. 또한 이 마을은 여원치(女院峙)넘어서 제일의 명당 터인 제비집형(燕巢形)으로 부자가 많이 나올 수 있는 형상이라 전한다.

－『남원전통문화체험관』

◉ 외건(外乾) 마을

분류 : 〈형국〉, 〈설화〉, 〈단맥〉

본래 운봉군의 동면(東面) 지역으로 1914년 행정구역 통폐합 때 내건(內乾里), 외건(外乾里) 일부가 병합되어 건지리(乾芝里)에 편입되었다.

1380년 (고려우왕 6년) 이성계 장군이 왜장 아지발도를 황산에서 물리칠 당시 주씨(朱氏)가 감나무골(마을에서 서쪽 250m 지점)에 피난을 왔다가 정착하였으나 그 후 풍수지리설에 의하여 배혈[舟穴]에 주씨가 자리 잡으면 부귀를 누린다하여 현재의 마을로 옮겨져 권세를 누리며 살았다 한다.

그 후 임진왜란을 전후하여 동복오씨(同福吳氏)와 기타 여러 성씨가 이주하여 마을을 형성하고 권세를 누리니 주씨들은 밀려서 타지로 이주하여 지금은 주씨는 한집도 없고, 동복 오씨와 윤씨(尹氏), 양씨(梁), 기타 성씨가 주축을 이루어 오늘에 이르고 있다.

원래 이 마을은 물이 귀하다 하여 건지산(乾芝山)이라 하였다. 입향조인 주씨가 권세를 누리며 살 당시, 중(僧)만 오면 태테(사람의 몸에다 넓은 띠를 대고 그 속에 마른 콩을 넣어 물을 부어 콩이 불어나게 하여 고통을 주는 행위)를 매어 애를 먹이곤 하였다.

그러다가 어느 중에게도 태테를 매려하니 중이 말하기를 태테만 매지 않으면 물을 해결해 준다고 하므로 그중의 말대로 마을 중심에 큰 전나무가 있는데 그 나무를 베면 물이 있다고 해서 전나무를 베니 그곳에서 물이 나와 물은 해결하였으나 배 형국인 이 마을에 전나무는 돛대였으니 돛대 없는 배가 있을 수 없어 주씨는 쇠퇴하여 뿔뿔이 흩어지고 마을은 본래의 뜻대로 건지리라 하였다. 그 후 행정개편에 따라 외건지(外乾芝)로 불리어 오늘에 이르고 있다.

-『남원전통문화체험관』

서리산의 지맥이 서쪽으로 완만히 흘러내려 형성된 마을 터는 말이 누워 있는 와우형에 비유해 마을의 중앙이 배꼽에 해당된다고 한다. 또 제비집 형국인 연소형(燕巢形)이라고도 하는데 마을을 감싸고 있는 작은 언덕은 제비집이고 동쪽은 상산으로 그 끝자락에 있으며 제비집 두 개의 형상은 여원치(女院峙) 너머 최고의 명당 터로 부자가 많이 나올 수 있는 형상이라 한다.

-『디지털남원문화대전』

2. 계암리(桂岩里)

분류 : 〈형국〉, 〈지명〉, 〈설화〉

처음에는 마을 이름을 계암(鷄岩)이라 하였는데 계암 마을은 무슨 연유인지 마을 사람들이 30세를 넘기 전에 요절하여 마을이 몰락될 위기에 처하게 되었다. 그러던 어느 날 한 노인이 나타나 마을의 지세를 풍수로 풀어 주었다.

노인은 "뒷산 매봉이 매혈[鷹穴]이고 취암리 앞산이 수리[鷲]이니 이 두 형국 사이에 있는 닭바위[鷄岩]는 병아리[鷄]가 되어 잡아먹히는 형세이므로 마을이 재앙을 받는다."라고 하였다.

이어 노인은 마을 앞 청룡날이 계수바위[桂岩]이므로 '닭 계(鷄)'자 대신 '계수나무 계(桂)'자를 쓰면 무사할 것이라는 비책을 알려주고 사라졌다. 노인의 말대로 마을 이름을 계암(桂岩)으로 바꾸자 그 뒤로 주민들은 장수하게 되었다고 한다. 계암리(桂岩里)라는 명칭은 이러한 전설에서 유래하였다.

계암리는 배산임수형으로, 뒤쪽은 황산(荒山)의 끝자락으로 닭바위라 불리는 야산이 있어 겨울에 서북풍을 막아 주므로 온화하고, 앞쪽은 비교적 넓은 평지이며 동쪽으로는 풍천(楓川)이 흘러 농토가 비옥하다.

— 『디지털남원문화대전』

3. 상우리(上牛里)

◉ 상우(上牛) 마을

분류 : 〈형국〉, 〈비보〉, 〈지명〉, 〈도참〉, 〈십승지〉

본래 운봉군의 동면(東面) 지역으로 웃소근 또는 상우(上牛)이라 했는데 1914년 행정구역 통폐합 때 중우리(中牛里), 하우리(下牛里)가 병합되어 상우리(上牛里)에 편입되었다.

1820년경(純祖 20년경) 동복 오씨(同福吳氏) 중 은암거사(隱庵居士)가 이곳에 터를 잡아 자손들이 정착하고, 그 후 김해 김씨 등 여러 씨족이 이주하여 마을을 형성하였다.

약 160년 전 은암거사가 은거하였으므로 '은마을(隱里)'이라 칭하여 오다가 그 후 풍수설에 따라 지형이 와우형(臥牛型)이라 하여 와우리라 칭하였다. 행정구역 분리로 상우리와 하우리로 분리되었으나 조선시대 작은 군대가 머물렀다는 일설도 있어 속은리라 불리기도 하는데 지금도 여전히 은마을이라는 이름이 애용된다고 한다.

일설에 의하면『정감록』에 의한 지리산 100리 안에 있다는 십승지지(十勝之地)가 이곳 상우리라고 알려져 풍수지리를 연구하는 사람들은 한 번씩 다녀가기도 하는 곳이다.

소가 누워있는 형상의 와우형인 마을로 뒤에는 삼봉산이 있으며 그 아래는 경사가 완만하여 농토를 일구어 사는 마을로 상우, 중우, 하우 등 한 때는 3개 마을 이었으나 어느 때 부턴가 상우와 중우를 통틀어 상우라 불리게 되었다.

마을 앞은 비교적 넓은 평지로 그 아래 풍천이 흐른다. 일설에는 마을 저수지에 물이 가득해야 번창한다. 또 마을 입구에 거대한 정자가 있었는데 왜적이 베어 배를 만들어 도망을 갔다.

그 나무의 뿌리가 500m나 뻗을 만큼 커 마을의 수호신 역할을 했는데 그 나무가 사라지자 와우형인 마을에 그늘이 없어져 몰락위기에 처하자 왜적이 베어낸 그 자리에 나무를 다시 심어 지세를 북돋았다고 한다.

－『남원전통문화체험관』

◉ 하우리

분류 :〈형국〉,〈비보〉,〈지명〉

하우리는 법정리 상우리가 2개 행정리, 즉 상우리와 하우리로 나뉘어 생기게 되었다.

마을에는 이러한 일화가 있다. 마을 입구에 거대한 정자나무가 있었는데 임진왜란 때 왜적이 이 나무를 베어 배를 만들어 도망하였다. 그 나무가 어찌나 컸던지 지금도 나무뿌리의 흔적이 최근까지 남아 있었다고 한다.

당시 나무뿌리는 500m나 뻗었다고 전한다. 마을의 수호신 역할을 하던 느티나무가 사라지자 와우형으로 생긴 마을이 그늘을 잃어 몰락 위기에 놓였고, 이를 예방하기 위해 약 50년 전 그 자리에 다시 정자나무를 심었더니 마을이 부흥했다고 한다.

상우리와 같이 약 160년 전 은암거사가 은거하였으므로 '은마을(隱里)'이라 불러오다가 마을의 지형이 누워 있는 소, 즉 와우(蝸牛)형으로 생겼다 하여 이름을 와우리로 바꾸었다. 후에 행정구역을 분리함에 따라 윗마을, 아랫마을로 나누어지면서 아랫마을인 이곳은 하우리가 되었다. 마을 사람들은 지금도 여전히 '은마을'의 이름을 사용하기도 한다.

'소근리' 또는 '속은리'로 불리기도 하는데 이는 은거한다는 은마을을 소리 나는 대로 표현한 것이므로, 상우리는 일명 '웃소근' 또는 '상속은'이란 의미가 된다. 한편으로 '은거한다'는 뜻을 가진 '웃소근'을 한자로 표기하자면 상은리(上隱里)로 표기해야 옳을 듯한데 상우(上牛)로 표기하였다.

이는 마을 터가 와우형국이라 소가 앉은 자리란 뜻의 '소구니' 또는 '소근'에서 유래하여 소근은 '우리(牛里)'의 뜻이므로 '웃소구니'를 '상우(上牛)'로 표기한 것으로 짐작된다. 혹은 속된 것이 숨었다는 '속은리(俗隱里)'나, 임진왜란 때 함양에 대군, 중군리에 중군, 이곳에 소군이 주둔했다고 해서 '소군리'로 불렸다고도 한다.

마을 앞에는 남천이 흐르고, 뒤로는 3개 봉우리의 삼봉산이 막아주어 아늑한 느낌이 든다. 지리산 지맥이 세진암의 주봉인 1,073m의 서룡산(瑞龍山) 북서쪽 기슭을 완만히 타고 내려와 마을 터에 와우형국의 지기(地氣)를 모아놓았다. 그래서 마을이 번창하려면 마을 저수지에는 항상 물이 가득해야 한다고 전해온다.

또 마을 인근에는 괭이바위가 있는데 원래는 범바위였다고 한다. 범바위가 있는 한 와우형국인 마을이 범에게 잡아먹히는 형국이 되어 망한다고 하였다. 그래서 1988년을 전후해서 많은 젊은이들이 요절하자 범바위를 괭이바위로 바꾸었다고 한다. 한편으로는 마을이 배가 정박해 있는 형국이라 언젠가 배가 출항해야 마을이 발복하여 번창한다고도 말한다.

-『디지털남원문화대전』

4. 유곡리(酉谷里)

분류 : 〈형국〉, 〈비보〉, 〈지명〉

본래 이름은 닭실이다. 마을 뒷산 골짜기에 사찰이 있었고 연비산(鳶飛山)이 있는데 솔개(독수리)가 날아가는 형국이다. 독수리에게는 먹이가 있어야 하는데 마을의 형태가 닭장형이고 마을 앞 안산은 닭장 가리개 형상이라 독수리의 시선을 집중시켜 연비산의 정기를 집중토록 했다. 그래서 마을 이름을 '닭 유(酉)'자를 넣어 유곡리(酉谷里)라 지었다고 한다.

-『디지털남원문화대전』

■ 연비산(鳶飛山)

분류 : 〈형국〉, 〈비보〉, 〈지명〉

전라북도 남원시 인월면 유곡리와 경상남도 함양군 백전면 오천리의 경계에 있는 산이다.

산의 모습이 솔개가 날아가는 형상을 닮았다 하여 솔개 연(鳶)을 써서 연비산이라 했다고 한다. 유곡 마을의 뒷산으로 마을에서는 솔개산이라 부른다. 연비는 솔개가 날아가는 뜻으로 솔개에는 닭이 있어야 하는데 마을의 형태가 닭장 모양이고 마을 앞 안산은 닭장 가리개 모양이라 하여

'닭 유(酉)'자를 넣어 유곡리라 하였다 한다. 유곡마을 입구엔 석장승이 양옆에 세워져 있는데 옛 사찰의 유물이라고 한다.

- 『디지털남원문화대전』

◉ 성내 마을

분류 : 〈형국〉

성내마을은 신라와 백제의 국경 지대로 그중 신라의 영토에 속하였다. 마을의 서북쪽 3㎞ 지점 아영면 성리(城里)에 아막성이 있고, 동북쪽 1㎞ 지점에 토성(土城)이 있어 그 안에 마을이 있으므로 성안(城內)이라 불렀다고 한다. 한자로 성내(城內)라고도 하나 지금도 마을에서는 '성안'을 사용하고 있다.

실개천을 중심으로 들판이 자리하고 있으며, 개천 너머 너른 들판 너더리(광평)에 아영면 소재지가 보인다. 성내마을 뒤쪽은 낮은 구릉지이며 앞쪽은 넓은 평지이다. 마을 터는 베틀에 앉아 비단을 짜는 형국인 옥녀직금형(玉女織錦形)이라고 한다.

- 『디지털남원문화대전』

◉ 도장(道庄) 마을

분류 : 〈형국〉, 〈명당〉, 〈지명〉, 〈도참〉, 〈십승지〉

본래 운봉군의 동면(東面) 지역으로 도장(道庄)이라 했는데 1914년 행정구역 통폐합 때 성내리(城內里), 도장리(道庄里), 외건리(外乾里) 일부와 지하면(地下面) 이동(梨洞) 일부가 병합되어 유곡리(酉谷里)에 편입되었다.

1852년(철종 3)에 동복 오씨(同福吳氏)가 처음 정착하여 마을을 개척하였으나, 그 후 오씨들은 이동하고 다시 김해 김씨가 이주해 현재에 이르고 있다.

동복오씨 어느 선비가 이곳에 터 잡아 살았더니 마을이 안정되고 가족들이 건강한지라 정신수양의 도장이란 뜻으로 도장(道庄) 이름이 생겼다 한다.

또 마을의 지형이 도장(印章) 같이 움푹한 명당터라 해서 생겼다는 설도 있고, 군량미를 저장했던 곳이라 해서 도장(稻庄), 즉 곡식을 쌓아둔 창고(이 지약에서는 곡식을 저장하는 창고를 도장이라고 한다)가 있어서 생겼다는 설도 있다.

이 마을은 『정감록』에 의하면, 서리산 아래 오실 즉, 닭실(유곡), 곰실(유곡에서 경남 함양군 응곡면으로 가는 고개 이름), 아실(아영면 아곡), 숲실(운봉읍 임리), 거리실(?) 등이 난을 피하고 살기가 좋은 명당 터라는 것이다.

이 마을은 유곡에 속하므로 길지이다. 또 이 마을은 군량미를 저장하였다고 전한다. 도장은 마을 주위가 산으로 둘러 싸여 밖에서는 잘 보이지 않으며 마을 뒤쪽은 비교적 높은 연비봉이 있고 옆쪽 야산에는 밤나무가 많이 심겨져 있다.

-『남원전통문화체험관』

5. 성산리(城山里)

◉ 성북골

분류 : 〈형국〉

신라와 백제의 국경 지대였던 성북골은 인근에 성산산성(城山山城)이 있어 마을이 성의 북쪽에 해당하므로 오랜 동안 성북동(城北洞)이라 불리었다.

주산인 제비봉의 맥을 이어 서쪽으로 휘돌아 밀어 오른 봉우리에 성산

상여바위가 있고, 동쪽 까막재를 넘고 다시 마을 동편 개울을 넘어 서면 성산산성이 전라도와 경상도의 경계인 팔량치(八良峙)를 굽어보고 있다.

성북골은 풍수지리적으로 제비집 모양의 연소형국(燕巢形局)이며 임좌병향(壬坐丙向)으로 알려져 있다. 마을 사람들에 의하면 성북골의 터가 갈룡음수혈(渴龍飮水穴)이라고도 한다.

－『디지털남원문화대전』

◉ 성산(城山) 마을

분류 : 〈형국〉

흥부전의 발상지로써 주산인 제비봉의 맥을 이어 서쪽으로 휘돌아 밀어 오른 봉우리에 성산 상여바위가 있고, 동쪽 까막재를 넘어 다시 마을 동편 개울을 위어 넘어 서면 성산산성이 전라도와 경상도의 경계인 팔량치를 내려다보고 있다.

이 마을은 풍수지리적으로 제비집 모양의 연소형국(燕巢形局)이며, 임좌병향(壬坐丙向)이라 하는데 제비봉 아래에는 마을의 제를 지내는 산제비바웃골이 있고 마을 윗뜸에는 박놀부(박첨지)의 텃밭이 있다.

이 터의 좌향을 보면 건좌손향(乾坐巽向) 즉, 기세가 웅장하고 천성(天星)은 대불상(大不祥)이라 용혈(龍穴)이 길하면 일발(一發)은 하나 이대(二代)를 못 넘기며, 그 텃밭에 사는 주인은 성질이 호리소의(好利小義)하고 조급할 뿐 아니라 오기가 많으며, 악사절멸(惡死絶滅)의 악질이 있다고 하였는데 놀부의 성격과 같다. 한편 마을 사람들에 의하면 이 마을의 터가 갈룡음수혈(渴龍飮水穴)이라고 한다.

－『남원전통문화체험관』

◉ 용주(龍株) 마을

분류 : 〈형국〉, 〈지명〉, 〈묘지〉

본래 운봉의 동면(東面) 지역으로 논거리 또는 농거리라 했는데 1914년 행정구역 통폐합 때 성산리(城山里)에 편입 되었다.

1883년경(高宗 20) 달성 서씨(達城徐氏)가 이주하여 마을을 이루다가 그 후 김해 김씨, 청송 심씨(靑松沈氏)가 이주해 옴으로서 마을의 규모가 커지면서 오늘에 이르렀다.

이들이 정착한 후 처음에는 속칭 '논거리'라 칭하였으나 1950년경 마을 앞에 있는 밀양 박씨(密陽朴氏)의 묘가 갈룡음수(渴龍飮水)격이고, 또 무덤 앞에 구슬형의 산이 있어 '용 용(龍)'자와 '구슬 주(株)'자를 따와 용주(龍珠)로 개칭하였다.

1883년부터 서씨, 김씨, 심씨가 이주하면서 매년 정월 15일 대보름을 기하여 마을 앞 당산에 당산제를 올려 마을의 평화. 번영, 그리고 새해의 풍년을 비는 풍속이 지금까지 계속되고 있으며 마을의 형태는 국도를 중심으로 양지뜸과 음지뜸으로 나누어져 서로 바라보고 있다.

-『남원전통문화체험관』

6. 자래리(自來里)

분류 : 〈물형〉, 〈지명〉

삼국시대 신라의 영역으로서 임진왜란 이전에는 자연동(紫燃洞)이었다. 그러나 김잠(金潛)이라는 사람이 장수군 산서면 사상리로부터 왜란을 피해 스스로 찾아 들어 무사하였다 하여 마을 이름을 스스로 찾아든 마을이란 뜻으로 자래리로 부르게 되었다. 또한 지형이 자래(자라)처럼 생겨서 자래실 또는 자래라 하였다.

-『디지털남원문화대전』

7. 취암리(就岩里)

분류 : 〈형국〉, 〈명당〉, 〈비보〉, 〈지명〉, 〈주택〉

1530년(중종 25) 양성지(梁誠之)가 『신증동국여지승람(新增東國輿地勝覽)』을 편찬하기 위해 전국의 산세 지형을 살피고 다닐 때 이곳 취암리에 당도하였을 때의 일이다. 마을을 둘러보니 둘레의 산세가 새집처럼 생겼는데 그 중앙에 독수리 모양의 큰 바위가 있으므로 '독수리 취(鷲)'자를 넣어 취암(鷲岩)이라 칭하게 되었다 한다.

그 후 마을 건너편에 있는 계암(鷄岩)마을에 닭바위가 있어 마을 사람들이 젊어서 요절하는 사고가 빈번하자 독수리 취자를 '따를 취(就)'자로 고쳐 취암(就岩)으로 하였다.

또한 일설에 의하면 최초로 이 마을에 들어와 살기 시작한 사람은 최씨였다고 한다. 그런데 최씨는 매라서 수리 형국인 취암 마을에서는 기를 펴지 못해 떠났다고 한다.

1914년 행정구역을 통폐합할 당시의 일본 기록에 따르면 이때까지 이 마을의 이름은 구평과 용암, 그리고 자래리 일부가 병합되어 용암리(龍岩里)라 했다고 기록되어 있다. 이것으로 미루어 보면 1914년 이후 마을 사람들에 의해 인위적으로 마을 이름이 바뀌었을 것으로 추정된다.

풍수지리적으로 취암 마을은 수리가 날개를 펴고 마을을 감싸 안은 형국으로, 인근에서 보기 드문 길지라고 전해 왔다. 수리바위가 있는 집터에서 과거 천석꾼이 나왔다고 하는데, 그 사람이 금산김씨 김택현(金澤鉉)이라고 한다.

김택현은 덕과면에서 가난하게 살다가 이주하여 수리바위 밑에다 터를 잡았는데, 사랑채 터에 개축을 하고 나서 발복하였다. 인품도 후하여 죽었을 때 상여 행렬이 황산 모퉁이까지 뻗쳤다고 전한다. 그래서 사람들은 그 집터를 날개를 편 수리의 최고 혈인 머리 부분, 즉 눈과 입에 해당한다고 믿었다. 수리는 용맹스럽고 먹이를 잘 취해 재물 걱정은 없으나 아직 인물이 나지 않았다고 한다.

또한 수리봉 위 골짜기에는 벼 가마니를 쌓은 형태의 노적바위가 있다. 그 바위 밑에 움푹 패인 곳이 있는데 그곳이 이 마을 명당터의 문이라고 한다. 그곳을 메우면 문을 닫는 꼴이 되어 성산이 흥하고 열면 복이 들어와 취암이 흥한다는 말이 있어, 30여 년 전까지도 인근 지역 사람끼리 열고 닫는 풍수 싸움이 심하였다고 한다.

- 『디지털남원문화대전』

◉ 덕실(德室) 마을

분류 : 〈설화〉, 〈단맥〉

한국전쟁 때 수복 난민 정착농원으로 지정되었던 생긴 마을로 1970년에 독립가구 이주정책에 의해 20여 가구를 이주시켜 덕실이라 하고 취암리에 편입시켰다.

옛날 마을 앞에 범바위가 있었는데 지나가는 도승이 범바위를 깨뜨리면 부자가 된다는 말에 바위를 부셨더니 오히려 망했다는 전설이 있다. 범실이라는 곳에는 지금도 기와가 출토되는데 범씨가 살았던 집터라고 한다.

- 『남원전통문화체험관』

8. 서무리(西茂里)

◉ 계암(桂岩) 마을

분류 : 〈형국〉, 〈비보〉, 〈지명〉, 〈설화〉

본래 운봉군의 동면(東面) 지역으로 계암주 또는 계암이라 했다고 하는데 1914년 행정구역 통폐합 때 계암리(桂岩里), 사창리(社倉里), 용계리(龍溪里) 일부가 병합되어 서무리(西茂里)에 편입 되었다.

이 마을은 처음에 계암리(鷄岩)라 했다. 그런데 보통은 30세만 넘어서면 장수를 한다지만 어찌 된 일인지 마을 사람들이 30세를 넘기 전에 요절하니 한동안 마을이 몰락 위기에 있었다.

그러다가 어느 날 지나가는 노인이 풍수로 마을의 지세를 풀어 보니, 뒷산 매봉이 매[鷹]혈이고 취암리 앞산이 수리[鷲]이니 이 두 형국 사이에 있는 닭바위[鷄岩]는 병아리[鷄]가 되어 잡아먹히는 먹이가 되므로 마을이 재앙을 받는다고 하였다.

그리고는 마을 앞 청룡날이 계수바위[桂岩]이므로 '닭 계(鷄)'자를 빼고 '계수나무 계(桂)'자를 쓰면 무사하겠는 비책을 알려주고 사라졌다. 그 뒤 노인의 말대로 '계수나무 계'자로 고쳤더니 과연 어린이와 젊은이들이 죽지 않고 장수하게 되었다고 한다.

마을 중앙에 수 백 년 묵은 느티나무가 있어, 봄철에 이 느티나무의 잎이 피는 상태를 보고 그 해의 풍년, 흉년, 평년의 작황을 미리 점치는 것인데 지금도 나이 많은 노인들은 이것을 철칙으로 신봉하고 있다.

- 『남원전통문화체험관』

◉ 서무(西茂)마을

분류 : 〈형국〉, 〈명당〉

본래 운봉군의 동면(東面) 지역으로 서무듬 또는 서무리(西茂里)라 했다고 하는데 1914년 행정구역 통폐합 때 계암리(桂岩里), 사창리(社倉里), 용계리(龍溪리) 일부가 병합되어 서무리(西茂里)에 편입되었다.

이 마을을 처음 개척한 해주 오씨 선조는 풍수지리를 잘 아는 사람이었으므로 이른바 우백호(右白虎), 좌청룡(左靑龍)의 좋은 길지를 터 잡아 남쪽과 북쪽이 알맞게 산줄기가 뻗어 있고, 마을의 형성이 남쪽과 북쪽으로 구성되어 남과 북이 서로 바라보는 형세를 이루고 있는데 남쪽 마을은 음지뜸, 북쪽 마을은 양지뜸이라 하며 상호 견제하는 길지라 한다.

그리고 마을이 발전하려면 큰 화재가 나야 한다는 풍수설이 있었는데, 1946년 3월 양지뜸 23호가 전소되는 대형 화재가 일어난 후부터 마을이 급속도로 발전하였다고 한다. 당시 면장 정석진(鄭碩鎭)도 양지뜸에 거주하였다.

－『남원전통문화체험관』

9. 인월리(引月里)

◉ 구인월(舊引月)

분류 : 〈형국〉, 〈명당,〉

본래 운봉군의 동면(東面) 구인월(舊引月)지역으로 달을 끌어올렸다고 해서 인월(引月) 또는 역말이라 했는데, 1914년 행정구역 통폐합 때 구인월(舊引月), 신인월(新引月), 신우리(新牛里), 용계리(龍溪里) 일부를 병합하여 인월리라 하여 인월리에 편입되었다.

남쪽에 위치한 해발 1,149m의 지맥이 흘러내려 거미줄 형국인 지주설망(蜘蛛設網)의 명당 터에 북향으로 마을이 형성되어 있는데 예부터 마을 앞에 숲이 있어야 번창 한다고 한다.

－『남원전통문화체험관』

◉ 월평(月坪) 마을

분류 : 〈형국〉

인월과 구인월 사이에 관당들이 마을 앞에 있고 뒤는 언덕이 받쳐주어 앞이 확 트인 마을이다.

남쪽으로 덕두산의 지맥이 흘러내려와 인월 남천에서 멈춰 낮은 반월형의 언덕을 형성한다. 달빛이 산언덕을 넘어서면 용계 마을에서 새벽닭이 운다는 말이 있다. 마을 뒷산은 죽은 뱀의 형국[蛇頭穴]이라 마을에 부자가 나지 않는다는 설이 있다.

－『남원전통문화체험관』

◉ 인월(引月) 마을

분류 : 〈형국〉

　　예부터 이 마을 터가 금거북이가 진흙 속에 묻혀 있는 금구몰니(金龜沒泥) 형국의 길지라 전해와 많은 사람들이 모여 들었다고 한다.

－『남원전통문화체험관』

주생면(周生面)

—

남원시의 남서부에 있는 법정면이다. 남원시의 서쪽 지역에 자리 잡고 있다. 면 경계의 동쪽은 송동면과 이백면, 서쪽은 대강면, 남쪽은 금지면, 북쪽은 대산면과 접해 있다. 풍악산과 문덕봉, 고리봉으로 이어지는 산맥이 주생면의 서쪽에 남북으로 뻗쳐있고, 요천이 면의 남쪽에 걸쳐있어 남서쪽으로 흐르다가 섬진강에 합류한다.

1. 낙동리(樂洞里)

◉ 낙동(樂洞) 마을

분류 : 〈형국〉, 〈명당〉, 〈지명〉

본래 남원군 남생면(南生面) 지역으로 명당촌, 네 가지 즐거움이 있는 마을이라는 의미로 사락골(四樂汨) 또는 낙동(樂洞)이라 했는데 1914년 행정구역 통폐합 때 그대로 낙동리라 하여 주생면에 편입되었다, 1995년 1월 1일 남원시군이 통합되어 남원시 주생면 낙동리가 되었다.

고려 말엽에 해주 오씨(海州吳氏)와 흥성 장씨(興城張氏)가 마을을 형성하여 거주하고 있는 중에 해주 오씨(海州吳氏) 문중에서 큰 부자가 생기자 이로 인해 마을 이름을 명당촌이라고도 불렀다고 한다.

조선조 중엽에는 금령 김씨(金寧金氏)와 경주 정씨(慶州鄭氏), 전주 이씨(全州李氏), 고령 신씨(高靈申氏) 등이 정착하였으며 그 후 다수의 성씨가 모여 들면서 마을 이름을 '사락골'이라 부르게 되었다.

사락골(四樂골) 즉 네 가지 즐거움이 있는 마을이란 뜻인데 사락골로 부르게 된 것은 마을의 지형을 풍수지리적으로 해석한데서 연유한다.

마을 뒷산의 옥녀봉(玉女峰)에서 옥녀(玉女)라는 여인이 거문고을 타면 초장동(招場洞)에서는 장단을 맞추고, 유장동(遊場洞)에서는 놀고, 노락골에서는 노래를 부르며 마을 동편에 있는 전당에서는 음식을 들며 즐겁게 놀았다는 네 가지 즐거움이 있었다 하여 붙여진 이름이라는 것이다.

－『남원전통문화체험관』

2. 상동리(上洞里)

◉ 상동(上洞) 마을

분류 : 〈형국〉, 〈명당〉

조선조 예종(1468~1469)때 두사춘(杜士春)이란 중국의 지사가 지당 고개에서 잠시 쉬다가 교룡산(蛟龍山) 줄기 뒤의 산세를 보고 "아! 이런"하고 감탄을 연발하니 이로 인해 마을 이름을 '이런'이라 하게 되었는데 이것을 한문으로 쓰면서 이언(伊彦)으로 바뀌었다고 한다.

특히 이 마을은 풍수지리지에 의하면 남원의 다섯 명당 중 으뜸으

로 손꼽히는 지역이며, 돈학당(敦學堂), 서당(書堂) 등이 있어 많은 인
재를 낳았고 부자가 많아 지난날 남원 48방 고을 중 가장 부귀를 누린
곳이다.

이 마을은 전형적인 옛 반촌으로 손꼽아온 마을이고 교룡산의 정기를
이어 받아 많은 선비와 관리들을 배출 시켰으며 전설이 많고 동·서·북
의 세방면은 노송이 우거져 광주리 속과 같고 선녀가 가무를 즐기는 형
상으로 생겼다하여 선인무수(仙人舞手)의 형국(形局)이라는 전설이 전해
져오고 있다.

-『남원전통문화체험관』

3. 영천리(嶺川里)

◉ 영촌(嶺村) 마을

분류: 〈형국〉, 〈명당〉, 〈설화〉, 〈묘지〉

이 마을은 중국 당나라 명신 방현령(房賢齡)의 후손인 정산공 방구성
(房九成)의 손자 방귀화(房貴和)가 조선 예종 때(1468~1469) 문행이 탁월
하여 서장관으로 중국을 세 번이나 왕래하면서 피난 차 중국에서 온 지
사 두사춘(杜士春)과 교분을 맺어 그의 호의로 '옥녀산발(玉女散髮)' 명당
에 조부 방구성(房九成)의 장례를 모셨다는 내용이 방씨 묘비와 전설로
널리 알려진 곳이다.

이 마을을 감싸고 있는 산자락은 미인이 머리를 풀어헤친 형국으로서
마을 뒷산인 십자봉은 해발 193m이며 인접 봉우리와 더불어 두 봉우리가
나란히 마을을 내려다보고 있고 소나무가 울창하여 청산으로 불리 우는
곳이다.

특히 우백호인 우측 산자락이 곱게 타원을 그리며 마을을 감싸 안고

있고 좌청룡인 좌측 산자락은 우측보다 길게 뻗어 감싸 안고 있으며 마을 입구에 좁은 수구(水口)를 형성하고 있다.

물길로는 잿마을 앞에 작은 도랑이 서쪽에서 득수하여 동쪽으로 흐르다 소록골 물과 합수를 이룬 뒤 역수를 하고 있다. 이러한 형국은 제일 명당터로 일컬어지는 한양에서 청계천이 역수를 하고 청계천 7가에는 수구문이 설치되어 있어 흡사 한양을 연상케 하기도 한다.

이 마을은 일찍부터 교육열이 높아 대학 진학자가 많고, 마을 세에 비하여 많은 공직자를 배출하고 있으며 부드러운 산세는 주민의 고운 심성과도 일치한다.

- 『남원전통문화체험관』

◉ 유매(楡梅) 마을

분류 : 〈형국〉, 〈묘지〉

본래 남원군 주포면(周浦面) 지역으로 1914년 행정구역 통폐합 때 영촌리(嶺村里), 유천리(楡川里), 상내리(上內里) 각 일부가 병합하여 영촌과 유천의 이름을 따 영천리(嶺川里)라 하고 영천리에 편입되었다.

이 마을은 조선 예종(1468~1469) 때 남원 방씨 정착조 정산공 방구성(房九成)의 손자 방귀화(房貴和)가 호조좌랑을 지낸 뒤 향리에 와 있으면서 중국에서 피난 차 왔다는 지사 두사춘(杜士春)과 교분을 맺어 그의 호의로 옥녀산발형국(玉女散髮形局)의 자리에 그의 조부 방구성의 장례를 모신 후 자손들이 송곡산(지금의 소록골) 밑에 거주하여 유촌(楡村), 매안(梅岸) 마을을 이루어 살아왔다는 이야기가 묘비 전설 등으로 알려져 있다.

- 『남원전통문화체험관』

4. 정송리(貞松里)

◉ 정충(貞忠) 마을

분류 : 〈명당〉

정충 마을은 마을 뒤편에 모셔진 황진 장군의 사당 정충사의 이름을 따서 지어졌다. 조선조 중엽에 최씨(崔氏)가 이곳에 터를 잡았다고 한다. 그 후 남원 양씨(南原梁氏) 용성군파(龍城君派) 양주운(梁朱雲)의 후손이 뒤이어 정착 하면서 마을을 형성 하였다.

뒷산 수덕봉 밑에 황진(黃進)장군을 모신 사당 정충사(旌忠祠)를 창건한 뒤 마을 터가 빛이 나 부촌을 이룬다는 설이 나돌자 김해 김씨(金海金氏), 밀양 박씨(密陽朴氏)가 차례로 이주해 오면서 오늘날의 정충 마을을 만들었다.

－『남원전통문화체험관』

5. 중동리(中洞里)

■ 보허림(補虛林)

1. 명칭 : 보허림
2. 소재지 : 전라북도 남원군 주생면 중동리
3. 지황 : 남원 읍내의 남서쪽으로 약 7킬로미터에 위치하며, 곡성·순천간 도로의 동쪽 요천의 북안에 3개소로 나뉘어 있는 곳이다. 이곳은 면적이 약 3헥타인 하반평탄지로, 토양은 자갈이 풍부한 부식토를 포함한 사양토이다. 토양은 심도가 얕고 과습한 토지로 그 인근지역은 탁 트여 있다. 동쪽의 일부는 요천의 하천부지에 임하여 있고, 서쪽은 모두 경작지를 경계로 동서쪽 모두 가까이 산악지대에 접하여 있으나, 북쪽은

남원읍 교외이며, 남쪽은 섬진강 물가의 경작지대에 이어져 있는 경작지이다.

4. 임황 : 소나무 단순림으로 최대 흉고직경은 50센티미터이며, 최다 흉고직경은 25센티미터인 장령림(壯齡林)이다. 이 숲은 매우 울창하고 위요함을 잘 유지하고 있다. 수형은 일반적으로 불량하며, 숲 안의 임상(林床)은 매우 빈약하다.

5. 기타 : 남원읍의 남쪽 교외는 숲이 점점 작아지고, 남쪽에서 동서쪽으로 구릉이 서로 접근하는 지세로 500미터 내외로 좁혀져 겨의 모두가 경작지의 개재를 결여하여 요천의 하천부지 및 그 흐름이 자갈밭이 되어 읍으로부터 남쪽을 바라보면, 이 숲은 그 앞에 옆으로 뻗은 도서의 구릉에 부딪쳐 공허를 메우고 있다. 그리고 또 남쪽의 섬진강으로부터 요천을 거슬러 올라오면 읍은 본 숲에 의해서 완전히 은폐되어 보이지 않는 보허의 위치에 있는 것이다. 오히려 숲 부근은 남원의 북쪽 계곡으로부터 나와서 읍 서쪽에서 남쪽 교외로 돌아 흐르는 산계가 요천과 만나서 평행하게 남쪽으로 흐르는 곳에 있는 천부(川敷)가 서로 만나 결합하여 눈에 띄게 팽대해져 약 500미터 내외로 넓혀져 서로 난류하고 있다. 산계는 전하는 바에 의하면 예전에 숲의 서쪽으로 흘렀으나 점차 현재와 같이 상수로를 동쪽으로 변형시키고, 그 터는 기름진 옥답으로 변하였던 것으로, 시실 본 임지 및 그 사방 주위의 경작지는 자갈이 매우 풍부한 곳이기도 하다.

이 숲은 현재 남원읍 노씨 문중의 소유지로서, 읍 향사(鄕射)의 인사(人士)에 의해서 숲속에 거택을 지어주고, 숲을 보살펴 지키는 사람을 상주시키고 있다. 이곳은 보허의 풍수신앙 및 수해방비 등의 관념에 의해 첫째로 보호되고 있다.

- 『조선의 임수』

■ 비설

남원은 삼국시대 이후 남쪽지방의 대도회지의 하나로서, 한반도의 다른 옛 도읍지가 많은 지리설을 가지고 있으나, 이와 같이 그 건설된 지 오래된 것은 역시 풍수신앙에 의해 전해오는 말도 많고, 방수에 대해서는 별도로 기록한 것처럼 축천의 전장이 있고, 읍의 지형에 대해서는 다음과 같은 풍수관이 있다. 즉 한 줄기 작은 물줄기가 동쪽으로부터 흘러와 평평한 둑을 만들었고, 요천은 비스듬히 흘러와 맑고 깨끗한데, 안쪽이 넓게 열려져 있고 바깥이 막혀 있으니 이 유형에 상응하여 인재가 배출된다. 읍에는 가난한 백성이 많지만 촌에는 부유한 백성이 많다. 좌향이 수구와 합치되지 않으니, 대민들이 살지 못하고 떠나게 되며, 소민은 과거 급제에 대한 희망이 없으니 이곳은 풍수가 어그러졌기 때문이다라고 하는데, 바꾸어 말하면 지형이 하나의 대분지를 이루고, 요천이 흘러 들어가 득수장풍에 잘 맞으나, 조선시대의 어진 재상인 방촌 부자와 같은 인물은 나오지 않는다. 요천은 동쪽에 치우쳐 흐르고 있으므로 생기가 가장 많이 모이는 곳의 중심, 즉 좌(坐)와 수류가 숨어서 보이지 않게 되는 곳의 수구가 합쳐지지 않아, 중앙에 위치하는 읍의 생기를 잘 취장하지 못하므로 거리에 가난한 사람이 많고, 상류의 집에 막힘이 있어 하민에게서 출세한 사람을 내지 못한다. 따라서 읍의 번영과 인물을 배출하기 위해서는 여기에 수구를 비보할 필요가 있는 것이다. 읍의 남쪽 근교에 조산리라고 일컫는 취락이 있다. 예전에는 보허의 흙을 높이 쌓는 설비를 하였을 것이다. 또 그 서쪽에 있는 금리의 사정에는 수림을 만들었는데, 사정을 건설한 이유는 면읍의 비보를 겸하기 위함이라는 것을 '기공비(紀功碑)'가 말해주고 있다. 그리고 사정은 이 토지에서 옛날부터 내려오는 풍습을 계승한 것으로, 현재 읍의 장로들이 주재하고 있는 것으로, 본 수림도 역시 이들 향촌의 인사가 풍수관에 의한 보허비보에 근거하여 금양(禁養)에 노력하고 있는 것이다. 이와 같은 종류의 수림은 그 위치에 의하기보다는 수림이 있는 기능으로 인하여 경제적 조건을 수반하는 것이지만, 본 수림은 또한 하도를 정하는 수해방비림으로서도 금호(禁護)되고 있다.

이상 요약하면 이 수림은 민간신앙에 기초한 일종의 종교림이며, 보안을 위한 수해방비림으로서 조성되고 금호된 것이다.

－『조선의 임수』

● 중동(中洞) 마을

분류 : 〈명당〉, 〈설화〉, 〈단맥〉

본래 남원군 이언면 지역으로 이언면의 중심이 된다 하여 가운데 몰, 본동 또는 중동이라 했는데 1914년 행정구역 통폐합 때 하동리와 상동리 일부, 주포면 지당리 일부와 흑성면 서내동 일부를 병합하여 중동리라 하고 주생면에 편입되었다, 1995년 1월 1일 남원시에 군이 통합되어 남원시 주생면 중동리가 되었다.

중동리 중동마을은 고려 중엽에 전주 이씨(全州李氏), 남원 양씨(南原梁氏), 김녕 김씨(金寧 金氏) 등이 이곳에 처음 정착하여 왔으며 구한말까지 이언방(伊彦坊)에 속하였다.

중동은 장산(長山), 본동(本洞), 하동(下洞) 등 3개 자연 마을로 구성 되었으며 장산에 관한 유래가 전해오는데, 옛날 재산이 많은 양(梁)씨 한분이 채소를 재배하였는데 하루는 늙은 스님이 주인 승낙 없이 밭을 건너간 것을 보고 양(梁)씨는 크게 꾸짖어 늙은 스님을 크게 욕 보였다고 한다.

스님은 힘에 못 이겨 몇 번이나 사과하고 자기 잘못의 대가로 선물을 주고 가겠다고 하면서 마을 뒤 장산(長山) 높은 봉을 자르면 멀지 않은 장래에 지금 보다도 몇 배나 더 부귀영화를 누린다고 하였다. 욕심 많은 양씨는 그 말에 따라 장산과 고봉을 갈라놓으니, 스님의 말과는 정반대로 점차 가산이 탕진 되었다고 한다.

조선조 예종 때 두사춘(杜士春)이란 중국 사람의 지사가 지당(池塘)고 개에서 휴식 중 중동리를 바라보더니 남원의 명산인 교룡산 정기를 이어 받아 이렇게 좋은 명당촌이 어디 있는가 하고 혼잣말로 "아! 이런"을 연발 하여, "아! 이런!"은 그 뒤 마을 이름이 되어 이곳을 이언(伊彦)이라 한다는 전설이 있는 곳이다.

- 『남원전통문화체험관』

6. 지당리(池塘里)

◉ 대지(大池) 마을

분류 : 〈형국〉, 〈명당〉, 〈비보〉, 〈지명〉

본래 남원군 주포면(周浦面) 지역으로 연꽃 형국인지라 지당이라 했는데 1914년 행정구역 통폐합 때 유천리 일부와 흑성면 백평리, 척동리 각 일부를 병합하여 지당리라 하고 주생면에 편입되었다, 1995년 1월 1일 남원시군이 통합되어 남원시 주생면 지당리가 되었다, 지당리에는 대지, 소지, 효동 등이 있다.

지당리 대지마을의 정확한 형성 연대는 확실하지 않지만 대체로 고려 말엽 남원 진씨(南原晉氏)와 남양 방씨(南陽房氏)가 처음 정착하였고 그 후 남원 윤씨(南原尹氏)가 입주하였다. 그러나 진씨(晉氏)와 방씨(房氏)는 대부분 다른 곳으로 이주하였고 지금은 윤씨가 마을의 대종을 이루고 있다.

마을 한 복판에 연못이 있어 '지당(池塘)'이라 불렀다고 한다. 오늘날 '대지(大池)' 마을이라 함은 큰 연못이 있고 마을이 자리 잡은 주변도 넓어 대지(大池)마을이라 부르게 되었다.

풍수지리설에 의하면 지당(池塘)은 마치 연꽃이 만발한 형국이므로 연못이 있어야 명당의 발복을 받을 수 있다 하여 이러한 지명을 갖게 되었다고도 한다.

환경 개선사업으로 전원도시로 탈바꿈한 이 마을은 남원에서 두 번 째 가는 명당촌으로 알려져 있으며 지형학적으로 용두정(龍頭亭)과 침정이 청룡 구실을 하고 한편으로는 남원의 물막이 구실을 하고 있다.

-『남원전통문화체험관』

◉ 소지(小池) 마을

분류 : 〈명당〉

대지(大池), 소지(小池), 효동(孝洞)의 3개 자연마을을 지당리(池塘里)라 하였으며 대소지(大小池) 양쪽 마을에 큰 연못이 있어 지당리(池塘里)라는 명칭이 전하여 왔다.

대지에는 큰 연못이 있었으며, 소지에는 작은 연못이 있어 작은 지당이라 하여 지금은 소지(小池) 마을로 부르고 있다.

소지 마을은 본래 반촌이요, 유교사상이 농후하고 한학이 왕성한 마을로서 예로부터 많은 인물이 배출되고 또 명당촌으로 남원고을에서 두 번째로 유서 깊은 마을 이다.

마을이 마치 광주리 안에 들어있는 것처럼 산으로 둘러 싸여 있어서 마을에 들어서면 매우 포근한 느낌이 든다. 예부터 큰 부자와 인물이 많이 배출되고 있으며, 인심이 순후하고 협동과 단결이 강하여 온 마을 주민들이 한마음 한뜻으로 굳게 뭉쳐 고락을 같이 하고 있어 수신제가(修身齊家)라는 말을 이 마을에서 찾아볼 수 있는 것이 특징이다.

-『남원전통문화체험관』

◉ 효동(孝洞) 마을

분류 : 〈형국〉, 〈명당〉, 〈지명〉, 〈설화〉, 〈주택〉

본래 남원군 주포면(周浦面) 지당리(池塘里)지역으로 솥 터, 솥텡이 또는 원회동(原會洞)이라 했는데 1914년 행정구역 통폐합 때 유천리(榆川里) 일부 흑성면(黑城面) 백평리(白坪里), 척동리(尺洞里) 각 일부가 병합되어 지당리에 편입되면서 지당리가 되었다.

1749년(영조 25년) 당시 호족 양대박(梁大樸)의 9대손 양원규(梁原珪)와 왕족인 효령대군(孝寧大君)의 후손 이회원(李會元)이 최초로 이 마을에 살았다고 한다.

양원규(梁原珪)는 본래 주생면 상동리(上洞里)에 거주 하였고 위로 8대에 걸쳐 벼슬을 했으나 자기의 조부 때부터 등과하지 못함을 안타깝게 여기며, 충청도 어느 도사의 의견에 따라 뒷산이 밥주걱 모양으로 움푹한 '솥 터'에 자리 잡으면 후손이 벼슬할 것이라는 풍수지리설을 믿고 이곳에 자리 잡아 살기 시작하였다고 한다.

이회원(李會元)은 본래 임실군 둔남면(任實郡 屯南面)에 거주했으나 생활이 어려워 어린 시절 양원규(梁原珪) 집에 의탁하였다. 그런데 명문의 자제로 품행이 뛰어나 양문(梁門)에서 데릴사위로 맞이하고 남매와 함께 이곳으로와 살기 시작하여 이 마을의 정착 시조가 되었다고 한다.

이로 인해 마을의 명칭은 양원규의 원(原)자와 이회원의 회(會)자를 따서 원회동(原會洞)이라 부르게 되었는데, 본래는 마을의 형국이 솥 형국인지라 '솥 터'라고 했다.

또한 1910년 경술년 물난리에 가옥 12동이 유실되어 마을이 가난해지자 솥 터의 솥이 모두 비어 버렸다고는 의미로 '솥텡이'라는 이름이 생겼다. 그러다가 1948년 이후 효자가 많이 나온 마을이란 뜻으로 효동(孝洞)으로 바꾸었다.

풍수설에 따르면 우(右)로는 남원 곡성간의 국도가 백호(白虎) 구실을 하고 좌(左)로는 전라선의 철도가 청룡(靑龍) 구실을 하며 수덕봉은 현무(玄武)요 옥율천은 주작(朱雀)이니 그야말로 명당 마을이라고 일컬을

만하다고 한다.

— 『남원전통문화체험관』

7. 도산리(道山里)

분류 : 〈명당〉, 〈주택〉

마을 앞산 도산을 가운데 두고 상도리와 하도리로 구분되었으나, 병합하여 주생면 도산리가 되었다. 법정리로서의 도산리는 상도리와 도산리의 2개 행정리로 나뉘어 있다.

본래 남원군 남생면(南生面) 지역이었으며, 마을 앞에 외따른 산이 있어 도리미 또는 도내산(道內山)이라 했다. 1914년 행정구역 통폐합 때 상도리(上道里)와 하도리(下道里)를 병합하여 도산리(道山里)라 하고 주생면에 편입했다. 1995년 1월 1일 남원시·남원군이 통합되어 남원시 주생면 도산리가 되었다.

도산리는 지금으로부터 약 350여 년 전 연안 김씨(延安金氏)와 밀양 박씨(密陽朴氏)가 산수 좋고 살기 좋은 이곳에 정착하였다. 그 후 전라남도 순천 오산에 거주하던 전주 이씨가 명당터를 구하려 방방곡곡을 순방하던 중 마침내 이 마을에 당도하여 터를 잡은 후 16대에 걸쳐 대 씨족으로 번성함으로써 마을의 대종을 이루고 있다.

— 『디지털남원문화대전』

주천면(朱川面)

—

남원시의 남부에 있는 법정면이다. 남원시의 남쪽 끝에 자리 잡고 있다. 면 경계의 동쪽은 운봉읍과 산내면, 서쪽은 송동면과 수지면, 남쪽은 구례군·북쪽은 이백면과 운봉읍에 인접해 있다. 지리산의 연맥이 동남쪽에 크게 펼쳐져 있으며, 유역권 내의 주요 하천은 원천천과 주촌천으로 모여 서쪽으로 흐르다가 요천에 합류한다.

1. 주천리(周川里)

◉ 상주(上周) 마을

분류 : 〈형국〉

마을 뒷산의 모습이 연꽃이 봉오리마다 활짝 피어있는 것 같은 모습으로 생겼고, 마을이 아담하고 토질이 비옥하고 용수가 풍부하므로 생활이 안정되어 학업에 열중하여 『주역(周易)』을 많이 읽었다고 한다.

－『남원전통문화체험관』

◉ 하주(下周) 마을

분류 : 〈형국〉

마을 뒷산의 모습이 연꽃 봉오리가 활짝 피어 있는 형국이고, 마을의 남쪽이 훤하게 트여 한 가닥 산줄기가 빙 돌아 다시 본산과 맞서는 회룡고조형(回龍顧祖形)으로 좌청룡(左靑龍) 우백호(右白虎)가 뚜렷하고, 세 갈래의 골짜기 물줄기가 한곳에 합쳐 삼합수가 되어 이 물이 서쪽에서 동쪽으로 흐른다.

마을이 남향으로 아담하여 비옥한 넓은 들과 풍부한 물이 있어 주민들이 부지런하여 삶이 넉넉하였으므로 자녀교육에 힘써 훌륭한 인재가 많이 나왔다고 한다. 이러한 자연 환경으로 인해 옛날부터 이 마을사람들은 집집마다 『주역(周易)』을 많이 읽었다고 하는데, 지나가던 승려가 이러한 광경을 보고 "주역을 읽어 예의가 바른 마을(터)"라고 했는데 이때부터 주례기(周禮基)로 불렀다 한다.

－『남원전통문화체험관』

■ 범 바위

분류 : 〈형국〉, 〈설화〉

범바위는 하주마을에서 정면으로 보이는 산으로 산중턱에 있는 바위인데 옛날에는 가뭄이 들면 생돼지를 가지고 가서 범바위 옆에 있는 샘물로 깨끗이 씻겨 새 돼지피를 범바위에 뿌리고 돼지를 바쳐 기우제를 지냈다고 한다. 기우제에도 제관이 있는데 제관 선정이 매우 엄격하였다고 한다. 또한 제관이 잘못된 행위를 하면 그 사람은 천벌을 받게 되어 죽음까지 당했다고 한다.

범바위는 송치마을과 하주마을을 끼고 있는데 하주마을에서는 길조이지만 송치마을에서는 흉조의 원상이었다고 한다. 범바위 모양이 송치마을을 향해 발을 치켜세우고 먹이를 공격하는 형상을 하고 있고 하주마을에서는 그 옆모습을 볼 수 있다고 한다. 송치마을 사람들이 갑작스럽게 죽으면 범바위 때문이라고 생각하였다고 한다.

그래서 송치마을 사람들이 범바위를 없애려고 산으로 올라가 범바위를 무너뜨리는 순간 맑은 대낮에 천둥과 비바람이 세차게 불었다고 한다. 그러나 지금은 전혀 기우제를 모시지 않고 가는 길마저도 없어졌다고 한다. 단지 하주마을에서 보면 멀리 나무들 사이 너머에 흰 부분이 조금 보이는데 그게 범바위 머리 부분이라고 한다.

- 『남원전통문화체험관』

■ 세 바위

분류 : 〈형국〉

하주마을 맞은편 논에 세 바위가 있는데 직육면체 모양으로 가로 343cm 세로 123cm 높이 151cm인 웅대한 바위이다. 원래 세 개의 바위가 있었는데 두 개는 농경지 사업을 하면서 땅속에 묻혀졌다고 한다. 이 바위에 대해 정확한 유래는 알 수 없지만 두 가지 가설이 있다고 한다.

첫째로 세바위 뒤에 있는 산을 사두(巳頭:뱀의 머리)산이라고 하는데 세바위를 개구리라고 보고 뱀이 개구리를 공격하고 있는 모습으로 보는 것이다. 이는 산 형상과 관련된 가설이라고 한다.

두 번째로는 세바위를 고인돌로 보는 것이다. 몇 년 전에 경지정리 사업 때 남원문화원에서 의뢰하여 고인돌이라고 확인 되었다.

- 『남원전통문화체험관』

2. 덕치리(德峙里)

◉ 노치(蘆峙) 마을

분류 : 〈명당〉, 〈설화〉, 〈묘지〉

마을의 본래 이름은 갈재이다. 노치마을은 해발 500m의 고랭지로서 서쪽에는 구룡폭포와 구룡치(九龍峙)가 있으며 뒤에는 덕음산이 있고 지리산의 관문이라고 말하는 고리봉과 만복대를 바라보고 있으며 구룡치를 끼고 있는데 이들 산줄기의 높은 곳이 갈대로 덮여 있어 갈재라 하고 노치(蘆峙)라 쓴 것이다.

마을에는 옛날에 민씨(閔氏)라는 거지가 살았는데 그는 짚신을 삼아 팔았다. 어느 추운 겨울날 민씨가 죽어 눈 덮인 산을 헤매어 시체를 매장하려는데 신기하게도 시체의 관이 알맞게 들어갈 만큼 눈이 녹아 있는 곳이 있었다. 그리하여 그곳에 장사를 지냈는데 바로 그 자리가 용은 용인데 주인이 없다는 황룡무주(黃龍無主)의 명당이었다.

이 묘를 쓴 뒤 그 후손이 번창 하였다고 한다. 한일 합방 때 자결한 민영환(閔泳煥)도 그 후손중의 한 사람으로 태어났다 한다. 그런데 그 묘를 호화롭게 석물을 세우고 보수를 한 뒤로는 자손들이 뜻밖에도 나쁜 일을 당해서 다시 석물들을 없앴더니 화가 없어졌다고 한다.

－『남원전통문화체험관』

■ 노치(蘆峙) 마을 당산제

분류 : 〈명당〉, 〈설화〉, 〈묘지〉, 〈의례〉

전라북도 남원시 주천면 덕치리 노치 마을에서 7월 백중에 마을 사람들이 공동으로 올리는 제사다.

옛날 노치마을에는 오래 전부터 민씨들이 들어와 살았는데 그들 중에 짚신을 만들어 팔았던 가난한 거지가 있었다. 추운 겨울에 거지가 죽자, 동네 사람들이 그를 묻어 주려고 하였으나 눈이 너무 많이 쌓여서 묻을 만한 곳이 없었다. 그런데 우연히 관이 하나 들어갈 정도로 눈이 녹아 있는 땅을 발견하고 그곳에 묻어 주었는데, 나중에 알고 보니 이곳이 황룡무주(黃龍無主)의 명당이었다. 그 후로 마을 사람들이 산에 보답하기 위해서 음력 1월 1일 밤 12시에 주산제(主山祭), 곧 당산제를 지내게 되었다고 한다.

－『디지털남원문화대전』

◉ 회덕(會德)마을

분류 : 〈형국〉, 〈비보〉, 〈지명〉, 〈설화〉, 〈단맥〉

원래는 마을 이름을 '모데기'라 불렀다. 그 뜻은 풍수지리설에 의해 덕두산(德頭山) 덕산(德山) 덕음산(德陰山)의 덕(德)을 한곳에 모아 이 마을을 이루었다는 뜻으로 '모데기[會德]'라 하였으니 모데기는 '모덕'이 변한 것임을 알 수 있다. 그로 인해 옛날 괴질이 유행할 때 이 마을만은 안전하였다고 전한다.

산악지대로 평야가 적고 교통이 불편하며 마을 주위에는 큰 연못이 세 군데나 있다. 이 연못의 유래는 당시 풍수지리설로 지리산의 맥줄기가 일본까지 뻗쳐 있어 일본이 흥성하므로 일본으로 가는 지리산의 맥을 끊기 위하여 속칭 가자골 앞, 번데기, 안터의 세 곳에 큰 연못을 팠다는 전설이 있다. 또한 까투봉은 서울 남산과 마주보는 화산이므로 그 화를 막기 위하여 산봉우리에 소금 수십 가마와 물을 묻어 액을 면하게 했다는 전설도 있다.

－『남원전통문화체험관』

3. 용담리(龍潭里)

■ 용담사(龍潭寺)

분류 : 〈비보〉, 〈설화〉, 〈유적〉

전라북도 남원시 주천면 용담리에 있는 한국불교 태고종 소속의 사찰이다.

정확한 연대는 알 수 없으나 백제 성왕 때 창건되었다는 설과 통일신라 말 도선국사에 의해 창건되었다는 설이 있다. 도선 국사 창건설에 의하면 용담천에 못된 이무기가 살면서 부근의 사람들을 해치곤 했는데, 도선 국사가 이곳에 절을 지어 용담사라 한 다음부터 이무기의 행패가 완전히 없어졌다고 한다. 전설을 뒷받침 하듯 절 안의 대웅전은 북쪽을 향하여 용담천 쪽을 바라보고 있다.

- 『디지털남원문화대전』

◉ 용담(龍潭) 마을

분류 : 〈형국〉, 〈명당〉, 〈비보〉, 〈설화〉, 〈묘지〉, 〈유적〉

용담 마을은 신라 말기에 김해 김씨(金海金氏)가 현재의 마을 앞 원천천 건너 산자락(지금의 신촌동 1번지부근) 밑에 몇 가구가 모여 살다가 풍수지리설을 참작하여 마을로서의 자리가 좋지 않다는 의견을 모으고 현재의 용담리 자리로 옮겼다고 한다.

이때 영천 이씨(寧川李氏)들이 많이 들어와 이 마을의 가장 많은 성씨가 되었고 마을 앞을 흐르는 원천천의 풍부하고 맑은 물을 이용하여 부근의 기름진 땅에 농사를 지으며 번창하기 시작하였다.

용담(龍潭)이라는 이름은 도선 국사가 창건한 용담사 유래와 관련이 있다. 마을 앞을 흐르는 원천천의 깊은 냇물(沼)에 용이 못된 이무기가 살았는데 용이 되려다 하늘로 오르지 못한 이무기가 해마다 몇 차례씩 뭍으로 나와 농작물을 쓸어버리는 등 주민들의 두려움의 대상이 되었는데 도선 국사가 근처를 지나다가 이 사실을 알고 절을 지어 용담사(龍潭寺)라 하여 부처님의 힘으로 이무기의 피해를 막았다고 한다. 그 후로부터 이무기의 피해가 씻은 듯이 없어져 마을 이름이 되었다고 한다.

마을 부근의 지형이 풍수적으로 세 동물이 견제를 하는 형상이라고 한다. 용담고개를 돌면 산위에 제바우(돼지바우)가 있고, 맞은편 하천 건너편에 뱀산이 있고 뱀산 앞에 개구리바위가 있는데 뱀이 개구리를 잡아먹으면 돼지가 뱀을 잡아먹겠다고 하자 뱀이 개구리를 잡아먹지 못했다고 한다. 이 세 동물이 서로 견제를 하는 곳이라 하여 남원 양씨들이 명당자리라 여기고 묘를 이곳에 썼다.

－『남원전통문화체험관』

4. 고기리(高基里)

◉ 고촌(高村) 마을

분류 : 〈형국〉, 〈지명〉

주천면 중 지대가 제일 높은 고랭지로 해발 500m높이에 위치해 있다. 동남쪽은 반야봉(般若峯)과 고리봉(環峯)이 높이 솟아있고 구룡 폭포의 최상류인 계곡이 마을 가운데를 시원스럽게 흘러내리는 천혜의 자연 혜택을 받은 마을이라고 할 수 있다.

풍수지리설에 의하면 소가 누워 있는 형상 즉 와우형(臥牛形)이라 하는데 그와 관련 있는 지명으로 '쇠구시', '송아지바위', '젖줄' 등이 있다. 이 중 송아지 바위는 마을 앞에 있는 것으로 그 모양이 흡사 송아지가 누워 있는 것과 같으며 위에는 쏘가 있고 밑으로는 맑은 물이 흘러 둘레의 풍경이 한 폭의 그림처럼 아름답다.

－『남원전통문화체험관』

5. 배덕리(盃德里)

◉ 덕촌(德村) 마을

분류 : 〈형국〉, 〈비보〉, 〈지명〉

덕촌(德村)은 본래 '덫몰'이었다고 한다. 마을 뒷산의 동쪽이 범이 먹이를 찾는 형상이어서 흔히 범고개로 불려 지는데, 마을 뒷산 서쪽이 개가 밥을 먹는 형상으로써 '개상굴'로 불린다.

풍수지리로 마을이 잘 되고, 마을사람들이 질병과 액운을 벗어나 평안하게 살려면 호랑이를 잡는 덫을 놓아 개를 보호하여야만 된다고 하여 마을 아래 '함전'이라는 곳에 큰 돌로 덫을 놓았다고 한다.

지금도 마을 입구 좌우에는 많은 돌무덤이 있으며 덫을 놓았다하여 덫몰이라 불렸는데 덧말, 덧몰이라 부르다 지명을 한자로 바꾸면서 덫몰의 발음을 좇아 '큰 덕(德)'자를 써서 덕촌(德村)이 되었다.

– 『남원전통문화체험관』

◉ 배촌(盃村) 마을

분류 : 〈형국〉, 〈명당〉

본래 남원군(南原郡) 주촌면(朱村面) 배촌리(盃村里) 지역으로 잿말, 또는 금반옥배혈(金盤玉盃穴)이 있어 배촌(盃村)이라 했는데 1914년 행정구역 통폐합 때 덕촌리(德村里), 배촌리(盃村里)와 상주리(上周里), 하주리(下周里) 각 일부가 병합되어 배촌과 덕촌의 이름을 따서 배덕리(盃德里)라 하고 배덕리에 편입되었다.

마을 뒤에 '사자목'이라는 산에는 황제를 상징하는 황제봉(皇帝峯), 여자를 상징하는 옥녀봉(玉女峯)이 있으며, 남쪽으로는 술을 상징하는 주류동(酒流洞)이 있고, 마을 서편에 왕호(王湖)가, 건너편에는 술잔을 뜻하는 옥배(玉盃)와 술상을 뜻하는 금소반(金小盤)이 있는 금반옥배(金盤玉盃)

형국이라고 한다.

이러한 마을의 지형에 따라 금반옥배를 줄여 배촌(盃村)으로 불렀다. 또한 풍수지리서인 명당록에도 배촌에 금반옥배(金盤玉盃) 명당이 있어 예로부터 부자와 인물이 나는 땅이라 전해지고 있다.

－『남원전통문화체험관』

6. 송치리(松峙里)

◉ 웅치(熊峙) 마을

분류 : 〈형국〉, 〈지명〉

마을 앞 동남쪽으로 자리 잡은 산이 곰의 형국으로, 곰이 누워서 새끼 곰에게 젖을 먹이는 모습과 같다 하여 마을 이름을 '곰재', 또는 '곰치'라 부르다 한문으로 표기함에 따라 웅치(熊峙)가 되었다.

－『남원전통문화체험관』

◉ 하송(下松) 마을

분류 : 〈형국〉

동촌(東村 : 東松)에 김해 김씨(金海金氏)가 들어와 또 하나의 마을을 이루고 살던 중 1914년 행정구역 통폐합 때 동촌(동송)과 서촌(서송)을 합하여 하송(下松)이라 불렀다. 하송을 송구(松九)라고 불러 왔는데, 이것은 마을이 뱀의 형국으로 언덕의 송림에서 9마리의 뱀이 나와 생긴 이름이다.

－『남원전통문화체험관』

7. 은송리(銀松里)

◉ 내송(內松) 마을

분류 : 〈형국〉

풍수지리적으로 마을 뒷산 고개가 '풀밭에 누워있는 소[平原臥牛]'의 형국이라 하는데, 한양 조씨가 정착했던 당시에는 마을의 이름을 쇠고개 또는 우치동(牛峙洞)이라 불렀다. 그 후 마을 주변에 송림이 무성하고 평온하기 이를 데 없으므로 소나무를 상징하여 솔고개로 바꾸었는데 지명을 한자화 하면서 내송(內松)이라 했다.

－『남원전통문화체험관』

◉ 행정(杏亭) 마을

분류 : 〈명당〉

마을 뒤에 있는 장백산의 정기를 이어받아 이 마을에서는 사법고시, 행정고시 등을 합격하는 많은 인재가 배출되었고 다른 마을에 비해 젊은 층이 많아 마을이 활기가 넘친다.

－『남원전통문화체험관』

8. 장안리(長安里)

◉ 무수(無愁) 마을

분류 : 〈형국〉, 〈명당〉, 〈지명〉, 〈설화〉

무수 마을은 마을이 형성 된지 40여 년이 지난 어느 날 도사가 이 마을을 지나가다 "이곳은 신선이 춤추는 형국이라 참으로 명당이로다!"라고 하였다 한다. 이에 따라 마을 이름을 무수동(舞袖洞)이라 불렀는데 들이 넓고 물이 풍부하여 풍족한 농촌으로서 넉넉한 생활을 해 근심걱정이 없는 마을이라 하여 무수동(無愁洞)으로 바뀌었다고 한다.

이 마을은 조선조 말기의 판소리 명창 권삼득(權三得)과 김정문(金正文)의 출생지라고 한다. 권삼득은 어려서부터 서당을 다녔는데 서당에는 가지 않고 매일 용호폭포의 바위위에 앉아 하루 종일 노래공부에만 열중했다고 하는데, 노래 한곡을 부르고는 콩 한 알씩을 용소에 던져 넣곤 하여 그 콩이 서 말이나 되었다는 얘기가 전해온다. 그가 명창이 된 것은 타고난 천재적 소질과 피나는 노력의 소산이며, 마을의 지형이 풍수지리적으로 선인(仙人)이 춤을 추는 명당이기에 권삼득, 김정문과 같은 훌륭한 명창을 낳을 수 있었다는 것이다.

- 『남원전통문화체험관』

9. 호경리(湖景里)

◉ 호경(湖景) 마을

분류 : 〈형국〉, 〈비보〉

6마을 입구에는 짐대당산이라 부르는 솟대와 누석단이 있다. 풍수지리설에 따르면 이 마을의 형국이 배의 모양과 같아서 배의 움직임을 막기 위해 마을 입구에 5m의 누석단(원형돌단)을 쌓고, 솟대(짐대)를 세워 돛대 역할을 하게 했다.

솟대위에는 오리 3마리를 앉혀놓아 멀리서 호경 마을로 복을 물어와 (호경에 알을 낳으니) 부자 마을로 기원했다고 한다. 또 일설에는 마을 앞에 있는 작살봉이 화산(火山)이어서 마을에 화재가 자주 일어나는 화를 당하므로 매년 2월 초순에 병에 물을 담아 작살봉 정상에 묻어 화재를 방비했다고 한다. 이에 따라 매년 음력 2월 초하루 날에 마을 주민들이 짐대당산 앞에 모여 마을의 안녕을 축원하는 당산제를 지내고 농악놀이를 즐기는 민속행사가 지금도 전래되고 있다.

이 밖에 마을 입구 들 가운데 있는 조산(造山)은 큰 돌로 둥그렇게 쌓은 석산(石山; 높이 6m, 둘레 50m)으로 근래 도로개설로 인하여 돌이 훼손되어 적은 돌산으로 변형되었으나, 이 마을의 인재와 재물이 흘러나가는 것을 예방하고 안정을 유지하기 위한 인위적인 상징물로서 마을의 부흥을 꾀한 신앙심으로 만들어졌다.

최근에 세워진 3.5m의 높이에 머리에는 벙거지를 쓰고 두툼한 눈과 넓적한 코 가슴에는 남악대장군(南岳大將軍)이라고 새겨있는 남악대장군이 있는데 가슴에는 일월성신(日月星辰)과 산수풍을 나타내는 그림과 상형문자가 새겨있는데 지리산을 지키는 수문장의 상징으로 건립된 것이다.

 — 『남원전통문화체험관』

10. 호기리(虎基里)

● 호곡(虎谷) 마을

분류 : 〈형국〉, 〈명당〉

해발 200m의 중산간지대로 구릉지대에 위치하며 소나무가 주수종인 달봉산이 마을 뒤편에 우뚝 서 있고 마을 좌측으로는 남원의 4대지(大地) 중의 하나로 꼽히고 있는 복호(伏虎)형상의 산이 길게 뻗쳐있으며 주천면과 이백면 사이에 있는 장법산이 마을 앞에 놓여 있다.

호곡(虎谷)은 본래 범실이라 불렀다. 범실은 마을의 형국이 호랑이가 엎드린 형국인 복호(伏虎) 명당이 있다는 데서 유래한다. 복호명당은 남원의 4대 명당의 하나로 동쪽의 동복호(東伏虎), 서쪽의 서선녀(西仙女), 남쪽의 남비룡(南飛龍), 북쪽의 북장군(北將軍) 중 동복호가 바로 주천면

호곡 마을이라는 것이다.

복호(伏虎) 유래는 호곡마을 입구 약 100m 못가서 바위에 부처모양을 새긴 부처 모퉁이가 있는데 지리산에서 내려온 호랑이가 부처모퉁이에서 개를 보고 잡아먹으려고 하니 맞은편 개울건너 할개미에서 사자가 나오는 것을 보고 엎드린 데서 복호라 칭하게 되었다고 한다.

이 호랑이를 보고 장수가 활을 겨눈 데서 활개미[弓藏洞]라 유래되었고, 맹수가 있는 데는 항상 까마귀가 꿇게 된다고 하여 마을 좌측으로 가마우봉이 있다. 마을 앞 들 가운데 장군소(沼)가 있는데 이 샘은 항상 물이 마르지 않고 식수는 물론 피부병치료에 특효가 있었는데 조경남 장군이 그 물을 떠다가 의병들의 환부에 발라 치료했다고 해서 장군소라고 유래되었다.

광해군 때(1620년경) 집현전 사헌부 지평(地坪)을 지낸 노형하(盧亨夏)가 이 마을의 출생으로 그 후손들이 지금도 그 분의 유품을 보관하고 있다. 노형하의 조모 음성 박씨(陰性朴氏)는 원래 금지(金池)사람인데 지음(地陰 : 지관)으로 축지법도 사용하였다.

여자였기 때문에 드러내지 못하고 밤에만 숨어서 활동하였는데, 자손의 번창을 위해 명당자리를 찾아다니던 중 주천리 하주는 굶지 않고 평범히 살 수 있겠고, 용담은 만석꾼은 나겠으나 벼슬이 없겠고 범실은 청빈하지만 벼슬이 날 명당이라 여기고 거처를 옮겨왔던 것이다.

- 『남원전통문화체험관』

제2부
구례군 풍수 자료

구례읍(求禮邑)

—

구례군 남서부에 있는 읍이다. 구례 군역의 서남쪽 지역에 자리 잡고 있다. 면 경계의 동쪽은 문척면, 서쪽은 곡성군, 남쪽은 곡성군과 순천시, 북쪽은 용방면과 접해있다. 읍의 서쪽으로는 지리산과 이어진 산의 맥이 남북으로 뻗쳐있고, 곡성을 거쳐 흘러온 섬진강이 읍을 감싸고돌면서 동쪽으로 빠져나간다.

1. 봉서리(鳳西里)

◉ 산수동

■ 고양이 바우

분류 : 〈형국〉

작은 범안골 건너 서쪽 편에 있어서 작은 범안골의 쥐형국을 응시하고 있다.

- 『구례군지下』

■ 큰범안골

분류 : 〈형국〉, 〈묘지〉

마을에서 서쪽으로 10리쯤에 있다. 범이 앉아서 자는 형국으로 옛날 장씨들의 선산이 있었다. 쥐형국인데 만석군이 나왔다고 한다.

- 『구례군지下』

◉ 산정(山亭) 마을

분류 : 〈형국〉, 〈명당〉

1516년경 이씨가 정착하면서 형성되기 시작했다. 마을 지형이 배가 항구에 도착하여 닻을 내리고 있는 형태이며, 봉성산의 혈맥지가 산호산이 되고 뒷산의 뿌리가 내린 터라 하여 명당터라 전해지고 있다.

- 『구례군지下』

◉ 오봉 마을

■ 까막정[烏亭]

분류 : 〈형국〉, 〈지명〉

봉서리 600번지 근처에 밀양 손씨의 도선산이 있었는데, 까마귀가 집을 짓는 형국이라 해서 까막정이라 일컬었다.

- 『구례군지下』

◉ 동산마을

분류 : 〈형국〉

1680년경 산정 마을에 살았던 해주 정씨(海州鄭氏) 다섯 호가 풍수지리 설에 의해 이주하여 마을이 차츰 형성되었다. 이 마을의 봉성산(鳳城山) 의 봉(鳳)은 오동나무에서 산다는 전설에 따라 동산마을의 서남쪽 1km 지점에 오동암(梧桐庵)이 있었고, 마을 이름도 오동평이라 하여 처음에는 동산(桐山)이라 칭하였는데 현재는 동쪽을 바라보는 산마을이라 하여 동산(東山)으로 부르게 되었다.

－『구례군지下』

2. 계산리(桂山里)

◉ 독자 마을

■ 까막재[오치, 장재]

분류 : 〈물형〉, 〈지명〉

독자동 동북쪽에서 구례읍 장으로 가는 고개인데 까마귀 형국이다.

－『구례군지下』

3. 백련리(白蓮里)

■ 백련사 창립설화

분류 : 〈유적〉

구례읍 백련리 천마산(天馬山) 서남록에 백련사 유지가 있다. 세속에 전하기를 도선이 오산(鰲山)에 살며 멀리 바라보니 백련이 피어있었다.

그래서 절을 세웠다고 한다.

-『구례군지中』

문척면(文尺面)

—

구례군의 남부에 있는 면이다. 구례 군역의 남쪽에 자리 잡고 있다. 면경계의 동쪽은 간전면, 서쪽은 구례읍, 남쪽은 순천시, 북쪽은 섬진강을 경계로 토지면·마산면과 접하고 있다.

문척의 형세는 호남정맥이 장흥과 보성 땅금이 된 제암산과 사자산을 굽이쳐 북동쪽 승주 조계산을 거쳐 광양 백운산을 맺는다. 이 산줄기 중에 순천시 황전면, 광양시 봉강면, 구례군 간전면이 경계가 되는 달뜨기재봉에서 바로 북쪽 갈미봉으로 올라선다. 이어 매재로 내리다가 곧장 올라선 삽재와 둥주리봉을 거쳐 동해마을 남모탱이로 내려선다. 한편 둥주리봉에서 북쪽으로 향한 용은 자래봉을 거쳐 오산에서 멈춰 섬진강을 내려다 본다.

풍수로 풀면, 갈미봉이 할애비산(祖宗山)이 되고 삽재봉은 주산으로 여길 수 있다. 오산으로 이어지는 능선이 좌청룡에 해당한다. 우백호는 삽재봉에서 북동쪽으로 뻗어난 산줄기다. 이 맷발은 문척에서 가장 높은 계족산을 주봉으로 북서쪽 삼태봉 줄기와 북동쪽 범산으로 뻗어 내린다. 삽

태봉 용은 토금마을 북동편 정자등으로 내리다가 올라서 오봉산에 멈춰, 섬진강변에 급애를 이루고 있다. 오산과 함께 마지막으로 힘을 다해 맺은 봉우리로 혈이 맺혀 있다. 따라서 두 봉우리에는 숱한 풍수이야기가 전해지고 있다. 문척을 안온하게 감사고 있는 어머니인 동시에 나쁜 기운을 잠재우는 액막이, 파수꾼이다.

이 사이의 반석을 타고 내린 시냇물이 반내[潘川]로 '중산천'이라 부른다. 벽계수이며 명당수이다. 백운암골과 선댕이골 물도 마찬가지다. 모두 섬진강으로 합수되어 동방천으로 나간다. 문척을 휘감아 돌면서 이룬 옥대수(玉帶水)이다.

- 『섬진강이 굽이도는 구례 문척』

■ 오산(鰲山)

분류 : 〈형국〉, 〈지명〉

풍수지리적 해석들은 산의 형태가 자라모양이라 해서 오산이라 칭했다고 한다. 현의 남 15리에 있다. 세상에 전하기를 중 도선이 일찍이 이산에 살면서 천하의 지리를 그렸다 한다.

꼭대기의 암석군들에는 모습을 따른 이름과 함께 풍수이야기를 붙여 놓았는데 이른바 '오산십이대'라 한다. 즉 신선이 베를 매었다고 씨줄 날줄이 바위에 그어져 있었다 해서 선녀직금설이 있는 신선대를 비롯하여, 연기선사가 변하여 마애불로 아미타불 형상이 되었다는 관음대, 진각국사가 참선했다는 좌선대와 우선대, 화엄사를 향해 절을 하는 곳이었다는 배설대, 향불을 피워 놓았다는 향로대, 쉬어갈 수 있도록 평평해졌다는 쉬열대, 바람이 센 곳이라고 풍월대, 매우 크며 붉은 색을 띠고 있다고 해서 괘불대, 가장 높은 곳이라 왕천대, 그리고 석양 노을을 감상하며 일과를 반성한다는 낙조대 등이다.

- 『섬진강이 굽이도는 구례 문척』

풍수지리사상을 믿고 자신의 대나 후대에 발복할 길지를 찾아 입향한 유형으로 광산 김씨와 인동 장씨가 있다. 광산 김씨가 입향한 토금은 마을이 오봉산 아래에 있어 오봉촌으로 불려온 오봉귀소(五鳳歸巢)의 혈자리라고 널리 알려져 있다. 인동 장씨는 청룡부주(靑龍負舟)의 혈과 관련이 있는 동해 마을에 정착했다.

-『섬진강이 굽이도는 구례 문척』

1. 죽마리(竹麻里)

◉ 동해 마을

분류 : 〈형국〉, 〈지명〉

황룡이 동해에 산다고 하는데, 황룡부주(黃龍負舟) 형국이라 동해 마을이라고 한다.

-『섬진강이 굽이도는 구례 문척』

■ 능갱이

분류 : 〈물형〉

솔봉 남서쪽으로 괭이가 누워있는 형국이라 한다.

-『구례군지下』

◉ 마고 마을[마고실]

분류 : 〈형국〉, 〈지명〉

마을 형태가 시어머니가 삼을 삼는 형국이라 하여 마고(麻姑)라고 칭하였다고 한다.

-『구례군지下』

● 죽연(竹淵) 마을[범멀]

분류 : 〈형국〉, 〈금기〉

죽연 마을은 벌멀, 범멀(번멀)이라 통칭하고 있으며 대쏘라고 부르기도
한다.

풍수지리설로는 큰 동네는 배 형국으로 마을 앞에 앞사공 바위가 있었으나
매몰되었고 뒷사공 바위는 강물에 유실되었다. 배형국이라 마을에 우물을 파
지 않고 1992년 우물을 팔 때까지 섬진강 물을 식수로 이용하였다 한다.

　　　　　　　　　　　　　　　　　　　　　　　　　　－『구례군지下』

■ 새미

분류 : 〈형국〉, 〈금기〉

큰 동네에는 배 형국이라 샘을 파지 않는다. 섬진강물을 식수로 사용
하다가 1992년부터 샘을 파서 이용한다. 각시다무락 새미가 있었고 건너
뜸에도 동네새미가 있다.

　　　　　　　　　　　　　　　　　　　　　　　　　　－『구례군지下』

■ 대나무숲쟁이

분류 : 〈비보〉

섬진강 변에 심어 놓았는데 강바람을 막아주는 방풍림 역할을 한다. 구
례읍 마산리를 가리고 있다. 일제 시대에 후지이, 성진 등이 심었다고 한다.

　　　　　　　　　　　　　　　　　　　　－『섬진강이 굽이도는 구례 문척』

● 각금 마을

■ 바랑고개

분류 : 〈물형〉, 〈지명〉

원래 벼랑으로 형성된 곳이라 벼랑고개라 해야 옳으나 스님들이 등에
지고 다니는 바랑처럼 생겼다고 하여 바랑고개라 부른다.

-『구례군지下』

2. 월전리(月田里)

◉ 구성(九城) 마을[구억말]

분류 : 〈형국〉, 〈지명〉, 〈묘지〉

동네가 언제쯤 생겼는지에 대한 기록은 없으나 이전에 거주한 성씨로
는 장흥 마씨, 장흥 송씨, 청주 한씨, 청송 심씨, 창녕 조씨, 창녕 신(申)씨
가 거주하다가 이거하였다고 한다. 봉성 장씨 장언익(張彦翼, 1495~?)이
구례읍 백련동에서 입향하였고, 제주 고씨 고두행(高斗行)이 죽연 마을에
서 거주하다가 입향하였다고 한다.

구성 마을 설촌 당시 풍수지리설로 금거북이 진흙에 빠진 금구몰니형
국(金龜沒泥形局)이라 마을 이름을 '거북 구(龜)'자를 써서 구성(龜城)이라
하였는데 1910년 경술국치 이후 한자를 쉽게 쓰기 위하여 '아홉 구(九)'자
를 써서 구성으로 바꾸었다고 한다. 제주 고씨 선산이 사두형국이고 당산
들에는 두꺼비바우(탕건바우)가 았다.

-『구례군지下』

■ 서당터

분류 : 〈형국〉

봉전 마을 동남쪽 350미터쯤에 있는 안골에 있다. 바로 동쪽 등이 포란
등으로 꿩이 알을 품고 있는 형상으로 바로 밑에 새미가 있다.

-『구례군지下』

● 봉전(鳳田) 마을[새터]

분류 : 〈형국〉, 〈명당〉, 〈지명〉, 〈주택〉

1926년 경주 정씨 정병훈(1902~1988)이 여수 가무 내에서 거주하다가 풍수가 김오산과 함께 이곳에 이르러 1272번지, 8마지기 논 위에 건축했다. 그 후 황전면장을 지낸 제주 고씨 고남숙(1272-6번지) 등 세 명이 풍수지리상 오봉귀소의 명당이라 하여 우물을 중심으로 집을 짓고 마을을 형성하기 시작했다. 그 후 일곱 가구로 늘었다. 새터라 불렀다가 봉전 마을이 되었다.

봉전 마을은 풍수지리설로 마을 형국이 오봉귀소형(五鳳歸巢形)으로 다섯 마리 봉이 날아온 터라 마을 이름을 봉전이라 했다고 한다.

－『구례군지下』

■ 숲

분류 : 〈형국〉

봉전 마을 앞에 작은 숲동산이 있는데 이곳을 금구몰리라 부른다.

－『섬진강이 굽이도는 구례 문척』

● 전천(田川) 마을

분류 : 〈형국〉, 〈명당〉, 〈지명〉, 〈묘지〉

풍수지리설로 오산에서 내려 뻗은 능선이 뱀 형국처럼 생겨 사진동(巳陣洞)이라 하였는데 일제 때 밭고랑으로 내가 흐른다고 하여 쉽게 쓰기 위해 전천이라 했다고 전한다.

－『구례군지下』

오산의 소재지 터인 전천은 문척에서 꼽을 수 있는 길지이다. 오산에서 용의 내림이 제주 고씨 묘가 있는 곳으로 전한다. 도로가 나 있는 구름고개를 지나 안지 동쪽등으로 목을 내밀고 있다. 이 등성이가 있어 겨울의 찬 북하늬바람을 갈무리하고 악귀도 잠재운다.

-『섬진강이 굽이도는 구례 문척』

■ 사진동(巳陣洞)

분류 : 〈형국〉, 〈지명〉

오산에서 뻗어 나온 산등(뱀골)이 마을을 보고 내려오므로 뱀이 진을 치고 있는 형국이라 하여 사진동이라 했다고 한다.

-『구례군지下』

■ 청룡당산

분류 : 〈지명〉

마을 뒤 노송이 할아버지 당산인 청룡 당산이다.

-『섬진강이 굽이도는 구례 문척』

■ 백호당산

분류 : 〈지명〉

마을 입구 망월정 앞의 팽나무와 규목 나무가 할머니 당산인 백호당신의 신체이다.

-『섬진강이 굽이도는 구례 문척』

◉ 월평(月坪) 마을[넓돌]

분류 : 〈물형〉, 〈지명〉, 〈금기〉

풍수지리설로 월평 교회 앞쪽으로 산 능선이 달 모양을 하고 있다고 하여 마을 이름을 월평이라 하였고 마을 앞에 들을 월평들이라 했다고 한다.

마을이 덕석 터 형국이라 샘을 파면 안 된다고 하였다. 지금은 이곳저 곳에 샘을 파 놓았는데 이 때문에 이 마을에는 부자가 나지 않고 부자가 사진동으로 가 버렸다고 한다.

― 『구례군지下』

3. 금정리(金亭里)

◉ 금평(琴坪) 마을[검덜이]

분류 : 〈형국〉, 〈지명〉, 〈단맥〉

풍수지리설로 마을 형국이 거문고혈로 마을 우측에 거문고줄 맨 바위 가 6개 있었는데 경작이 불편하다 하여 여러 개를 파괴하였다. 마을에는 여시박굴과 줄맨바위가 있었으나 지금은 없다. 이 바위들은 배치가 마치 거문고의 안족(기러기발)과 흡사하므로 거문고처럼 생긴 마을이라 하여 마을 이름을 검덜이(금평)이라 했다고 한다.

― 『구례군지下』

■ 계명당

분류 : 〈형국〉, 〈지명〉, 〈묘지〉

마을 뒤편 조산 너머에 있는 게 형국의 능선으로 계명당이라 부른다. 이곳은 토지면 금내리 월내(주관) 마을 동산으로 이곳에다 묘를 쓰면 부 녀자들이 바람나고 미쳐버린다는 전설이 있다.

― 『구례군지下』

◉ 토금(土金) 마을[토고미]

분류 : 〈형국〉, 〈지명〉

오봉귀소형국(五鳳歸巢形局)으로 피난지라 한다. 또 큰애기 뒤꼭지형이라 하는데, 오봉산은 섬진강변으로는 바위가 보이나 마을 쪽으로는 바위가 보이지 않는다. 상사바위가 토끼머리에 해당하는데 토금 마을은 토끼의 꼬리에 해당한다하여 토끼가 꼬리를 돌아보는 형국이라 마을 이름을 토고미(兎顧尾)라 하였다 한다.

－『구례군지下』

■ 오봉산(五鳳山)

분류 : 〈형국〉

오봉산은 209미터를 중봉으로 금평 쪽에 펑퍼짐한 174미터 등성이, 화정쪽으로 175미터, 152미터, 157미터 봉우리 등 그 이름을 따라 모두 다섯멧봉으로 봉황새로 삼은 성 싶다. 백운산 기운이 수십 리를 기어 마침내 혼신의 힘을 쏟아 냈으니 다섯 봉우리나 되는 알을 낳아 활기가 왕성하게 섬진강에 멈추었기에 오봉귀소(五鳳歸巢)의 대혈을 맺었다.

특히 다섯 봉 중 맨 동쪽 봉우리에 그 생기가 집중되었다 하여 예로부터 아들을 점지받기 위해 부녀자들이 앞을 다퉈 답산하여 의식을 차렸다 한다.

－『섬진강이 굽이도는 구례 문척』

4. 중산리(中山里)

◉ 중기 마을

■ 매바우골

분류 : 〈형국〉, 〈주택〉

매처럼 생긴 바위가 있는 골짜기이다. 풍수지리설에 의하면 매우골 집

터가 조리형국이라 오래 살면 가난해 진다고 전한다. 현 거주자(이재근)
는 터를 옮겨 집을 짓고 살고 있다.

-『구례군지下』

■ 안장등

분류 : 〈물형〉, 〈지명〉

산막골에서 납박골로 넘어가는 능선인데 말안장처럼 생겼다.

-『구례군지下』

◉ 산치(山峙) 마을[매재골]

분류 : 〈명당〉, 〈묘지〉

풍수지리설에 의하면 양전(순천 황전, 구례 간전면)지간에 대지(大地)
가 있다고 하여 시제묘가 많았다고 한다.

-『구례군지下』

간전면(艮田面)

―

구례군의 남동부에 있는 면이다. 구례 군역의 서쪽 지역에 자리 잡고 있다. 면 경계의 동쪽은 하동군 화개면, 서쪽은 문척면, 남쪽은 광양시, 북쪽은 토지면과 접하고 있다. 섬진강을 경계로 간전면은 남쪽에, 토지면은 북쪽에 위치하고 있다.

1. 간문리(艮文里)

◉ 해평 마을

분류 : 〈형국〉, 〈금기〉

동네 터는 풍수지리설에 배를 닮은 행주형이며 우물을 파면 해를 입는다고 전해진다. 서쪽에는 계족산이 있고 동네 옆에 간문천이 흐르고 동쪽에는 배터라는 지형이 있다. 동네에 간전, 문척을 담당하는 파출소가 위치하고 약 80년 전 축조된 한씨 제각이 있다. 계족산 아래에는 풍수지리설에 소쿠리를 닮은 소쿠리 터가 있고 그 아래 동네가 형성되어 있다.

- 『구례군지下』

2. 양천리(楊川里)

◉ 야동(冶洞) 마을

분류 : 〈물형〉, 〈명당〉, 〈지명〉, 〈단맥〉

문화 유씨가 잼몰에서 밤에 빛을 보고 찾아와 터를 잡았다고 전해지며 옛날 대장간에서 쇠를 놀일 때 쓰는 불무를 닮은 지형이라 불무동이라 했다.

불무동이라는 지형이 장군이 나올 명당이어서 임진왜란 때 영의정을 지내던 이오성이라는 사람이 자기 벼슬보다 높은 사람이 나올까 염려되어 하덕수 밑에 있는 혈맥을 잘랐다고 전해진다.

- 『구례군지下』

3. 수평리(壽坪里)

◉ 중평 마을

■ 개랫동

분류 : 〈물형〉

중평 동쪽에 있는 들인데 가래삽 형국이다.

- 『구례군지下』

■ 부무(소)

분류 : 〈물형〉, 〈지명〉

불무소. 병풍바위 남쪽에 있는데 소 불무 형국으로 되어 있다.

- 『구례군지下』

4. 삼산리(三山里)

◉ 산정 마을

■ 다리밋골(대리밋골)

분류 : 〈물형〉, 〈지명〉

산정 서북쪽에 있는 골짜기인데 다리미 형국으로 되어 있다.

- 『구례군지下』

■ 새령바우

분류 : 〈형국〉, 〈명당〉, 〈지명〉

큰골과 작은골 사이에 있는 바위이다. 근처에 장군대좌형(將軍對坐形)의 명당이 있었는데 장군에 딸린 사령과 같다고 한다.

- 『구례군지下』

◉ 수내(藪內) 마을

분류 : 〈형국〉

조선 초기로 추정되는 시기에 경주 이씨가 오행설에 따라 소반터(밥상터)를 찾아 자리를 잡은 것이 시초로 그 후 김해 김씨 일파가 입주하여 마을이 형성되었다고 한다.

백운산 주령인 시루봉 줄기 아래에 자리 잡은 소반터로 동에서 서로 길게 남쪽을 향한 마을이다. 정남향으로 옥녀(각시)봉이 있어 옥녀봉 앞에는 돌곳을 돌리며 길삼을 했다는 돌곳봉이 있다.

－『구례군지下』

5. 효곡리(孝谷里)

◉ 효죽(孝竹) 마을

분류 : 〈지명〉, 〈형국〉

백운산 준령을 따라 마을 뒷동산인 갑산의 지세가 풍수지리설에 효행자가 죽순처럼 나올 마을 터라 하여 '효'자와 '죽'자를 따서 효죽이라 칭하였다.

－『구례군지下』

◉ 논곡 마을

■ 선창이

분류 : 〈형국〉

효죽리 동북쪽에 있는 마을이다. 뒷산이 배 형국으로 되었는데 이곳은 배가 닿은 선창과 같다고 한다.

－『구례군지下』

■ 각시봉

분류 : 〈물형〉, 〈지명〉

논곡 북서쪽에 있는 산이다. 산세가 순하고 각시처럼 생겼다.

－『구례군지下』

6. 중대리(中大里)

◉ 중한치(中寒峙) 마을

분류 : 〈형국〉, 〈지명〉

마을 남서쪽 배나무골 상단 망바위봉에서 마을 뒤로 뻗어 있는 능선이
배암 모양을 닮아 배암혈이란 구전이 내려오고 있다.

- 『구례군지下』

◉ 묘동(猫洞) 마을

분류 : 〈형국〉, 〈지명〉, 〈금기〉

마을 뒷산의 형상이 고양이 같다는 풍수지리설에 따라 묘동으로 칭하
게 되었다. 마을 뒷동산이 백운산 준령을 타고 내려온 혈이 괴(고양이)
같다는 풍수지리설에 따라 이름이 붙여졌고 이곳에 서씨('쥐 鼠'자와 음이
같기에 : 편자 주) 일가는 살수 없다는 속설이 있다.

- 『구례군지下』

토지면(土旨面)

구례군의 동부에 있는 면이다. 구례 군역의 동쪽에 자리 잡고 있다. 면 경계의 동쪽은 하동군, 서쪽은 마산면, 북쪽은 산동면, 남쪽은 섬진강을 경계로 간전면과 문척면에 접하고 있다. 섬진강을 경계로 토지면은 북쪽에, 간전면은 남쪽에 위치하고 있다.

■ 둥지리봉

분류 : 〈형국〉, 〈명당〉

마산면 사도리와 토지면 오미리에 걸쳐 있는 산이다. 높이가 300미터로 금 닭이 알을 품고 있는 금계포란형(金鷄抱卵形)의 명당이 있다고 전해 온다.

-『구례군지下』

■ 명당

분류 : 〈명당〉, 〈비결〉

토지면 들 가운데 금환낙지형(金環落地形)이 있다. 비결에,

"쌍봉이 비춘 곳에 문(文) 마치 목장 같고
두 물이 흘러오는 때에 무(武)도 자못 비슷하리"

라고 했고, 또

"도리(桃李)가 모든 집에 봄이네"

라고 했다. 바로 운조루(雲鳥樓)가 있는 곳이다.

－『구례군지中』

1. 파도리(把道里)

◉ 파도(把道) 마을

분류 : 〈형국〉, 〈명당〉, 〈묘지〉

지리산 노고단에서 왕시루봉으로 이어져 끝봉에서 낭떠러지처럼 뚝 떨어진 터, 백운산과 계족산을 바라보며 동서 양쪽에 구릉이 있어 좌청룡 우백호의 명당터다. 좌측에 있는 낮은 산을 청룡등이라 부르고 있다.

큰 인물은 배출되지 않으나 면내에서는 큰 마을답게 활동을 많이 하고 있다. 마을 중앙에 널따란 묘소가 있는데 청도 김씨가 마을 형성 전에 묘를 설치했던 것으로 보인다.

－『구례군지下』

2. 오미리(五美里)

분류 : 〈형국〉, 〈명당〉

금환낙지(金環落地)의 명당이 있다고 전해오는 마을이다. 운조루(雲鳥樓)가 그곳이라는 설이 있고, 운조루는 금구몰니(金龜沒泥)의 명당이고, 환동이 금환낙지란 설도 있다.

-『구례군지下』

● 하죽(下竹) 마을

분류 : 〈형국〉, 〈명당〉, 〈설화〉

조선 영조 때 경주 이씨 이기명(李基鳴)이 경주에서 길지를 찾아 본 마을에 정착하여 경주 최씨 등과 함께 큰 마을을 이루었으며, 풍수지리설에 명지라 하여 각 지방에서 많은 사람들이 이주해 왔다.

풍수지리설에 의하면 석지중(錫地中) 석지(錫地)라 하여 큰 마을을 이룬 적이 있었고, 일제 시대에는 밀양 박씨가 해방 전까지 토지에서 제일 가는 부자(박승림)로 살았으나 해방 후 여순반란 사건과 함께 이주하였다 한다.

하죽 마을에도 금환낙지 터가 있다고 하는데 하늘에 사는 선녀가 경치 좋은 이곳에 가끔 내려와 손가락에 금반지를 구름 위에서 잃어 버렸다고 전해 내려오며, 그 반지가 묻힌 곳에 집터를 잡으면 부귀영화가 뒤따른다고 하여 많은 사람들이 이곳을 찾아 집터를 잡았다 한다.

-『구례군지下』

● 오미 마을

분류 : 〈형국〉, 〈명당〉

금환낙지의 터라 여기는 오미리는 조정에서 매일같이 밤사이 일어난 일을 왕에게 아침마다 보고하는 '조보(조정의 조간일보)'를 받아오는 인물이 나올 것이라는 풍수지리설에 의한 터를 잡았다고 한다.

— 『구례군지下』

3. 용두리(龍頭里)

◉ 용두(龍頭) 마을

분류 : 〈형국〉, 〈명당〉, 〈지명〉

임진왜란 초기 1600여 년경 서산 유씨가 이주하여 마을이 형성되었다. 그 후 경주 김씨 등 각 성씨가 풍수지리설에 의해 금환낙지를 찾아 이주하면서 큰 마을이 이루어 졌다.

지리산 용맥이 노고단 형제봉을 경유하여 내려오다가 섬진강에 이르러 머물렀는데, 지리산 줄기가 강물에 침식되어 깎아 세운 듯한 절벽이 강물에 잠기듯 굽어보고 있었다. 절벽의 형상이 용머리 같다하여 용두라 부르게 되었다.

지리산 노고단 줄기가 형제봉을 지나 용두 마을까지 줄기차게 내려오는데 형제봉은 용의 꼬리요 용호정 대상 쪽은 용의 머리로서 용머리가 허리를 감춘다고 하여 장요(藏腰)라고도 하였다.

— 『구례군지下』

■ 배틀재

분류 : 〈형국〉, 〈지명〉

용두리 배틀재는 국도변 용두 마을 입구에 10여 가구가 살았으며 1976년 용두 마을 상촌으로 이주했다. 배틀재가 생긴 유래는 마을이 형성되기 전 섬진강 물을 이용하여 각 처의 상선이 이곳을 왕래하게 됨에 따라 물물교환 장소로 배를 매었다하여 배틀재라 하며 대상이라고도 부르고, 배를 짜는 배틀의 형국(옥녀직조형)이라 하여 배틀재라 하였다는 말도 전해진다.

-『구례군지下』

4. 금내리(金內里)

◉ 신기 마을

분류 : 〈형국〉, 〈명당〉

1920년경 화순군 능주에서 하동 정씨 정종순(鄭宗淳)이 금환낙지의 혈지라 하여 일가 이세대가 입주 정착하여 마을이 형성되었다고 한다. 그 후 고흥 등지에서 명지를 찾아 이주하여 큰 마을이 되었다고 한다.

-『구례군지下』

5. 외곡리(外谷里)

◉ 기촌(基村) 마을

분류 : 〈형국〉, 〈지명〉

행주 기씨가 처음 정착했다 하여 기씨촌이라 불렀는데, 기씨는 조동으로 이거하고 다른 성씨가 입주하여 기촌(基村)으로 불렀다. 일명 연곡(鷰谷)골 안 전체를 연곡골이라 불러오고 있는데 마을 앞 송림의 형국이 제비형이라 하여 부쳐진 이름이다.

섬진강변은 안개가 많이 긴 편이나 하리 동쪽부터는 안개 끼는 날이 별로 없다. 외곡천을 가운데 두고 양쪽으로 산맥이 내려와 좌청룡 우백호의 형태를 갖추고 있다.

-『구례군지下』

■ 추동(楸洞)

분류 : 〈물형〉

기촌 건너 마을인데 배틀의 가락처럼 뻗어있다.

-『구례군지下』

■ 노랑골

분류 : 〈형국〉

추동 북쪽 골짜기 노루가 새끼를 품고 있는 형국이다.

-『구례군지下』

6. 내서리(內西里)

◉ 남산(南山) 마을

분류 : 〈형국〉

노고단 준령이 남쪽으로 뻗어 질매재를 거쳐 왕시루봉에 이른다. 왕시루봉에서 동쪽으로 뻗은 준령이 내서천을 내려 보고 멈춰 섰다. 비록 경사는 심하지만 이곳이 좌청룡 우백호의 형국인 남산 마을이다.

-『구례군지下』

마산면(馬山面)

—

구례군의 가운데에 있는 면이다. 구례 군역의 가운데에 자리 잡고 있다. 면 경계의 동쪽은 토지면, 서쪽은 광의면, 남쪽은 섬진강을 경계로 문척면, 북쪽은 노고단을 경계로 산동면과 접하고 있다.

1. 마산리(馬山里)

◉ 마산(馬山) 마을

분류 : 〈형국〉, 〈지명〉

예로부터 중마리라 불려오다가 1914년 행정구역 통폐합 때 청내 마을과 합쳐서 법정리명이 마산리가 되었다. 이는 마을 뒷산이 말의 형국이라는 데에서 생긴 이름이다. 중마란 마산의 중앙이라는 뜻이며, 일명 중말이 역시 말을 상징하는 마을 이름이라고 본다.

풍수지리상으로 보면 마을 뒷산이 말의 형국이라 하여 이 산을 중심으로 장군목(혹칭 장구목, 말의 주인공 장군이 타는 자리), 안장바위(말등 위의 안장), 원앙바위(말방울), 뚝메산(말의 구시), 참나무정(말 매는 곳), 그리고 마을 북서쪽에 정장들[丁藏坪] 전쟁터, 마을 동북쪽에 메안들[山內坪], 남쪽에는 장검들[長劍坪]이 둘러 있어 비교적 넓은 평야지와 농토를 겸하고 있다.

－『구례군지下』

■ 두지바위몬당

분류 : 〈물형〉

청내 과수원 오르는 왼편 두지바위 동편 산이다. 화엄사선 도로변에서 건너다보면 이 산등성이는 누워있는 개 모양으로 보인다. 이로 인해서 이 산 서북쪽 구릉지를 개자리라고 부른다.

－『구례군지下』

■ 큰바위

분류 : 〈물형〉

마을 남쪽 기로정으로 가는 농로 삼거리 옆에 있는 바위인데 풍수지리상 말의 방울에 해당하므로 워낭바위라고 한다. 큰 벼락을 맞아 갈라졌다고 한다.

－『구례군지下』

■ 장구목

분류 : 〈형국〉, 〈지명〉

마을 뒷산 능선의 한 가운데쯤 되는 지점에 있다. 장궁 마을로 넘어가는 잘록한 길목, 풍수지리상 이 부분이 말등 한가운데 무사가 앉은 자리에 해당하며, 지형 상으로는 장고의 가운데 잘록한 부분이다.

-『구례군지下』

■ 정장들[丁藏坪]

분류 : 〈형국〉

마산리와 서쪽에 위치한 갑산리 사이에 있는 넓은 들이다. 마산 지역의 풍수지리상으로 보아 이 들이 전쟁터에 해당하므로 전장평(戰場坪)이라 표기하기도 한다.

-『구례군지下』

2. 냉천리(冷泉里)

◉ 냉천 마을

분류 : 〈형국〉, 〈금기〉

마을 당산에 있는 팽나무의 잎이 일제히 피면 그 해에 모내기가 순조롭게 이루어지고 풍년이 온다는 전설과 동네 형국이 배의 형국이라 샘을 파는 것은 배에 구멍을 내는 것이므로 함부로 샘을 파지 못하게 금기시해 왔다고 한다.

-『구례군지下』

■ 구시막들·구시막거리(들)

분류 : 〈물형〉

내천리 서쪽 정쟁이 집골에 있는 들인데 소의 구시형국이라 하여 붙인 이름이다.

-『구례군지下』

3. 광평리(廣坪里)

◉ 광평 마을

■ 머애바우

분류 : 〈물형〉, 〈지명〉

주자들에 있는 논인데 소의 멍에 형국이라고 한다.

-『구례군지下』

4. 사도리(沙圖里)

분류 : 〈지명〉, 〈유적〉

신라 말에 도선국사가 이곳에서 어느 도사를 만났는데 그가 우리나라의 산천지형을 모래 위에 그려놓고 풍수지리설을 가르쳐 주었다고 사돌이, 사도라고 불렀고, 고려 때 사등촌 부곡 또는 사도부곡이 있었다.

-『구례군지下』

◉ 상사(上沙) 마을

분류 : 〈유적〉

신라 말기 도선 스님이 마을 앞(하사) 강변의 모래밭에서 그림을 그려놓고 풍수지리설을 논했다 하여 사도리라 이름지어졌다고 한다. 윗사돌[上沙]과 이랫사돌[下沙]로 분동하였다.

-『구례군지下』

◉ 하사(下沙) 마을

분류 : 〈유적〉

상사 마을과 같이 신라 말기 중 도선의 풍수지리설에 의해 사둘이라
하였고, 고려 때 사등촌과 사도부곡이 있었다고 한다.

- 『구례군지下』

■ 옥녀봉

분류 : 〈형국〉, 〈명당〉

마산면 사도리와 토지면 오미리 사이에 있다. 높이가 250미터다. 옥녀
가 거문고를 타는 옥녀탄금형(玉女彈琴形) 명당이 있다고 한다.

- 『구례군지下』

5. 황전리(黃田里)

◉ 황전 마을

분류 : 〈형국〉, 〈비보〉

북부는 화엄사의 광활한 산이 병풍처럼 둘러 있고 화엄사의 광활한 산
이 병풍처럼 둘러있고 화엄사 입구에서부터 남쪽으로 이루어진 선상지
(扇狀地)에 남북으로 길게 펼쳐진 마을로서 풍수지리상 행주형국(行舟形
局)이라고 한다. 그러므로 예로부터 마을 중앙 지점에 대산(大山)의 정기
의 흐름을 막고 마을의 재앙을 물리치며, 배의 돛을 상징하는 조탑을 돌
로 쌓아 놓고 그 정상에 솟대를 세워 이곳을 마을 당산신과 더불어 마을
의 수호신으로 보전하고 있다.

- 『구례군지下』

■ 조탑

분류 : 〈형국〉, 〈비보〉

마을 당산 앞에 있다. 지리산의 정기가 마을 밖으로 흐르지 못하도록
하는 뜻을 담고 있는 돌탑이며 배 형국인 마을의 돛대를 상징하는 돛(솟
대)을 세웠다.

-『구례군지下』

■ 여의주바위

분류 : 〈형국〉

화엄사 북쪽 화엄천에 있는 바위이다. 이 주위의 지형이 풍수지리상
세 마리의 용이 여의주를 놓고 서로 다투거나 서로 희롱한다는 뜻에서
삼룡쟁주(三龍爭珠), 삼룡농주(三龍弄珠)라는 설이 있다.

-『구례군지下』

■ 당그래바위

분류 : 〈설화〉

황전 마을 회관 옆 조형대에 놓아있는 당그래같이 생긴 바위인데 예부터
이 바위가 마을의 재물을 끌어들인다는 전설이 있다. 회관 옆 뜰에 있다.

-『구례군지下』

6. 갑산리(甲山里)

◉ 장궁(帳弓) 마을

분류 : 〈지명〉

풍수지리설에 의하여 붙여진 전쟁터의 장막(帳幕)인 장동(帳洞)과 무사
의 활인 궁산(弓山), 두 마을의 이름 첫 글자를 따서 장궁이라 하였다.

-『구례군지下』

■ 궁산

분류 : 〈물형〉, 〈지명〉

새장동 아래 남동쪽에 있는 마을이다. 마을 서편 산능선이 길게 갑동 마을까지 뻗쳐 마치 무사의 활과 같다는 비유로 궁산이라 한다.

-『구례군지下』

■ 정장들[丁藏坪]

분류 : 〈지명〉

풍수지리상으로는 전장들[戰場坪]로 표기하기도 한 이 들은 장동 마을 동북쪽에 서부터 냉천리 뒤와 쇠머리(들)까지 펼쳐 있는 넓은 들, 수리시설과 경지정리가 잘 되어 있으며 마산 저수지 물로 농사를 짓는다.

-『구례군지下』

◉ 갑대 마을

■ 굼벙골

분류 : 〈형국〉, 〈명당〉, 〈지명〉, 〈묘지〉

갑동 마을 서쪽 능선 골짜기에 있는 굼벙이혈 명당이 있다고 하여 생긴 갑동의 별칭이다. 마을 아래에 굼벙이혈 산소(경주 김씨)가 있다.

-『구례군지下』

■ 반월봉

분류 : 〈물형〉

갑동 마을의 동남쪽에 있는데 정장들을 동쪽으로 향하고 있는 반달 모양의 낮은 구릉이다.

-『구례군지下』

광의면(光義面)

—

구례군의 동북부에 있는 면이다. 구례 군역의 가운데 지역에 자리 잡고 있다. 면 경계의 동쪽은 마산면, 서쪽은 용방면, 남쪽은 구례읍, 북쪽은 산동면과 접하고 있다. 섬진강을 경계로 동북쪽은 광의면, 남서쪽은 용방면이 위치하고 있다.

1. 지천리(芝川里)

◉ 지하(芝下) 마을

분류 : 〈형국〉, 〈명당〉, 〈묘지〉

지리산 노고단에서 서향으로 입수(入首) 차일봉(遮日峰)을 기두로 화엄사, 천은사 사이의 중령으로 내룡(內龍)하고 옥녀봉에서 다시 인자(人字)형으로 전개되어 그 중앙에 음택, 즉 노총(盧塚)이 있으니 옥녀직금형이라 한다.

들과 계곡의 이름이 직조기형으로 구성되어 있는 명지로써 사직동(絲

織洞)에서 좌청룡의 줄기가 해송정, 안평정, 질매골, 새장등 그리고 구리곡, 지나무골을 거쳐 2킬로미터를 뻗어 내려와 지상 마을의 안산(案山)을 이루고, 서당골을 거쳐 돌무랭이에 이르러 천변(川邊), 안산을 이루며 버드실을 지나 어덕촌까지 마치 저울 눈금처럼 마을을 감싸고 있다. 지천천이 지천리의 삼동을 만궁형(滿弓形)으로 휘감아 흐르면서 하문에 귀형의 쌍암거리가 있고, 우측 수구에는 젓들에서 시작된 백호몰랑들의 끝자락 사두가 외침을 방어 수호한다는 풍수지리적 명지이다.

- 『구례군지下』

◉ 지상(芝上) 마을

분류 : 〈형국〉, 〈묘지〉

지리산 노고단에서 서향으로 내려와 차일봉을 기두로 화엄사 천은사간 중령으로 내룡(來龍)하고 옥녀봉에서 다시 인자형(人字形)으로 전개되어 그 중앙에 음택, 즉 노총(盧塚)이 있으니 옥녀직금형(玉女織錦形)이라 한다. 산야와 골의 이름이 직조기형(織造機形)으로 구성되어 있는 명지로써 사직동에서 좌청룡의 줄기가 해송정, 안평정, 질매골, 새장등, 그리고 구리곡, 지나무골을 거쳐 2킬로미터를 뻗어 내려와 안산을 이루고 노고단에서 생성된 물과 옥녀봉에서 발원된 물이 흘러내린다. 구리골에서 발원된 물이 합류되어 지천천을 이루어 마을을 감싸고 흐르며 사직동의 우백호 줄기 유아몰(龍坪) 끝자락에 자리잡는 아늑하고 풍요로운 마을로써 서편에는 지하 마을이 연이어 위치하고 있으며, 북쪽 1.5킬로미터에는 월곡 마을이 위치하고 있다.

- 『구례군지下』

■ 구리실[九里谷]

분류 : 〈물형〉, 〈지명〉

직조기형(織造機形)의 일부분으로 꾸리형이라 하여 꾸리실 또는 구리실이라 이름하였다. 지상 마을에서 동쪽으로 약 500미터 위치한 골짜기이다.

-『구례군지下』

◉ 천변(川邊) 마을

분류 : 〈형국〉, 〈명당〉, 〈묘지〉

지리산 노고단에서 서향으로 입수하여 차일봉을 기두로 화엄사 천은사 양 사찰의 사이에 준령으로 내룡(來龍)하고 다시 인자형(人字形)으로 전 개되어 그 중앙에 음택 노총이 있으니 옥녀직금형이라 한다.

지천리는 산야곡명이 직조기형으로 되어 있는 명지로써 사직동에서 좌 청룡의 줄기가 해송정, 안평정, 질매골, 새장등 그리고 구리곡, 지나무골 을 거쳐 천변까지 서당골의 후록을 이루고 바림들을 거쳐 서당골 앞을 지나 돌무랭이 까지 천변 안산을 이루며 지천천이 활처럼 마을을 감싸고 도는 연화부수혈의 명지로 북으로 지하마을이 연이어 있으며 동으로 2킬 로미터 지점에 화엄사가 위치하고 북동쪽으로 지상 마을 그리고 남으로 어덕촌 마을이 위치한다.

-『구례군지下』

2. 대산리(垈山里)

◉ 대촌 마을

분류 : 〈물형〉

마을 형세가 저위 평탄 지역이며 미맥 위주의 영농이 편리하며 사통팔 달의 도로정비와 수리 여건이 안전하며 풍수지리상으로는 농악기의 일종 인 징[鉦]터라 전해져 오고 있다.

-『구례군지下』

■ 까끔(똥매)

분류 : 〈형국〉, 〈명당〉

대촌 유산 사이에 있는 소능산으로 풍수지리설에 의하면 대촌 큰뜸의 중앙 마당배미가 징의 혈이며 이 똥뫼는 징채라고 하며 금구몰니(金龜沒泥)의 길지가 있다는 설도 있다. 또 다른 설은 유산의 유아봉모(幼兒奉母)의 곁에 의하여 동산 즉 동뫼라고 칭했다는 전설이 있다.

－『구례군지下』

◉ 유산(乳山) 마을

분류 : 〈형국〉, 〈지명〉

마을의 형상이 젖먹이 어린이가 어머니 품속에서 젖을 먹은 형상이라 하여 '젖 유(乳)'자와 '뫼 산(山)'자가 합해서 '유산'으로 부르고 있으며, 지금도 '젖뫼'라고 부르기도 한다.

노령산맥의 서남부 쪽으로 타고 내려온 준령이 노고단과 차일봉을 기점으로 천은사 방향에 흘러 내려와 쌓인 남한의 대표적인 선상지의 하단에 이르면서 비옥한 충적토와 서시천 주변의 넓은 평야가 펼쳐지고 있다. 동북으로는 차일봉과 서쪽으로는 용방면을 마주하고 있다. 어머니가 젖을 먹이는 형상과 닮아서 젖뫼라 하였다.

－『구례군지下』

■ 샘골현

분류 : 〈물형〉

계곡의 상류에 샘이 있는데, 여자의 보지(자궁)를 닮았다고 하여 보지샘(자궁샘)으로 부르기도 한다. 아무리 가뭄이 들어도 일정량의 지하수가 용출되고 있으며 인근 30두락 농사에 큰 도움을 주고 있다.

－『구례군지下』

■ 청룡등

분류 : 〈지명〉

유산 서쪽 편에 속하는 선상주 하단부의 들이다. 풍수지리설에 의하면
마을 왼쪽들을 청룡들이라 부르고 있으며 비옥한 토지로 풍요로움을 나
타내고 있다.

－『구례군지下』

3. 수월리(水月里)

◉ 월곡(月谷) 마을

분류 : 〈형국〉

지형 상으로 볼 때 마을 전체를 마치 반달이 포근히 품고 있는 형국으
로써 마을 동북쪽으로 저수지가 자리 잡고 건너편에 용전 마을이 자리
잡고 있다.

－『구례군지下』

◉ 당촌(唐村) 마을

분류 : 〈형국〉, 〈명당〉, 〈묘지〉

풍수지리설에 의한 옥녀직금형에 따른 직조기형의 명칭으로 옥녀봉,
총두재, 개자리, 구리실(꾸리실), 버드실(보디), 잠실, 돋트미(돋트마리) 등
산야곡명이 산재되어 있어 사직골(沙織洞)이라 칭하다가 구한말 세제 정
립상 편의를 도모하기 위해 당촌으로 명명하게 되었다.

지리산 노고단에서 서쪽으로 입수(入首), 차일봉을 기두로 화엄사, 천
은사 두 사찰 사이 중령으로 내룡(來龍)하고 옥녀봉에서 다시 인(人)자형
으로 전개되어 그 중앙에 음택 즉 노총이 있으니 옥녀직금형이라 한다.

야곡명(野谷名)이 사직형국(沙織形局)을 형성하고 있으며 좌청룡은 해송정을 거쳐 개자리까지 뻗어 마을을 감싸고 가장골을 거쳐 새까끔까지 우백호가 내려와 마을을 품어 안고 있다. 남계수를 따라 마을이 형성되어 있는 명지로써 남동쪽으로 약 2킬로 지점에 화엄사와 마산면 황전 마을이 위치하고 있다.

- 『구례군지下』

4. 방광리(放光里)

◉ 용전(龍田) 마을

분류 : 〈형국〉, 〈비보〉, 〈지명〉

풍수지리설로 볼 때 주형지(舟形地)라 하여 마을 상부에 사공바위가 있고 마을 하부에 조탑(造塔)에 짐대까지 설치하였다. 배는 물을 만나 순행하는데 '용'자는 물의 상징이므로 용전리로 개칭되었다.

- 『구례군지下』

◉ 방광 마을

■ 소맷등

분류 : 〈물형〉

소 형국으로 물묵개 위에 있는 등성이이다.

- 『구례군지下』

■ 소쿠리봉

분류 : 〈물형〉

까마구골 서쪽에 있는 봉우리로 소쿠리처럼 생겼다.

-『구례군지下』

■ 장태안

분류 : 〈물형〉

동칭이 동북쪽에 있는 골짜기로 사방이 산으로 둘러 싸여 닭장 안처럼
된다.

-『구례군지下』

5. 연파리(煙波里)

◉ 연파(煙波) 마을

■ 창의정(蒼義亭)

분류 : 〈형국〉, 〈명당〉

마을 당산. 본 마을 당산은 풍수설에 의하면 빼어난 명당으로 지리산
맥이 서시천을 향하여 뻗쳐 기맥이 해룡 12절을 따라 좌청룡이 절정을 이
루는 지점에 기암양석(奇巖壤石) 사이사이에 그 연륜을 헤아릴 수 없는
노거수(느티나무) 5그루가 서 있고, 근래에 심은 4그루의 젊은 나무가 사
이에 있다.

-『구례군지下』

■ 북두칠성혈

분류 : 〈형국〉, 〈묘지〉

마을 북쪽에 풍수지리설에 의하면 조그마한 동산 규모의 점산들이 띄엄
띄엄 널려 있는데 북두칠성혈이라 하는데 주로 묘들이 있으며 한밭 김씨

문중의 묘가 대부분이고 그로 인해 한밭 김씨들이 번창하였다는 설 있다.

- 『구례군지下』

◉ 공북(拱北) 마을

분류 : 〈물형〉, 〈지명〉

설촌 당시 신대(新大)라 칭하다가 조선 순조 7년에 공북으로 개칭하여 부르고 있다. 마을의 지형이 마치 팔꿈치처럼 생겼다고 하여 '팔꿈치 공(拱)'자와 마을이 북을 향하고 있다고 하여 북(北)자를 써서 공북이라 한다.

- 『구례군지下』

6. 대전리(大田里)

◉ 하대 마을

■ 동산

분류 : 〈형국〉, 〈명당〉, 〈묘지〉

마을의 뒷등 위로 작은 동산이 있는데 지리설에 의하면 대전리 전체를 대안하고 있는 청룡맥(靑龍脈)과 연관이 있어 작은 동산 7군데가 북두칠성을 뜻한다고 하는데, 맨 처음 입촌한 김해 김씨 가문의 묘로 명당이라고 일컬어 오고 있다.

- 『구례군지下』

◉ 상대(上大) 마을

분류 : 〈명당〉

"지리산의 원준령인 천왕봉-반야봉-노고단으로 이어지는 지리대간의 맥인 차일봉의 우측 준령을 내려서 매봉(수리봉)을 소조산(小祖山)으로 분룡(分龍)된 갈미봉(渴味峰－艮米峰)을 현무정(玄武頂)으로 건해룡(乾亥龍)이 임감(壬坎)으로 박환(剝換)하여 계축(癸丑)의 한 맥이 간인(艮寅)으로 회두(回頭)하여 소등[牛背]을 이루고, 그 맥이 입수(入首)되어 이룩된 마을 터로 문천무백(文千武百)과 장상지지(將相之地)로써 장수하고 대대로 영화를 누린다는 터"로 동은 지리산자락, 서는 연파리, 남은 공북 마을, 북은 오름들과 온당리에 접하고 있다.

－『구례군지下』

■ 청룡들

분류 : 〈형국〉

본 마을의 주룡으로 하여 좌측에 힘 있게 내려온 맥으로 대전리의 좌청룡으로 5헥타 정도의 경지를 청용들로 칭한다.

－『구례군지下』

■ 소쿠리등

분류 : 〈물형〉

마을 동북쪽에 주령이 소쿠리 형국으로 되어 붙여진 이름이다.

－『구례군지下』

7. 온당리(溫堂里)

◉ 당동(堂洞) 마을

분류 : 〈명당〉

지리대간의 서부맥인 간미봉(艮美峰, 일명 鷗峰 또는 冠帽峰)을 주령으로 하여 간인방(艮寅方)으로 회두(回頭)하여 그 맥이 힘차게 뻗어 내려왔다. 풍수지리설에 의하면 '임금 제(帝)'자의 끝부위라는 길지로 남악사(南岳祠)의 궁터가 마을 옆에 자리하고 있다. 동쪽은 지리산록으로 서쪽은 확 트인 평야지대와 용방면의 뒷산이 병풍처럼 보인다.

-『구례군지下』

■ 궁안

분류 : 〈설화〉, 〈금기〉, 〈묘지〉

해방 직후 남악 사당터에 유씨란 사람이 몰래 묘를 써 놓고 크게 가뭄이 들어 인근 주민들이 괭이 호미 등을 들고 와서 그 묘를 파내고 주민들이 집에 도착하기도 전에 큰 비가 내려 그 해 모내기를 쉽게 했다는 전설이 있으며, 지금도 그 터는 손을 대지 않고 있다고 한다.

-『구례군지下』

■ 남악사(南岳祠)터 (궁터, 궁안)

분류 : 〈명당〉

마을 북편에 조선 이태조가 등극 후 국태민안을 위한 산신제를 올리는 곳으로 오악 중 남악이라는 본사당은 당초 노고단에서 지내다가 어느 때인지는 정확하지 않으나 산동면 좌사리 당동으로 옮겼다가 다시 또 이곳으로 옮겨졌다.

길지라고 하나 주민들의 거주와는 약간 떨어져 있는 궁터로 원래는 대촌락이었는데 남악사로 인해 빈번한 관속과 양반들의 내방이 잦아 거주에 불편을 느끼게 되었다. 이로 인해 주민들이 타지로 이거해 버려 마을의 호수가 줄어 지금은 면내에서 가장 작은 마을이 되었다.

-『구례군지下』

■ 주봉(冑峰, 투구봉)

분류 : 〈물형〉

천은골 서북편이며 대전리와 온당리를 경계에 우뚝 솟은 주봉으로 풍수설에 의하면 형태로 볼 때 투구 모양이라고 하여 붙여진 이름이며 이봉을 주간(主幹)으로 하여 간서북향(艮西北向)으로 건속한 맥이 대전리를 이루고 온당리 세 마을과 구만리까지 연하여 전체적인 산맥으로 보면 병풍처럼 둘러 있다.

－『구례군지下』

◉ 난동(蘭洞) 마을

■ 마을 뒷봉우리들

분류 : 〈형국〉, 〈지명〉

마을을 이루는 뒷봉우리들이 풍수설의 형국으로는 갈매기 같다는 구봉(鷗峰, 일명 驅峰. 말이 달리는 형국) 등 여러 가지 이름이 붙여졌다. 구봉의 서쪽으로 솟은 봉이 매봉이고, 또 서편으로 제비가 날아든다는 연래재[燕來峙]가 있으며 또한 이어진 서쪽봉은 비둘기가 날아든다는 구리재[鳩來峙]가 있다.

－『구례군지下』

◉ 온동(溫洞) 마을

분류 : 〈명당〉

지리산맥의 대간인 차일봉 종석대의 우측으로 준령을 뻗어 매봉을 소조산(小祖山)으로 분용(分龍)된 간미봉을 이루고 구리재로 이어져 대전리로부터 당동, 난동 마을들을 형성하면서 입수(入首)되어 이룩된 마을 터로, 동쪽은 지리대간의 좌청룡으로 감싸고 지초봉에 소령맥이 우백호격으로 북쪽을 둘렀고 남쪽은 난동과 면소재지이다.

—『구례군지下』

■ 진등들

분류 : 〈물형〉

마을의 남서향에 있다. 좌청룡격의 등성이가 길게 뻗어 진등들이라 부르고 있다.

—『구례군지下』

■ 깐치골

분류 : 〈물형〉

마을 서북쪽 구만리와 접경지역에 있는 골짜기로 까치형국이라 하여 깐치골이라 하였고, 정상에는 옛날 깐치절이 있었다고 한다.

—『구례군지下』

■ 소쿠리산

분류 : 〈물형〉

마을 서북편의 산이 소쿠리 형국이라 하여 소쿠리산이라고 한다.

—『구례군지下』

8. 구만리(九灣里)

◉ 구만(九灣) 마을

□ 설화「까치절과 별원(성원촌)의 폐촌전설」

분류 : 〈형국〉, 〈설화〉, 〈단맥〉

1580년대 조선 선조 시에 최상중(崔尙重)이 별원을 만들어 5대를 내려 오면서 많은 관계 인물을 배출하면서 성황을 누리며 살았다.

별원촌의 맞은편 동쪽 봉우리인 까치절에서 불공을 들이는 소리를 비롯하여 갖가지 소음을 내게 되어 별원촌과는 반목하는 사이가 되었다.

어느 날 도승 한 분이 별원촌장을 면담하여 성원 마을 상류에다 물레방아를 설치하고 하류에다 정부리 시설(솥 만드는 시설)을 하면 더욱 번성할 것이라고 하여 그와 같이 시설하였다,

이곳 별원터는 풍수설로 지네혈로 지네의 머리에다 방아를 놓고 꼬리에다 솥부리를 하였으니 지네는 죽을 수밖에 없었고, 그래서 삭녕 최씨들이 패망하고 별원촌은 폐촌되었다는 전설이 있다.

- 『구례군지下』

용방면(龍方面)

구례군의 서부에 있는 면이다. 구례 군역의 서쪽 끝에 자리 잡고 있다. 면 경계의 동쪽은 광의면, 서쪽은 곡성군, 남쪽은 구례읍, 북쪽은 산동면과 접하고 있다. 섬진강을 경계로 남서쪽은 용방면, 동북쪽은 광의면이 위치하고 있다.

1. 사림리(四林里)

◉ 사림 마을[四林, 竹林]

분류 : 〈형국〉, 〈금기〉

죽림은 대숫골(대숲골)이라 불렀다. 천마봉이 주산(主山)인데, 정상이 사람이 말을 타는 형국이다. 마을이 행주(行舟)형이기 때문에 마을 안에 샘을 파지 않았다.

－『구례군지下』

■ 아반산

분류 : 〈물형〉

대숫골 동쪽에 있는 야산인데 우청룡이라고 한다.

-『구례군지下』

◉ 사우(四友) 마을

■ 매봉

분류 : 〈물형〉

큰뜸 위에 있는 산봉우리(사우루산)인데 매머리처럼 생겼다.

-『구례군지下』

■ 옴개굴터

분류 : 〈물형〉

개가 웅크리고 있는 형국이다.

-『구례군지下』

2. 용강리(龍江里)

◉ 용강(龍江) 마을

분류 : 〈명당〉, 〈주택〉

1500년경에 세종대왕 제 4왕자 임영대군의 증손 운양도정공이 국풍(國風)에게 집터를 마을 뒤 준령인 천황봉을 중심으로 사패지(賜牌地) 75정보 가운데에서 잡게 했는데 그곳이 용강리 665번지(현재 종각)이다. 현재까지 18대가 대대로 살고 있다.

-『구례군지下』

◉ 봉덕(鳳德) 마을

분류 : 〈형국〉

이 마을이 봉황이 나는 형국이다. 뒤까끔 몰랑이 학의 머리이며 재몰랑에서 인산 끝자락까지 오른쪽 날개, 장까끔을 따라 탐남배기 뎅일 주령이 왼쪽 날개가 된다.

ㅡ『구례군지下』

3. 신지리(新智里)

◉ 선월(船月) 마을

분류 : 〈형국〉, 〈지명〉

처음엔 강변촌이라 부르다가 마을 지형이 배[船]와 같다고 하여 1938년에 선월이라 개칭했다.

ㅡ『구례군지下』

4. 중방리(中方里)

◉ 송정(松亭) 마을

분류 : 〈형국〉, 〈설화〉, 〈단맥〉

마을 혈이 부채혈이라서 부채질 할 때 마다 마을의 살림살이가 늘어가는데 부자가 많은데도 시주를 하지 않아 앙심을 품은 스님이 가난하게 사는 조씨를 시켜 부채혈 끝에 돌탑을 쌓게 하니 부채질이 되지 않아 부자들이 망했다는 전설 속에 조탑거리라는 터만 남아 있다.

ㅡ『구례군지下』

5. 신도리(新道里)

◉ 신기(新基) 마을

분류 : 〈형국〉, 〈금기〉

풍수지리설에 의하면 본 마을의 혈이 붕어혈로 샘을 파면 마을에 재앙
이 있다하여 샘을 못 파게 한다. 3개의 공동 우물이 있었으나 현재에는
1개뿐이며 그리고 마을 남쪽 논에 큰 바위가 있었는데, 바위를 없애면 재
앙이 있다하여 1973년 경지 정리 사업 때 마을에서 동재를 드려 바위를
사서 현 위치에 보존하고 있다.

- 『구례군지下』

6. 죽정리(竹亭里)

◉ 죽정 마을

■ 황사들

분류 : 〈형국〉, 〈명당〉, 〈지명〉
죽전 앞에 있는 들인데 황사출초혈(黃巳出草穴)의 명당이 있다고 한다.

- 『구례군지下』

◉ 분토(粉土) 마을

분류 : 〈형국〉, 〈설화〉, 〈단맥〉

강정 마을 북쪽에 취석대(취석바위)에 구만리 삭령 최씨 정자(취석정)
가 있고 그 옆의 성원들(일명 벼런들)에서 최씨들이 살았다하나 지금은
없어졌다.

당시 최씨들이 스님들을 귀찮게 하니까 스님들이 성원들 주령이 지네

혈로 마을 주령(지금 구만제뚝 밑)에 물레방아를 지으면 좋다고 속여 물
레방아를 짓게 한 후부터 최씨들이 망해 그곳을 떠났다는 전설이 구전으
로 내려오고 있다.

-『구례군지下』

산동면(山洞面)

구례군의 북부에 있는 면이다. 구례 군역의 북쪽에 자리 잡고 있다. 면
경계의 동쪽은 하동군, 서쪽은 곡성군과 남원시, 남쪽은 용방면·광의
면·마산면·토지면, 북쪽은 남원시와 접하고 있다.

■ 옥녀봉(玉女峰)

분류 : 〈형국〉, 〈명당〉

각시봉이라 부르기도 한다. 산동면 사상리와 계천리 사이에 있는 산이
다. 높이가 247미터인데 옥녀가 머리를 풀고 있는 옥녀산발형(玉女散髮
形)의 명당이 있다고 한다.

—『구례군지下』

■ 새침들[洗浸]

분류 : 〈형국〉, 〈지명〉, 〈묘지〉

이평리 산 26-1번지 상단에 비오탁시(飛鳥啄尸)라는 혈(운봉회의 묘)이 있으며 그곳에서 보이는 개울 현 수상스키장 위쪽으로 송장바위[尸身岩]가 있었는데, 나는 까마귀가 시신을 쪼은다고 하여 비오탁시에 시신바위가 씻긴다고 하여 세침들이라고 하였다.

－『구례군지下』

1. 원촌리(院村里)

◉ 원촌 마을

분류 : 〈형국〉

산동면의 중앙에 위치하여 남쪽을 바라보며 있다. 풍수지리상 배 모양의 형국이어서 토박이는 재산을 지속하지 못하고 타지에서 들어온 사람은 큰돈을 못 벌어도 다 성공한다고 전해지며 돈 벌어서 나간 사람들은 망한다는 전설이 있다.

－『구례군지下』

2. 계천리(桂川里)

◉ 현천(玄川) 마을

분류 : 〈형국〉, 〈지명〉

맨 처음 화순 최씨가 터를 잡아 마을이 이루어졌다고 한다. 마을 지명은 마을 뒷산인 견두산이 현(玄)자형으로 되어 있고 뒷내에는 옥녀봉의 옥녀가 매일같이 빨래를 하고, 선비가 고기를 낚는 어옹수조(魚翁水釣)가 있어 그 아름다움을 형용하여 현천이라 하였다. 한문으로 현천이고 순 한

글로는 개머내라고 부른다.

―『구례군지下』

◉ 원동(元洞) 마을

분류 : 〈명당〉

1600년경 남원에서 훈장으로 있던 창녕 조씨가 내려와 마을을 세우며 관멱(官覓)이 난다는 풍수지리설에 의해 정착하면서 마을이 형성되었다.

―『구례군지下』

3. 원달리(元達里)

◉ 달전(達田) 마을

분류 : 〈형국〉

이곳 땅의 혈이 배같이 생겼다 하여 뱃터라고 불렀다. 그러다 밭이 많아 달전이라 칭하였다.

―『구례군지下』

■ 각시바위

분류 : 〈물형〉

바위가 대밭에서 보이면 여자들이 바람이 난다고 하여 붙여진 이름이다.

―『구례군지下』

■ 구시소

분류 : 〈물형〉

북쪽에 있는 소다. 구시(구유)처럼 생겼다.

- 『구례군지下』

4. 수기리(水基里)

◉ 중기(中基) 마을

분류 : 〈물형〉, 〈명당〉

임진란을 피하여 경주 김씨가 처음 정착하였으며 풍수지리설에 의하면 이곳이 김씨의 길지라 하여 마을을 형성하게 되었다 한다.

서쪽을 향하고 있으며 수락으로 가는 길목이다. 뒷산이 '사람 인(人)'자 형으로 되어 있어서 김씨의 터라고 한다.

- 『구례군지下』

5. 내산리(內山里)

◉ 효동(孝洞) 마을

분류 : 〈형국〉

임진왜란 이후에 남원에서 이주하여 온 밀양 박씨가 정착하면서 설촌 되었다고 한다. 당초 소 배를 의미하는 소통굴이라 불렀으나 마을 뒷산의 청용고지 지세가 효자가 많이 나온다는 설에 의하여 마을이 완전히 형성 되면서부터 효동이라 불리게 되었다.

마을이 남향으로 되어있으며 와우혈이다. 특히 소의 배에 해당되는 곳에 마을이 있었다고 한다.

- 『구례군지下』

◉ 내온(內溫) 마을

분류 : 〈형국〉

조선 효종 때 배씨가 처음 터를 잡아 설촌한 마을로 풍수지리설에 의하면 징터라 하는데 징이라 하면 울음의 여운이 커졌다가 작아졌다가 하므로 이 마을도 한번 흥하면 한번 망한다고 전해진다.

- 『구례군지下』

6. 대평리(大坪里)

◉ 대양 마을

■ 마을 뒷산

분류 : 〈지명〉, 〈묘지〉

옛날부터 장군이 나올 묏자리가 있다하여 지금도 풍수지리학자들이 찾았던 곳이다. 투구골이나 칼바위 등의 지명은 그와 관련 있는 지명이다.

- 『구례군지下』

◉ 대음(大陰) 마을

분류 : 〈명당〉

약 300년 전 남양 홍씨가 위안리에서 대평리 일대에 정착하면서 설촌되었다. 설촌 당시 큰 마을이 형성될 것이라는 풍수지리설에 의하여 큰터라고 부르다가 일제 시대에 대음으로 개칭하였다.

- 『구례군지下』

◉ 평촌(坪村) 마을

분류 : 〈형국〉, 〈비보〉

남쪽을 바라보고 형성되었으며 풍수지리상 마을이 배 모양을 하고 있다하여 배의 혈이라 한다. 옛날에는 마을 어귀에 기러기 모양의 깃대(돛대 : 편자 주)를 세웠다 한다.

- 『구례군지下』

7. 위안리(位安里)

◉ 상위(上位) 마을

분류 : 〈명당〉

조선 정유재란 무렵 구씨·정씨·홍씨의 세 성씨가 들어와 설촌되었다고 한다. 풍수지리설에 의하면 오천석의 부유한 터라하여 마을이 형성되었고 여순 사건 당시에는 85호까지 번성하였다 한다.

- 『구례군지下』

8. 좌사리(佐沙里)

◉ 원좌(元佐) 마을

분류 : 〈형국〉, 〈명당〉, 〈비보〉, 〈묘지〉

원좌 마을을 좌새·자새라고도 하며 우리말 이름이다. 한자로 좌조(坐鳥)라 적었다. 마을 생김새가 새가 알을 품고 있는 형상이라 한다. 마을 앞에 모자를 벗어놓은 것처럼 두둑한 동산에 당산이 있다. 주위에 아름드리 서나무, 팽나무들이 서 있으나 당산 중앙에 서 있는 당산나무는 소나무다. 10년 전까지 당산제를 섣달 그믐날에 지냈는데 금기사항이 많고 사는 사람도 적어서 현재는 지내지 않는다.

당산이 뒷산 줄기가 뻗어 내려오다가 새가 고개를 쳐드는 것처럼 솟았고 좌조영사(坐鳥舟沙)란 명당이 있는 곳이 윤씨 선산이다.

원좌마을 표석이 서 있는 좌측 산줄기 끝자락에 적석탑이 2기 서 있다. 풍수상 마을의 허전한 곳을 보충해 주고 지기가 밖으로 나가지 못하게 막아주고 전염병을 퍼뜨린 역신이 들지 못하도록 세운 벽사탑(辟邪塔)이다. 원형이 잘 보존되어 있다.

- 『구례군지下』

9. 관산리(官山里)

◉ 사포(巳浦) 마을

분류 : 〈형국〉

남쪽을 등지고 동쪽과 서쪽을 향하여 마을이 형성되었다. 풍수지리상 뱀모양(뱀혈)을 하고 있다. 뱀 중에서도 암뱀혈이라고 한다.

- 『구례군지下』

◉ 반평(盤坪) 마을

분류 : 〈형국〉, 〈주택〉, 〈명당〉

조선 고종 말 남원에 살던 김택주(金澤柱)가 이곳에 금반을 집고 터를 닦아 설촌하였다. 남향을 하고 있으며 풍수지리상 화야평(花野坪) 등을 타고 내려와 등선 마지막에 마을이 형성되었다.

- 『구례군지下』

◉ 구산 마을

■ 마을 뒷산

분류 : 〈물형〉

마을 뒷산은 거북이 형인데 거북이가 모래밭에 알을 낳는 것처럼 지금
도 그곳에 약 1평 정도의 하얀 모래가 있다.

— 『구례군지下』

10. 신학리(莘鶴里)

◉ 오향(午向) 마을

분류 : 〈형국〉

정남향을 하고 있어 오향이라 한다. 뒷산을 와우혈이라 하는데 소가
누워있는 형상이라고 한다.

— 『구례군지下』

11. 이평리(梨坪里)

◉ 이촌(梨村) 마을

분류 : 〈형국〉

당초 배 모양의 형태라 하고 마을 뒤에 평바위가 있어 그곳에 배를 매
었다고 배촌이라는 설이 있다. 행정구역 개편 때 배촌과 평산 마을 두 첫
글자를 본따서 이평이라 하였다.

정남향을 하고 곡식을 부치는 키의 혈이어서 큰 부자는 나지 않는다고

전해진다. 대신에 못사는 사람도 없다는 전설이 있다.

-『구례군지下』

◉ 우와(牛臥) 마을

분류 : 〈형국〉, 〈비보〉, 〈지명〉

쏘악재에 쏙을 박고 마을 앞에 소가 누워있는 형국이라 우와(牛臥)라 부르게 되었다. 쏘악재 윗산이 소머리 부분이고 현재 저수지 자리가 소여물통에 해당하는데, 이곳에 저수지를 파고 나니 가난했던 마을이 잘 사는 마을로 바뀌었다고 한다.

-『구례군지下』

12. 둔사리(屯寺里)

◉ 둔기(屯基) 마을

분류 : 〈형국〉

동쪽을 바라보면 지형상은 활의 시위대의 손잡이에 속한다.

-『구례군지下』

■ 선바위골

분류 : 〈형국〉

선바위가 있는데 지형상 활촉에 속한다.

-『구례군지下』

■ 수리봉

분류 : 〈물형〉

수리같이 생겼다고 한다.

─ 『구례군지下』

■ 새자골

분류 : 〈물형〉

묏자리를 잡을 때 새가 날아가는 형상이라 붙여진 이름이다.

─ 『구례군지下』

■ 새굽이터기

분류 : 〈단맥〉

중국의 이여송이가 큰 인물이 날 혈이라 하여 세 번을 끊었다 하여 붙여진 이름이다.

─ 『구례군지下』

■ 엄지정골

분류 : 〈설화〉, 〈단맥〉

옛날 둔기가 생기기전 다먼이란 마을이 있었는데 잘 사는 마을이었다. 어느 날 스님이 지나는데 중에게 시주를 하지 않고 잡아서 골탕을 먹이니 도사인 중이 괘씸하게 여겨 마을의 줄기인 엄지정골 등선을 자르면 더 좋은 것이라 하는 말을 믿고 마을 주민들이 혈을 잘랐다. 그 뒤로는 마을이 망하여 없어지고 현재의 둔기가 생기게 되었다는 전설이다.

─ 『구례군지下』

◉ 상무(上霧) 마을

분류 : 〈형국〉

방향은 남쪽을 바라보고 있으며 풍수지리상 거미형을 닮아 거미혈이라 나무를 많이 심어야 번창하다는 설이 있다.

-『구례군지下』

◉ 상신(上莘) 마을

분류 : 〈형국〉, 〈명당〉

꽃정이라고도 불렀다. 풍수지리설에 의하면 화심이라는 명당이 있어 붙여진 것이라고 한다. 동쪽과 남쪽을 향하여 마을이 형성되었는데, 풍수지리상 뒷산이 꽃봉우리여서 꽃봉이라고도 부른다.

-『구례군지下』

(附)구례의 비기

■ 사대지(四大地)

분류 : 〈형국〉, 〈도참〉

1. 계족산(繼足山)의 계명(鷄鳴)에 구우(九宇)의 동명서(東溟曙)
2. 마산리의 마시(馬嘶)에 삼추(三秋)의 북안비(北岸肥)
3. 용두리의 물돌이에 힘차게 올라와 용이 노닐고 웃는 곳[水回拳上龍戱笑]
4. 파도리의 닭 밝은 데 배꼽 아래 꽃이 다투어 나는 곳[月明臍下花爭飛]

— 『구례군지中』

■ 입모봉(笠帽峰)

분류 : 〈형국〉, 〈명당〉

남해 해룡(亥龍) 12절과 내산의 장군대좌의 둔산재[屯山嵧]의 비룡등공(飛龍登空)은 모두 감여가(풍수가)가 칭찬하는 곳이다.

— 『구례군지中』

■ 금환낙지(金環落地)

분류 : 〈형국〉, 〈도참〉

"백운지리(白雲地理) 천리상봉지처(千里相逢之處) 유대지왈(有大地曰) 금환낙지(金環落地)"란 기록은 어느 때인지는 모르나 감여가(堪輿家)들이 믿어온 비결이다.

소백산 일맥이 덕유산에서 한 가닥 남으로 달려와서 지리산을 이루고 한 가닥은 서로 달려가서 노령산(盧嶺山), 모악산(母岳山), 내장산(內臟山)

을 이루고 다시 남으로 달려가니 영암 월출산을, 동남으로 달려가서 장흥 웅치를 거쳐서 동북으로 역류하여 순천 조계산을 이루고 또 동북으로 송 원치를 이룬 다음 동으로 달려가서 백운산을 이루고 거기서 북으로 지리 산을 바라보고 섬진강을 격하여 우뚝 머물러 서 있는데 이것이 만만천여 리를 달려온 것이다.

1931년 당시의 조선총독부 촉탁 무라야마 지준(村山智順)이 저술한 『조 선의 풍수』에 따르면, "비기에 전라남도 구례군 토지면 금내리 및 오미리 부근일대의 어딘가에 금구몰니(金龜沒泥), 금환낙지, 오보교취(五寶交聚) 인 3개의 진혈이 있다.(이상 세 개를 상대·중대·하대라 말하며 하대가 가장 좋은 길지라 함) 여기에 집을 짓고 살면, 노력을 하지 않고서도 천운 의 행을 얻어서 부귀영달을 뜻대로 할 수 있다."라고 하는 신앙에서였다.

이와 같은 신앙을 뒷받침하는 사증으로서 이곳에서 으뜸가는 고가인 유씨의 집이 있다. 이 집터는 현주하고 있는 유씨의 선대 유부천(柳富川) 이란 이가 약 300년쯤 전에 복거하였던 곳이고, 이 부천이라는 이는 이씨 도괴(李氏倒壞)를 꾀하여 거기서 서울까지 매일 저녁 구름을 타고 왕래할 정도로 방술에 능통하였기로, 좋은 풍수를 보아 집의 초석을 정하고자 하 였던 바. 의외에도 그곳에서 거북돌을 출토하였다. 그래서 비기에 이른바 금구몰니의 땅은 바로 여기 이 땅이라는 것이 확인되고, 그때부터 유씨는 번영을 계속하여 현재 이곳에서 제일가는 호가(豪家)이고 자산가로 되었 다는 것이다. 이 출토된 거북돌은 비기에 이른바 금구몰니의 금구는 현재 유씨가의 가보로 중장되고 있다. 그것은 어린이의 머리 크기인 거북 모양 의 돌덩이로서, 이것을 보관한 상자의 뚜껑에는 '숭정 기원후 3병신년 오 미동 와가 개기시 출토석. 임술 오월십일일 을사서[崇禎 三丙申年 五美洞 瓦家 開基時 出土石耳. 壬戌 五月十一日 乙巳書]'라고 씌어 있다.

－『구례군지中』

■ 구례

분류 : 〈물형〉, 〈지명〉

구례를 옛날에는 봉성(鳳城)이라 했다. 구례읍의 뒷산이 봉의 모습이기 때문이다.

-『구례군지中』

■ 도선국사비기

두로다 구경하고 求禮로 너머가니 頭流山 地盡處의 土沃田良ᄒᆞ여구나. 九萬里 노픈 山이 九萬大川 配合ᄒᆞ니 城郭이 緊固ᄒᆞ야 完福之地되것구나. 그 아래의 五龍歸巢 陰陽宅이 俱吉ᄒᆞ다. 文章才士만이 나고 湖南의 名勝地라. 瘴毒이 몯이 나니 어의 때나 回還할고. 貪狼星下 前後左右 낫낫시 珠玉이라.

山을 따라 올라가니 帝座 하나 노여구나. 水口 藏鎖緊이 ᄒᆞ고 明堂이 平滿ᄒᆞ니 世上에 드문 보내 그 뉘라서 알아볼고. 穴上의 올라보니 端正이 안진거동 一点塵 업셔스니 奇奇妙妙 하거구나. 그 밧기 나문 穴은 어이다 말할소냐.

제3부
하동군 풍수 자료

하동읍(河東邑)

1. 흥룡리(興龍里)

◉ 먹점(墨店) 마을

분류 : 〈형국〉, 〈지명〉

마을 앞산의 물형을 등잔(燈盞)설[등잔혈]이라 하고 섬진강 건너 광양 시 다압면의 물형을 필봉(筆峯)이라 하는데, 이에 대칭되는 문방사우의 품격을 갖추기 위해서 먹점이라 불렀다고 한다. 또 옛날에 먹을 생산한 마을이기에 먹점이라 하였다는 설도 있다.

- 『하동군지명지』

■ 송장등

분류 : 〈물형〉, 〈지명〉

구자봉에서 내려온 산등성이가 마을 앞에서 머물었는데 그 물형이 시체 같다 하여 불러진 이름이다.

－『하동군지명지』

■ 상두봉(喪頭峯)

분류 : 〈물형〉, 〈지명〉

일명 향로봉 산등성이 물형이 상여와 같다하여 불러진 이름이다.

－『하동군지명지』

■ 말똥바구

분류 : 〈형국〉, 〈명당〉, 〈지명〉, 〈묘지〉

마을회관에서 동쪽 등 건너 어름재에 말똥바구와 계똥바구라는 큰바위가 있고 큰 바위위에 또 하나의 바위가 얹혀있다. 이 바위는 명당설이 전해오는 바위로 의령 여씨는 바위의 생김새가 말똥같다 하여 말혈[馬穴]에 선산을 잡아 대성했고, 달성 서씨는 게혈[蟹穴]을 보고 송장등 위쪽에 선산을 잡았다고 한다.

－『하동군지명지』

◉ 흥룡(興龍) 마을

분류 : 〈형국〉, 〈지명〉

마을을 둘러싸고 있는 산세가 섬진강 건너 광양시 백운산을 바라보며 도강(渡江)하는 용의 모습 같다하여 마을 이름을 흥룡 일명 흑룡(黑龍)이라 불렀다 한다.

－『하동군지명지』

■ 와룡 폭포

분류 : 〈형국〉

일명 흥룡 폭포라고 한다. 폭포를 위에서 내려다보면 마치 용이 구슬을 입에 물고 누워있는 형국이다.

-『하동군지명지』

■ 갈마정(渴馬亭)

분류 : 〈형국〉, 〈명당〉

여기는 풍수설에 갈마음수지지(渴馬飲水之地)의 명당이 있어 지금도 지사의 출입이 잦다고 한다.

-『하동군지명지』

◉ 호암(虎岩) 마을

분류 : 〈형국〉, 〈명당〉, 〈지명〉

호암은 일명 범바위골이라 하는데 풍수설에 의하면 엎드린 범의 형국을 갖춘 명당자리 세 개소가 있다고 한다. 이 명당자리를 삼복호라 하고 또 바위가 많아 천연적 요새를 이루어 마을 이름을 호암이라 하였다 한다.

-『하동군지명지』

■ 삼복호(三伏虎)

분류 : 〈형국〉, 〈명당〉, 〈묘지〉

풍수설에 의한 세 개소의 명지이다. 범이 먹이를 노려보고 엎드려 있는 물형으로 바위와 바위사이에 있는 음택인데, 그중 두 곳은 박씨의 선산이고 한 곳은 악양의 손씨 선산이다.

-『하동군지명지』

2. 화심리(花心里)

◉ 선장(仙掌) 마을

분류 : 〈지명〉

풀잎산을 진산으로 하고 유유히 흐르는 섬진강이 감도는 양지바른 마을이다. 1969년에 준공한 화심제방 설치 이전에는 마을 바로 앞이 포구였음으로 배가 닿는 나루라는 뜻으로 선장(船場)이라 하였는데 도참설에 의하여 선장(仙掌)으로 글자가 바뀌었다 한다.

— 『하동군지명지』

□ 설화 「할미바위」

분류 : 〈물형〉, 〈설화〉

마을 동쪽 산 능선에 있다. 생김새가 늙은 할머니의 구부러진 허리모양 같다하여 붙여진 이름이라 한다.

구전되는 전설에 의하면 옛날에 할미 바위가 화심동을 여자로 여기고 구룡정을 남자로 여겨 중매를 섰다고 한다. 얼마나 의좋게 살 것인가를 능선에서 지켜보고 있었다. 할미바위가 고개를 돌려 바라보는 곳은 반드시 부자가 된다고 한다. 그래서 할미바위는 화심쪽을 바라보고 있었는데 화심 마을에서 만석 부자가 났다. 이후에 어쩐 일인지 할미바위는 선장쪽으로 고개를 돌리니 선장 마을에서 부자가 쏟아졌다. 그런데 지금은 화심과 구룡정이 서로 헤어져 할미바위의 심기를 어지럽혀 속이 상한 할미바위는 만지 쪽으로 고개를 돌려 버렸다 한다. 때문에 앞으로 만지에서 부자가 나고 번창할 것이라는 전설이 전해온다.

— 『하동군지명지』

◉ 화심(花心) 마을

분류 : 〈형국〉, 〈지명〉

풀잎산을 진산으로 하고 남쪽으로는 섬진강을 굽어보는 따뜻한 양지에 자리하고 있다. 1750년경에 의령 여씨가 이곳에 정착하고 마을 이름을 광비골[光碑嶝] 또는 화심(和深)이라 하였는데, 1872년 풍수설에 의하여 화심(花心)으로 개칭했다 한다.

- 『하동군지명지』

3. 두곡리(豆谷里)

◉ 고서(古書) 마을

■ 황새봉

분류 : 〈형국〉, 〈비보〉, 〈지명〉, 〈설화〉

마을 앞에 산봉우리 이름이다. 일명 필봉이라고도 한다. 그 모양이 학처럼 생겨서 붙여진 이름이다. 옛날에 마을에 재해가 발생하였는데, 어느 날 지나가던 도사가 이르기를 황새는 고동을 좋아하니 '황새봉'이라는 앞산 이름을 고치라는 말을 남기고 떠났다. 마을 주민이 도사의 말에 따라 산 이름을 필봉이라 고쳤더니 그 후 재해가 없어졌다고 한다.

- 『하동군지명지』

■ 새품

분류 : 〈형국〉, 〈명당〉

마을 동쪽에 있는 들이다. 풍수설에서 말하기를 새가 알을 품은 명당이 여기에 있다한다.

- 『하동군지명지』

◉ 두곡(豆谷) 마을

■ 남당산

분류 : 〈물형〉

두곡리와 화심리의 경계선 역할을 한 산줄기다. 생김새가 고래 등 같았다고 한다,

─ 『하동군지명지』

■ 안장설 몬당

분류 : 〈물형〉

마을 뒷산 봉우리인데, 산봉우리의 물형이 말안장 같다하여 부르는 이름이라 한다.

─ 『하동군지명지』

■ 돌꽂몽

분류 : 〈물형〉, 〈지명〉

산세의 모형이 옛날에 삼베길삼 할 때 실을 나루는 사각형의 돌꼬지 같아서 이름 붙였다.

─ 『하동군지명지』

4. 읍내리(邑內里)

◉ 중동리(中洞里) 마을

■ 신선암과 구경암

분류 : 〈물형〉

중동 마을의 뒷산 능선에 커다란 바위 두 개가 나란히 앉아 있다. 한쪽 바위에는 신선이 내려와 바둑을 두고 또 한쪽 바위에서는 사람이 모여들어 구경을 하는 것 같다.

- 『하동군지명지』

● 서교리(西校里) 마을

■ 갈마산(渴馬山)

분류 : 〈형국〉, 〈지명〉

향교 뒷산의 총칭이다. 도참설에 의하면 목마른 말이 물을 먹는 갈마음수의 형국이라 하는데, 지명 또한 여기서 유래하였다.

- 『하동군지명지』

● 부용리(芙蓉里) 마을

분류 : 〈형국〉, 〈명당〉, 〈지명〉

부용(芙蓉)과 연화(蓮花)는 그 뜻이 같은 연꽃을 상징하는 이름인데, 이 마을에 연화도수(蓮花倒水)라는 명당이 있어 이 이름을 붙인 것으로 보인다.

- 『하동군지명지』

■ 두꺼비 바위

분류 : 〈물형〉, 〈지명〉, 〈의례〉

두꺼비를 닮은 큰 바위가 있는데 이 바위가 마을 보호하기 위해 하루 종일 지켜보고 있다고 한다. 옛날에는 마을 주민이 협동하여 당산제를 지냈다고 하는데 지금도 이 바위 밑에 촛불을 켜고 공을 들이는 사람이 많다.

- 『하동군지명지』

● 연산리(蓮山里) 마을

■ 안장실

분류 : 〈물형〉, 〈지명〉

산봉우리의 생김새가 말안장과 같다하여 붙여진 이름이다.

－『하동군지명지』

■ 목탁봉

분류 : 〈물형〉, 〈지명〉

산의 생김해가 목탁같이 둥글다하여 붙여진 이름이다. 1973년경 보문
암이란 암자가 들어서서 목탁소리가 끊이지 않으니 기이한 인연이라고
한다.

－『하동군지명지』

■ 남사당터와 여사당터

분류 : 〈명당〉, 〈주택〉

여기에 집을 지으면 번성하고 특출한 인재가 배출될 것이라 하였는데
1985년에 하동중앙 중학교가 여기에 터를 잡고 교사를 이건하였다.

－『하동군지명지』

5. 광평리(廣坪里)

● 광원(光院) 마을

□ 설화 「비봉포(飛鳳浦)와 도깨비터」

분류 : 〈명당〉, 〈설화〉, 〈묘지〉

광원 마을에는 비봉포라는 명당자리와 도깨비불에 관한 이야기가 구전되어 온다.

이 마을에서 어렵게 살던 서(徐)씨 문중이 그 선조의 유골을 여기에 매장한 이후 가세가 번창해지고 특출한 인물이 태어나 마을 사람들의 부러움을 사게 되었다. 서씨의 선산이 명지라는 사실을 알게 된 다른 성씨를 가진 사람이 그의 선조를 여기에 암장하기로 하였다. 그래서 좋은 날을 잡아 그날이 오기를 기다렸다. 드디어 암장할 날이 왔는데 날씨가 저물 때쯤부터 갑자기 시커먼 구름이 몰려오고 음산한 바람이 불기 시작하였다. 해가 저문 뒤 암장하는 사람이 서씨 선조의 묘를 파기 시작하였다. 드디어 서씨 조상의 관을 파고, 김씨 선조의 유골을 매장하려는 순간 서씨 선조의 유골이 있던 곳에서 하얀 연기가 뿜어 오르면서 황새가 날아가는 것이었다. 참으로 신기한 일이 아닐 수 없었다. 그런데 그때 갑자기 하늘에서 천둥이 울리며 묘위에 있던 바위에 벼락이 치니, 두 쪽으로 갈라진 바위 한쪽이 파놓았던 구덩이에 뚝 떨어져 박히면서 묏자리를 덮어 봉해 버리니 애써 찾은 명당자리는 바위에 눌려 찾을 길이 없게 되었다. 그래서 이 명당지는 봉새가 날아갔다 하여 비봉포라 전해온다.

서씨 가문의 묘역에는 명당자리 때문에 암장된 묘가 많으며 이 암장된 묘의 영혼들이 명당자리를 차지하지 못해 원통한 나날을 보내면서 밤이면 도깨비가 되어 나타난다 하여 그곳을 '도깨비터'라 불러왔다.

- 『하동군지명지』

◉ 남당(南堂) 마을

■ 불무골

분류 : 〈물형〉, 〈지명〉
산등성이의 생김새가 대장간의 불무를 닮았다고 한다.

- 『하동군지명지』

■ 비봉터

분류 : 〈형국〉, 〈지명〉

풍수설에 따라 봉황이 나는 형국이라 하여 주어진 이름인데 후대에 와서 말이 변해 빗터라고도 한다.

－『하동군지명지』

6. 비파리(琵琶里)

◉ 비파 마을

분류 : 〈물형〉, 〈지명〉

마을 생김새가 몽고의 악기인 비파를 닮았다 하여 붙여진 이름이라는 설도 있고, 마을 뒤편 음달 쪽에 숲이 울창하여 그 숲속에 각종 날짐승이 서식했다 하여 비아(飛鵝)섬이라 했다고도 한다. 또 바다에 떠 있는 배와 같다 하여 배섬이라고도 한다.

－『하동군지명지』

■ 코뜨레 들

분류 : 〈물형〉

들판의 생김새가 소의 코뚜레와 같은 형태라 하여 붙여진 이름이다.

－『하동군지명지』

◉ 화산(華山) 마을

분류 : 〈형국〉, 〈지명〉

화산 마을은 본래 마을 진산의 형국이 소와 닮았다고 하여 우치라 하였다.

－『하동군지명지』

■ 밥봉

분류 : 〈물형〉, 〈지명〉

식봉산(食峰山)이라 하였는데 제사상에 올린 밥같이 둥그렇게 생겼다
는 뜻이라 한다.

－『하동군지명지』

■ 구시골

분류 : 〈물형〉, 〈지명〉

골짜기 형국이 소에게 먹이를 주는 밥통 같다 하여 구시골이라 하였다
한다.

－『하동군지명지』

7. 신기리(新基里)

◉ 궁항(弓項) 마을

분류 : 〈형국〉, 〈지명〉

마을의 형국이 활과 같아서 붙여진 이름이다. 목도섬의 끝 동쪽 편에
위치하여 마을이 궁체와 같이 휘어졌고 마을 앞을 흐르는 횡천강(橫川江)
제방이 활의 현과 같다 하여 '할미기'라 하였다.

－『하동군지명지』

■ 큰골

분류 : 〈명당〉, 〈묘지〉

여기에 명당이 있다는 풍수설 때문에 묘터를 서로 잡으려고 다툼이 많
은 곳이라 한다.

－『하동군지명지』

◉ 상저구(上猪口) 마을

분류 : 〈형국〉, 〈지명〉

형국이 돼지의 윗턱과 닮았다 하여 붙여진 이름으로 일명 저기촌(猪基村)이라 부른다.

- 『하동군지명지』

8. 목도리(牧島里)

◉ 목도(牧島) 마을

■ 진등재

분류 : 〈형국〉, 〈지명〉

길이가 긴 뱀이 많이 있었다 하여 붙인 이름이라 한다. 속설에 의하면 마을 입구가 뱀의 입과 같은 형국이고 그 앞에 문도(文島) 마을이 두꺼비의 형국이라 한다. 그런데 섬진강의 홍수를 막기 위해 목도 제방을 쌓음으로써 그 제방이 뱀의 혓바닥이 되어 두꺼비에까지 뻗쳐 두꺼비를 잡아먹는 형국이 되었다 한다.

- 『하동군지명지』

■ 성지끝

분류 : 〈명당〉

풍수설에 의하면 여기에 대명지가 있어 인재가 많이 배출될 것이라 하였다.

- 『하동군지명지』

◉ 하저구(下猪口) 마을

분류 : 〈형국〉, 〈지명〉

마을의 형태가 돼지의 아래턱과 닮았다 하여 상저구의 대칭으로 하저
구라 하였다 한다.

－『하동군지명지』

■ 당그레산

분류 : 〈물형〉, 〈지명〉

섬진강 건너 광양시의 중섬 모양이 "곡식을 덕석에 널어 말리는 것"과
같고, 이 산등성이가 고무래(당그래) 같이 생겼다 하여 부르는 이름이라
한다.

－『하동군지명지』

■ 닭산골

분류 : 〈형국〉, 〈지명〉

닭이 알을 품은 형국이라 하여 붙여진 이름이라 한다.

－『하동군지명지』

화개면(花開面)

—

1. 부춘리(富春里)

◉ 검두(儉頭) 마을

분류 : 〈형국〉, 〈지명〉, 〈설화〉

원래 지명은 용두(龍頭)이다. 검두 마을과 앞들, 섬진강과 건너의 북섬과 옥녀봉 등 부근의 넓은 지형이 옥녀직금형(玉女織錦形)으로 옥녀(선녀)가 베틀에서 비단을 짜는 형상이라 한다. 주위의 지명들을 살펴보면, 검두 앞들의 건너산은 옥녀봉으로 옥녀는 옥황상제의 딸로 밤이면 지상으로 내려와 비단 짜기를 좋아했다. 너무 열중하여 해 뜨는 줄을 몰라 하늘로 돌아가지도 못하고 상제의 노여움으로 북통을 든 채로 산이 되었다한다. 옥녀봉과 앞의 작은 섬은 북섬이다. 옥녀봉 아래 마을은 비단을 짠다는 '직금(織錦) 마을－전남 광양시 다압면'이다.

검두의 원래 지명은 베틀의 '용두머리'였는데 일제가 칼로 용머리를 쳐

버렸다. 그래서 용두는 떨어지고 '칼머리[劒頭]'가 마을의 이름이 되었고, 일제는 새로운 이야기 하나를 지어냈다. 강건너 옥녀봉 남쪽 산이 말머리 같다하여 주민들이 '말상개'라 부름을 기화로 '장군봉(신선봉－검두 뒤편의 빼어난 바위산으로 힘과 기가 빼어난 장군봉이라고도 한다)'의 장군이 말(말상개산)을 세워두고, 북을 치는 옥녀 앞으로 칼춤을 추는 형상으로 마을이 칼머리에 해당함으로 '검두'라 한다고 했다. 그러나 칼끝에서 생활하는 것을 불안해 한 주민들은 수차례 일제에 진정하여 글자가 비슷하고 소리가 같은 '검소할 검'자로 바꾸어 '검두(儉頭)'가 되어 오늘에 이르고 있다.

－『하동군지명지』

2. 탑리(塔里)

◉ 원탑(元塔) 마을

■ 태봉(胎峯, 胎封)

분류 : 〈명당〉, 〈묘지〉

장터의 뒤쪽, 나지막한 산마루에 있다. 시대는 알려지지 않았지만 왕세자의 태를 봉안한 명당이라 한다. 지금도 석축의 흔적과 태실의 건물이 있었음을 증명하는 대량의 기와편이 흩어져 있다. 이곳도 여느 폐사지 같이 명당이라 하여 일반인의 묘지가 되었다.

－『하동군지명지』

■ 무산봉(舞山峯, 舞仙峯)

분류 : 〈형국〉

가탄의 동남쪽에 있는 산으로 선비가 춤추는 형상이라 한다.

－『하동군지명지』

3. 삼신리(三神里)

◉ 법하(法下) 마을

■ 새동네(반달동)

분류 : 〈물형〉, 〈지명〉

법하의 남쪽에 생긴 동네로 지형이 반달 같이 생겼다하여 반달동이라
고도 한다.

－『하동군지명지』

4. 정금리(井琴里)

◉ 정금(井琴) 마을

분류 : 〈형국〉, 〈지명〉

정금의 원래 이름은 가야금을 탄다는 '탄금(彈琴)'이다. 정금은 '옥녀탄
금형(玉女彈琴形)', 즉 옥녀가 가야금을 타는 지형으로 되어 있다고 한다.
마을 뒷산이 옥녀로 옥녀봉이다. 마을 앞의 들판, 특히 다리의 북쪽 들판
에 드문드문 있는 큰 바위들은 거문고 위의 기러기 발[雁足]이고, 화개천
과 수평으로 나 있는 논두렁들은 가야금의 12줄이니. 앞들 전체가 가야금
인 셈이다. 그러나 언제부터인지 가야금을 연주한다는 탄금(彈琴)이 정금
(停琴)으로, 다시 정금(井琴)으로 바뀌게 되었다.

－『하동군지명지』

5. 용강리(龍岡里)

분류 : 〈형국〉, 〈지명〉

용강리는 크게 용강 마을이 있는 곳과 닭과 지네에서 유래한 지명의 마을들로 양분할 수 있다. '지네산' 아래에 '맥전(麥田)'과 '화랑수(花浪水)'가 있고 화개천 건너편에 '계원(鷄原)', '모암(牟巖)'이 있다. 닭과 지네는 천적으로 닭설(닭혈－지형이 닭의 형상)인 모암을 화개천 건너의 지네가 노려보고 있는 형세라 한다. 여기서 닭이라 함은 이곳에 사는 주민들을 말한다.

－『하동군지명지』

◉ 용강(龍岡) 마을

분류 : 〈형국〉, 〈지명〉, 〈설화〉

운수리 석문마을 건너편 마을이다. 산촌인 화개에서 평평한 전답에 주민들이 모여 산다 하여 '평뱀이'로 불리었다.

옛날 쌍계사의 연못(진감선사 비석 앞에 있었다.)에 불기운이 비치면 건너 산에 구름이 일고 비가 서리고 무지개가 서곤 하였다. 그래서 쌍계사 스님들은 건너편, 구름이 항상 서리어 있는 곳에 용(龍)이 산다고 하였다. 구름이 일고 무지개 서는 곳을 '무지개 골'이라 하고 마을 이름은 산등성이에 용이 산다하여 '용강(龍岡)'이라 했다. 특히 마을의 남쪽 도로변에 위치한 아래뜸을 용이 누워있는 형국이라 하여 '와룡동'이라 부른다.

－『하동군지명지』

■ 수리봉

분류 : 〈물형〉, 〈지명〉

윗 늦은목 건너에 있는 험한 바위로 이루어진 봉우리이다. 수리는 수리매[鷲鷹] 과의 새로 매보다 크고 솔개같이 힘이 세다고 한다. 용강·석문은 제일 가까운 이웃이지만 때로는 경쟁 관계이다. 용강 사람들은 수리봉이 있는 용강이 매봉[鷹峯]이 있는 석문을 이긴다고들 한다.

-『하동군지명지』

◉ 모암(牟岩) 마을

■ 지네산

분류 : 〈형국〉, 〈지명〉

모암 부락 건너, 화개천 동쪽에 있다. 작은 봉우리들이 이어져 있어 지네가 기어가다가 고개를 들고 모암 부락을 건너다보는 형상이다.

-『하동군지명지』

■ 일산봉

분류 : 〈형국〉

맥전부락의 뒤편에 있다. 지네산의 제일 높은 봉으로 지네의 머리에 해당한다. 수 그루의 당산나무와 묘가 있다. 주민들은 '일산백이'라 부른다.

-『하동군지명지』

■ 계원(鷄原)

분류 : 〈형국〉, 〈지명〉

용강의 북쪽(모암의 남쪽)에 있는 마을이다. 지네산 머리 부분(일산봉)의 정면에서 비켜있어 닭들이 모여 놀만한 곳이라 하여 '계원'이라 한다. 따뜻하고 사람이 살만한 곳이다.

-『하동군지명지』

■ 우와(牛臥)들

분류 : 〈형국〉, 〈지명〉

계원 마을의 앞들이다. 소가 누워있는 형국이라 한다.

-『하동군지명지』

■ 모이골·모사골

분류 : 〈형국〉, 〈지명〉

모암에서 황장산 가는 중간 계곡을 모이골 혹은 모사골이라 부른다. 모이골은 지네산의 독기를 피해 모이(양식)을 저장할 만한 곳이라 하여 이름 붙였다 한다. 모사골은 옛날 모사(牟寺)라는 절이 있었다 하여 이름 하였다.

-『하동군지명지』

■ 닭 나들이

분류 : 〈형국〉, 〈지명〉

화랑수 구름다리 앞에 있는 모암 마을의 출입로이다. 지네산의 독기를 피해 닭(주민)들이 드나드는 곳이다. 주민들은 '당나드리'라 부른다.

-『하동군지명지』

6. 범왕리(凡旺里)

◉ 신흥(新興) 마을

■ 신흥사지의 부도 밭과 부도

분류 : 〈형국〉, 〈설화〉, 〈단맥〉

신흥사지에는 두 기의 부도가 있다. 하나는 학교의 왼쪽 뒤편 풀밭에 쓰러져 있는 석종형(石鍾型) 부도이다. 다른 하나는 학교의 오른쪽 끝의 밭에 있었다. 그래서 주민들도 부도와 밭을 함께 '부도밭'이라 불렀다. 이 부도는 신흥-벽소령 간의 군사 작전도로를 개설하면서 공병대의 불도저에 의해 냇가로 떠밀려 묻혀버렸다. 이후 큰 홍수 때, 부도의 몸통이 신흥 다리까지 굴러 와서 주민들이 건져 다리 곁 도로에 방치하였다.

이 두 기의 부도와 신흥사의 폐사에 관한 이야기가 전한다. 신흥사의 풍수상 지형은 '금계포란형(金鷄抱卵形-닭이 알을 품고 있는 지형)'인데 어미닭의 날개에 해당하는 양쪽 두 곳에 무거운 석종(石鍾-부도)으로 눌러 버렸으니 신흥사의 폐사는 예견된 일이었다 한다.

－『하동군지명지』

◉ 범왕(凡旺) 마을

■ 날라리봉

분류 : 〈물형〉, 〈지명〉

삼도봉을 주민들은 날라리봉이라 부른다. 부근의 지형을 보면 삼도봉 이 여자의 성기에 해당하는 곳이라 한다. 적당한 이름을 찾지 못하다가, 부근에 지보초가 군생하므로 '지보봉'이라 하였다. 여자의 성기를 거꾸로 한 이름으로, 너무 외설적이다 하여 '날라리봉'으로 개명하였다.

－『하동군지명지』

■ 통꼭봉

분류 : 〈물형〉, 〈지명〉

불무장등 능선이 있다. 높이 905m의 작은 바위들로 이루어진 봉우리이다. 정유재란(1597년) 때 부근의 의병과 승군들이 이곳에 올라와 패전의 슬픔으로 통곡하여 '통곡봉'이라 한다. 또 하나 전하는 지명유래는 '날라리봉'과 같은 것으로 지형이 여자의 젖꼭지에 해당하므로 '통꼭점'이라 부른다고 한다.

－『하동군지명지』

7. 대성리(大成里)

⦿ 단천(檀川, 丹川) 마을

■ 사리암(沙耳菴), 고사암(古沙菴), 송대(松臺)

분류 : 〈명당〉, 〈묘지〉

이 세 마을은 신흥 부락과 단천 계곡의 중간쯤 되는 선유동 계곡의 수계에 있었다. 선유동 계곡의 하류에 송대가 있었는데 최근까지 주민이 독가촌(獨家村)으로 살아, 집터 등이 그대로 남아 있다. 선유동 계곡의 남쪽 수계에는 '고사'가 있었고, 북쪽 계류에는 사리암 마을이 있었다. 두 마을 모두 이름에서 알 수 있듯이 사찰은 폐사가 되고 화전민 등이 모여 살게 되면서 형성된 산골 마을들이다. 두 곳 모두 농경지와 마을의 석축, 감나무 등의 유실수와 대나무밭 등이 그대로 남아 있다. 특히 사리암에는 지금도 석종형의 부도 1기가 남아 있다. 최근까지 있던 또 다른 부도 1기는 밀반출 되어 없어졌고, 지금 남아있는 부도도 좌대(座臺)에서 떠밀려 계곡에 처박혀 있다. 부도자리에는 어느 집안의 묘인지 모르지만 묘가 자리 잡고 있다. 대부분 폐사지나 고승의 부도자리는 명당이라 하여 민간인들이 다투어 자신들의 선조의 묘를 썼다.

－『하동군지명지』

⦿ 의신(儀信, 儀神) 마을

■ 영신대(靈神臺)

분류 : 〈명당〉

영신봉 아래 영신사가 있던 곳을 말한다.

노고단 쪽의 문수대(文殊臺)·차일봉의 종석대(鍾石臺－牛翻臺·觀音臺라고도 함)·반야봉 쪽의 묘향대(妙香臺)·정령치 쪽의 만복대(萬福臺)·

함양 삼정산의 상무주암대(上無住庵臺) 등과 함께 영신봉의 영신대는 지리산 8대(臺) 중에서 첫째로 꼽혀지고 있는 명당 중의 명당으로 알려지고 있다. 지금도 기도객과 풍수에 관심이 있는 이들의 발길이 끊이지 않는다.

-『하동군지명지』

■ 영신사(靈神寺)

분류 : 〈명당〉

세석의 영신봉 서남쪽 아래에 있었다. 영신봉·영신대 등의 지명이 영신사 때문에 생겼다.

영신사는 가섭을 모신 절로 세조대왕의 원찰이었다. 좌과대, 옥천샘, 탑 등이 있었으나 지금은 흩어진 기와장과 절터, 시내와 옥천샘만 남아있다. 지리산 최고의 수행처, 명당으로 소문이 나서 치성을 드리는 무속인들의 성지로 바뀐 것 같다.

-『하동군지명지』

악양면(岳陽面)

—

—

■ 악양(岳陽)의 소상팔경(瀟湘八景)

분류 : 〈승지〉

악양은 북으로 지리산을 등에 업고 그 지맥이 병풍처럼 둘러 있으며 악양천이 섬진강으로 유입하는 넓은 평야가 있으니 그야말로 산고수장(山高水長)하고 지평(地平)한 승지(勝地)의 고장이다.

또한 두류산하(頭流山下) 청학비지(靑鶴秘地)의 세 청학동의 하나가 악양 매계를 중심으로 펼쳐진다고 한다.

－『하동군지명지』

1. 미점리(美店里)

◉ 개치(開峙) 마을

■ 갈마정(渴馬亭)

분류 : 〈형국〉

개치마을 동남쪽에 있는 등성이다. 목마른 말이 물을 마시는 형국이다.

-『하동군지명지』

2. 신대리(新岱里)

◉ 상신대(上新岱) 마을

■ 바랑-골

분류 : 〈물형〉, 〈지명〉

상신대 북쪽에 있는 골짜기인데, 중이 바랑을 진 형국이다.

-『하동군지명지』

■ 사마실[死馬谷, 삼화실]

분류 : 〈물형〉, 〈지명〉

상신대 동쪽에 있는 골짜기인데, 죽은 말의 형국이다.

-『하동군지명지』

3. 신성리(新星里)

◉ 성두(星斗) 마을

분류 : 〈물형〉, 〈지명〉

마을 앞들에 고인돌이 북두칠성 별자리처럼 놓여 있었다는 지형적 조건에서 유래된 것으로 추정된다.

-『하동군지명지』

■ 구시-새미

분류 : 〈물형〉, 〈지명〉

성두 중앙에 있는 우물이다. 구시(구유)처럼 생겼다.

-『하동군지명지』

4. 신흥리(新興里)

◉ 하신흥(下新興) 마을

■ 다리목

분류 : 〈물형〉, 〈지명〉

하신흥 남쪽에 있는 마을이다. 말다리[馬足] 형국이라고 한다.

-『하동군지명지』

■ 용물곡

분류 : 〈형국〉, 〈지명〉

하신흥 동북쪽에 있으며 갈룡입수(渴龍入水) 형국이라 한다.

-『하동군지명지』

■ 체바귀 골

분류 : 〈물형〉, 〈지명〉

하신흥 후에 있으며 체바귀처럼 생긴 형국이다.

-『하동군지명지』

■ 수용산

분류 : 〈형국〉

하신흥 북쪽에 있는 봉우리로 용이 버드나무 숲속에 숨어 있는 형국이다.

-『하동군지명지』

◉ 상신흥(上新興) 마을

■ 진까골

분류 : 〈형국〉

지네형국[蜈蚣形局]이다. 신흥리 앞산에 있는 재로 0.8㎞의 오르막길이다.

-『하동군지명지』

5. 중대리(中大里)

◉ 상중대(上中大) 마을

■ 소마구골

분류 : 〈물형〉, 〈지명〉

상중대 동북쪽에 있는 골짜기인데, 지형이 마구간처럼 생겼다.

-『하동군지명지』

■ 자봉골(自縫谷)

분류 : 〈형국〉, 〈지명〉

상중대 동북쪽에 있으며 부인이 바느질을 하는 형국이다.

-『하동군지명지』

6. 동매리(東梅里)

분류 : 〈형국〉, 〈지명〉

동국 설중매의 형국[東國雪中梅之形局]이라 해서 동(東)자와 매(梅)자를 따서 지어진 이름이다.

마을이 형성된 지 3~4백년 쯤 된다고 한다.

본래 진주목 악양현의 지역으로서 외딴 산이 있으므로 독산(犢山) 또는 동매라 하였는데, 숙종 28년(1702년)에 하동으로 편입되고, 1914년 행정구역 개편 시 동매와 평촌(坪村)을 합해 동매리가 되었고, 현재는 동매, 평촌 마을로 구성되어 있다.

-『하동군지명지』

◉ 평촌(坪村) 마을

■ 수리덤

분류 : 〈물형〉, 〈지명〉

평촌 서북쪽에 있는 더미인데, 수리가 앉아 있는 형국이라 한다.

-『하동군지명지』

7. 매계리(梅溪里)

◉ 매계마을

■ 연소정이(燕巢)

분류 : 〈형국〉, 〈지명〉

매계 서남쪽에 있는 골짜기로 제비집의 형국이다.

-『하동군지명지』

8. 정동리(亭東里)

◉ 부계(鳧溪) 마을

■ 노리목

분류 : 〈물형〉, 〈지명〉

부계 동쪽에 있는 골짜기로 노루가 뛰어가는 형국이다.

- 『하동군지명지』

9. 정서리(亭西里)

◉ 상신(上新) 마을

■ 꽃매[花峯]

분류 : 〈물형〉, 〈지명〉

상신 마을 북서쪽에 있는 골짜기다. 꽃 모양으로 묘하게 솟아 있다. 일명 화봉(花峯)이라 한다.

- 『하동군지명지』

◉ 정서(亭西) 마을

■ 성제봉(聖帝峯)

분류 : 〈단맥〉

산의 정기가 좋아 일본인이 인물이 나지 못하도록 맥을 끊었다는 이야기가 전해온다.

- 『하동군지명지』

10. 봉대리(鳳臺里)

◉ 봉대(鳳坮) 마을

■ 공서등(公鼠嶝)

분류 : 〈형국〉, 〈지명〉

원봉대(元鳳坮) 남쪽에 있는 작은 평평한 산이다. 예전에 봉황대가 있었고 '공시동'이라고도 부른다. 또 다른 재미있는 내용은 공서등의 '서(鼠)' 자가 서생원으로서 저 건너편 비까리(하신대)를 향하여 쥐가 먹이를 먹는 형국이라 하여 '공서등'이라고도 한다.

또한 공서등과 더불어 파생된 비까리의 명칭도 이 때문인 듯하다. 하신대의 형국이 공서등의 쥐먹이로서 볏가리 형국을 하고 있다.

— 『하동군지명지』

11. 평사리(平沙里)

◉ 상평(上平) 마을

■ 반디골

분류 : 〈물형〉

반디형으로 생긴 형국이다. 옛날에는 삼십여 호의 마을이 있었으나 마을 앞을 도로가 생긴 후로 마을이 없어졌다.

— 『하동군지명지』

적량면(赤良面)

—

1. 관리(舘里)

◉ 죽치(竹峙) 마을

— 대티

▪ 안산

죽치 본동의 앞산이고 아랫 대티의 뒷산이다.

— 『적량면지』

◉ 금강(錦江) 마을

분류 : 〈형국〉, 〈명당〉

소재[牛峙]를 소가 누워있는 형상이라 하고 금강등(錦江嶝)을 소의 귀라
한다.

관동 뒷산 돌땡이 정상에서 금강 마을 뒤 금강등까지 뻗어 내려온 지형이 우이형(牛耳形)이라 소의 귀밑에 마을이 형성되어 있다하여 금강 마을 내 귀밑에 가 있고 귀볼을 금강등이라 부르고 있다.

―『적량면지』

옛말에 금강은 산수가 수려하여 풍류에는 좋으나 마을의 터가 세다 하여 혼자 사는 사람이 많이 난다 하는 일설이 있으나 금강마을에서 지금은 많은 인재가 배출되고 있다.

―『적량면지』

■ 귀밑태

분류 : 〈물형〉, 〈지명〉

뒤편을 감싸고 있는 산의 모양이 귀와 같다고 하여 붙여진 지명이다.

―『하동군지명지』

■ 귀밑

분류 : 〈형국〉, 〈지명〉, 〈설화〉

풍수설에 의하면 마을을 감싸고 있는 뒷산 모양이 소의 귀설[牛耳形]이라는 이야기와 마을의 형상이 사람의 귀와 같다하여 귀밑이라고 이름 지었다는 설이 있다.

이 마을에 욕심 많기로 소문난 한 부자가 살고 있었는데 이 부자는 문전 걸식자를 박대하기로 소문난 집이었다. 어느 날 스님이 찾아와 그 부자에게 이르기를 이 마을은 귀설이라 큰돌을 옮겨다 귀밑에 세우면 그러하지 않을 것이다 하여 그 부자는 큰돌을 옮겨다 마을 앞에 심었다고 한다. 그러나 그 말은 스님이 부자를 혼내주기 위해 한 것이었다. 심보 나쁜 부자는 결국 망하고 말았다. 그 뒤로 마을에서는 걸인을 문전박대하는 일이 없었다고 한다.

- 『적량면지』

◉ 관동(舘洞) 마을

■ 안산

관동마을 앞산이다. 당그레산 너머에 있다.

- 『하동군지명지』

◉ 율곡(栗谷) 마을[밤골, 방골]

■ 동와딩이

분류 : 〈형국〉

율곡 본동과 감나무골 사이에 있는 곳으로 예부터 3~4호가 살았다. 위에는 산이 높고 옆으로 산줄기가 내려 촌락이 대바구니 안처럼 포근하고 조용한 마을이었으나 지금은 그 흔적만 남아 있고 사람이 살지 않는다.

뒷산 주령(主嶺)이 송아지가 누워있는 형국이요, 등성이에 있다하여 독와등(犢臥嶝)이라 불리었다고 한다.

- 『적량면지』

■ 밤봉

분류 : 〈물형〉, 〈지명〉

아랫밤골 뒷산이요 윗밤골 바로 밑 산, 그 사이에 있는 산이다. 금강 쪽에서 율곡 쪽으로 바라보면 이 산이 밤 알 토리처럼 생겼다고 하여 밤봉이라 하고 그 밑에 있는 마을을 서풍낙율(西風落栗)이라 하여 아랫밤골이라 하였다고 한다.

- 『적량면지』

■ 매화골

분류 : 〈형국〉, 〈지명〉, 〈묘지〉

지형상 매화나무 꽃이 떨어진 형상을 하고 있다고 하여 붙여진 이름으로 지관들이 묏자리를 찾아 많이 왔다고 한다.

— 『적량면지』

2. 우계리(牛溪里)

분류 : 〈형국〉, 〈명당〉, 〈단맥〉

상고시대 형성된 마을로 추정되며 형태가 소가 누워있는 형세라 하여 풍수지리를 인용 우이실(牛耳室) 또는 우리실이라는 이야기가 있다.

지세가 좋아 인재가 많이 배출된다는 명소이다. 옛날부터 국가의 동량지재가 난다는 명당자리가 있으나 찾지를 못했고, 이를 안 일본인들은 인물이 나는 것을 막기 위해 길을 내고 산을 끊었다고 한다.

— 『적량면지』

◉ 원우(元牛) 마을

■ 우리실[우이곡(牛耳谷·牛耳室)]

분류 : 〈형국〉, 〈지명〉

소가 누워있는 형상이다. 우계리 곡내가 소의 귀처럼 생겼다하여 우이실 또는 우리실이라 부른다.

— 『적량면지』

■ 새장골

분류 : 〈형국〉, 〈지명〉

70년대 초까지 이곳에 김풍수가 살았다. 일설에 새장에서 새가 알을 품고 있는 형국이라 새장골이라 한다.

— 『적량면지』

■ 계골(곗골)·가재골·괴골[猫谷]

분류 : 〈형국〉, 〈지명〉

원우 마을 서북쪽에 있으며 원우 마을 참샘이 있는 곳이다. 상우 뒤 산을 쥐설이라 하여 고양이가 쥐를 잡으러 쫓아가는 형상이라 하여 괴골이라고도 하며 계설이라고도 하는데, 지금은 흔히 계골 또는 계재골이라 불리고 있다.

— 『적량면지』

■ 동네앞못·원우소류지(저수지)

분류 : 〈설화〉, 〈단맥〉

마을 앞에 있는 못이다. 옛날엔 조그만 못이었는데 일제 때 확장공사를 시작하여 해방되던 해 완공하였다.

옛날 이곳에 웅덩이 같은 조그만 못이 있었다고 한다. 이 마을에 중이 자주 찾아와 쌀들을 동냥하곤 했는데 너무 빈도가 잦아서 하루는 강씨 집에서 중을 잡아 대퇴를 메웠다고 한다. 그러고는 다시는 이 마을에 나타나지 말라고 내쫓았는데, 당한 중들은 너무 억울하고 분해 절에 돌아가 큰스님께 말씀 드렸다. 큰스님은 곧장 강씨 집을 방문해서 지세로 보아 마을에 큰 인물이 나고 부자가 되려면, 마을 앞에 있는 못을 메워야 한다고 주장했다. 그 이야기를 듣고 마을 사람들은 이 못을 메웠다고 한다. 그런데 그 뒤로 사람이 죽고 마을에 불이 나고 재앙이 끊이지 않았다. 중에게 속은 것을 알고 다시 못을 팠다고 한다.

— 『적량면지』

◉ 상우(上牛) 마을[밤밭촌]

분류 : 〈형국〉, 〈지명〉

이 마을은 지금도 밤밭촌이라 불리고 있는데 언제부터 이렇게 불렀는지 알 수 없다. 풍수지리설을 인용하여 마을 뒷산의 늙은 쥐가 밤밭에 내려오는 형[老鼠下田]이라 하여 밤밭골이라 불렀다고 한다. 지금도 상우 마을 건너 골을 괴골(계골)이라 하여 괴양이(고양이)설이라 하고 상우 마을 뒤 산을 쥐설이라 부르고 있다고 한다.

– 『적량면지』

■ 시루봉

분류 : 〈형국〉, 〈명당〉

국시루봉이라고도 하며 상우 마을 조래등 건너 산봉. 산봉우리 위에 있는 바위가 떡시루를 얹어놓은 모양과 같으며 쌀을 일어 시루에다 넣는 형국이라고도 하며, 버드재의 버드나무 가지에 꾀꼬리 집둥우리의 형국[柳枝鶯巢形]이라 명지라고 한다.

– 『적량면지』

◉ 서당(書堂) 마을

분류 : 〈명당〉

마을 뒤에는 시리봉의 웃나뱅이능과 뒷골 벌바위능이 이어 있고 좌청룡은 계골장능과 우백호는 도가리골 가못텅이 능과 이어있고 앞으로는 새까끔을 바라보고 있다.

– 『적량면지』

■ 배나무골

분류 : 〈형국〉

풍수지리학적으로 배나무꽃이 피어있는 형국이라고 한다.

- 『하동군지명지』

■ 새까끔

분류 : 〈형국〉

새가 둥지를 품고 있는 형태라 하여 붙여진 이름이다.

- 『하동군지명지』

◉ 괴목(槐木) 마을

분류 : 〈형국〉, 〈명당〉

마을 뒷산의 능선이 말이 뛰어 내려오는 형국이요, 마을 앞에는 '구슬 옥(玉)'자 같이 생긴 옥산이 있고, 그 밑에는 구재봉(龜在峯)에서 흘러 내려오는 시냇물이 있어 농경이 좋고, 마을 뒤에는 실꾸리에 실을 감아놓은 형국인 실봉이 있고 실을 감는 물레처럼 생긴 재가 있어 교통이 좋아 사람 살기 좋은 곳이라는 생각으로 여기에 정착했다고 한다.

- 『적량면지』

■ 옥산(玉山), 옥산기우단(玉山祈雨壇)

분류 : 〈형국〉, 〈지명〉

마을에서 마주 보이는 안산이다. 이곳에 기우단이 있었다고 한다. 산세를 보나 그 형태를 보아도 구슬과 같이 생겼다고도 하고, 산형이 玉仙(玉女라고도 함)이 머리 빗는 형이고 물래 잡는 형이라 옥산재(玉山嶺)라 부른다고 한다.

- 『적량면지』

■ 실봉(실이봉)

분류 : 〈물형〉, 〈지명〉

마을 뒤 산에 있는 봉우리인데, 삼화와 경계하고 있다. 김쌈을 할 때 실구리에 실을 감아놓은 형국이라 하여 실봉이라 한다.

— 『적량면지』

■ 물래재(물너재)

분류 : 〈형국〉, 〈지명〉

각시가 방안에 앉아 물레로 실을 감는 형이라 물래재라는 이야기가 전해 오고 있다.

— 『적량면지』

■ 등잔설

분류 : 〈형국〉, 〈지명〉

마을 북동쪽의 산등이다. 풍수지리설에 등잔처럼 생겨 붙인 이름이다.

— 『적량면지』

◉ 신촌(新村) 마을

뒤로는 구재봉이 북풍을 막아주고 남쪽으로는 대문처럼 확 열리고 분지봉과 물래재가 마을을 감싸고 있어 안방처럼 아늑한 분위기가 있다.

— 『적량면지』

■ 구자산(龜子山)·구재산(鳩在山)

분류 : 〈형국〉, 〈지명〉

지리산의 일지내맥(一枝來脈)으로써 군의 진산이다. 거북설이라 하고 거북이 건너가는 재라고도 한다. 악양 쪽에서 볼 때, 비둘기의 자태를 보인다 하여 '비둘기 구(鳩)'자를 쓰기도 한다.

— 『적량면지』

■ 분지봉(分枝峯, 分池峯)

분류 : 〈형국〉

구재봉에서 하동 쪽으로 내려다보면 그 안산이 분지봉이다.

구재봉이 나누어져 생긴 봉우리라 하여 붙여진 이름이라고도 한다. 또 다른 전설은 옛날 이곳에 못이 있었다 하여 분지봉이라고 이름 붙였다는 것이다.

— 『적량면지』

■ 조래밭골

분류 : 〈물형〉, 〈명당〉

일명 문턱거리라고도 한다. 마을 초 머리 입구에 있다 하여 붙인 이름이다. 이곳에는 큰바위가 8개 있는데 그 놓인 모양이 조래(조리)같이 생겼다하여 조래밭골이라고도 한다. 옛날 이곳에 명당이 있다고 전해져오고 있으나, 아직 그 자리를 찾지 못하고 있다.

— 『적량면지』

3. 동리(東里)

분류 : 〈명당〉

주변의 산줄기는 병풍처럼 둘러있고 손에 닿을 듯 내려 보고 있는 칠성봉을 중심으로 내려온 산자락 아래로 아늑한 골짜기가 펼쳐져 있으며 그 끝자락에는 산골에서는 보기 드문 넓은 들이 이어져 있고 골 한복판에는 칠성봉에서 발원하는 삼화천이 흘러 관개가 좋아 농사짓기에 좋고 거민들이 생활하기에 좋은 곳이다.

하동 정씨의 창성지로서 명당으로 유명하다.

— 『적량면지』

◉ 명천(明川) 마을

■ 새비골[鰕谷]

분류 : 〈형국〉, 〈명당〉, 〈설화〉

산세가 새비설이라 하고 새우등 같다고 하여 새비골[鰕谷]이라고 불린다고 하며, 명천 마을 네 땀 중 한 마을이다.

하동정씨의 발성지이기도 한 유서 깊은 마을이며 하동 정씨 재실 하곡재(鰕谷齋)가 있다.

옛날 어느 문중의 후손이 길 가던 스님과 동자의 대화 중 "이곳 어느 곳에 터를 잡으면 후손이 번창할 것이다."는 이야기를 듣고, 스님을 뒤쫓아 그 터를 잡아 달라고 졸라 현재의 새비골(새우골)에 터를 잡아 정착하니 그 후 유명 인물을 배출하였다는 전설이 있다.

－『적량면지』

■ 제비설

분류 : 〈형국〉, 〈명당〉, 〈묘지〉

지비설끝이라고도 하며 이곳이 명당이라 하여 함양박씨 집안에서 묘를 떴다.

－『적량면지』

■ 문턱바구

분류 : 〈물형〉, 〈설화〉

문턱바위 위산에는 남자 불알 모양으로 생긴 바위가 있었는데 농로를 닦으면서 문턱바위를 없앤 후 불알바위가 농로 옆 냇물로 떨어지는 등 전에 없던 일이 생기고 그 후로 새비골에도 좋지 않은 변고가 생겼다는 이야기가 전해온다.

－『적량면지』

■ 새비설

분류 : 〈형국〉, 〈명당〉

새비골이 서비설 또는 새우등같이 생겼다 하여 새비골이라 하였다고 하는데 새비골 동네 뒤가 바로 새비설의 진원(眞元:새우의 등)이다.

이곳에는 옛날부터 선인들이 귀히 여기는 명당이라고 한다.

— 『적량면지』

■ 매봉

분류 : 〈물형〉

명천 마을의 안산이요, 공월 마을의 뒷산이다. 명천에서는 묘처럼 우뚝하다고 하여 매봉이라고 부른다고 한다. 공월에서는 옛날 이곳에 매가 많이 살아 배봉이라 부른다고 한다. 일설에는 매가 새를 채는 형상이라고도 한다.

— 『적량면지』

■ 수리봉

분류 : 〈형국〉

형세가 독수리가 매를 차가는 형이라 한다.

— 『적량면지』

■ 싱그렁이

분류 : 〈형국〉, 〈지명〉

새비골의 끝자락에 위치한다. 전설에 의하면 뱀이 올라가다가 쉬는 형이라 하여 신거렁이라고 한다.

— 『적량면지』

■ 소쐬골[牛舌谷]

분류 : 〈물형〉

소 혀 모양으로 생겼다고 한다.

- 『하동군지명지』

◉ 이정(梨亭) 마을

■ 매봉

분류 : 〈형국〉

이정 북쪽에 있는 산봉우리로 매가 앉아있는 형국이라 한다.

- 『적량면지』

■ 방골

분류 : 〈물형〉, 〈지명〉

골이 깊고 방과 같이 생겼다고 붙여진 이름이다.

이곳에는 옛날 물레를 돌리며 베 짜는 방의 형태를 연상케 하는 주변의 지형 지물이 많이 있다. 이정에서 괴목으로 넘어가는 물래재, 우계리 신촉쪽의 모시바위, 방골쪽의 농바위·동태바위·각시바위, 괴목 뒷산의 실봉·가락등이 있으며 각시가 방안에 농을 두고 물레 동태를 돌리며 모시를 삼는 형이라 방골이라 부른다는 이야기가 전해온다.

- 『적량면지』

◉ 동촌(東村) 마을

■ 물봉(불봉, 필봉, 붓봉)

분류 : 〈형국〉, 〈비보〉, 〈설화〉

하서 마을 뒤에 있는 높은 산봉우리다. 이정 마을과 동촌 마을의 안산이다. 산의 모양이 붓끝처럼 생겼다 하여 붓봉 또는 필봉이라고도 부른다. 매년 가을이면 이곳에서 원인 모를 불이 나고 물봉의 앞산(상중 마을 뒷산)에도 함께 불이 자주 나서 불봉이라고 불렀다고 한다.

불봉을 물봉이라고 부른 것은 세 가지 설이 있다.

하나는 삼화골 내 주민들이 동촌마을 앞에 있는 기름장보(洑)의 물을 물동이로 길어 나르다가 불봉 정상에 부었더니 그 후부터 불이 나지 않았다고 한다.

다른 하나는 동촌 뒷산 넘어 청암면의 절골에 절이 있었는데 그 스님이 이야기를 듣고 지나다가 이르기를 큰 바위로 거북이 한 쌍을 만들어 기름장보 밑에 묻으면 불이 나지 않는다고 하여 삼화골 내 사람들이 거북이 한 쌍을 만들어 묻었더니 불이 나지 않았다고 한다. 70년대 새마을 사업으로 기름장보 개수 작업 시 거북이 한 쌍이 나와 하나는 삼화초등학교에 보관하고 있고 다른 하나는 경지정리 시 땅속에 묻혔다고 한다.

또 다른 설은 불봉(물봉) 우측에 사는 사람은 전답을 팔아 나가는 형상이요, 좌측에 사는 사람은 부자가 된다는 설도 전해 내려오고 있다.

지금도 동촌에서는 물봉이라 하고 서촌에서는 불봉이라 부르고 있다.

- 『적량면지』

4. 서리(西里)

◉ 하서(下西) 마을

■ 물래재

분류 : 〈형국〉

마을 서쪽에서 괴목 마을로 넘어가는 재다. 이 재로 물이 넘어 갈 것이라고 하여 물래재라 불리었다고도 한다. 다른 이야기는 물레를 돌리며 베

짜는 방의 형태로 주변의 지형 지물이 많이 있다.

- 『적량면지』

■ 대리비설

분류 : 〈형국〉, 〈명당〉, 〈묘지〉

불이 있으면 대리비[다리미]가 있기 마련이다. 화봉 옆에는 화봉과 같은 봉이 있는데 이곳을 대리비설이라 한다. 이곳에는 돌의 색깔이 검으며, 일설에 의하면 대리비설은 좌청룡 우백호로 묘를 쓰면 부귀영화를 누린다는 설이 전해 내려와 마을 사람들이 마을을 위해 지키고 있었다고 한다. 권문세도가에서 묘를 쓰려고 무진 애를 썼으나 마을(삼화골) 사람들의 반대로 묘를 쓰지 못했다고 한다.

- 『적량면지』

◉ 중서(中西) 마을

■ 문래재[文來峙]

분류 : 〈형국〉, 〈지명〉

이정 방골과 하서 뒷산 가락고개가 있고 그 지형이 방안에서 물레를 돌리는 형국이라 하고 물이 넘어가는 재라 하여 붙여진 이름이다.

- 『적량면지』

■ 봉알자리

분류 : 〈형국〉, 〈묘지〉

풍수지리학적으로 구재봉 바로 아래 중서 뒷산으로, 봉황새의 알과 같다 하여 불려오고 있고 현재 진씨 성을 가진 사람들의 선산이기도 하다.

- 『적량면지』

■ 매봉

분류 : 〈형국〉, 〈지명〉

도장곡 앞산으로 매가 꿩을 덮치는 형국이라고 하여 붙여진 이름이다.

-『적량면지』

◉ 도장골[道藏谷]

■ 숙호등(宿虎嶝)

분류 : 〈형국〉, 〈지명〉, 〈설화〉, 〈묘지〉

범이 잠자는 설이라서 이렇게 부르고 숙호등의 변음으로 숙굴등이라고
도 한다.

옛날 이 마을에 강인이라는 사람이 사망해서 묘지를 아래성 거리에 정
했는데, 아들은 독신에 가세가 빈약하여 군구를 여러 사람이 하지 못하고
스스로 지게로 하는데 그날 따라 눈이 많이 와서 운구에 애로가 많아 잠
시 쉬면서 주위를 둘러보니 다른 곳은 눈이 덮여 있는데 한 곳에만 눈이
쌓이지 않았다고 한다. 그 자리에 묘를 썼더니 그 후 자손과 가세가 번창
하였다고 하며 그 후 묘지를 확장하였더니 가세가 점점 기울어져 어느
날 도사에게 물었다고 한다. 도사가 이곳에 와서 보고 이 자리는 호랑이
가 잠자는 등인데 사토하고 확장하니 호랑이가 잠에서 깨어나서 그렇다
고 하였다.

-『적량면지』

■ 용매등·용마등

분류 : 〈형국〉, 〈지명〉

중서와 도장골 사이 냇물 건너 산 이름이며 풍수지리학적으로 용마설
이라 한다.

-『적량면지』

◉ 동점(銅店) 마을

■ 제남골=계남골

분류 : 〈형국〉

계설뻔덕이라 부르며 풍수지리설에 게설(게혈)이라 붙여진 이름이다.

— 『적량면지』

5. 동산리(東山里)

◉ 상동산(上東山) 마을

■ 매봉[鷹峰]

마을 안산 봉우리다.

— 『적량면지』

◉ 하동산(下東山) 마을

분류 : 〈형국〉, 〈설화〉, 〈묘지〉

마을의 형태가 반달형(貧村이란 뜻)인데다 개혈로서 뒷들 쪽에 머리요, 영신원 입구 쪽이 꼬리요, 경주 김씨 묏자리가 배이다. 산세는 좋았으나 꼬리 부근이 생골날뿌리와 연결되지 않고 안성 쪽으로 휘어져 하동산 마을에서는 "보름의 주기인 15호 정도 살면 부자로 살 수 있고, 15호가 넘으면 가난하게 살 것이다," 라는 이야기가 전해온다. 현 하동산 앞들이 생김으로서 온달형(富村이라는 뜻)으로 바뀌어 현재 부자마을로 탈바꿈하였다고 한다.

— 『적량면지』

■ 개똥먼당

마을 안산이요, 동쪽 청룡등 너머에 있다.

-『적량면지』

■ 개산터·개산토

분류 : 〈형국〉, 〈지명〉

형상이 개설이라 한다. 개가 누워 새끼 젖을 먹이는 형상으로 마을에
자손이 번성한다는 전설이 있다.

-『적량면지』

◉ 두전(豆田) 마을

분류 : 〈형국〉, 〈지명〉

백두대간의 큰 줄기 지리산의 한맥이 힘차게 뻗어 구재봉에서 우뚝 섰
다가 신촌과 기먹징이[槐木], 서당골과 원우를 거쳐 공월 뒷산 매봉에 잠
시 쉬었다가 죽치를 지나 용트림하듯 내려와 그 끝자락에 쥐의 형상을
만들고 그 끝에 멈추니 여기가 쥐 부리 끝이요, 이곳에 마을이 형성되게
된다.

두전 마을의 두전(豆田)은 옛 조상들이 본 부락 마을 뒷산의 형국이 풍
수지리설에 늙은 쥐가 콩(豆)밭에 내려오는 형국이라 하여 풋밧골이라 이
름 붙였고, 그 산의 끝 부분이 쥐의 부리 같다 하여 쥐부리끝이라 했다고
한다.

-『적량면지』

■ 풋밧골·풋밭골

분류 : 〈형국〉, 〈지명〉

두전 마을의 옛 이름이다. 마을 뒷산이 늙은 쥐가 풋밭에 내려오는 형

국이라 하여 붙여진 이름이다.

- 『적량면지』

■ 쥐부리끝·쥐보리끝

분류 : 〈형국〉

폿밭골 뒷산이 쥐의 형국이라 하여 그 끝자락이 쥐의 부리라 하고 끝에 있다 하여 붙여진 이름이다.

- 『적량면지』

■ 소재[牛峙]=우령(牛嶺)

분류 : 〈형국〉, 〈지명〉

한옥정 뒷산에 있는 재 이름이다. 산의 형국이 소가 누워있는 형상이고, 소머리와도 같다 하여 붙여진 이름이다.

- 『적량면지』

■ 오수부동(五獸不動)

분류 : 〈형국〉, 〈명당〉

두전 마을 주위에 오수의 짐승 쥐, 코끼리, 개, 호랑이, 고양이 형국이 서로 관련되어 있는데, 그중 한 곳이 명당이라 하여 풍수들이 이곳을 찾기 위해 이 고장을 찾고 있으나 그 자리는 아직 찾지 못하고 있다. 쥐, 고양이, 개, 범, 코끼리가 만나면 서로 두려워하고 꺼리어 움직이지 못한다는 말이 있는데, 쥐는 고양이를, 고양이는 개를, 개는 범을, 범은 코끼리를, 코끼리는 쥐를 서로 두려워하고 꺼린다 하여 오수부동이라 한다.

- 『적량면지』

6. 고절리(高節里)

◉ 안성(安城) 마을

분류 : 〈지명〉

맨 처음 함양 박씨가 입촌하여 마을 터를 닦았다고 한다. 당시에 어느 풍수가가 말하기, 박은 넝출(덩굴)을 달면 번성하다고 하여 "넝추리"라 하였다가 그 후 구음변화로 "너추리"가 되었다.

— 『적량면지』

■ 유두골[留頭谷]

분류 : 〈형국〉, 〈지명〉

마을 뒷등 아래쪽 골목 샘 뒤를 말한다. 마을 뒷등이 풍수설에 의하면 호두(虎頭)설이라 하고 호랑이가 머문다 하여 붙여진 이름이다.

— 『적량면지』

■ 범새골=호복동(虎伏洞)

분류 : 〈형국〉

오수부동의 범 형상의 지형이라 한다.

— 『적량면지』

■ 새양골

분류 : 〈형국〉

안성서 용쏘[龍沼] 지점 사이의 들인데, 풍수설로는 꾀꼬리와 쥐와 하동산 개산터 개와 애아실 고양이와 안성 우편 범새골 범이 오수부동(五獸不動)이라 한다.

— 『하동군지명지』

◉ 난정(蘭亭) 마을

■ 가마구설

분류 : 〈물형〉, 〈묘지〉

난정 좌편 청룡등(靑龍嶝), 진교(辰橋) 합천 이씨의 선산등(先山嶝) 묘소의 모양이 까마귀 같다.

－『하동군지명지』

■ 개박골[皆朴谷]＝개밥골

분류 : 〈형국〉, 〈지명〉

개박골 위의 산이 개설이라 하여 개밥골이라 한다. 또 골이 한 골에서 박넝쿨처럼 이리저리 뻗혀 있다하여 개박골이라고도 전해져 내려오고 있다.

－『적량면지』

◉ 강선(降仙) 마을

■ 옥용골천[玉龍谷川]

분류 : 〈형국〉, 〈지명〉

옥용곡에 있으며 물이 좋다고 소문난 곳이다. 용이 옥을 물고 승천하는 형상이라 붙여진 이름이라 한다.

－『적량면지』

■ 용시골

분류 : 〈형국〉

강선 동쪽에 있는 골짜기인데, 용이 개구리를 잡아먹는 형국이다.

－『하동군지명지』

◉ 고석(高石) 마을

분류 : 〈명당〉, 〈지명〉, 〈설화〉

옛날 어느 도승이 마을을 지날 때 그 마을 주민이 이곳에 명지가 있다는데 어디냐고 하는 물음에 '그 곁에'라고 말한 것이 그 후 구음변화로 '고곁에'가 '고절티'로 변해 '고석'이 되었다는 이야기가 전해져 오고 있다.

- 『적량면지』

■ 송장뻘땅·송장등(送葬嶝)

분류 : 〈형국〉, 〈명당〉, 〈설화〉, 〈묘지〉

난정의 까마귀 복통설과 이곳 송장등과는 풍수지리설의 상관 관계가 있어 전해져 오는 이야기가 있다.

옛날 호암에 박씨가 살았는데, 이곳 주변에 명풍(名風)이 있다고 했다. 어느 날 박씨가 병들어 살날이 많이 남지 않게 되었는데, 아들이 묘터를 봐달라고 있다. 그때 박씨는 말하고 싶어도 남이 있어서 말해 줄 수 없다고 했다. 출가한 딸이 방을 나가자 박씨는 아들에게 말하길, "돌다리에 가면 장승들 옆 산에 까마귀 복통설인 명당이 있다. 그곳에 가면 내가 남모르게 이렇게 표시해 놓았으니 그곳에다 묘를 쓰면 팔진사(八進士)가 나고 팔천석(八千石)을 할 것이다"라고 하면서 "까마귀는 송장을 먹고 살아야 하므로 그 앞 석교촌에 송장등이 있으니 명당이 아닐 수가 없으니 나를 그곳에다 묻어다오"하였다.

이 말이 끝나기가 무섭게 이 이야기를 마루 밑에서 엿듣고 있던 딸이 버선발로 달음질쳐 시댁으로 와 다짜고짜 신랑에게 시아버지 묘를 파서 이장하자고 하였다. 영문도 모르는 남편은 아내가 하자는 대로 까마귀설에 이장하였는데, 그 후 이 집안에서 팔진사가 나고 팔천석을 하였다는 이야기가 전해진다.

- 『적량면지』

횡천면(橫川面)

—

1. 전대리(田垈里)

■ 여의주 동산

분류 : 〈형국〉, 〈묘지〉

산세의 기묘한 배치를 노인들이 '여의주동산'이라 명명하였다.

청룡모랭이에서 사방을 살펴보면 돌거지재에서 세 갈래 산줄기를 포착할 수 있다. 하나는 안양 서편을 가리면서 남주(南走)하는 큰 줄기가 수름재로 이어지면서 한 갈래 동편으로 갈라내었는데 그 줄기가 구부러지면서 전대교 쪽으로 앞머리를 틀어 마을 협곡 안쪽을 들여다보려고 하는 것 같고, 또 한 줄기는 돌거지 고개에서 동남으로 높이 들려 두둥실 한 척량 같은 산맥이 엎혀 누워있으면서 팔 하나를 서쪽으로 내려 뻗은 것 같이 전대천을 감지하면서 무엇이 흘러나가는가 살피고 있는 듯한 형상이 마치 큰 주먹 또는 용머리같이도 보인다. 또 한 갈래 줄기는 양 갈래

줄기 한 가운데로 내리달아 마을 어귀 협곡 앞에서 멈추면서 동산을 이루고 있다.

이 세 산줄기를 종합하여 보면 삼두(三頭)의 현룡(見龍)으로 감지되는데 두 용은 앞에서, 한 용은 뒤에서 중심부의 동산 여의주를 노리고 있는 듯 하게 보이는 것이다.

하동군 내에 이름난 묘가 3개 있는데, 그 하나가 이곳 여의주 동산의 해주 정씨 묘이다. 다른 둘은 삼화실 새비꼴 하동정씨 시조의 묘소, 흥룡 산등 마을 뒤 노송에 쌓여 있는 이천 서씨의 묘이다.

- 『횡천면지』

◉ 전대 마을

■ 안산모랭이

분류 : 〈형국〉, 〈지명〉

하동몰에서 건너다 뵈는 안산인데 그 회곡 도로를 이름한 것이다. 전대 사람들이 더욱 익숙하게 부르는 이름은 청룡모랭이이다. 내리 닫는 산줄기의 모양이 청룡을 닮았다고 하는 것과 그 바로 아래 전대천 유역이 용유동이라는 이름 때문일 것이다.

- 『횡천면지』

2. 애치리(艾峙里)

■ 가장꼴

분류 : 〈형국〉

모시골과 안창 어우름쯤의 남쪽 산줄기 발치가 마치 쥐가 웅크리고 앉아 있는 형상이고 건너편 북편 산자락은 고양이가 쥐를 노리고 공격 자세로 겨냥하고 있는 형상이라 해서 고양이 쥐설의 지형설이 되었다고 한다.

-『횡천면지』

3. 여의리(如意里)

◉ 여의 마을

■ 고치봉

분류 : 〈형국〉, 〈지명〉, 〈설화〉

남천에 뾰족하게 솟아 있는 산인데 모양이 원추형으로 고추 같다고 하여 붙여진 이름이라고도 하고, 또 치솟는 산봉우리 앞뒤로 진달래 들국화가 만산하여 꽃봉이라 불렸던 것이 꼬치봉으로 변음이 되었다고도 한다. 산봉이 붓끝과 같다하여 필봉에 비추어서 인재의 출신이 끊이지 않는다고 한다.

-『횡천면지』

4. 월평리(月坪里)

■ 시평(矢坪) 마을, 유평(柳坪) 마을 이야기

분류 : 〈형국〉, 〈명당〉, 〈지명〉, 〈금기〉, 〈주택〉

1830년대 후반 조선 헌종 때 진양인 정대익(鄭大益)이 하동도호부사와 친분이 깊어 교유하였는데, 하루는 둘이 민정을 살핀 뒤 갈마봉(시평마을 뒤 서편, 적량 동리 동편, 청암 명호리 서남편, 해발 397미터) 정상에서 산수경관을 관찰하고 있다가 풍수지리설에도 문외인이 아닌 부사가 그 아래 꽃밭등에서 무릎을 치면서 말하기를 "정공! 이 아래로 내려가면 대명당이 있을 것 같네."라고 해서 바로 내려와서 주변을 살펴보니 펑퍼짐한 산록에 오목한 평지가 있어 대명당은 못 되어도 집을 지어 살만한 곳이 눈에 띄었다. 부사는 "정공! 여기서 집을 지어 살도록 해보게"라고 했다. 그 대부터 정대익은 그곳에 터를 잡아 집을 지어 살게 되었는데, 이것이 이곳 진양 정씨 집성촌의 효시였다.

주변의 산들과 골짝, 앞으로 남류하는 횡강 등에 얽힌 이름들이 많다. 갈마산은 그 산등의 모양이 목마른 말이 물을 찾는 형상을 짓고 있어서 붙여진 이름이다. 또 산세 모양이 꽃밭과 같다고 하여 불려지는 꽃밭등이 있고 벌체(벌집)모양으로 둥글게 층계가 져서 쌓인 것 같아 보이는 벌체골이 있다.

이 마을은 예전에 진양군 청암리 살버들이라고 불렸다. 살버들이라는 이름은 마을 뒷산의 능선이 수양버들 가지가 휘어져 내린 것처럼 보여서 붙인 이름이고 그 가지 잎 속에 꾀꼬리가 알을 품은 듯이 보이는 형상이라고 부가하여 생각한 나머지, 선인들이 이 토속 발음의 어휘의 뜻을 풀이하여 한자로 바꾸어 쓴 것이 유평촌(柳坪村)[버드나무 가지가 우거져 내린 들판 마을]이라고 한 것이다. 그 나무 가지 잎 속에 꾀꼬리가 알을 품고 있는 듯한 형국이라고 보았으니 그 주변에서 소란을 일으켜서는 안 될 것이었다. 그래서 이 마을에는 예부터 농악대가 없었다. 매구와 징소리가 길조인 꾀꼬리를 날려 보낼까 경계하여 쇠붙이 소리 등 소음을 일으키지 못하게 한 선인들의 경각적 예지가 표출하여 풍속화된 것이라 할 것이다.

－『횡천면지』

5. 학리(鶴里)

◉ 마치(馬峙)

분류 : 〈형국〉, 〈설화〉

학리의 중간에 있는 마을로 위로는 개인 마을과 접해 있으며 서쪽은 마치 앞들과 횡천강을 경계로 적량면 동산리와 연접하고 남쪽은 구학 마을과 연접한다. 마을을 병풍처럼 둘러싸고 있는 양보면 장암리로 넘어가는 고개를 말티재, 혹은 말뚝고개라고 하며 산의 동북쪽 부분을 말의 둔부에 비유 '말똥구멍'이라고 부르며 서기 1967년 경전선 철도가 개설됨으로서 이 마을은 말의 형상을 한 마을이므로 마을 앞에서 쇠소리가 나야 마을이 잘 살게 된다는 전설이 있었다.

－『하동군지명지』

■ 마을 방패림(防牌林)

분류 : 〈비보〉

1800년대 말~1900년대 초, 국도 개설공사 때, 하동－진주 간의 도로가 이곳을 지나야 할 요지였는데, 산세가 바위산으로 험준해서 다이너마이트로 바위산을 깨어냈는데, 그 자국을 다듬을 기술이 없어 마을 앞에는 액운괘상(厄運掛像)을 걸어 놓은 것 같았다. 그래서 그것을 가릴 방책을 상의하자 방패림을 조성하자는 의견이 많았다. 들판을 건너와서 동네 뒷산이 내리 닿는 산자락, 지금의 철로 둑 이쪽저쪽의 둔덕에 수림을 조성하게 된 것이다. 그런데 어느 해 큰 풍수해가 져서 뒷산에서 내리 닿는 산태수가 수풀의 뿌리들 마저 뽑아버린 봉변을 당했다. 그리고 1970년부터 1973년간에 건너편 국도가 확장 포장되면서 단애의 험상도 다소 정리되고 철망을 입혀서 초목생장을 조장하여 상당히 가리워지자 이쪽 방패림도 서서히 벌목되어 어느새 수풀이 줄어들다가 경전선 철도 공사 때 완전히 그 자취가 소실되어 버렸다.

－『횡천면지』

고전면(古田面)

―

1. 범아리(泛鵝里)

◉ 아정(鵝亭) 마을

분류 : 〈물형〉, 〈지명〉

지형이 두루미가 고동을 찍어 먹으려 날아오는 모양같다고 하여 두룸박 골이라 하였다. 아정은 행정 마을 이름이다. 처음은 아동(鵝洞)이라 하였다.

－『하동군지명지』

◉ 율촌(栗村) 마을

분류 : 〈형국〉, 〈지명〉

옛날 풍수지리설에 전해온 견설[犬穴－개혈]이 있어 방개라고 하는데 면구(眠狗) 고개가 있다. 면구는 개가 졸면 평안한 마을이라고 한다.

－『하동군지명지』

◉ 매자(梅子) 마을

분류 : 〈형국〉, 〈명당〉, 〈지명〉

풍수설에 의한 명지가 많은 곳이라 매화락지(梅花落地)라 불렸는데 행
정 마을 명칭을 '매자'라고 이름지었다.

－『하동군지명지』

2. 성천리(城川里)

◉ 상성(上城) 마을

■ 오두재[烏頭峙]

분류 : 〈물형〉, 〈지명〉

양보면 장암(長岩)으로 넘어가는 고개인데 까마귀 머리를 닮았다하여
지어진 고개 이름이다.

－『하동군지명지』

3. 신월리(新月里)

분류 : 〈물형〉, 〈지명〉

본래 하동군 마전면과 팔조면의 지역으로서 뒷산의 형국이 반달처럼
생겼다하여 신월이라 하였다.

－『하동군지명지』

4. 대덕리(大德里)

분류 : 〈형국〉, 〈지명〉

본래 하동군 마전면의 지역으로서 풍수지리설에 의한 닭설[鷄穴]이라
큰닭이란 말이 변하여 큰독골 또는 대덕이라 하고, 재넘어 적은 독골을
소덕이라 한다.

-『하동군지명지』

◉ 합진(蛤津) 마을

분류 : 〈물형〉, 〈지명〉

마을이 대합 모양으로 생겨서 조개나루인데 조개나루가 변하여 조간너
리라 하고 합진은 행정 마을이다.

-『하동군지명지』

5. 고하리(古河里)

◉ 홍평(虹坪) 마을

분류 : 〈물형〉, 〈지명〉

홍평은 고하리 북쪽에 있는 자연 마을인데 지형이 무지개 같다고 하여
무지개골(虹池洞)이라 하고, 남쪽 자연 마을은 게의 입처럼 생겨서 게아
대 해평(蟹坪)이라 하여 홍지의 '홍'자와 해평의 '평'자를 따서 홍평이란 행
정 마을이 생겼다.

-『하동군지명지』

금남면(金南面)

—

1. 중평리(仲坪里)

◉ 중평(仲坪) 마을

■ 장고섬

분류 : 〈물형〉, 〈지명〉

섬모양이 장고와 같이 생겼다 해서 장구섬이라 하였으며 중평에서 약
1킬로미터쯤 떨어진 바다에 있는 섬이다.

-『하동군지명지』

◉ 상촌(上村) 마을

■ 배밧등

분류 : 〈형국〉, 〈명당〉, 〈지명〉

당삿골 위쪽으로 있는 등성이다. 지형이 여인이 바로 누워있는 형국으

로 배밧등은 여인의 복부이며, 당삿골은 여인의 하체 같다 하여 명지라는
설이 전해지고 있다.

- 『하동군지명지』

■ 용마등

분류 : 〈형국〉

상촌 마을 서북편의 산이다. 말[龍馬]이 발을 뻗고 누워있는 형국이며
오른발 끝에서 물이 나오고 있으며 이 물이 추운 겨울에도 얼지 않는다
고 한다.

- 『하동군지명지』

2. 노량리(露梁里)

◉ 신노량(新露梁) 마을

■ 학섬

분류 : 〈물형〉, 〈지명〉

학도(鶴島)라고도 부르며 연대봉 산능선이 쭉 뻗어 내려와 이곳에서 멈
춘 것이 학같이 생겼으며 이 섬이 학머리 같다하여 붙여진 이름이다.

- 『하동군지명지』

3. 송문리(松門里)

◉ 미법(彌法) 마을

분류 : 〈형국〉, 〈명당〉, 〈설화〉, 〈단맥〉

1910년도 후반 일제 초기에 일본 명사가 전국의 명지를 찾아다니며 파헤치고 그곳에다가 불에 달군 쇠말뚝을 박았다는 설이 있는데 이곳 미법은 노승예불(老僧禮佛)의 형국으로 명당이라는 것을 알고 여러 곳을 파헤쳤다.

-『금남면지』

■ 메너리

분류 : 〈형국〉, 〈명당〉

미법의 일명이며 노승예불(老僧禮佛)의 형국으로 명당이 있다 하며 현재 금남면 사무소도 미법 구역이다.

-『하동군지명지』

◉ 소송(小松) 마을

분류 : 〈형국〉

금오산에서 가장 큰 맥으로 동남쪽을 힘차게 뻗어오다 작은 금오산의 우람한 봉우리를 만들고 다시 동남쪽으로 뻗으면서 소송의 앞산과 연대봉을 만든 삼태봉이다. 동북쪽으로 토봉산을 만들고 다시 뻗어내려 신기마을의 백호등이 되고 다시 뻗어 한줄기는 사등의 뒷산이요, 한줄기는 신기마을의 안산이요, 소송본동의 뒷산을 이루고 가마넝쿨로 뻗어내렸다. 마을 한 가운데를 흐르는 개울은 음달과 양달의 두 마을로 분할하고 마을을 감사준다. 마을 형태가 큰 암소가 편하게 누워있는 모양으로 와우혈(臥牛穴)이라 한다.

-『금남면지』

■ 가마넝쿨

분류 : 〈물형〉

소송의 남서쪽 날뿌리에 있는 마을로 지형이 가마형국이라 하여 붙여진 이름이며 이곳에서 옹기를 만들었음으로 작은 옹기점 또는 새옹기점이라고도 한다.

-『하동군지명지』

◉ 신기(新基) 마을

■ 아침재

분류 : 〈형국〉, 〈명당〉, 〈지명〉, 〈설화〉, 〈묘지〉

신기에서 연화동으로 넘어가는 고개이며 본래는 저녁재였다고 한다. 등잔거리에 묘를 쓰고 풍수가 푸대접을 받고 분해서 고개 이름을 아침재로 고쳤다고 하며 불 켜는 등잔은 저녁에는 제 구실을 하지만 아침이 되면 제구실을 못하게 되니 등잔거리 명당은 사라지고 그 자손들도 망해버렸다는 전설이 있다.

-『하동군지명지』

■ 청룡끝(靑龍)

신기 앞 서남쪽으로 뻗어간 능선의 끝이다. 풍수설에 의한 우청룡 좌백호하는 그런 지형이라 한다.

-『하동군지명지』

■ 등잔설

분류 : 〈형국〉, 〈명당〉

괘등혈(掛燈穴) 깃대봉 산맥 일부가 등잔대(등잔불)와 똑같은 형국이라 등잔설이라 전해졌으며 풍수지리설로 아주 명지라 불려왔다.

-『금남면지』

4. 대송리(大松里)

◉ 대송 마을

■ 구시골

분류 : 〈물형〉, 〈지명〉

대송 점골에 있는 골짜기로 구시같이 생겼다 한다.

－『하동군지명지』

■ 개고개

분류 : 〈형국〉, 〈지명〉

대송 서북쪽에서 덕천리로 넘어가는 고개를 말함인데 고개 넘어 마을까지 통털어서 개고개라 한다. 개가 누워있는 형국이다.

－『하동군지명지』

■ 숙호등(宿虎嶝)

분류 : 〈물형〉, 〈지명〉

대송 뒷산이다. 범이 잠자는 형국이라고 붙여진 이름이다.

－『하동군지명지』

◉ 사등(砂嶝) 마을

■ 용봉(龍峯)

분류 : 〈물형〉, 〈지명〉

용골 북쪽으로 있는 산으로 지형이 용의 형국이라고 붙여진 이름이다.

－『하동군지명지』

5. 덕천리(德川里)

◉ 덕포(德浦) 마을

■ 어금골[魚陰]

분류 : 〈물형〉

덕포 북쪽에 있는 골짜기로 지형이 고기가 숨어있는 형국이다.

- 『하동군지명지』

■ 접시바구

분류 : 〈물형〉

거북바구라고도 부르며 질매바구 밑에 있는 접시같이 생긴 바위이다. 풍수설에는 거북 같다하여 거북이바구라고도 부른다.

- 『하동군지명지』

■ 목거리

분류 : 〈비보〉

덕포 동쪽에 있는 논이다. 화란(火亂)을 막기 위해 못을 팠다하는데 지금은 메웠다.

- 『금남면지』

◉ 상삼천(上三川) 마을

■ 상두봉(上頭峯)

분류 : 〈물형〉

삼내 3개 고랑을 이루는 첫째 산봉우리로 여자 머리처럼 생겼다고 한다.

- 『하동군지명지』

■ 시루봉

분류 : 〈물형〉

상두봉 다름의 둘째 봉우리로 시루처럼 생겼다 한다.

-『하동군지명지』

6. 계천리(鷄川里)

◉ 계항(鷄項) 마을

분류 : 〈형국〉, 〈지명〉

서기 1914년 4월 1일 행정구역 개편에 따라 계천리에 병합되었으며 현재 1개 행정마을로 되어 있다. 상고시대에 이룩된 이 마을은 이 일대의 지리설에 의해 계항이란 이름을 갖게 된 것 같다. 고전면의 대덕이 큰 닭이었고 그 닭의 목이 여기기 때문에 이곳을 "달구목"이라고도 불렀다 한다.

-『하동군지명지』

금성면(金城面)

—

■ 금성면의 풍수지리

분류 : 〈형국〉, 〈도참〉

백두대간 낙남정맥인 지리산은 강우 경상우도의 주산인 이 맥이 흘러서 마지막엔 마산 창원 진해에 다달았다. 그러나 지리산 천왕봉에서 내려다보면 마산, 창원, 진해는 시야에 잘 들어오지 않고 바로 보이는 삼형제의 산이 있는데 이를 두고 삼형제산이라 일컫는다.

첫째는 청암 궁항 소재 오대산이요, 둘째는 금남 고전 진교에 접해 있는 금오산이요, 셋째는 사천 삼천포에 있는 와룡산이다. 우리 고장 금성면은 둘째인 금오산에서 우백호로 뻗어 나와 금오리 고개에서 잠깐 쉬었다가 다시 힘을 내어 뻗히다가 가인과 명덕으로 뻗으면서 화력발전소에 머문 이 산맥이 금성면의 좌청룡이다.

옛날 『정감록』 비결에 남해 바다 금성만에 도읍지가 있다고 전하고 있다.

— 『금성면지』

1. 가덕리(加德里)

□ 설화 「고단(古壇)의 윤장군」

분류 : 〈설화〉, 〈묘지〉

윤장군은 고향인 가덕리 고단에 살면서도 힘자랑은 하지 않고 노모를 모시고 살았는데, 모친이 돌아가시자 명덕 신사등 밑에다 장사를 지내려고 했는데 동네 주민들이 단합하여 매장하지 못하도록 했다. 갖은 훼방을 물리치고 그곳에다 매장하였다.

그 후 윤장군도 세상을 떠나 고단의 앞산 정상에다 매장을 하였는데 그 묘지가 좋지 않다는 지관들의 말을 듣고 이장을 하려고 묘를 파보니 살은 썩어 없어지고 뼈만 남았는데 그 뼈가 머리부터 발끝까지 문고리처럼 고리뼈로 연결되어 있었다 한다.

-『금성면지』

◉ 광포(廣浦) 마을

■ 용등산(龍登山)

분류 : 〈형국〉, 〈지명〉

지도상으로 용산으로 표기되어 있으나 실제 부르기는 용등산 또는 용등으로 부르고 있다. 용등산과 두우산(頭牛山)은 금성면의 주봉으로 동쪽부터 서쪽까지 병풍과 같이 면 전체를 둘러싸고 있는데 이 양 산은 병풍의 지주 역할을 하고 있으며, 용등산은 용이 하늘로 등천하는 형으로 정말 아름답고 유명한 산이다.

-『하동군지명지』

■ 용기미(龍氣尾)

분류 : 〈형국〉

용운기미(龍雲氣尾)라고도 부른다. 용운기미는 용이 여의주를 물고 등천하기 위하여 조화를 부리는 격이다.

– 『하동군지명지』

■ 청용끝

분류 : 〈형국〉

청용이 헤엄쳐서 바다로 나가는 모형이다. 지금은 궁항간척지 매립으로 인해 바다는 육지가 되었다.

– 『하동군지명지』

◉ 신평(新坪) 마을

분류 : 〈물형〉

옛 부터 전하는 말에 의하면 사람의 인체 형국이라고 전해진다.

– 『하동군지명지』

■ 지내악바리

분류 : 〈물형〉

신평 북쪽 마을이 지네의 입과 같다고 하여 붙여진 이름이다.

– 『하동군지명지』

■ 목섬[木島]

분류 : 〈형국〉, 〈지명〉

원래 이 섬 이름은 개구리가 물에 떠 있는 형국이라 여여 지도상으로는 황도(蝗島)로 표기되어 있다.

– 『금성면지』

■ 오리골

분류 : 〈형국〉, 〈지명〉

궁항리 게눈골과 이골 가운데로 뻗은 산이 마치 오리가 날아서 바다로 들어가는 모양이라 오리골이라 하였다. 그 산 모양은 지금도 그대로 있으나 바다로 들어가는 것이 지금은 변하여 저수지로 들어가는 형국이다.

- 『금성면지』

2. 궁항리(弓項里)

◉ 객길(客吉) 마을

■ 구암무골 몬당

분류 : 〈형국〉

개가 새끼를 아홉 마리 품고 있는 것 같다 하여 붙여진 지명이다.

- 『하동군지명지』

◉ 궁항(弓項) 마을

분류 : 〈형국〉, 〈지명〉

궁항리 3개 마을 중 한 마을이며, 활미기 또는 활목이라고도 부른다.

하동군 내에는 하동읍 궁항, 청암면 궁항, 금성면 궁항을 합쳐 궁항촌 명을 쓰는 곳이 세 군데가 있다. 마을 뒷산 정상에서 보면 마을 생긴 모양이 활을 메워 살이 나가는 모양이라 붙여진 지명이다.

- 『하동군지명지』

■ 당산등

분류 : 〈물형〉

마을 가운데 내려 뻗은 산줄기 화살에 해당되는 이곳에 당산나무가 있다.

- 『하동군지명지』

■ 막능끝

분류 : 〈물형〉

궁항마을 가운데로 뻗은 능선 끝 활의 활촉에 해당된다.

- 『하동군지명지』

■ 너구리 압닥

분류 : 〈물형〉, 〈지명〉

동죽골 옆에 있는 산으로 너구리처럼 생겼다하여 붙여진 지명이다.

- 『하동군지명지』

■ 연자설

분류 : 〈형국〉, 〈지명〉

산의 모양이 제비가 앉아 있는 모양이라 붙여진 지명이다.

- 『하동군지명지』

3. 고포리(高浦里)

◉ 용포(龍浦) 마을

분류 : 〈물형〉, 〈지명〉

고포리 2개 마을 중 한 마을이다. 용포의 옛날 지명은 배암개였다. 현재 용포2반과 3반 사이에 내려온 산등성이가 두우산 정상에서 배려다보면 마치 배암이 바다로 헤쳐 나가는 것 같다하며, 간척이 되지 않은 옛날에는 달밤에 배를 타고 오면서 보면 언뜻 배암이 파도를 치고 나가는 것 같다고 했다.

- 『하동군지명지』

■ 등잔설

분류 : 〈형국〉, 〈지명〉

고포리 산 51-1번지와 궁항리 산 123-2번지 경계지점에 위치한 능선이다. 섬진강에서 쳐다보면 마치 옛날 등잔과 같이 생겨 등잔설(혈)이라 한다.

- 『하동군지명지』

◉ 고포(高浦) 마을

■ 사포(蛇浦) 마을

분류 : 〈형국〉

신라 경덕왕 때에는 하읍현의 읍기였다고 하는데, 지형이 뱀이 굽어 누운 것 같아 북서풍의 찬바람이 불어와도 병풍 두른 듯한 능선이 병풍 역할을 해줄뿐더러 갈도가 앞을 막아주며 굴강은 무풍지대가 되어 있다.

- 『하동군지명지』

■ 깨고리바구(개구리바위)

분류 : 〈형국〉

고포마을 동북쪽 산어귀에 있는 바위로 지금은 논안에 있지만 간척전에는 마치 개구리가 산에서 내려와 물로 들어가려는 형국이다.

- 『하동군지명지』

■ 알산배기

분류 : 〈형국〉, 〈지명〉, 〈묘지〉

암탉이 알을 품고 있는 모습이라 붙여진 지명이다.

- 『하동군지명지』

■ 쇠케바귀(소코바위)

분류 : 〈형국〉

현장에 가보면 마치 소의 코와 콧구멍이 있고, 입은 섬진강물에 닿아 있는 형국이다.

- 『하동군지명지』

4. 갈사리(葛四里)

분류 : 〈물형〉, 〈지명〉

옛날에는 섬이었다가 금성 간척매립과 동시에 육지화 되었다. 마치 섬의 형태가 칡덩굴이 뻗은 것 같다하여 붙여진 이름이다.

- 『하동군지명지』

◉ 명선(明仙) 마을

■ 노루대가리

분류 : 〈형국〉, 〈지명〉, 〈설화〉

명선 마을 북쪽에 섬진강을 끼고 있으며 현재는 국도 59호선 섬진대교에서 내려다보면 노루가 누워서 강물에 입을 대고 있는 것 같다.

- 『하동군지명지』

명선 마을 오른쪽으로 뻗어 내린 산 형태가 노루머리처럼 생겨서 노루 대가리라고 부르는데 이 대가리는 마을 북쪽 섬진강과 접해 있다. 마을 앞 제방을 쌓다보니 그 제방이 노루머리에 뿔이 솟아 난 것처럼 되었고 노루 입 앞에는 현재 해동기업이 모래를 태산같이 쌓아 놓았고 노루 먹이로 되어 먹지 않아도 배가 절로 부른 설정이라 명선 마을 주민들은 앞으로 부귀영화를 누리고 잘 살 것이라고 믿고 있다.

― 『금성면지』

◉ 나팔(羅叭) 마을

■ 노루목

분류 : 〈물형〉, 〈지명〉

나팔 마을 진등산 북쪽에 위치하고 있으며 노루의 목과 같이 생겼다하여 노루목이라 하며 간척이 되기 전 옛날에는 연막 나팔서 육지로 통하는 대로였으며 지금도 길의 원형은 그대로 보존되어 있으나 밑으로 군도가 개통되어 통행량은 극소수이다.

― 『하동군지명지』

◉ 연막(蓮幕) 마을

■ 모섬[馬島]

분류 : 〈물형〉, 〈지명〉

말이 누워있는 형국이라 말섬의 방언 모섬으로 불린다. 연막마을 서쪽에 있고 나팔마을 남쪽에 있다.

― 『하동군지명지』

진교면(辰橋面)

—

■ 이명산(理明山)

분류 : 〈형국〉, 〈비보〉, 〈설화〉

지리산의 일지낙맥(一枝落脈)으로서 동남간으로 용트림하여 높고 낮은 여러 산을 거쳐 선선연연하여 백여리 달려와 북천면 직전리와 진교면 월운리의 중간지점에 높이 솟아 서에서 동으로 달구봉 비아봉, 천황봉, 차일봉의 네 봉우리가 층층이 서립하여 병풍처럼 둘러 싸여 진교면의 진산으로 이맹점(理盲岾), 이맹산(理盲山), 이명산(理明山) 등의 명칭으로 불리어 왔다.

이명산은 신라국도인 동경의 비보산(裨補山)으로 경주에서 보면 곤방(坤方)에 위치하고 강개바다를 끼고 있어 국가의 요충지이기도 하다.

『동국여지승람』 하동군 산천 조를 보면 "이맹점(理盲岾)은 현 동쪽 20리 지점에 있다. 전해오는 말에 동경(東京)의 비보(裨補)라 하는데, 산꼭대기에 예부터 용지(龍池)가 있어서 동경사람들 중에 맹인이 많이 생겨

괴로워했다. 화철석(火鐵石)을 못에 가라앉히니 용이 곤양의 진제(辰梯) 아래 깊은 못으로 옮겨갔다. 이후로 사람들이 눈멀지 않게 되었다." 되어 있는데 맹인들이 광명을 찾게 되자 이맹산(理盲山)을 이명산(理明山)으로 개칭하였다 한다, 진교라는 지명도 이와 관련을 갖고 있다.

이는 문무왕이 삼국통일의 과업을 완성하고 사후에 동해의 용이 되어 왜구를 막겠다는 유언을 보더라도 이명산의 용을 남해로 옮기게 하여 남해의 역할용(役割龍)으로 이용하기 위해 동경 비보산으로 지칭된 것이라 생각된다.

이명산은 서편에 위치한 달구봉에 용지가 있어 화철석을 달구어 넣은 곳이라 하여 달군봉이 달구봉으로 불리우고 이를 한자와 하면서 계봉(鷄峯)이라고도 하며 지금도 달구봉 주위에는 돌이 불에 녹아 엉켜있는 것을 쉽게 찾아 볼 수 있다. 달구봉 남쪽 편에는 고려시대 비보사찰로 추정되는 개금사지(開錦寺址)가 있었으나 지금은 흔적을 찾아보기가 힘들다.

— 『진교면지』

■ 금오산(金鰲山)

분류 : 〈형국〉, 〈지명〉

진교 남단 임해에 위치한 금오산은 노적가리처럼 우뚝 솟아 있어 옛날에는 소오산이라 하였으며 병목처럼 생겼다고 병요산(瓶要山)이라 부르기도 하였다. 이명산의 주맥을 따라 자그마한 산줄기가 끊어질 듯 이어져 내려 바다를 건너다보는 자래[鰲] 형상 같고 오행설에 따르면 산의 상이 금상(金相)이므로 금오산이라 이름지어 부르고 있다.

자고로 인걸지령이라 하였으니 진교면 안심 마을에는 문헌공 일두 정여창 선생의 생가터와 태지(胎址)가 현존하고 있으며 금남면 중평리 당사동에는 충의공 정기룡 장군의 생가터가 있다.

— 『진교면지』

■ 민다리[辰橋]

분류 : 〈비보〉, 〈지명〉, 〈설화〉

민다리는 미르다리가 변음되어 민다리라 불리게 되었으며, 현재의 하평 남서 지역과 평당 사이를 진교촌이라 하며 곤양군의 완사역에서 양포역으로 연결되는 금양교 부근에 바닷물과 백련천, 고룡천이 합수되어 조석간만과 홍수 등으로 징검다리의 유지가 어려워 통행에 많은 불편이 있었다.

『신증동국여지승람』 하동군 편과 곤양군 편에 이맹산 정상의 용지에 살고 있는 이무기의 심술로 동경[경주] 사람들이 눈병으로 고통에 시달림을 받자 돌을 불에 달구어 용지에 넣으니 용이 진제하(辰梯下) 심연으로 이동하였다는 전설이 있다.

- 『진교면지』

1. 진교리(辰橋里)

진교리는 선마산[立馬山, 成馬山]을 안산(案山)으로, 소두방재를 배산으로, 관곡천을 임수로 하여 농어촌 도시로서 날로 성장 발전하고 있다.

- 『진교면지』

◉ 문화(文化) 마을

■ 구슬고개[珠玉峙]

분류 : 〈명당〉, 〈설화〉

초·중·고등학교 뒷산에서 백련으로 넘어가는 재를 구슬고개라 하는데 이곳 명지에 자리잡으면 옥관자(玉貫子) 3말이 난다는 풍수설이 있어 초등학교, 중학교, 고등학교의 교지(校地)로 선정되어 많은 인재를 배출하고 있다.

– 『진교면지』

◉ 중평(中坪) 마을

수두방재를 배산으로 하고 선마산을 안산으로 하여 취락이 형성되어
있다.

– 『진교면지』

■ 선마산[立馬山, 成馬山, 선뫼산]

분류 : 〈형국〉, 〈설화〉

진교리의 안산으로 말이 구시를 앞에 두고 있는 형국이라 하여 선마산,
또는 입마산, 성마산이라 불리고 있다. 속설에 의하면 강개바다에서 말이
지리산으로 향해 힘차게 뛰어 오르다가 구시에 여물이 담겨 있는 것을
보고 말이 멈추어 섰다고 하며, 말의 똥이 떨어져 도래섬이 되었고, 말은
선 채로 산으로 굳어졌다 한다. 선마산을 남쪽에서 바라보면 말의 엉덩이
같은 형국을 이루고 있다. 또한 일설에는 이른 새벽 강개바다 쪽에서 이
명산 쪽으로 산이 밀고 올라가는데 방정맞은 계집애가 부엌에서 이것을
보고 부지깽이로 부뚜막을 치면서 산이 올라간다고 소리쳤다. 이때 산이
부정을 타서 멈추어 섰다는데 이 산을 선뫼산이라고 하였다 한다.

– 『진교면지』

■ 소두방재

분류 : 〈물형〉

이명산의 서편에서 넘실넘실 산쪽으로 뻗어 내린 산줄기가 개고개, 중
고개, 상고개, 막고개에서 멈추었다. 막고개에서 상평 뒤편까지 산 능선
을 소두방재라 불리는데 이는 솥뚜껑 같이 생긴 형국이라 하여 붙여진

진교리의 배산이다.

— 『진교면지』

2. 백련리(白蓮里)

◉ 백련 마을

■ 독골[돗골]

분류 : 〈형국〉

독골은 돗골이라 부르며 본래는 돼지골이다. 이곳 산의 형상이 새끼 가진 어미 돼지가 누워있는 모양이며 젖꼭지가 여러 개 나와 있는 것같이 불룩불룩한 산줄기가 여럿 있다. 이 산형을 보고 돗골이라 하였으며, 예부터 이곳에 멧돼지가 많아 농사를 망치는 일이 있었다는 돗골이다.

— 『진교면지』

□ 설화「부채등(북채등) 전설」

분류 : 〈형국〉, 〈명당〉, 〈설화〉, 〈묘지〉

백련마을 남쪽 편 산등성이에 부채같이 생긴 등이다. 이곳에는 길지가 있다고 알려진 곳이다. 이곳의 주인은 예부터 좋은 묏자리가 있을 거라는 말을 듣고서 부모님의 산소를 정하기 위해 지관을 모셨다.

지관은 산을 둘러보고 한 혈을 정해주었는데, 명지 중의 명지라고 소개한 후, 장례 치를 때의 유의점을 설명해 주었다. 장례 때 저 멀리 보이는 외고개 쪽에서 여자가 쇠갓을 쓰고 지나갈 때 관을 내려야 한다는 것이다.

장례 당일, 뇌우가 쏟아지는데도 지관의 말을 지키려고 쇠갓을 쓴 여자가 저 멀리 고개에 나타나기만을 기다렸다. 오랜 기다린 끝에 솥뚜껑을

이고 가는 여자가 보이자 하관하도록 하였다. 그런데 파 놓은 광중(壙中)이 세로로 되어 있어야 할 것이 가로로 파져 있었다. 장대비 속에서 어쩔 수 없이 그대로 하관을 하고 봉분만은 세로로 만들었다.

지금도 명지라는 그곳에 가로 누운 망인은 말없이 후손들 영화만을 생각하고 누대에 걸쳐 발복하며 오늘도 그 자리에 모셔져 있다고 한다.

-『진교면지』

◉ 신기(新基) 마을

분류 : 〈형국〉

마을을 끼고 있는 배산의 산세가 소와 같다고 한다. 마을 입구 산(소의 입부분)의 끝자락에 우물이 있었는데 마을 사람들의 식수원이었다. 왜정 때 우연히 이곳에 저수지가 들어서게 됨으로서 소의 구시통에 물이 담기게 되어 풍요로운 마을이 될 것이라는 풍수설이 있는 마을이다.

-『진교면지』

■ 세널끝

분류 : 〈형국〉

산세로 소아 소의 머리 부분인데 이곳을 이르는 말이다. 마을 입구에 자리하고 있으며 풍요롭고 인상 깊게 마을을 감싸 안아 주고 있다.

-『진교면지』

◉ 지곡(池谷) 마을

분류 : 〈설화〉, 〈단맥〉

하동현과 곤양현으로 통하는 교통의 요충지였다. 임진왜란 때 이곳을 지나던 명나라 제독 이여송(李如松)이 산세와 지세를 살피고는 역신이 많이 출현할 장소가 있다하여 혈과 맥을 끊기 위해 길옆에 둑을 쌓고 연못을 만들게 하였다는 설화가 전해지는 마을이다.

― 『진교면지』

3. 안심리(安心里)

◉ 안심(安心) 마을

■ 송장등

분류 : 〈물형〉

골목땀 서쪽에 있는 등성이로 지형이 송장처럼 생겼다.

― 『하동군지명지』

■ 시리봉

분류 : 〈물형〉

골목땀 서남쪽에 있는 산으로 지형이 시리(시루)처럼 생겼다.

― 『하동군지명지』

■ 꽁매등

분류 : 〈형국〉, 〈명당〉

시리봉(시루봉) 아래로부터 마을 입구까지 쭉 뻗어 내려온 진등[長嶝]을 꽁매등이라 하는데 옛사람들은 이곳의 지형이 앞산의 꿩을 덮치려고 하는 형국이라 하여 마을 사람들은 길지로서 매우 아끼고 중히 여기고 있으며 등 너머에는 화락골이 있어 꽃이 떨어지는 곳이라 하여 명지로 알려진 곳이다. 시루봉 아래에는 무치(舞雉)골이 있는데 꿩이 봄기운을 받아 덩실 춤을 추었다고 하여 무치골이라는 곳이 함께 자리한 꽁매등이다.

― 『진교면지』

■ 큰골

분류 : 〈형국〉

마을의 배산이다. 갑번덕에서 갑옷을 입고 투구봉에 올라가 투구를 쓰고 태봉 아래 동북향으로 쭉 뻗은 백마산에서 백마를 타고 장검등(현 도축장)에서 잠검을 차고 바다건너 왜구를 공략하려는 산세의 형국이라고 전해지는 큰 골이다.

―『진교면지』

4. 고룡리(古龍里)

분류 : 〈지명〉, 〈설화〉

고룡리라는 지명은 이명산 이무기가 쫓겨나와 바다에 인접한 용호에서 살았다는 전설과 무관하지 않다고 한다.

―『진교면지』

◉ 구곡(龜谷) 마을(굼퉁몰)

분류 : 〈형국〉, 〈지명〉

마을의 뒷 들녘이 마을보다 높게 펼쳐있고 안산(案山) 또한 옛날에는 바다건너에 있어 지대가 비교적 낮아 움푹 들어간 곳에 마을이 조성되었으므로 옛 마을 이름이 굼퉁몰(낮은 지대 마을의 방언)이라 하였다.

―『진교면지』

■ 쇠목아지

분류 : 〈형국〉, 〈지명〉, 〈설화〉, 〈단맥〉

마을을 굽어보고 있는 산줄기 중간부분에 현재 농협창고 위쪽 잘록한 곳을 쇠목아지라 부르고 있다. 이곳은 옛날 왜놈들이 지세를 살펴보고 장차 위인이 출현할 형국이라 하여 지맥을 잘랐다는 현장이며, 이곳은 멀리에서 보면 소의 목부분과 같이 생겨서 사람들은 쇠목아지라 부른다.

— 『진교면지』

◉ 남양(南陽) 마을

■ 고직골

분류 : 〈형국〉, 〈지명〉

일설에 풍수지리설에 의해 회룡고조(回龍顧祖) 또는 오미고조(鰲尾顧祖) 등 자구적인 풀이로 고직골을 고조곡(顧祖谷)이라고 한다.

— 『진교면지』

■ 지냇골

분류 : 〈형국〉, 〈지명〉

고직골 안자락에 산세가 지네와 같이 생겼다고 하여 지냇골이라 하며 지네악바리라고 하는 곳은 마치 지네가 입을 벌리고 있는 것과 같아 지네악바리라는 지명도 함께 자리하고 있다.

— 『진교면지』

5. 양포리(良浦里)

◉ 양포일구(良浦一區) 마을

■ 잠밭골

분류 : 〈형국〉, 〈금기〉, 〈묘지〉

마을의 북동쪽 부분을 말한다. 범이 잠자는 형국인데 이곳을 개간하거나 묘를 개축하면 잠자던 범이 깨어나 앙갚음을 한다고 하여 자연 그대로 보존되고 있다.

—『진교면지』

◉ 봉천 마을

분류 : 〈형국〉, 〈명당〉

봉황산 맨 아래쪽을 가리키며 이곳을 봉의 알자리로 전해지고 있으며 일명 길지로 알려져 있고 마을의 생성초기부터 인가가 있었다고 하는 곳이다.

—『진교면지』

■ 꽃안등[花內嶝]

분류 : 〈형국〉, 〈지명〉

삼박골에서 발꾸미[會社끝]로 넘어가는 먼당인데 외각(外殼)의 산세가 꽃잎과 같이 생겨있고 이곳은 꽃심과 같은 모양으로 되어 있어 꽃안등이라 불러오고 있다.

—『진교면지』

◉ 양포이구(良浦二區) 마을

■ 청용등

분류 : 〈형국〉

양이 마을 배산이며 소전방 넘어가는 등성이를 말하는데, 지리설에 의하면 좌청룡 형국으로 되어 있어 청용등이라는 지명이 생겼다고 한다.

—『진교면지』

◉ 대전방(大前芳) 마을

분류 : 〈물형〉, 〈명당〉

옛 지명은 아래뺑이 또는 방개 등으로 불리어왔다. 양표의 서편에 위치한 마을로 서쪽에는 대전방 저수지가 있으며 부싱이 바위가 있는 곳이다. 옛날에는 마을 앞까지 바다의 해수면이었으나 제방을 축조하여 간척지로서 작답하여 농경지가 조성되어 주곡을 생산하며, 마을의 형상이 소로 논갈이 할 때 소어깨에 거는 방개모양 같다 하여 방개등이라 한 것 같다. 이곳을 『택리지』의 입역지(入域志)에 소개하기를 곤양 고을에서는 제일 살기 좋은 명지(名地)라 하였다.

－『하동군지명지』

■ 지불이끝

분류 : 〈형국〉

마을의 서편 금오산 기슭에 쥐의 주둥아리와 같이 생긴 지형을 두고 이름이 붙여진 곳이다.

－『진교면지』

6. 술상리(述上里)

■ 공동묘지

분류 : 〈명당〉

솔봉 아래 항아골 밑에 널따란 술산 뻔덕이라는 벌판이 있다. 앞에는 한려수도의 풍광이 펼쳐져 있고 저 멀리 안산으로 사천 와룡산이 받쳐있어 명지로 알려져 있다.

－『진교면지』

■ 당산면당

분류 : 〈설화〉, 〈단맥〉

평방등에서 음달몰 등까지를 당산등이라 하는데 이곳은 술상의 정기가 스민 곳이라 하여 마을 사람들이 신성시하던 곳이다.

왜인들이 산의 운기를 끊기 위해 당산등을 따라 길을 만들었다고 하며 산등 중앙부위 남쪽 편에는 옛날 성량현이 위치하던 대한적골이 있고 북쪽에는 음달몰이 있다.

－『진교면지』

■ 연밭골

분류 : 〈명당〉, 〈설화〉, 〈단맥〉

매답 아래에 있는 들녘에 연밭을 만들고 씨족장들이 모여 즐겼다는 들녘이다. 연밭골 능선에는 명당자리라 하여 산맥을 끊어 운기를 잡으려고 왜놈들이 이곳에 불을 뜬 곳이기도 하다.

－『진교면지』

■ 통뫼등

분류 : 〈명당〉, 〈설화〉, 〈단맥〉

마을 입구 아랫방 곡 아래에 자그마한 산등을 말함인데 이곳은 예부터 명당으로 보였던 곳이다. 한일합방 이후 왜놈들이 운기를 끊기 위해 불을 놓아 떴다고 하며 그 흔적이 지금도 남아있는 곳이다.

－『진교면지』

■ 양지편 마을

분류 : 〈형국〉, 〈설화〉

양지 쪽에 있다하여 양지편 마을이라 부르고 있다. 풍수지리설에 의하면 양지 마을은 자라 설(혈)로 되어 있는데 옛날 산구(山口)라는 일본인이 마을 북쪽에 저수지를 만들게 되고 또한 왜정 말기에 남쪽에도 저수지를 만들게 되니 물을 만난 자라가 성하게 되어 자연 마을도 융성해지고 무병장수하는 마을로 되었다는 설이 전해지고 있다.

—『진교면지』

■ 대밭 목

분류 : 〈형국〉

산의 형국이 지네가 학의 목을 물고 있다는 곳이다.

—『진교면지』

■ 술하(述下) 양지 마을

분류 : 〈형국〉

산의 형국이 학 형국이라 생각할 때 학의 몸체에 해당되는 곳이다.

—『진교면지』

■ 사학 끝

분류 : 〈물형〉

금오산에서 강개바다를 내려다보면 학의 형상을 지닌 능선이 있는데 이 능선 끝 부분을 사학 끝이라 한다.

—『진교면지』

7. 관곡리(冠谷里)

◉ 관곡(冠谷) 마을

분류 : 〈물형〉, 〈금기〉

관곡리의 중심마을로 마을 앞 관곡천이 흘러 진교리로 접어들고 관곡 천상에 관 모양 바위가 있어 지명을 얻었다 하며, 마을 앞 큰 들판을 노루 바다라고 하였는데 해방 후 경지 정리를 시행하면서 관바위의 흔적을 없 앴다고 한다.

— 『하동군지명지』

마을 뒷산을 노루설이라 하여 노루가 놀라 도망칠까 봐 예부터 개 사 육을 금하였고 정초에는 풍물놀이를 금기시하였다는 일설이 전한다.

— 『진교면지』

■ 진등[長嶝山]

분류 : 〈물형〉, 〈명당〉, 〈묘지〉

대낙골과 개골을 갈라놓은 마치 코끼리 코와 같이 길게 뻗어 있어 진 등이라 한다. 예부터 명당이 있다는 설에 의해 공동묘지화 되었다.

— 『진교면지』

■ 버디골[柳谷]

분류 : 〈명당〉

버디골에는 예부터 꾀꼬리 둥지가 있다는 풍수설에 따라 명당을 찾아 지관들이 드나들기도 한 곳이다.

— 『진교면지』

◉ 서정(栖亭) 마을

분류 : 〈설화〉

관곡 마을의 서편에 조성된 문화동과 접하고 위로는 성평과 접해 있다. 옛 지명이 꽃과실인 화개와 관곡의 아랫 마을인 송림을 합쳐 서정 마을로 구성되어 있다. 꽃과실은 일명 곡와실(哭蛙谷)이라고도 하며 이곳에는 가래모퉁이 서쪽 골짜기에 부귀(富貴)터가 있었다 하고 화개 서쪽 골짜기를 동뫼골이라 한다. 가래모퉁이 서쪽 등성이를 용머리라고 한다.

화개에 살던 유부자(柳富者)가 도승(道僧)의 말에 속아 관곡천의 관암을 없앴다는 전설도 전해오는 곳이다.

─『하동군지명지』

■ 띠[帶]골

분류 : 〈형국〉, 〈설화〉

협곡을 이루고 있으며 우측 산등성이를 옛 지관들은 풍취나대혈(風吹羅帶穴)이라 하였다. 이것은 '미풍에 비단 허리띠가 펄럭인다'는 뜻이며, '띠골'이라는 지명은 '띠 대(帶)'자에서 연유된 것으로 생각된다.

일설에 따르면 예부터 띠골 산등성이를 게[蟹]설이라 하였는데 게는 물에 사는 것으로서 근처에 물이 없는 이곳을 왜 게설이라 하였는지 많은 우민들은 그 까닭을 알 수 없었다. 수년 후에 이곳에 큰 저수지가 생겨났으니 이때서야 비로소 옛 선인들의 긴 안목과 예언적 통찰력에 감탄할 따름이다.

─『진교면지』

◉ 화개(花開) 마을

분류 : 〈형국〉, 〈설화〉, 〈단맥〉

이명산 줄기인 진등이 길게 뻗어있고 끝자락에 개구리와 같이 생긴 동산이 있다. 이 형상을 보고 장사축와(長蛇逐蛙)[뱀이 개구리를 쫓는다] 형국이라 하였다. 뱀이 개구리를 쫓아가 뒷다리를 물었는데 개구리가 아파죽겠다고 꽥 소리를 질렀다고 해서 '울 곡(哭)'자와 '개구리 와(蛙)'자로 곡와실 즉 꽃가실로 불러지게 된 것이 한자로 표기되면서 화개(花開)로 되었다.

일설에 의하면 이 마을에 유씨 성을 가진 부자가 살았는데 탁발승에게 시주는 하지 않고 내몰아 쳤다. 탁발승은 질겁을 하고 되돌아 나오면서 무어라 중얼거렸는데 괘씸하게 여긴 유 부자는 다시 불러들여 무엇이라 했느냐고 다그쳐 물었더니 다름이 아니라 부귀영화를 오래도록 누리려면 뒷산에 청죽과 온갖 꽃나무를 심어 가꾸고 마을 아래 관바위를 없애야 한다고 일렀다. 유 부자는 이 말을 믿고 하라는 대로 하였다. 마을 뒷산 지형은 뱀의 형상이라 얼마 후 심은 청죽은 창이 되어 뱀을 찔러 붉은 피를 토하게 하였고 가산은 일패도지 하였다. 뱀이 뿌린 붉은 피가 꽃으로 변해 피어나니 화개라고 하였단다. 관곡이라는 마을 이름을 얻게 된 것도 없어진 관바위로 부터 연유되었다는 말이 전해진다.

- 『진교면지』

◉ 반석(磻石) 마을

분류 : 〈형국〉, 〈명당〉

옛 이름이 꺼치실 또는 거치실(居雉谷)이라 하였다. 마을의 생긴 모습이 복치(伏雉) 형국의 명지라 하여 꿩이 엎드려 있는 모양이라 하였다. 반석동쪽 골짜기를 개골이라 하고 대내골도 곁에 있다. 남쪽에 있는 골짜기를 띄골이라 하였으며 그곳에 있는 저수지를 띄골 저수지라 하였으며 서쪽 등성이를 진등재라 하고 북쪽으로 있는 밭을 장재터라 하고 남쪽에 있는 들판을 한새들이라 하였다. 마을 서쪽산을 은점터라 하고 한때 은(銀)이 생산되던 곳이다. 북쪽산을 앵소라 하였으며 반석앞들을 대문거리라 하였다.

- 『하동군지명지』

◉ 성평(省坪) 마을

분류 : 〈형국〉, 〈지명〉

옛 지명은 새판골이라 하였으며 현재는 구영실을 합쳐 성평 마을을 형성하고 있다. 마을의 동쪽 등성이를 깨꼬리등 지형이 꾀꼬리 같다하여 생긴 지명이며 마을 북쪽 골짜기를 도장골이라 하며 동쪽 골짜기를 탑이 있었다고 탑골이라 하였다. 또 양장골도 있다. 이곳에는 베개바위 농바위가 있으며 마을 남쪽에는 새판골 저수지가 새판골을 농용수로 공급하였다. 구영은 구영(九永)실이라 하는데, 골짜기를 우리말로 실이라 하니 아홉 골짜기가 아주 길다는 뜻이다.

- 『하동군지명지』

마을 뒷산 정상을 수리봉이라 하는데 수리 모양을 한 지형이 마을 쪽을 바라보지 않고 북쪽을 향해 있어 이 마을사람들은 부귀를 누릴 수가 없다는 지리설에 따라 산신에게 새를 팔았다고 한다. 새를 팔았다고 해서 새판골이라는 마을 이름이 불리어졌으며 그 후 한자로 표기하려니까 수리는 먹이(들쥐, 뱀, 개구리)를 얻기 위해 들녘을 살펴야 하니 '살필 성(省)'자와 '들 평(坪)'자로 이름 지었다고 한다.

- 『진교면지』

□ 설화 「양장골[梁將谷] 전설」

분류 : 〈설화〉, 〈묘지〉, 〈단맥〉

진교 시장통에서 북쪽으로 월운 마을로 향하면 약 3킬로미터 지점에 성평 마을에 다다른다. 마을 동편에 깊숙한 골짜기를 양장골이라 하는데 이 골짜기에는 구전되는 전설이 있다.

옛날 이곳에 양씨 성을 가진 사람이 동갑내기 할멈과 철이 덜든 두 아들과 함께 살고 있었다. 여든이 넘은 양씨는 두 아들들에게 유언을 남기는데, 자신이 죽거든 자신의 관을 12개 만들어 묻어 달라는 것이었다. 그것도 관을 아무렇게나 묻는 것이 아니라 땅을 매우 깊게 파서 관을 하나 묻는 다음 한 뼘 정도의 두께로 흙을 덮고 그 위에 또 관을 묻고 하는 식으로 열두 개의 관을 묻는 것이었다. 그리고 자신의 시신은 맨 밑의 관에 넣고 11개의 빈관에는 팥 한줌씩을 넣으라는 것이었다. 또한 장례 기간 동안에 자신의 죽음을 다른 사람에게는 알리지 말고 장례가 끝나거든 알리라는 유언도 남겼다.

아들들은 의아했지만 아버지의 뜻을 따르기로 했다. 그런데 관을 11개까지는 구했는데 마지막 하나는 도저히 구할 수가 없었다. 할 수 없이 관 11개로 장례를 치렀다.

이 때 조정에서는 간신배가 날뛰어 나라가 매우 혼란스러웠다. 장차 나라에 큰 변란이 있을 거란 도승의 말에 논란 조정에서는 전국의 유명한 지사(地師)들을 불러 모아 지맥의 기가 뭉쳐있는 곳을 찾으라고 명하였다. 지사들은 전국 방방곡곡을 샅샅이 뒤져 남쪽 땅 양지바른 이곳 양씨 묘를 찾아내게 되었다.

이 명지는 장차 나라를 구할 장군이 출현할 징조가 있는 곳이라고 지사들은 조정에 알렸다. 간신들은 서둘러 양씨 묘로 군졸들을 급파하여 엄하게 경계토록 하고는 양씨 묘에서 장차 역신이 나올 것이라고 소문을 퍼뜨리게 하고 민심을 수습한 뒤 묘를 파기 시작했다. 파낸 관속에는 있어야 할 시신은 없고 다만 팥 한 줌이 들어 있었다. 이상하게 여긴 이들은 창끝으로 찔러 또 하나의 관을 찾아내었다. 열어보니 역시 빈관이었다. 몇일 동안 같은 일을 거듭하여 관 10개를 파낸 군졸들은 지칠대로 지쳐 쉬고 있는데, 이상한 일이 벌어졌다. 관을 파낸 구덩이는 짙은 안개가 서리고 안개 속에서 어린애의 울음소리가 들려왔다. 깜짝 놀란 군졸들은 창과 곡괭이로 마구 찌르고 휘둘렀다. 안개는 걷히고 묻혀있던 열한 개째의 관이 열렸다. 관속에는 상처투성이가 된 앳된 동자장군이 엎드려 흐느껴 울고 있었다. 물러서있는 군졸들은 철퇴를 내리쳐 동자장군을 죽였다. 동자장군은 시의를 얻지 못해 울었고 빈관속에 들어있던 자신의 병졸(팥)이 흩어져 없어졌기에 웅지를 펴지 못하고 꺽겨 버린 것이다. 유언대로

12개의 관을 만들었다면 나라를 구할 인재가 나타났을 것이다.

양장골 위쪽 산등성이에는 농바우가 있는데 이 바위 안에는 장군이 입고 입성할 갑옷이 들어 있다는 설을 믿고 도굴꾼들이 파괴했다고 한다.

ー『진교면지』

◉ 구영(九永) 마을

■ 용머리

분류 : 〈형국〉, 〈지명〉

구영 뒷산 능선을 용혈, 즉 용설이라 하였으며 가래 모퉁이 건너편 능선 끝 이곳에 용의머리와 같이 생긴 지형이 있어 용머리라고 한다.

ー『진교면지』

8. 월운리(月雲里)

◉ 월운(月雲) 마을

분류 : 〈형국〉, 〈지명〉

마을 서쪽에 있는 산을 조래등이라 하고 또 안산도 있으며 마을의 왼쪽에 있는 산을 청룡등이라 한다.

ー『하동군지명지』

현재의 취락이 이루어지기 이전에는 골짜기나 산기슭에 몇 집 씩 산재하여 살다가 인구가 증가하면서 경지가 개간되고 배산임수의 입지를 찾아 현재의 마을이 형성된 것으로 본다. 현재 월운의 취락은 차일봉의 지맥인 토끼봉을 배산으로 하고 이명산의 12골 물을 임수로 하여 서향을 보고 마을이 형성되었다.

월운이란 지명은 예전에는 달운재(달음재)라 하였는데 이제는 그 명칭도 점점 사라지고 노인들의 입에서만 간혹 불리고 있다. 달운재의 연원은 달구봉의 달군재에서 연유된 것으로 생각되나 이명산의 지형이 운형(雲形)을 이루고 있고 안산을 반월산(半月山)이라 한다. 구름이 반원을 가리니 구름 속에 살면서 반월을 바라보는 운중반월(雲中半月) 형상이다.

-『진교면지』

■ 비아봉

분류 : 〈물형〉, 〈지명〉

갈가마귀는 겨울철 철새로서 근래까지 북쪽에서 많이 날아와 큰 무리를 이루어 보리밭에 피해를 주었으나 요사이는 찾아볼 수 없다. 이 산봉우리는 넘나드는 갈가마귀가 나는 형국이라 하여 붙여진 것 같다.

-『진교면지』

■ 토끼봉

분류 : 〈물형〉, 〈지명〉

월운의 배산으로 뒷동산이라고도 하며 지형이 토끼 형국이라 달속의 토끼와 관련하여 붙여진 이름이다.

-『진교면지』

■ 곤양바우[昆陽岩]

분류 : 〈비보〉, 〈금기〉

마을 앞 반월산 중앙지점에 있는 바위로 이 바위가 밖으로 노출되면 마을에 우환이 생긴다하여 바위를 흙으로 묻고 대나무와 수목을 심어 가리면서 곤양으로 귀양을 보냈다하여 곤양바우라고 전해오고 있다.

-『진교면지』

■ 황새배미

분류 : 〈물형〉, 〈지명〉

학방이에 있으며 황새 모양으로 생겼다 하여 붙여진 이름이며 수구(水口)가 머리 부분에 있었으면 좋았을 논이 꼬리부분에 있어 좋은 논이 못되었다고 한다.

-『진교면지』

■ 매봉재

분류 : 〈형국〉, 〈지명〉

큰골에서 고이리 틈실로 넘어가는 재로써 매가 나는 형국이고 감남골 옆 산을 뗑뫼라 하여 꿩과 매의 연관관계에서 붙여진 것 같다.

-『진교면지』

■ 뎅경재

분류 : 〈지명〉

불당골에서 개금사로 넘어가는 재이며 달구봉에서 300미터 아래지점이다. 이명산에서 뎅경재(東京재)란 명칭은 이명산의 전설에서 동경(東京), 비보산(裨補山), 동경인(東京人) 등의 말과 관계가 있는 것은 아닌가 생각된다.

-『진교면지』

◉ 갑정(甲井) 마을

분류 : 〈물형〉

옛 이름은 냉정이라 하였다. 물이 매우 차가운 참새미가 있었다고 붙여진 지명이다. 마을 서쪽에 밥주걱처럼 생겼다고 주갯등이 있으며 동북쪽에 있는 재민당이라 하며 또 솔등이 있다. 지형이 시렁처럼 생겼다고 살갱이 마을이 서남쪽에 있었으나 지금은 없다. 동쪽 등성이를 덧대등이라 하고 남으로 통하는 고개마루를 돌정기라 하였다.

- 『하동군지명지』

■ 알낙골(날낙골)

분류 : 〈형국〉, 〈명당〉, 〈지명〉, 〈설화〉, 〈묘지〉

돌종지 밖에 있는 골로 닭이 알을 품고 있는 형국이라 하여 붙여진 것 같다.

옛날 지명은 알낙골인데 이곳의 명지에 묘를 써 부호가 되었다. 그 부호는 너무나 방자하고 인색하여 탁발하는 승려를 심히 괄시하였다 한다. 승려는 부호가 된 내력을 알아보니 알낙골에 있는 묘의 발복임을 알고 부호에게 다가가 묘를 상석으로 치장할 것을 권유하였다. 부호는 승려의 꾀임에 넘어가 상석을 놓고 묘를 치장하였더니 알을 품고 있던 닭이 돌 무게를 이기지 못하고 다른 곳으로 날아가 버렸다하여 알낙골이 날낙골이 되었다 한다.

- 『진교면지』

9. 송원리(松院里)

◉ 송외(松外) 마을

분류 : 〈형국〉

진교리에서 곤양면으로 넘어가는 길목 마을이다. 송외 마을로 들어가는 지점을 입마산(立馬山) 또는 구시고개(말밥그릇)라고도 하며, 암탉이 알을 낳고 우는 형세라 하여 꼬태골이라고도 하는 곳이다. 마을 북쪽 골짜기를 신시골이라 하고 마을 위쪽들을 송원웃들이라 하였다.

또 벅시골텡이 골짜기가 있으며 이 골짜기 위에 도독골이 있었다. 마을 동쪽들을 대동강들이라 하였으며 동남쪽 골짜기를 까막골이라 하였다.

- 『하동군지명지』

■ 구시고개

분류 : 〈형국〉

진교리의 안산산의 형상이 서 있는 말과 같다하여 선마산이라 하는데, 이곳은 말의 구시(구유)가 놓여있는 형국이라 하여 구시고개라 한다. 지금은 도로확장으로 구시형국은 사라지고 먹거리 점포가 즐비하다.

- 『진교면지』

■ 꼬대골

분류 : 〈형국〉, 〈지명〉

구시고개 연장선상의 북편 골짜기로 옛날에는 마을로 들어오는 첫 골짜기이다. 암탉이 알을 낳고 신기하다는 듯 우는 형세라 하여 꼬대골이라는 지명을 갖고 있으며 이곳에 옛날에는 환자를 격리 수용한 병막이 있었다. 지금은 진교 IC가 개설되어 옛날의 형상을 찾아볼 수 없게 되었다.

- 『진교면지』

◉ 율원(栗院) 마을

■ 밤티재(골)

분류 : 〈형국〉, 〈지명〉

서리골이라고도 하는데 이는 설중매화혈(雪中梅花穴)이라는 풍수설에 따라 붙여진 이름이며 밤티골에는 자생하는 밤나무가 많아 밤티재라 부르는 듯하다.

- 『진교면지』

◉ 화포(花浦) 마을

분류 : 〈형국〉

마을 동쪽 사천시 서포면으로 넘어가는 고개를 서리개몬당 아랫마을 동쪽모퉁이를 서리개붙이 마을 앞 골짜기를 서부렁이라 하고 마을 남쪽에 있는 바위가 용처럼 생겼다 하여 용바구 마을 앞에 있는 내를 진고랑 북쪽에 있는 산을 천황봉(天皇峯)이라 하여 용바위가 있는 모롱이를 용바구 뿔치라고 한다.

- 『하동군지명지』

화포마을의 지형은 풍수지리설에 의하면, 설중매화혈(雪中梅花穴)이라 말한 데서 연유한 이름이다. 다른 마을과 같이 주변의 산세와 지형들이 길지다운 풍모를 갖추고 있는 마을이다.

- 『진교면지』

■ 북성골

분류 : 〈물형〉, 〈지명〉

마을 동쪽에 자리한 골짜기를 이르는데 골 전체의 생김새가 북두칠성의 별자리와 같다하여 상서로운 이름을 붙여 지명으로 부르게 되었다고 한다.

- 『진교면지』

■ 서리개

분류 : 〈형국〉, 〈지명〉

설중매화혈의 형국에서 비롯된 지명으로 추정되며 마을 동편의 골짜기를 이르고 있다. 개라는 말은 바다의 방언이다

― 『진교면지』

■ 당나구 굼팅이

분류 : 〈물형〉

마을 동쪽에 있으며 산의 형상이 당나귀와 같이 생겼다고 하여 생겨난 이름이다.

― 『진교면지』

■ 천왕봉

분류 : 〈형국〉

화포 마을의 최북단에 위치한 높은 산으로서 마을 전경을 내려다보는 위용은 가히 천왕봉이라 할 만한 산이다. 마을의 주산으로 양편으로 갈라선 능선은 청룡백호의 산세를 이루고 있다.

― 『진교면지』

10. 고이리(古梨里)

분류 : 〈형국〉, 〈설화〉

옛 어른들은 이곳을 오수불동(五獸不動)[다섯마리의 짐승들이 서로 견제하여 움직이지 않음]의 지세라 하였으며, 고내 마을 북단은 호랑이 형국이요, 남서향의 산은 개, 정남향의 산은 고양이, 남동편은 쥐, 동쪽은

코끼리라 하였다. 이런 형상들이 오수 형국의 지형이다. 이 오수의 짐승들이 상생의 율을 지킬 때는 마을이 평안하나 만일 상극하게 되면 변괴가 생긴다는 전설이 있다.

- 『진교면지』

◉ 고내(古內) 마을

분류 : 〈형국〉, 〈지명〉, 〈비보〉

옛 마을 이름은 웃게런이라 한다. 옛 어른들은 이곳을 알을 밴 게[蟹]설이라 하여 게가 아래쪽으로 내려가지 못하도록 개울가에 수양버드나무를 많이 심어 가꾸었다고 한다. 구전되는 바와 같이 '게[蟹]', '란[卵]', 즉 '게란'이 변음되어 마을 이름이 '게런'으로 되었으리라 사료된다.

일설에는 마을 남쪽 산중턱에 큰 바위가 있는데 이 바위를 괴(고양이의 방언)바위라고 하여 괴런이라는 마을 이름이 연유되었다고 하는 설이 있기도 한다.

- 『진교면지』

■ 수수골[獸首谷]

분류 : 〈형국〉, 〈지명〉

고내 마을 뒤편 깊숙한 골짜기를 짐승의 머리 부분이라 하여 수수골이라 하는데 고이리 주변지세인 오수부동(五獸不動)의 형국과 유관한 지명이다.

- 『진교면지』

■ 엉골(엉밑)

분류 : 〈형국〉

고내 동쪽 오수형상의 하나인 코끼리능선 바로 아래에 바위로 뭉쳐진 절벽이 있는데 엉골은 이곳을 이르는 말이다.

-『진교면지』

◉ 고외(古外) 마을

분류 : 〈형국〉, 〈지명〉, 〈금기〉

고내 마을에 이어 약 30년 뒤에 형성된 마을로 추정되며 옛 이름은 아랫게런이라 한다. 통설에 따르면 이 마을의 지형이 배 앞부분과 같이 닮은 지형이라 하여 배설(혈)이라고 한다. 배의 밑바닥이 구멍이 나면 침몰하게 됨으로 깊게 파는 우물이나 지하수 개발 등을 금기시 하였다고 한다.

-『진교면지』

■ 괴바우[猫岩]

분류 : 〈형국〉, 〈비보〉, 〈지명〉

괴바우(괴는 고양이의 방언)는 남향 약 500미터 떨어진 산중턱에 있으며 오수형상 중 하나로서 괴런이라는 마을이름과 무관하지 않다. 구전되는 바에 의하면 괴바우가 마을에서 훤히 보이게 되면 마을에 변고가 생긴다하여 예부터 괴바우 앞에는 나무를 심어 보이지 않게 하였다는 일설이 전래되고 있다. 괴바우를 메바우라고 사람에 따라 다르게 부르고 있다. 괴바우를 메바우라고 이름을 바꿔 부름으로서 괴바우의 심술을 막을 수 있다는 주술적 사고에 의한 것 같다. 또한 마을이 배설(혈)이기 때문에 '메(배 젓는 노의 방언)바위'라 하는 것도 무방하리라 사료된다.

-『진교면지』

◉ 신촌 마을

분류 : 〈형국〉, 〈지명〉

고이리의 오수부동 중의 하나로 쥐설이라 하였는데 쥐가 앞 들녘으로 내려가는 형국이라 옛 마을 이름을 쥐눅골이라 하였다.

－『진교면지』

◉ 이곡(梨谷) 마을

분류 : 〈형국〉, 〈명당〉, 〈지명〉

옛 이름은 배골이라 하였다. 추정컨대 배나무가 많다고 배골이라 하였으리라 보며 이화낙지(梨花落地)의 형국과 관련된다. 일설에 옛날 다솔사 도승이 남쪽 땅에 길지를 찾아 헤매고 있었는데 때마침 화사한 배꽃이 바람결을 타고 이곳으로 몰려드는 것을 보고 "이화낙하니 과연 길지가 여기로구나!"하고 말하였다는데서 배골이라는 마을이 생겼다고 한다.

또한 앞들의 지형이 배설(혈)이라고 하는데 예부터 구전되는 설에 따르면 배골(船谷)이라야 지세와 마을 이름이 상통되나 한자로 표기하려니까 관념상 바닷가·포구가의 사람들을 하대하던 인습이 남아서 '배 선(船)'자에서 '배 이(梨)'자로 바꾸었다고 한다.

－『진교면지』

□ 설화 「나비등」

분류 : 〈형국〉, 〈명당〉, 〈지명〉, 〈설화〉, 〈묘지〉

지형이 나비가 날아갈 듯 날개를 펴고 있는 것과 같아 이곳을 나비등이라 하며 길지로 꼽히는 곳이다. 구전되는 바에 의하면 명지로 알려진 나비등에 묏자리를 정하는 데 성심성의껏 일을 봐준 지관을 홀대하였다. 몹시 화가 난 지관은 나비등을 서리등이라고 지명을 바꾸어 부르도록 여러 사람에게 전하였다. 서리가 내리는 곳에 나비가 날아들 수 없어 따뜻한 곳으로 날아갔다고 선전하였으나 하찮은 일에 앙심을 품고하는 지관의 말에 산신도 격노하여 지관의 말이 먹혀들 수 없게 되니 언제나 나비

등으로써 가문은 날로 번성하였고 오늘도 길지로서 서기 어린 나비등으
로 되어있다.

―『진교면지』

양보면(良甫面)

1. 운암리(雲岩里)

◉ 수척(水尺) 마을

■ 수성(水城)

분류 : ⟨형국⟩, ⟨지명⟩

수척 마을을 한때 수성이라 하였다. 물의 흐름이 마치 성곽 모양의 형곡(形曲)을 이루고 있는 곳이라 하여 수성 마을이라 부르게 되었다.

— 『하동군지명지』

■ 울띠촌(마을명)

분류 : ⟨형국⟩

현 수척마을을 아주 옛날에 울띠촌이라 불렀다. 이는 곧 이 마을 맞은편에서 보면 마치 와우산(현 수척마을 뒷산) 기슭에 마을이 형성되면서 나무숲으로 울타리를 막은 것이 와우산 허리에다 울타리 띠를 매어 놓은 것 같은 형국이다.

- 『하동군지명지』

◉ 진암(陳岩) 마을

분류 : 〈형국〉, 〈명당〉, 〈설화〉, 〈도참〉

이곳 운암리의 중심부가 되는 수척 마을 뒷산 와우산(臥牛山)에 대한 『정감록(鄭鑑錄)』비결에 의하면 와우산 명지를 찾으면 문천무만(文千武萬)이 생할 것이라고 기록되어 있다고 한다. 그래서 전국의 많은 지사들의 왕래가 있었다. 해방 후 1950년대 초 양보중학교 교사를 건립하고자 와우산 중턱 서향 양지바른 곳에 부지정리를 하였으나 지하수가 너무 많아 건물을 세울 수 없어 교사건립 추진위원들의 고심 끝에 와우전(臥牛田)들이라 불리는 논, 밭을 매입 교사를 건립하였는데 바로 그 곳이 와우산의 명당지라고들 말하고 있다.

- 『하동군지명지』

2. 감당리(甘棠里)

분류 : 〈명당〉

감당은 시경의 한 구절을 따온 것이다. 이곳은 하동군내에서 제일 명지(名地)라 하여 옛 어른들은 일감당(一甘棠), 이고절(二高節)이라 일컬어 왔다고 한다. 이는 곧 감당에서 하동인으로서는 고려 때부터 시작된 과거에 제일 먼저 합격되어 진사를 배출케 되었다고 한다.

- 『하동군지명지』

◉ 원양(元良) 마을

분류 : 〈명당〉

감당리의 중심 마을이다. 마을 뒤의 골짜기를 지사골(知士谷)이라고도 하는데 이 골짜기에 명당지가 있다는 말로 풀이하는 자도 있다.

－『하동군지명지』

3. 우복리(愚伏里)

분류 : 〈형국〉, 〈지명〉

우복이란 지형지세가 와우형인데다가 임진왜란 시 피난지가 되어 소가 어리석게 엎드려 있는 형세에 걸맞게 우복으로 지명을 바꾸었다고 전해지고 있다.

－『하동군지명지』

◉ 동촌(東村) 마을

■ 들터[野基]

분류 : 〈설화〉, 〈단맥〉

우복이 중앙에 위치한 밭들인데 옛날에 정씨 성을 가진 부자가 살았는데 하도 과객들이 찾아들어 과부된 자부가 힘겨워, 지나는 도사에게 과객이 적게 오도록 하는 방법을 물으니 앞들에 흐르는 개울에 큰 바위를 없애면 오지 않는다하여 인부를 들여 바위를 무너뜨렸는데 그만 부자가 망하고 말았다는 전설이 있는 곳이다. 지금도 밭을 파면 간혹 그릇 파편들이 나오고 있다.

－『하동군지명지』

4. 통정리(桶井里)

◉ 서제(書齊) 마을

■ 개고개

분류 : 〈물형〉, 〈지명〉

오늘날 서제 마을이다. 이 지명은 이명산에 올라 이곳을 내려다보면 개의 복부의 모양으로 생긴 지형인데 월운리와 우복리를 왕래하는 옛 대로였기에 혹자는 개고개재라고도 한다.

－『하동군지명지』

◉ 구청(舊靑) 마을

■ 내기(內基)

분류 : 〈명당〉, 〈설화〉, 〈단맥〉

옛 안터 마을이다. 1914년 행정구역 개편으로 구청마을에 속하게 되었다. 이 지명에 대한 약간의 설들이 있는데 그중 한두 가지만 적어보면, 옛 한다사 시대에 고을 원님이 계셨던 곳이라 맞은편 성치산(城峙山)에 한다사성(韓多沙城)이 축조되었다는 설이 있다.

또한 중국의 이여송이란 자가 지나면서, 이곳에 명당지가 있는데 그곳에 자리를 잡으면 귀인이 태어날 것이라 하였는데, 귀인(貴人)이 아닌 기인(奇人)으로 잘못 알고, 명지라 하는 곳에 못을 파서 집을 짓지 못하게 하고, 마을 뒷산 능선을 잘라 길을 만들어 오늘날 통정에서 감당리, 우복리로 통하는 대로가 되었고 그 당시 만들었던 못이 있다.

－『하동군지명지』

5. 박달리(朴達里)

◉ 봉곡(鳳谷) 마을

분류 : 〈형국〉, 〈지명〉

서양곡면(西良谷面) 시절에는 새실이라 하였다. 이명산의 동남쪽 자락에 진교면 월운(月雲) 부락을 등 넘어 두고 박달리에서는 제일 높은 지대에 조성된 마을이다. 이 마을 앞산이 마치 황새 모양의 지형이라 새실이라 부르며 한자로 봉곡이라 표기하게 된 곳이라 한다.

- 『하동군지명지』

◉ 집홀(執笏) 마을

분류 : 〈형국〉, 〈지명〉

옛날은 지푼골인데 한자로 표기할 때 지파(池坡)란 지명을 가진 곳이다. 후일에 지파로 쓰고 보니 파(坡)가 동명(洞名)에 합당치 못하다고 파(坡)자를 홀(笏)자로 고쳐 집홀로 쓰게 되었다. 이는 지세가 마치 집례(執禮)자가 홀기를 잡은 듯한 형세라 집홀이란 한자 표기로 마을 명이 되었다는 구전이 내려오고 있다.

- 『하동군지명지』

북천면(北川面)

—

1. 방화리(芳華里)

◉ 방화(芳華) 마을

분류 : 〈물형〉, 〈지명〉

방화리의 한 행정리동으로 뒷산의 생김새가 디딜방아와 같이 생겼다고
하여 붙여진 이름이다.

－『하동군지명지』

■ 갈미봉

분류 : 〈물형〉, 〈지명〉

방화리 금촌 마을에 있으며 농악대 고깔의 갈모 모양과 같다하여 붙여
진 이름이다.

－『하동군지명지』

■ 수우재

분류 : 〈물형〉, 〈지명〉

황토재라고도 하며 방화에서 횡천면 애치리로 넘어가는 재로 산의 토
질이 황토로 되어 있다하여 황토재요, 수우재란 이름은 그 산의 형상이
황소가 웅크리고 누워 잠자는 형상이라 하여 붙여진 이름이다.

— 『하동군지명지』

◉ 가평(佳坪) 마을

■ 호두산

분류 : 〈물형〉, 〈지명〉

가동의 남쪽에 있으며 호랑이의 머리같다 하여 붙여진 지명이다.

— 『하동군지명지』

■ 사자목

분류 : 〈물형〉, 〈지명〉

방화리에서 사평리로 넘는 고개로 사자와 같은 산의 허리를 말하는 지
명이다.

— 『하동군지명지』

■ 녹동

분류 : 〈물형〉, 〈지명〉

동네 어름이 사슴 모양으로 생겼다하여 붙여진 지명이다.

— 『하동군지명지』

2. 사평리(沙坪里)

◉ 사평 마을

■ 사두봉

분류 : 〈물형〉, 〈지명〉

사평마을 사두골 옆에 있는 산으로 산 모양이 뱀의 머리 모양을 닮았다하여 지어진 지명이다.

-『하동군지명지』

■ 수리봉

분류 : 〈물형〉, 〈지명〉

사평마을 높은터의 서쪽에 있는 산봉우리로 독수리 모양과 같다하여 불리우던 지명이다.

-『하동군지명지』

◉ 모성(牟城) 마을

- 모동

분류 : 〈물형〉, 〈지명〉

사평리의 서북쪽에 위치하고 있으며 소가 우는 형상을 하고 있는 뒷산의 모양을 따서 붙여진 지명이다.

-『하동군지명지』

■ 갈골

분류 : 〈물형〉, 〈지명〉

사평리 도동의 북쪽에 있는 골짜기로 골짜기가 길게 실지렁이처럼 되어 있는 골짜기라 하여 붙여진 지명이다.

- 『하동군지명지』

3. 직전리(稷田里)

■ 서나무거리

분류 : 〈형국〉, 〈비보〉

직전리의 동쪽 옆에 시내를 양쪽으로 하여 소나무숲(약 250년 전후로 추정)이 있어 이름으로 동네의 동북쪽 산기슭에 송장바위와 동네 뒤쪽에 생이바위(상여바위)가 서로 쳐다보면 동네에 액운이 생긴다하여 조성된 숲이라 한다.

- 『하동군지명지』

4. 옥정리(玉亭里)

◉ 신촌(新村) 마을

■ 가래골

분류 : 〈물형〉, 〈지명〉

신촌 마을의 서북쪽에 위치하며 그 지형이 엇가래(엇가리)처럼 생겼다 하여 붙여진 지명이다.

- 『하동군지명지』

■ 계설모티

분류 : 〈물형〉, 〈지명〉

신촌 마을 북쪽에 위치하고 있으며 옆의 산이 '계'(고양이)가 웅크리고 있는 모양이라 하여 붙여진 지명이다.

－『하동군지명지』

◉ 남포(南浦) 마을

■ 범우골

분류 : 〈물형〉, 〈지명〉

남포 동쪽에 있는 산 이름으로 범의 형상을 하고 있다하여 붙여진 지명이다.

－『하동군지명지』

■ 대사동

분류 : 〈물형〉, 〈지명〉

남포 마을 남서쪽에 위치하고 있으며 대사(大巳) 즉, 큰 뱀이 웅크리고 있는 형상이라 하여 붙여진 이름이다.

－『하동군지명지』

■ 청룡등

분류 : 〈물형〉, 〈지명〉

남포 마을 동쪽에 위치하고 있으며 산의 등성이가 굽어 용이 웅크리고 있는 형상으로 마을 쪽으로 뻗어 있어 풍수지리설의 좌청룡 우백호의 청룡리라 하고 그 등성이를 청룡등이라 부른다.

－『하동군지명지』

5. 서황리(西黃里)

◉ 기봉(基丰) 마을

■ 덤바골

분류 : 〈명당〉

서황 마을 서쪽에 위치하는 곳으로 대야천변에 바위 벼랑이 늘어져 있는데 물굽이의 담이 되어 준다고 하여 붙여진 지명으로, 풍수지리설에 의하면 이곳은 3대로 2천석의 부자가 날 곳이라고 전하고 있다.

- 『하동군지명지』

6. 화정리(花亭里)

◉ 화정 마을

■ 새접봉

분류 : 〈명당〉, 〈설화〉

화정의 서남쪽에 위치하고 있으며 산이 새같이 생겼으며 음양지리설에 의하면 그 곳이 명지였는데 떨어진 벼랑을 바위로 쌓아 올렸더니 무명지(보통의 땅)로 변해 버렸다는 설이 있다.

- 『하동군지명지』

청암면(靑岩面)

—

1. 평촌리(坪村里)

◉ 평촌 마을

■ 닭목이

분류 : 〈물형〉, 〈지명〉

닭목이를 당목이라고도 한다. 청암초등학교에서 도로를 따라 올라가다 공동묘지 아래서 구도로를 따라 100m정도의 거리이다. 산형태가 닭목과 같다고 한다.

－『하동군지명지』

◉ 화월(花月) 마을

■ 함박골(咸花)

분류 : 〈형국〉, 〈명당〉, 〈묘지〉

면사무소에서 약 200m 아래에 있는 마을이다. 마을 뒤에 있는 묘지가 함박꽃 같은 명당자리에서 연유한 것이라 한다.

-『하동군지명지』

■ 눗종골

분류 : 〈명당〉

함박골 앞 청암천 건너의 골짜기이다. 눗점골이라고도 하고 명당자리가 있다 한다.

-『하동군지명지』

2. 명호리(明湖里)

◉ 명호 마을

■ 옥토망월(玉兎望月)

분류 : 〈명당〉, 〈묘지〉, 〈도참〉

토끼가 달을 바라보는 듯한 명당터가 있다고 전하는데, 혹자는 갓점 마을 뒤에 있다고 하고 혹자는 갈모봉 아래 있다고 하는데 그곳에 묘를 쓴 삼십년 후에 백의천자(白衣天子)의 방문이 있을 명지라고 한다.

-『하동군지명지』

■ 갈모봉(갓모봉)

분류 : 〈형국〉, 〈지명〉

갈모봉은 불배미 뒤의 높은 봉이며 해발 397m이다. 일명 갈마봉이라고도 한다. 갈마봉이라는 지명의 유래는 산줄기가 뻗어 냇물에 이르는 모양이 마치 말이 물을 마시려고 목을 늘어뜨린 형국이라는 데서 기인한 것이라 한다.

- 『하동군지명지』

3. 중이리(中梨里)

◉ 금남(錦南) 마을

■ 칼남재[劍南]

분류 : 〈형국〉, 〈명당〉, 〈지명〉

하동호 옆 돌다리에서 논골 가는 길을 따라 조금 올라가면 있는 마을
이다. 마을 뒤에 칠성봉이 있다. 칼남재는 검남(劍南)이다. 그러나 검(劍)
자가 동명에 쓰는 것이 좋지 않다는 여론에 따라 금(錦)자로 고쳤다 한
다. 칼남재는 고래실 뒤에 장군대자 명당설이 있는데 활은 북쪽(궁항)에
있고 칼은 남쪽에 있다는데 유래했다고 한다. 금남마을 회관이 이 마을
에 있다.

- 『하동군지명지』

◉ 심답(深畓) 마을

■ 배티재

분류 : 〈형국〉, 〈지명〉

논골에서 악양으로 넘어가는 재인데 재가 배틀배틀(구불구불)하다고
하여 붙여진 이름이라 하고 또한 옥녀직금과 연관 지어 배틀재라고도 하
고, 이 일대의 지명이 배[梨]자가 많아 그와 관련하여 배티[梨峙]라고도 한
다. 현재 임도가 개설되어 있다.

- 『하동군지명지』

■ 옥녀직금형(玉女織錦形)

분류 : 〈형국〉, 〈명당〉, 〈지명〉

평촌, 금남, 심답 일대를 옥녀가 베를 짜는 명당설(혈)이 있다고 하는데 그와 관련하여 재미난 지명이 많다. 옥녀봉, 중고개, 베틀재, 배느러미, 솔봉(배매는솔), 끄신캐뻔덕, 가새등, 들말, 삼바래기재, 돌곳설, 칼남재, 삼밭골, 새터(삼밭터), 가마소(삼삶는가마), 장밭들, 누에머리장등 등이다.

ㅡ『하동군지명지』

■ 옥녀설연형(玉女設宴形)

분류 : 〈형국〉, 〈지명〉

옥녀가 음식을 준비하여 잔치하는 형인데 그와 관련한 지명이 다음과 같다. 웃매봉(맷돌), 아래매봉, 가리봉(떡가리), 체빠꾸미, 바름골(거문고줄처럼 바름), 바름재, 태평이골, 문바구골, 퉁퉁바구, 산제막골, 감티봉, 잔치평전, 지게밭골(개짖음), 자빠진골, 숯굴백이(술독아지), 깃대봉, 장구목이, 아래장구목, 궁자리평전, 외봉골, 범의골, 까끔더미(까마귀) 등이다.

ㅡ『하동군지명지』

■ 와우형

분류 : 〈형국〉

소가 마구가에 누워있는 형이다. 와우형, 쇠막골, 안쇠막골, 말뚝봉(모들봉), 우동밭골 등이다.

ㅡ『하동군지명지』

■ 옥녀포아형(玉女抱兒形)

분류 : 〈형국〉, 〈명당〉

깊은골 일대에 있다는 명당설이다.

—『하동군지명지』

4. 상이리(上梨里)

◉ 나본(螺本) 마을

■ 고래실(古來谷), 라동(螺洞)

분류 : 〈물형〉, 〈지명〉, 〈설화〉, 〈단맥〉

고래실은 지난날 폐교된 상이초등학교가 있던 주변 마을인데 이 마을 역시 하동댐 건설로 인하여 마을 일부가 수몰되었다. 일명 고동골이라고 하는데 마을 앞 논에 논고동이 많았다고 한다. 또한 마을 뒷산이 고래등같이 생겼다 하여 고래실이라 한다는 설도 있다. 일제 때 뒷산 주능을 끊어 마을이 불행해 졌다는 이야기도 있다. 하동댐이 만들어지기 전에는 묵계, 평촌 간의 도로가 가마소, 동촌, 상배목, 고래실로 연결되어 있었다.

—『하동군지명지』

■ 장군대좌(將軍對坐)

분류 : 〈형국〉, 〈명당〉, 〈지명〉

옛날 비기에 범바위 위와 감나무골 아래에 장군대좌 명당이 있다고 했는데 풍수가들이 고래실 일대에서 많이 찾았다고 한다. 이곳엔 그와 관련된 지명이 많다. 구시골, 구시소, 무군터(武軍), 마당재, 노적(露積), 개진이들, 마두산(馬頭山), 몰랑골, 도래들, 깃대봉, 가마소, 중고개, 칼남재, 활목이 등이다.

—『하동군지명지』

■ 이화낙지(梨花落地)

분류 : 〈형국〉, 〈명당〉

옛날부터 이화낙지란 명당이 있다고 전하는데 그것은 가리점의 앞산이 배꽃같이 생겼다고 한다.

-『하동군지명지』

■ 성지골

분류 : 〈명당〉, 〈지명〉

명당터가 있다는 뜻이 담긴 골짜기로 동촌 뒤에 있으며 중이리와 상이리의 경계가 된다.

-『하동군지명지』

◉ 시목(柿木) 마을

■ 무군터(武軍)

분류 : 〈형국〉, 〈지명〉

아래 감나무골 앞 하천 건너에 있는 마을인데 장군설의 전설에 따라 무군터라고도 하고 또한 진기(陳基)라고도 한다.

-『하동군지명지』

■ 엊가리봉-수리바위-매봉-모시고개-활미기재

분류 : 〈형국〉, 〈지명〉

독뫼 주위에 있는 지명들이다. 이 지명들을 연결하여 보면 가리에 있는 닭들이 먹이를 먹으려고 하면 수리와 매가 지켜보고 있고 수리와 매는 활이 쏘려고 하여 서로 지켜만 보고 있는 형상이라 한다. 엊가리봉은 독뫼마을 옆동산이요 수리바위는 마을 뒤쪽 수리덤을 말하고 매봉은 수리덤 뒤의 산봉우리이고 모시고개는 독뫼 앞 능선이고 활미기재는 구정기에서 궁항 넘어가는 재이다.

- 『하동군지명지』

5. 묵계리(黙溪里)

◉ 학동(鶴洞) 마을

■ 안장설

분류 : 〈물형〉, 〈지명〉

시리봉 다리건너의 산등인데 꼭 말안장과 같이 생겼다.

- 『하동군지명지』

6. 위태리(韋台里)

◉ 상촌(上村) 마을

■ 지네고개

분류 : 〈물형〉, 〈지명〉

상촌에서 오율 넘어가는 재인데 산모양이 지네같이 생겼다 한다.

- 『하동군지명지』

■ 누에등

분류 : 〈물형〉, 〈지명〉

중몰에서 북동 방향의 산등성이를 말하는데 안몰에서 보면 꼭 누에와 같다.

- 『하동군지명지』

◉ 갈성(葛成) 마을

■ 갈마봉(渴馬峯)

분류 : 〈형구〉, 〈지명〉

청바대 소위에 있는데 말이 물을 먹는 형상이라 한다.

— 『하동군지명지』

■ 지네등

분류 : 〈물형〉, 〈지명〉

위태초등학교 뒷산을 말한다. 산이 지네같이 생겼다 한다.

— 『하동군지명지』

7. 회신리(檜信里)

◉ 회신 마을

■ 거무시골[黑牛洞]

분류 : 〈형국〉, 〈지명〉

원회 옆에 있는 마을로서 주위 산세가 검정소가 죽을 먹는 형상이라고
도 하고 또한 이 일대에 거문골 논이 많아 붙여진 이름이라고도 한다.

— 『하동군지명지』

◉ 양지(陽地) 마을

■ 사두설(蛇頭)

분류 : 〈형국〉

양지 마을 앞 개울 건너에 있는데 산 형국이 뱀이 개구리 잡아먹는
형상이라 한다.

— 『하동군지명지』

옥종면(玉宗面)

1. 청룡리(靑龍里)

◉ 미산(美山) 마을

■ 미산(美山)

분류 : 〈형국〉, 〈지명〉

본래 경산(耕山)이었다. 뒷산이 눈썹같이 생겨 경산으로 써왔는데, 지금은 미산으로 쓰고 있다. 일명 밀미라고도 부르는데 미뫼[美山]가 밀미로 변한 것이다.

- 『하동군지명지』

■ 용두(龍頭)

분류 : 〈형국〉, 〈지명〉

중촌과 시장통 사이에 산맥이 용처럼 내려와 좌정하였는데 용의 머리와 비슷하다 하여 이름하였다.

－『하동군지명지』

2. 월횡리(月橫里)

◉ 고암(古岩) 마을

■ 단암(丹岩)

분류 : 〈물형〉, 〈지명〉

이 마을은 형국이 목단꽃처럼 생겼고 동전로(洞前路) 가에 큰 집채 같
은 바위가 있어 단암이라 하는데, 일설에는 이 바위에 핀 모란을 보고 이
바위에 목단이 피어 있어 모란바구라고 한다는데 이것은 오전(誤傳)된 것
이다.

－『하동군지명지』

■ 배암골

분류 : 〈형국〉

넓은 뻔덕위쪽(위태쪽)에 있는 골인데, 능선이 뱀같이 내려와서 이름한
것이다.

－『하동군지명지』

3. 두양리(斗陽里)

◉ 선행(船行) 마을

분류 : 〈형국〉, 〈지명〉

배가 행하는 형국이라서 선행이라 이름한 것이다.

-『하동군지명지』

◉ 두방(斗芳) 마을

■ 번두(翻斗) 거리

분류 : 〈물형〉, 〈지명〉

두방 마을 입구 좌측에 있는 마을인데 일명 범터(호랑이가 출몰하는 거리)거리라고도 한다. 번두는 말[斗]로써 곡식을 되는 형국이라서 이름한 것이다.

-『하동군지명지』

◉ 숲촌[藪村] 마을

■ 바랑봉

분류 : 〈물형〉, 〈지명〉

신기동 뒷산인데 중의 바랑과 비슷한 형이라서 이름한 것이다.

-『하동군지명지』

■ 말목[馬項]

분류 : 〈물형〉, 〈지명〉

오구곡(烏口谷)서 재동으로 넘는 지름길 재[峙]인데 형상이 말의 목과 비슷하다 하여 말목재라 한다.

-『하동군지명지』

■ 장구목

분류 : 〈물형〉, 〈지명〉

공동묘지 뻔덕에서 시천면 입덕문 거리로 넘는 고개인데 장고형이라서
이름한 것이다.

- 『하동군지명지』

4. 종화리(宗化里)

◉ 종화 마을

분류 : 〈형국〉, 〈비보〉

종화는 옛날 동화(冬火)라고 하였다. 지형이 오행상으로 보면 화기가
바치어 화재가 자주 일어난다고 하여 마을 앞에 조그마한 못을 파서 이
를 예방하였던 것인데 1996년 이를 매립하여 동리공동 주차장으로 사용
하고 있다. 일명 학마을이라고도 부르는데 마을 뒤편에 있는 고목 또는
죽림에 해동과 동시에 수백 마리의 황새, 왜가리 등이 모여 장관을 이루
고 있다

- 『하동군지명지』

■ 거대골(巨岱谷)

분류 : 〈형국〉, 〈묘지〉, 〈주택〉

종화 마을의 건너편 마을인데 묏자리의 혈이 고목생화(枯木生花)이므
로 큰 집터가 생길 것이라는 뜻인데 전주 최씨가 묘를 썼다 한다.

- 『하동군지명지』

◉ 점곡(店谷)

■ 정개산(鼎蓋山)

분류 : 〈물형〉, 〈지명〉

종화 뒷산의 높은 산인데 소두방(솥의 덮개)을 덮어 놓은 형이라서 정개산이라 한다. 이 산정(山鼎)에는 유명한 정개산성(鼎蓋山城)이 있다.

-『하동군지명지』

5. 문암리(文岩里)

◉ 대정(大井) 마을

■ 안산(案山)

문암 마을 남쪽 냉정(冷井) 저수지에 접한 산이다. 마을에 안대(案對)하고 있어 안산이다.

-『하동군지명지』

■ 배(拜)고개

분류 : 〈형국〉, 〈설화〉

문암서 구 시장으로 가는 고개인데 오래된 배나무가 있어 배고개로 알고 있는데 이는 와전된 것이고 전설에 의하면 어느 스님이 배고개에서 쉬면서 마주 보이는 월봉산(月峯山)을 바라보니 형태가 스님이 바랑을 지고 춤을 추는 것 같이 보여 공손히 절을 했다하여 배고개이다.

-『하동군지명지』

■ 배총(裵塚)

분류 : 〈명당〉, 〈설화〉, 〈묘지〉

문암동 회관 옆에 있는 묘인데 배씨묘이다. 옛날 행인이 죽어 있는 자리에 묻었는데 명산(名山)이라 한다.

-『하동군지명지』

6. 안계리(安溪里)

◉ 안계 마을

분류 : 〈형국〉

예전에는 안계(安鷄)라고 불렀는데, 풍수로 닭이 알(마을 앞 똥뫼)을 품고 있는 형국이라서 일컬어진 것이다. 옛날에는 수세가 똥뫼(돈대)를 안고 흘러 수구가 보이지 않았는데 언젠가 대홍수로 인하여 계천의 흐름이 바뀐 뒤 동리의 운기가 떠났다고 한다.

-『하동군지명지』

◉ 가종(加宗) 마을

■ 사자봉

분류 : 〈물형〉, 〈지명〉

구 시장 뒤편 높은 봉인데 대정(大井)과 경계하고 있다. 사자형이라서 이름 지었다.

-『하동군지명지』

7. 병천리(屛川里)

◉ 병천(屛川) 마을

■ 병천

분류 : 〈물형〉, 〈지명〉

뒷산이 병풍처럼 싸여져 있고 앞 냇물이 휘어들어 병천이라 한다.

-『하동군지명지』

◉ 원해(遠海) 마을

■ 안산(案山)

원해 마을 앞산인데 안을 하고 있어 안산이라 한다.

— 『하동군지명지』

■ 자라목[龜項]

분류 : 〈물형〉, 〈지명〉

산성 마을 입구의 산이 자라목과 같다하여 이름한 것이다.

— 『하동군지명지』

8. 법대리(法大里)

◉ 후평(后坪) 마을

■ 쥐산

분류 : 〈물형〉, 〈지명〉

후평 마을 뒷산인데 쥐 형상이라서 이름 붙였다.

— 『하동군지명지』

■ 개고개

분류 : 〈물형〉, 〈지명〉

후평서 추동으로 넘는 고개인데 개의 형이라서 이름 붙였다.

— 『하동군지명지』

■ 누에등

분류 : 〈물형〉, 〈지명〉

개고개에서 황단이 끝까지의 산 등이 누에처럼 생겨 이름 붙였다.

- 『하동군지명지』

9. 대곡리(大谷里)

◉ 추동(楸洞) 마을

■ 매봉산[鷹峯]

분류 : 〈물형〉, 〈지명〉

삼장(三壯)과 동곡(桐谷)의 뒷산인데 매의 형이다. 일명 석용(石湧)산이라고도 한다.

- 『하동군지명지』

■ 거문고등

분류 : 〈물형〉, 〈지명〉

한계 옆으로 뻗은 등인데 거문고와 같아서 이름 부쳤는데 변음되어 거미등 또는 거름등이라 한다.

- 『하동군지명지』

■ 작설등(雀舌嶝)

분류 : 〈물형〉, 〈지명〉

정문골(정씨부인정려) 앞에 내려온 등 끝인데 새의 혀와 비슷하다.

- 『하동군지명지』

10. 북방리(北芳里)

◉ 불무(佛舞) 마을

■ 어미골[魚尾谷]

분류 : 〈물형〉, 〈지명〉

북방에서 곤명 양월로 넘는 깊은 골인데 고기의 꼬리와 같은 형이라서 이름한 것이다.

ー『하동군지명지』

■ 바래모통이

분류 : 〈물형〉, 〈지명〉

쑷골과 불무 사이의 산이 중의 바래와 비슷하여 그 아래 모통이를 바래모통이라 한다.

ー『하동군지명지』

■ 닭고개

분류 : 〈물형〉, 〈지명〉

쑷골서 묵은 터로 넘는 고개인데 닭목과 같이 길고 가늘다 하여 닭고개라 한다.

ー『하동군지명지』

■ 숲[藪]

분류 : 〈비보〉

신촌 앞 북방 입구에 오래된 숲이 있었다. 전설에 의하면 신촌 동구에 숲을 세워야 마을이 오래 간다하여 숲을 세웠다 한다. 지금은 성씨 재실 부근 및 그루의 나무가 남아 있다.

-『하동군지명지』

11. 청수리(淸水里)

◉ 영당(影堂) 마을

■ 매동[鷹峯]

분류 : 〈물형〉, 〈지명〉

옥산의 옆에 있는 산이자 북천면 상촌과 경계하고 있는 높은 봉인데 매의 형국이라서 이름한 것이다.

-『하동군지명지』

■ 어유등(魚遊嶝)

분류 : 〈물형〉, 〈지명〉

옥산하 수정암 뒤편 등인데 고기가 일렁거리고 노는 형이라서 이름한 것이다.

-『하동군지명지』

12. 양구리(良邱里)

◉ 양구(良邱) 마을

■ 현(舷)날

분류 : 〈물형〉, 〈지명〉

양구의 동편에 현날등이 있는데 배의 현과 비슷하여 현의 날뿌리라는 뜻이다. 간혹 현달(顯達)이라고 쓰는데 이는 잘못된 것이다.

-『하동군지명지』

제4부

산청군 풍수 자료

산청읍(山淸邑)

1. 옥산리(玉山里)

■ 산청임수

1. 명칭 : 산청임수

2. 소재지 : 경상남도 산청군 산청면 옥동

3. 지황 : 산청 읍내의 북·서 2면을 둘러싸고 서쪽은 낙동강의 지류 남강에 인접하며 총연장은 800미터 남짓하고, 지세는 읍으로부터 점차 높아져 낮은 언덕을 이루고 남강의 가장자리를 이루는 북측은 깎아 세운 낭떠러지를 이루는 급경사지로 기암이 노출되어 있는데, 일반적으로는 토양이 깊고 지력은 양호하다.

4. 임황 : 상수리나무, 굴참나무, 느티나무를 주 임목으로 한 혼효림으로, 특히 굴참나무가 가장 많으며 가장 큰 것은 흉고직경이 120센티미터에 달하는 울창한 숲이다.

5. 기타 : 이 숲 안에는 수계정(修禊亭)이 있다. 늘 읍민이 산책하는 곳인데, 한번 남강이 불어나면 북쪽 용두봉 밑에서 흘러나와 읍의 북쪽 상류에서 남강으로 흘러들어가는 계류의 역류로 인한 증수로 읍의 범람 및 읍터가 남강의 직접 피해로부터 벗어나게 하는 등 수해방비 및 겨울철 한풍 방지에 의한 온도 유지 등, 특히 취락의 풍해방비의 관념 등으로 잘 보호되어 왔다.

- 『조선의 임수』

■ 루릉고개[구름고개, 운현]

분류 : 〈물형〉

동헌터에서 정강이들로 넘어가는 고개로 지형이 반달 형국이라 한다.

- 『산청군 지명고』

■ 꽁봉산[화봉사, 화점산, 삼봉]

분류 : 〈형국〉

남동 동남쪽에 있는 세봉우리의 산으로 지형이 옥토망월(玉兎望月)이라 한다.

- 『산청군 지명고』

2. 모고리(慕古里)

■ 감씨골

분류 : 〈물형〉

찬새미 위의 골짜기로 지형이 감씨처럼 생겼다.

- 『산청군 지명고』

■ 망태봉

분류 : 〈물형〉

운곡 서쪽에 있는 산으로 지형이 망태 형국으로 되어 있다.

— 『산청군 지명고』

■ 방아골

분류 : 〈물형〉

뻘당골 남쪽에 있는 골짜기로 지형이 디딜방아처럼 되었다고 한다.

— 『산청군 지명고』

■ 질매재

분류 : 〈물형〉

운곡에서 내수리로 넘어가는 고개인데 지형이 질마(길마) 형국으로 되어 있다.

— 『산청군 지명고』

3. 지리(池里)

■ 씰고개[이현, 이항, 쌀고개, 미현]

분류 : 〈형국〉, 〈명당〉, 〈지명〉, 〈설화〉

지리 동쪽에서 부리로 넘어가는 고개다. 전설에 덕계(德溪) 오건(吳健)의 묘가 닭의 혈이라 하는데, 아래쪽은 그 닭의 먹이가 되는 딩기(겨)라 하여 딩기실, 고개 너머쪽을 미드리, 묘 앞이 되는 이 고개를 쌀고개(미현)라 한다. 닭의 명당과 어울려서 후손들이 날로 번창하였는데, 탁발 온 중을 구박하고 푸대접하니 어느 도승이 분개하여 "씰고개[貍峴]로 고치면

닭이 달아나지 못하게 되어 계속하여 번창하리라."라고 하므로 그 말대로
고친 뒤로는 날로 기울어져 갔는데, 그것은 이(狸, 살쾡이)가 닭을 잡아먹
었기 때문이라 한다.

-『산청군 지명고』

■ 호롱등(회룡동)

분류 : 〈형국〉

지리 남쪽에 있는 마을이다. 마을 근처에 있는 산세가 용이 돌아가는
형국이라고 한다.

-『산청군 지명고』

4. 송경리(松景里)

■ 가마재

분류 : 〈물형〉

송경에 있는 고개인데, 가마모양으로 생겼다.

-『산청군 지명고』

■ 계명등(鷄鳴嶝)

분류 : 〈형국〉

매미태 서쪽에 있는 등성이로, 계명혈이 있다고 한다.

-『산청군 지명고』

■ 질매재

분류 : 〈형국〉

다름재 서북쪽에 있는 고개로, 지형이 질매(길마) 형국으로 되었다고
한다.

-『산청군 지명고』

5. 차탄리(車灘里)

■ 뱃소

분류 : 〈물형〉

장재동 서남쪽에 있는 소다. 배 모양으로 생겼다.

-『산청군 지명고』

■ 불밋골

분류 : 〈형국〉, 〈명당〉

차탄 동쪽에 있는 골짜기다. 불미령의 명당이 있다고 한다.

-『산청군 지명고』

6. 부리(釜里)

■ 사자봉

분류 : 〈물형〉

아랫가매올 북쪽에 있는 산으로, 사자형국이라고 한다.

-『산청군 지명고』

7. 정곡리(正谷里)

■ 배암들

분류 : 〈물형〉

내정 서쪽에 있는 들이다. 지형이 뱀과 같다고 한다.

－『산청군 지명고』

■ 오릿골

분류 : 〈물형〉

담밧골 남쪽에 있는 골짜기다. 지형이 오리처럼 생겼다.

－『산청군 지명고』

8. 척지리(尺旨里)

■ 뚜깨비등

분류 : 〈물형〉

자머리 남서쪽에 있는 등성이다. 지형이 뚜깨비(두꺼비) 형국이다.

－『산청군 지명고』

■ 장군설

분류 : 〈형국〉, 〈묘지〉

자머리 서쪽에 있는 안동 권씨의 묘다. 장군대좌형(將軍對坐形)이라
한다.

－『산청군 지명고』

9. 범학리(泛鶴里)

■ 지미실[금실, 금사옥척]

분류 : 〈형국〉

범학 서쪽에 있는 들이다. 금사옥척(金沙玉尺)의 혈이 있다고 한다.

－『산청군 지명고』

10. 묵곡리(黙谷里)

■ 묵곡(黙谷)

분류 : 〈형국〉, 〈비보〉

다른 이름이 묵실(黙室)인데 동남북 방향을 병풍처럼 문엄대(文嚴臺)
화봉산(花峰山)이 둘러싸인 분지이고, 옛적에는 머루, 다래, 개금 등 자연
산 과실과 산채가 풍부하게 생산되어 묵곡으로 이름 붙였다 하고 마을
안에 들어서면 동서북향은 막혀 있고 남쪽은 보기 좋게 뚫려 있다. 바라
보이는 경호강은 큰 바다고 마을 안산 도혈(道血)은 계주혈(繫舟血, 배)이
라 하여 중심부에 돛대를 세웠는데 새마을 사업으로 돛대의 흔적이 없어
졌다.

－『산청군 지명고』

■ 개고개

분류 : 〈물형〉

묵곡 동남쪽에서 병정리로 가는 고개다. 지형이 개 형국이다.

－『산청군 지명고』

11. 내리(內里)

■ 두부쏘

분류 : 〈물형〉

덧들 북쪽에 있는 소다. 두부 모양으로 생겼다.

— 『산청군 지명고』

■ 황새등

분류 : 〈물형〉

내동 남쪽에 있는 등성이다. 지형이 황새 모양이라 한다.

— 『산청군 지명고』

차황면(車黃面)

—

■ 장위리(長位里) 궁소(弓所)

분류 : 〈형국〉, 〈지명〉

마을 뒷산의 금관산 주령이 활 모양으로 뻗어 내려오고 옆에는 대추정
(大秋亭), 오무정(五武亭)이 있는데, 활을 쏘는 형태라 하여 궁소로 이름하
였다고 한다.

－『산청군 지명고』

1. 양곡리(陽谷里)

■ 구정터

분류 : 〈명당〉

너더리 서북쪽에 있는 골짜기다. 옛날 정승이 난 자리라고 해서 구정

터라 불렸다.

－『산청군 지명고』

■ 말뚝봉

분류 : 〈물형〉

관창골 위쪽에 있는 산이다. 말뚝 모양이라 한다.

－『산청군 지명고』

■ 못골, 못골못

분류 : 〈설화〉, 〈단맥〉

못골은 1914년에 지동으로 개명하고 1989년에 지정으로 다시 고쳤다. 전하는 이야기는 임진왜란 때 당나라 장수 이여송이 산세가 좋아서 동리의 청룡백호의 능선에 모필로 끄어 인도가 났다고 한다. 인재가 많아 난다고 해서 마을 앞에 못을 팠다고도 하는 전설이 전해오고 있다. 일설에는 못골에 있는 못은 원래 집터였는데, 이곳에서 태어난 장군이 역모를 꾀할까 두려워하여 나라에서 그를 죽인 다음 이곳에 못을 팠다고 한다.

－『산청군청』

■ 지동(池洞)의 피막재

분류 : 〈지명〉, 〈설화〉, 〈비보〉, 〈단맥〉

옛날 이 고을에 김모(金某)란 사람이 있었다. 성품이 포악하여 백성을 괴롭히고 재물을 마구 착취하므로 주민들이 나라에 이 사실을 밝히는 상소문을 내자 김모는 결국 사형 당하였고 한다. 어느 날 지나가는 과객이 이 마을의 북쪽에 있는 산중틱을 뚫으면 마을에 포악한 사람이 나지 않을 것이라고 하기에 그곳을 뚫어 길을 만드니 선지피가 흘러내림으로 그 후에 피막재라 부르게 되었다.

－『산청군 지명고』

2. 상중리(上中里)

■ 단짓골(큰골)

분류 : 〈물형〉, 〈지명〉

창평 동북쪽에 있는 골짜기다. 지형이 단지 같다.

ー 『산청군 지명고』

■ 달구실재

분류 : 〈형국〉

상중리 옆 산 고갯길인데 살쾡이가 닭을 잡아먹는 형국이라고 한다.

ー 『산청군 지명고』

■ 두뭇못

분류 : 〈물형〉, 〈지명〉

두뭇들에 있는 못이다. 지형이 드무(용두레)처럼 되었다.

ー 『산청군 지명고』

■ 딩깅설

분류 : 〈형국〉

갈미바웃골 남쪽에 있는 산으로, 등잔혈(穴)이 있다고 한다.

ー 『산청군 지명고』

■ 사정(巳亭)깃들

분류 : 〈형국〉

새터 남쪽에 있는 들이다. 뱀 형국이라 한다.

ー 『산청군 지명고』

3. 실매리(實梅里)

분류 : 〈형국〉

본래 산청군 황산면 지역으로서, 황매산 밑이 되므로 실매라 하였다.
이 마을은 황매산 밑 매화락지 자리에 있는데 이로 인하여 마을 이름이
유래되었다.

-『산청군청』

■ 장군목

분류 : 〈형국〉

실매 동쪽에 있는 목이다. 장군대좌혈이 있다고 한다.

-『산청군 지명고』

4. 상법리(上法里)

■ 박산[달구실재, 계명산]

분류 : 〈형국〉

아랫말 서남쪽에 있는 산으로, 박씨의 소유라 한다. 달구(닭)가 우는 형
국이라 한다.

-『산청군 지명고』

■ 호랑덤

분류 : 〈물형〉, 〈지명〉

고황촌 동북쪽에 있는 더미인데, 지형이 호랑이 머리 모양으로 생겼다
고 한다.

-『산청군 지명고』

5. 신기리(新基里)

■ 갈미바웃골

분류 : 〈물형〉, 〈지명〉

단짓골 남쪽에 있는 골짜기로, 지형이 갈미 모양이라 한다.

-『산청군 지명고』

■ 신기리(新基里) 창평(昌坪)

분류 : 〈설화〉, 〈단맥〉

여씨가 많이 사는 마을인데 시랑 벼슬을 해서 여시랑이라 불렀다고 한다. 여씨들이 하도 억세고 권세를 부려 시주 온 중을 매달아 행패를 부렸다. 그 중이 말하길 풀어주면 이 마을이 더욱 더 부귀영화를 누리게끔 해주겠다고 했다. 그 방법은 남쪽 앞산의 주렁을 끊고 서쪽산 앞의 큰 바위를 깨뜨리는 것이었다. 그 말대로 했더니 여씨들은 재화가 나고 끝내는 망했다고 한다.

-『산청군 지명고』

6. 부리(傅里)

■ 삐득재

분류 : 〈형국〉

남산 서남쪽에 있는 고개로, 지형이 비둘기가 날아가는 형국이라 한다.

-『산청군 지명고』

7. 철수리(鐵水里)

■ 소이망[소우망, 우액골, 우애골]

분류 : 〈물형〉

강재골 북쪽에 있는 골짜기로 지형이 소의 이망(이마)처럼 되었다
한다.

－『산청군 지명고』

오부면(梧釜面)

—

1. 왕촌리(旺村里)

◉ 양촌(陽村) 마을

분류 : 〈형국〉, 〈지명〉

양촌리(陽村里)는 본래 산청군 오곡면 지역으로서 양지쪽이 되므로 양촌이라 하였다. 옛적에는 소가 잠자고 있는 형국이라 하여 마을 이름을 면우리(眠牛里)라 칭했고, 지금도 매너리로 불리고 있다. 본동 산33번지에 무제봉이 있는데 가뭄이 심하면 정성을 들여 기우제를 지냈다고 한다.

－『산청군청』

□ 설화 「왕촌(旺村)의 돛대바위」

분류 : 〈설화〉

이 마을은 왕씨들이 집성촌을 이루며 살았기 때문에 왕촌(王村)이라 하다가 변한 것이다. 이곳에서 1킬로미터 되는 곳에 은선암(隱仙庵)이란 절이 있었는데 현재 하동 쌍계사의 모사(母寺)라고 한다. 이절은 왕씨들의 전성기에 그 압력으로 할 수 없이 하동으로 옮겼는데 그곳에 있는 돛대바위를 없애자 왕촌(旺村)의 운세가 기울어졌다고 한다.

-『산청군 지명고』

■ 구시골

분류 : 〈물형〉

대나뭇골 동쪽에 있는 골짜기로 지형이 구시(구유) 같다고 한다.

-『산청군 지명고』

■ 당그래설

분류 : 〈물형〉

들빼기 동쪽에 있는 산인데 지형이 당그래 형국으로 되어 있다.

-『산청군 지명고』

2. 일물리(一勿里)

■ 일물(一勿)

분류 : 〈물형〉

이 마을 형국이 달과 같이 생겼다고 해서 월륵(月勒)이라고 했는데 조선 말기에 어느 현감이 월자를 풀이하여 일물이라고 개칭했다 한다.

-『산청군 지명고』

■ 독우머리

분류 : 〈형국〉

일물 동북쪽에 있는 산인데 지형이 송아지가 어미소를 돌아보는 형국
이라 한다.

-『산청군 지명고』

■ 지개대[지갯골]

분류 : 〈물형〉

문바위 서쪽에 있는 들인데 지형이 지개 같다.

-『산청군 지명고』

3. 대현리(大峴里)

■ 매설

분류 : 〈형국〉, 〈묘지〉

가는골 북쪽에 있는 산이다. 강굴에 피난했던 강종지(姜宗旨)의 묘가
있다고 하는데, 매화낙지의 형국이라 한다.

-『산청군 지명고』

■ 불밋골

분류 : 〈물형〉

춘미보 동쪽에 있는 골짜기로 지형이 불무(풀무)처럼 생겼다고
한다.

-『산청군 지명고』

■ 질마재[큰골재, 질매재]

분류 : 〈형국〉

대현에서 거창군 신원면 와룡리의 소룡으로 넘어가는 고개로 지형이
질마(길마)형국으로 되어 있다고 한다.

—『산청군 지명고』

4. 중촌리(中村里)

■ 오휴(烏休) [오솔]

분류 : 〈비보〉

홍씨의 중조(中祖)가 금서면 신풍에서 이주할 때 까마귀가 날아와 쉬는
것을 보고 마을 이름을 오휴(烏休)라 하였다고 전하고 마을에서 바라보면
계곡의 붉은 바위가 보여 자주 화재가 났는데 보이지 않도록 숲을 조성
한 뒤로는 화재가 방지되었다고 하는 전설이 있다.

—『산청군 지명고』

5. 내곡리(內谷里)

분류 : 〈단맥〉

내곡리는 본래 산청군 오부면 지역이다. 조선 초기에 사방으로 흩어진
왕씨(王氏)들 가운데 한 집단이 이곳에 터를 잡아 살면서 골짜기 안에 있
다 하여 안골 또는 내곡이라 칭하였다. 그 당시에는 운세가 좋았으나 임
진왜란 때에 중국의 이여송(李如松) 장군이 이곳에 있는 백산(白山) 터를
잘라버린 후에는 다른 곳으로 옮겨갔다고 한다.

—『산청군청』

6. 방곡리(芳谷里)

분류 : 〈비보〉, 〈금기〉

방곡리는 본래 산청군 오곡면 지역으로서 방실 또는 방곡이라 하였는데, 방곡리의 원래 마을인 원방(元芳) 마을을 방실이라 부른데서 유래한 것이다. 원방곡 동편에 큰 굴바위가 있는데, 이 굴을 막으면 동네 처녀들이 미친다고 하고, 막지 않으면 재화(災禍)를 당한다는 전설이 있다. 지금은 그곳에 돌담을 쌓은 흔적이 있다.

－『산청군청』

7. 오전리(梧田里)

분류 : 〈설화〉

오전리는 본래 산청군 부곡면 지역으로서 오동나무가 마을 주변에 많아 머구밭, 머우밭이라 부르다가 한자로 오전(梧田)이라 하였다. 옛날 오전리 신기마을 인근에 중바위가 있었는데 마을에서 중을 학대한다 하여 스님들이 그 바위를 없애자 마을이 한때 망한 적이 있었다고 한다.

－『산청군청』

생초면(生草面)

—

—

■ 어서리(於西里)의 유래

분류 : 〈형국〉, 〈지명〉

이 마을은 옛날 풍수설에 배설[船穴]이라고 하여 늘비라고 불렀다.

- 『산청군 지명고』

■ 노은촌(老隱村)의 연소혈(燕巢穴)

분류 : 〈형국〉

노은촌은 옛날 배노은이 살던 곳이므로 이름한 것이다.

이 마을의 형국은 제비집과 같이 생겼으므로 연소혈이라 일러왔다. 그런데 마을 동편의 능선이 뱀 형국이므로 그 사이에 있는 개울에는 종전에 다리를 놓지 않았다.

- 『산청군 지명고』

■ 하촌(下村)의 자라바위

분류 : 〈설화〉

　하촌의 보전(甫田) 마을 뒤편 강바닥에 자라같이 생긴 바위가 있다. 이 바위의 머리가 마을을 향하고 있을 때는 빈촌으로 살아 왔으나 중년에 우연히 자라바위 머리가 반대쪽으로 돌아가자 부촌이 되었다고 한다.

－『산청군 지명고』

■ 갈전(葛田)의 유래

분류 : 〈형국〉

　갈전은 갈화심추형국(葛花心樞形局)이라는 지리설에 따라 이름지어 졌다고 한다.

－『산청군 지명고』

1. 노은리(老隱里)

■ 부엉디미(마을)

분류 : 〈물형〉

　면소재지에서 북동쪽에 있는 휴암 부락인데 뒷산의 산세가 부엉이 모양으로 생겼다.

－『산청군 지명고』

■ 철마산(鐵馬山)

분류 : 〈물형〉

　생초면과 거창군 신원면과의 경계를 이루고 있는 산인데 그 모양이 말 잔등과 같이 생겼고 바위에 철마의 발자국이 남아 있다고 한다.

－『산청군 지명고』

■ 호앗골[큰앗골]

분류 : 〈물형〉

노은 동쪽에 있는 골짜기인데 지형이 호박처럼 생겼다.

-『산청군 지명고』

2. 구평리(邱坪里)

■ 주무짓골

분류 : 〈물형〉

창선이 동쪽에 있는 산인데 주무지(쌈지) 모양이라고 한다.

-『산청군 지명고』

■ 처마집골

분류 : 〈물형〉

진골 북쪽에 있는 골짜기인데 지형이 처마처럼 생겼다.

-『산청군 지명고』

3. 향양리(向陽里)

■ 딧들

분류 : 〈물형〉

고촌 뒤에 있는 들인데 지형이 도끼처럼 생겼다.

-『산청군 지명고』

■ 활미기

분류 : 〈물형〉

고촌에서 치람골로 넘어가는 고개로 지형이 활처럼 생겼다.

－『산청군 지명고』

4. 월곡리(月谷里)

■ 개구리봉

분류 : 〈물형〉

황새봉 서남쪽에 있는 산으로 엎드려 있는 개구리와 같다.

－『산청군 지명고』

■ 구싯소

분류 : 〈물형〉

내곡 북쪽에 있는 소다. 지형이 구시(구유)처럼 생겼다.

－『산청군 지명고』

■ 매봉잿골

분류 : 〈물형〉

논골 북동쪽에 있는 골짜기인데 지형이 매 모양이라 한다.

－『산청군 지명고』

■ 맷머리

분류 : 〈물형〉

여산들 동쪽에 있는 들인데 매의 머리같이 생겼다고 한다.

-『산청군 지명고』

■ 반월등

분류 : 〈형국〉

내곡 남쪽에 있는 등성이인데, 거창 신씨는 옥녀탄금이라 하고 여흥 민씨는 비조탁시라고 말한다.

-『산청군 지명고』

■ 산명산(묘)

분류 : 〈형국〉, 〈설화〉, 〈묘지〉

월곡리 입구에 위치한 묘지로서 처음 야성 송씨가 입묘하여 산형국을 옥녀산발형이라 하였다가 소년상이 나서 파묘해 버렸다. 그 후 거창 신씨가 입묘하여 그 형국을 옥녀탄금혈(玉女彈琴穴)이라 지었더니 그 자손이 왕비에 오르게 되었다 한다.

-『산청군 지명고』

■ 지겟잿골[지겟골]

분류 : 〈물형〉

지겟재 밑에 있는 골짜기인데 지형이 지게처럼 생겼다.

-『산청군 지명고』

■ 황새봉

분류 : 〈물형〉

지겟골 북쪽에 있는 산으로 황새 모양이라 한다.

-『산청군 지명고』

5. 신연리(新淵里)

■ 안칫골

분류 : 〈형국〉

도롱골 북쪽에 있는 골짜기로 꿩이 앉아 있는 형국이라 한다.

－『산청군 지명고』

6. 갈전리(葛田里)

■ 깐치징이

분류 : 〈물형〉

갈전 서북쪽에 있는 산으로 지형이 깐치(까치) 모양이라 한다.

－『산청군 지명고』

7. 평촌리(坪村里)

■ 도롱골

분류 : 〈물형〉

추내 북쪽에 있는 골짜기인데 사람이 돌아앉은 형국이라 한다.

－『산청군 지명고』

8. 상촌리(上村里)

■ 독구미

분류 : 〈형국〉

남산 동남쪽에 있는 골짜기로 송아지가 어미소를 돌아보는 형국이라
한다.

-『산청군 지명고』

■ 매봉재

분류 : 〈물형〉

선바우산 동쪽에 있는 산으로 지형이 매와 같이 생겼다 한다.

-『산청군 지명고』

■ 소덕이[소덕]

분류 : 〈물형〉

새터 남쪽에 있는 산으로 소대가리 형국이라고 한다.

-『산청군 지명고』

■ 소멀리

분류 : 〈물형〉

새터 동쪽에 있는 들이다. 지형이 소머리 형이라 한다.

-『산청군 지명고』

9. 계남리(桂南里)

■ 등골(마을)

분류 : 〈형국〉, 〈묘지〉

계남리 전체를 말하여 옛날 박씨의 산소 형국이 등잔 모양이라 하여
등꼴이라 불린 것이다.

-『산청군 지명고』

금서면(今西面)

—

1. 매촌리(梅村里)

분류 : 〈형국〉

지형이 배를 매어둔 형국이라 하여 매빈배, 매배미, 또는 계주촌, 매촌
이라 하였다.

－『산청군 지명고』

■ 매촌(梅村, 매배미)

분류 : 〈형국〉, 〈명당〉

마을 앞으로 경호강이 흘러가고 이 산기슭에 강정산이란 독특(獨特)한
독뫼[獨山]가 있어 동리가 여기에 배를 매어 놓은 형태라고 매베미, 매배
미로 전해오고 있고, 풍수지리설에 마을 안에 매화낙지(梅花落地)란 명지
가 있어 매자를 넣어 매촌이라 불렀다고도 전하고 있다.

－『산청군 지명고』

■ 빼아골[비아곡, 비아골]

분류 : 〈형국〉

매촌 서쪽에 있는 들인데 지형이 거위가 날아가는 비아(飛鵝) 형국으로
되었다고 한다.

－『산청군 지명고』

■ 소너울

분류 : 〈물형〉

소여울. 창주동편의 살인데 물을 건너는 소의 머리모양이라 소여울이
라 옛날에 불렀다.

－『산청군 지명고』

■ 작살지(들)

분류 : 〈형국〉

매촌 앞 동산인데 옛날 원님이 매화혈이라 하여 작살징으로 이름 하였
으며 정자가 있었다.

－『산청군 지명고』

2. 평촌리(坪村里)

■ 갈화골[갈화곡]

분류 : 〈형국〉

평촌 서쪽에 있는 골짜기인데 칡꽃이 물에 뜨는 갈화부수혈(葛花浮水
穴)이 있다고 한다.

－『산청군 지명고』

■ 남장골

분류 : 〈형국〉

큰골 서쪽에 있는 골짜기인데 남쪽으로 장군대좌혈이 있다고 한다.

― 『산청군 지명고』

■ 빙목안

분류 : 〈물형〉

평촌 남쪽에 있는 골짜기로 지형이 병목처럼 생겼다.

― 『산청군 지명고』

■ 짐때배미

분류 : 〈형국〉, 〈비보〉

장구배미 남쪽에 있는 논인데 평촌이 행주형(行舟形)이므로 돛대(짐때)를 세웠다고 한다.

― 『산청군 지명고』

3. 향양리(向陽里)

■ 갈미봉

분류 : 〈물형〉

향양과 구사 사이에 있는 산인데 지형이 갈미 모양이라 한다.

― 『산청군 지명고』

■ 개이봉

분류 : 〈물형〉

새터 앞 서북쪽에 있는 산인데 지형이 개이(고양이) 형국으로 되었다
한다.

- 『산청군 지명고』

■ 개봉

분류 : 〈물형〉

지봉 북쪽에 있는 산인데 지형이 개형국이라 한다.

- 『산청군 지명고』

■ 구싯쏘

분류 : 〈물형〉

솟쏘 밑에 있는 소인데 구시(구유) 형국이다.

- 『산청군 지명고』

■ 등잔봉

분류 : 〈형국〉

구사 북쪽에 있는 산으로 등잔혈이 있다고 한다.

- 『산청군 지명고』

■ 상제골

분류 : 〈형국〉, 〈명당〉

향양리 뒤쪽에 있으며 군내 4대 명지 중 설레등이 있을 것이라 하여 유
명한 풍수가 밤낮으로 찾아 헤매었다는 곳이다.

- 『산청군 지명고』

■ 설래등

분류 : 〈형국〉, 〈명당〉

향양 서북쪽에 있는 등성이로 선녀가 하늘로 올라가는 명당이 있다고
한다.

- 『산청군 지명고』

4. 수철리(水鐵里)

■ 고동재

분류 : 〈물형〉

수철동 서북쪽에서 방곡리로 가는 고개 고동형으로 생겼다고 이르는
말이다.

- 『산청군 지명고』

■ 나오등

분류 : 〈물형〉

내리골 남쪽에 있는 등성이로 나오(나비)모양이라 한다.

- 『산청군 지명고』

■ 방아들

분류 : 〈물형〉

대밭딧들 동쪽에 있는 들인데 디딜방아 형국이다.

- 『산청군 지명고』

■ 통싯골

분류 : 〈물형〉

수철동 남쪽에 있는 골짜기로 통시처럼 생겼다.

- 『산청군 지명고』

5. 지막리(紙幕里)

■ 구시골

분류 : 〈물형〉

절골 남쪽에 있는 골짜기인데 지형이 구시(구유)처럼 생겼다.

- 『산청군 지명고』

6. 특리(特里)

■ 특리(特里)

분류 : 〈형국〉

와우형국(臥牛形局)이라 하여 특이란 글자를 따서 특골이라 하였다.

- 『산청군 지명고』

■ 뉘이머리

분류 : 〈물형〉

점촌 서쪽에 있는 산으로 지형이 뉘이(누에)처럼 생겼다.

- 『산청군 지명고』

■ 사자봉

분류 : 〈물형〉

덕촌 동남쪽에 있는 산인데, 사자 형국이라 한다.

－『산청군 지명고』

■ 질마재

분류 : 〈형국〉

특리에서 향양리의 하양으로 넘어가는 고개로 질마(길마) 형국으로 되었다고 한다.

－『산청군 지명고』

7. 신아리(新鵝里)

■ 아촌(鵝村)

분류 : 〈형국〉, 〈지명〉

이곳 당산(堂山)이 거위와 비슷하여 거위산이라고 하는데 이 지역은 전체로 보아 계주형(繫舟形)이라 거위가 뱃머리에서 논다는 풍수설에서 유래된 것이다.

－『산청군 지명고』

■ 구시골

분류 : 〈물형〉

구아 남쪽에 있는 골짜기인데 지형이 구시(구유)처럼 생겼다.

－『산청군 지명고』

■ 당산(堂山)[게우산]

분류 : 〈물형〉

지형이 게우(거위)의 형국으로 되었다 한다.

- 『산청군 지명고』

■ 복호등

분류 : 〈형국〉

구아 뒤쪽에 있는 등성이인데 지형이 범이 엎드려 있는 복호형국이라
한다.

- 『산청군 지명고』

■ 쌍효치(雙孝峙)

분류 : 〈형국〉

틉뒤재. 특치(特峙)란 어린 송아지가 어미를 돌아보는 형국이라 함에서
이른 말이다.

- 『산청군 지명고』

8. 주상리(舟上里)

■ 주상(舟上, 壯洞)

분류 : 〈형국〉, 〈설화〉, 〈명당〉

지형이 흡사 물위에 띄워둔 배의 형태라 예부터 장동으로 불리어오다
가 주상으로 개칭하였다. 범천(帆川), 강회(江回), 관선(灌船), 장동(壯洞)
등 강을 상징하는 취락으로 흩어져 있다. 구상팔장삼왕후(九相八將三王
后)란 풍수지리설(이여송을 따라온 옥룡자)에 연유하여 사방 명지에 여러
성씨(羅·金·林·成·宋·鄭等)가 다투어 들어와 큰 동리를 이루었으나

지금은 불과 27호가 살고 있다.

-『산청군 지명고』

■ 배암[주암동, 장동]

분류 : 〈물형〉

주상리에서 으뜸이 되는 마을이다. 뱀의 형국이라 하며 마을 가운데 3개의 바위가 있다.

-『산청군 지명고』

■ 주암(舟岩)

분류 : 〈형국〉

들판에 강을 낀 길게 생긴 마을로 장동 주상의 동매산에 배를 맨 형상이고 동리 아래편에 병풍바위가 있어 배암으로 불리어 오다가 주상에서 분리하여 주암으로 칭하고 있다.

-『산청군 지명고』

■ 황새목거리

분류 : 〈물형〉

함양군 유림면(柳林面)으로 건너가는 나루터인데 장터 서쪽에 있다. 황새의 목처럼 생겼다.

-『산청군 지명고』

9. 화계리(花溪里)

■ 화계리(花溪里) 화산(花山)

분류 : 〈명당〉

원래 하계리는 벌말, 관선(關船), 무근터(옛절터)로 나뉘어 마을이 형성
되었으나, 큰 동리라 단합이 어려워 벌말 동리 복판을 경계하여 화계와
화산(관산, 무근터)으로 분리하였다. 화계로 동명을 개칭하니 계는 산과
대조되어 화산으로 이름했다 한다. 관선은 풍수지리설에 9정승, 8장군, 3
왕후가 난다고 한다.

- 『산청군 지명고』

■ 화계지구(花溪地區)의 계주형설(繫舟形說)

분류 : 〈형국〉, 〈명당〉, 〈지명〉, 〈도참〉

이 지구는 주상(舟上)·주암(舟岩)·범천(帆川)·강회(江回)와 아촌(鵝
村)이 연결되어 있다. 북으로는 임천강이 흐르고 원근의 산봉들이 수려하
여 특히 풍수설에 따라 이곳을 찾아오는 사람들이 많았다.

예부터 전래하는 말에 "서쪽 10리 쯤 모락산 아래에 '배를 매어놓은 형
국(繫舟形)'이 있는데, 구대로 장상이 나올 땅이다(西十里許 帽落山下 有繫
舟形 九代將相之地)"라고 하여 큰 벼슬이 나고 영광을 누릴 수 있는 자리
가 있다고 전한다.

이곳은 지명에 있어서 배와 관련된 곳이 많다. 화계도 옛날에는 벌말
[伐村]이라고 하였는데 모두 계주형설에서 유래된 것이다. 풍수설이 성행
하던 시절에 이곳에 터를 잡아 이주해 오는 사람이 많이 있었던 것이다.

- 『산청군 지명고』

■ 갯고개[구현]

분류 : 〈형국〉, 〈지명〉

화계와 성짓골 사이에 있는 고개인데 호랑이 먹이가 되는 개 형국이라
한다.

- 『산청군 지명고』

■ 까꾸리몰랑

분류 : 〈물형〉, 〈지명〉

화계 남쪽에 있는 산이다. 산줄기가 까꾸리(갈퀴)처럼 뻗어 내려 왔다
고 한다.

-『산청군 지명고』

10. 자혜리(自惠里)

■ 구시골

분류 : 〈물형〉

묵은터 북쪽에 있는 골짜기로 지형이 구시(구유)처럼 생겼다.

-『산청군 지명고』

■ 니잇머리

분류 : 〈물형〉

쌍재 동남쪽에 있는 산인데 지형이 누에의 머리처럼 생겼다.

-『산청군 지명고』

■ 명당배미

분류 : 〈명당〉

고랑들에 있는 논인데 명당자리가 있었다.

-『산청군 지명고』

11. 방곡리(芳谷里)

■ 복호등(伏虎嶝)

분류 : 〈형국〉

유장군밋등 밑에 있는 등성이인데 지형이 범이 엎드려 있는 형국이라 한다.

- 『산청군 지명고』

12. 오봉리(五峰里)

■ 구싯쏘

분류 : 〈물형〉

용쏘 밑에 있는 소인데 지형이 구유처럼 생겼다고 한다.

- 『산청군 지명고』

■ 매봉재

분류 : 〈물형〉

화림암 동남쪽에 있는 산이다. 높이는 940미터로 지형이 매의 형국이라 한다.

- 『산청군 지명고』

삼장면(三壯面)

—

1. 대포리(大浦里)

■ 후산(後山, 뒷내·디내)

분류 : 〈형국〉, 〈지명〉

냇물 뒤에 있다고 이름한 것 같다.

마을 조금 뒤편에 도대(道垈)라 하는 작은 취락이 있는데 후천 마을 전체가 냇물 뒤에 형성되어 있어서 배의 형국이라 그 뒤편의 얕은 산을 돗대[道垈·陶頭坊]라 한데서 연유된 이름으로 전해오고 있다.

-『산청군 지명고』

■ 괴부리-모티이[괴부리]

분류 : 〈형국〉, 〈설화〉, 〈단맥〉

내원사 남쪽 냇가에 있는 모퉁이다. 지형이 괴(고야이) 형국으로 되어

있다고 한다. 건너 쪽에 있는 내원사의 터는 쥐 형국으로 되었다 하는데,
속인들이 너무 많이 찾아와서 어느 도승에게 속세인이 못 오게 하는 방
법을 물으니, 절로 들어오는 모퉁이 길을 크게 넓히어 닦으면 된다하여
그대로 하였더니 절이 망했다고 한다.

-『산청군 지명고』

■ 구시골

분류 : 〈물형〉

가낭등골 서쪽에 있는 골짜기인데 지형이 구시(구유)처럼 생겼다.

-『산청군 지명고』

■ 사지매기

분류 : 〈물형〉

배끝장등이 서북쪽에 있는 고개인데 사자목혈이라 한다.

-『산청군 지명고』

■ 황새골

분류 : 〈물형〉

생들밧등 서쪽에 있는 골짜기인데 황새 형국이다.

-『산청군 지명고』

2. 대하리(臺下里)

■ 시리봉

분류 : 〈물형〉

다가니와 신촌 사이에 있는 산이다. 모양이 시리(시루)를 엎어 놓은 것
같다.

-『산청군 지명고』

3. 홍계리(洪界里)

■ 도란저태

분류 : 〈물형〉

돌머리 서쪽에 있는 모퉁이인데 지형이 한쪽으로 돌아앉은 형국이라
한다.

-『산청군 지명고』

■ 돌머리[모두]

분류 : 〈형국〉

상촌 서남쪽에 있는 마을이다. 뒷산의 지형이 돛처럼 되었다는데, 이곳
은 그 머리 쪽이 된다고 한다.

-『산청군 지명고』

■ 잣빠진 골

분류 : 〈물형〉

당신골 남쪽에 있는 골짜기인데 지형이 자빠져 있는 것처럼 비스듬하
다고 한다.

-『산청군 지명고』

4. 내원리(內源里)

분류 : 〈명당〉, 〈유적〉

아주 깊은 산중 마을이며 계곡의 길이는 8킬로미터에 달한다. 작은 계곡이나마 절터가 있으며 물레방아로 곡식을 찧은 흔적이 있다. 도선국사가 다녀갔다는 국사봉은 대명지로 알려지고 있다.

- 『산청군 지명고』

시천면(矢川面)

—

■ 금환낙지(金環落地)

분류 : 〈형국〉

이곳에 금환낙지가 있다고 하여 지사들이 많이 찾았던 곳이며 이곳으로 이주하여 온 사람이 많이 있다.

– 『산청군 지명고』

1. 사리(絲里)

■ 연화(蓮花) 마을

분류 : 〈형국〉

현재 면소재지인데 연화정수(蓮花淨水)의 설에서 지명이 된 것이다.

– 『산청군 지명고』

■ 매삿골[매삭골]

분류 : 〈형국〉

서촌 동북쪽에 있는 골짜기인데 지형이 매화낙지혈(梅花落地穴)이라
한다.

- 『산청군 지명고』

■ 잠두산(蠶頭山)

분류 : 〈형국〉

시릿골 뒤쪽에 있는 산인데 지형이 누에 형국으로 되었다고 한다.

- 『산청군 지명고』

2. 원리(院里)

■ 범골[봉골]

분류 : 〈물형〉

원리 서쪽에 있는 골짜기인데 봉황같이 생겼다.

- 『산청군 지명고』

■ 운디봉

분류 : 〈물형〉

원리에 있는 산인데 지형이 운디 모양이라 한다.

- 『산청군 지명고』

■ 국동(菊洞)의 산국화

분류 : 〈형국〉, 〈명당〉

마을 뒷산에 산국화가 많이 피어서 지명이 되었다. 갈마음수(渴馬飮水)의 명당설이 전해 온다.

— 『산청군 지명고』

3. 천평리(川坪里)

■ 상지(上芝) 마을

분류 : 〈형국〉, 〈지명〉, 〈비보〉

나락금(羅落錦)이라고도 하는데 이 이름은 마을 형국이 비단을 두른 듯하다고 하여 붙여진 이름이다. 지리산 천왕봉에서 발원한 강물이 동남으로 흘러 외공리들을 휘감아 북류하다가 마을 앞에 이르러 갈마소를 이루면서 지촌을 지나 하평에 이르러 삼장천과 합류하여 덕천강을 이루고 강 건너 원리 후산인 구곡산과 갈마산, 옥녀봉 다리미봉 등이 있는데 구곡산은 구폭나상(九幅羅裳)이라 하여 옥녀가 비단 치마를 다리기 위해 펼쳐놓은 형국이며 나락금의 주위를 병풍처럼 감싸고 있는 산은 옥녀가 앞면을 비단으로 드리워 아름답게 꾸몄다고 하여 나락금이다. 또한 마을 뒷산엔 국사봉, 북쪽엔 천평마을, 서쪽엔 숙호치와 범발등 범발골이 있는데, 이는 범이 다리를 펴고 잠자는 형국이다. 태고적에 강건너 옥녀봉 옆에 목마른 말이 물을 먹으려하나 범이 두려워 물을 먹을 수 없기에 이를 안타깝게 여긴 옥녀가 비단으로 범 앞을 가려 갈마에게 물을 먹게 했다고도 전한다.

한때 마을 이름을 분지(盆地)숲이라 부르기도 했는데 이는 마을 앞 하천가에 울창한 숲이 이루어져 분지숲이라고도 불렀는데, 경신년(1920) 대홍수로 숲이 완전유실되어 원래의 나락금으로 다시 부르게 되었다. 전하는 말에 의하면 분지숲이라 부를 때에 주민들의 가세가 점점 기울다가 나락금으로 다시 부르면서 마을이 부유해졌다고도 한다.

— 『산청군 지명고』

■ 부채정

분류 : 〈형국〉

큰골 동쪽에 있는 골짜기인데 지형이 부채 모양이다.

-『산청군 지명고』

■ 숫골재

분류 : 〈형국〉

당산 남쪽에서 사리 뿔당골로 넘어가는 고개인데 호랑이가 잠자는 형
국이라 한다.

-『산청군 지명고』

■ 오릿골

분류 : 〈물형〉

산짓골 남쪽에 있는 골짜기인데 오리 모양이라 한다.

-『산청군 지명고』

4. 외공리(外公里)

■ 상붓등

분류 : 〈명당〉, 〈묘지〉

외공 서북쪽에 있는 등성이인데 이 근처에 명당이 있다 하는데, 그
명당을 찾는다 하여 많은 묘를 쓰게 되니 많은 상부(상여)가 온다고
한다.

-『산청군 지명고』

5. 반천리(反川里)

■ 구싯쏘

분류 : 〈물형〉

번내 서쪽에 있는 소인데 지형이 구시(구유)같다고 한다.

-『산청군 지명고』

■ 낭간징이

분류 : 〈물형〉

고운동 남쪽에 있는 골짜기인데 지형이 난간처럼 생겼다고 한다.

-『산청군 지명고』

■ 질매재

분류 : 〈물형〉

홀목재 남쪽에 있는 고개인데 지형이 질매(길마)처럼 되었다고 한다.

-『산청군 지명고』

6. 신천리(新川里)

■ 곡점삼거리

분류 : 〈설화〉, 〈주택〉

지리산을 오르는 길의 곡점으로 우로 돌면 중산리, 좌로 돌면 세석평원으로 가는 지점이 곡점이다. 이곳에 곡자(曲子) 집을 지어 살면 부귀영화를 누린다고 한다.

-『산청군 지명고』

7. 동당리(東堂里)

■ 갈마음수

분류 : 〈형국〉

장군대자 아래에 있는데 목마른 말이 물먹는 형국이라 한다.

- 『산청군 지명고』

■ 촛대석

분류 : 〈형국〉, 〈도참〉

등잔설(혈)이 있는데 고운 최치원이 이름하고 이곳에 불이 켜지면 천하가 태평세가 될 것이라 했다는 설이 있는데, 지금 양수 발전소가 있다.

- 『산청군 지명고』

■ 홈탯골

분류 : 〈물형〉

대통골 북쪽에 있는 골짜기인데 지형이 홈같다고 한다.

- 『산청군 지명고』

8. 내대리(內大里)

■ 구싯소

분류 : 〈물형〉

남포 남쪽에 있는 소다. 지형이 구시(구유)처럼 되어 있다.

- 『산청군 지명고』

■ 질매재

분류 : 〈형국〉

세석에서 내대리로 넘어가는 고개인데 질매(길마) 형국이라고 한다.

− 『산청군 지명고』

9. 중산리(中山里)

■ 구싯쏘

분류 : 〈물형〉

중산 동북쪽에 있는 소인데 지형이 구시(구유)와 비슷하다.

− 『산청군 지명고』

■ 대통골

분류 : 〈물형〉

진등 서북쪽에 있는 골짜기인데 지형이 대통같다고 한다.

− 『산청군 지명고』

■ 새들바구−음달

분류 : 〈형국〉

점터 북쪽에 있는 골짜기 사다리 모양이라고 한다.

− 『산청군 지명고』

■ 소구밧골

분류 : 〈물형〉

용숫골 동쪽에 있는 골짜기인데 지형이 소구(소고: 작은북) 모양이다.

− 『산청군 지명고』

■ 시리봉

분류 : 〈물형〉

큰덕재 북서쪽에 있는 산인데 지형이 시리(시루) 모양이라 한다.

— 『산청군 지명고』

단성면(丹城面)

—

1. 방목리(放牧里)

◉ 방목(放牧) 마을

분류 : 〈형국〉

풍수지리설에 의하면 앞산이 천마산(말의 형태)이고, 흐르는 냇물에 구시쏘가 있는데 말이 구시쏘에서 죽을 먹고 뛰어 논다고도 하고, 말을 놓아먹이는 형국이라고도 전한다.

— 『산청군 지명고』

■ 홀깨골

분류 : 〈물형〉

범박골 북쪽에 있는 골짜기다. 지형이 홀깨(벼훑이)처럼 생겼다.

— 『산청군 지명고』

2. 운리(雲里)

■ 가막쏘[가맷소]

분류 : 〈물형〉

챙이쏘 위쪽에 있는 소다. 가마솥 모양이라 한다.

- 『산청군 지명고』

■ 구시쏘(조연)

분류 : 〈물형〉

가막쏘 위쪽에 있는 소다. 구시(구유)처럼 생겼다.

- 『산청군 지명고』

■ 옥녀봉

분류 : 〈형국〉

연골 북쪽에 있는 산이다. 지형이 옥녀직금혈(玉女織錦穴)이라 한다.

- 『산청군 지명고』

3. 입석리(立石里)

◉ 구산(鳩山) 마을

분류 : 〈물형〉

조선조 말기에 은진 송씨와 김해 김씨가 터를 잡고 차츰 마을을 이루게 되니 마을 뒷산의 생김새가 마치 비둘기가 앉은 모양 같다하여 구산이라 불렀다.

- 『산청군 지명고』

■ 호암곡(虎岩谷)

분류 : 〈형국〉

선돌이 삼각형을 지어 세 곳에 있었는데, 금계천변의 선돌은 어느 수파에 묻혔다 하고 현재는 마을 앞뒤에만 서 있다. 풍수설에는 입석을 배설(혈)이라 한다.

－『산청군 지명고』

■ 비들미[구산]

분류 : 〈물형〉

소귀 서남쪽에 있는 마을인데 지형이 비둘기 모양이다.

－『산청군 지명고』

■ 비뜰티-대가리

분류 :

구산 북쪽에 있는 산으로 비둘기 머리처럼 생겼다.

－『산청군 지명고』

■ 방앗골

분류 : 〈물형〉

재궁골 서쪽에 있는 골짜기인데 지형이 디딜방아처럼 생겼다.

－『산청군 지명고』

■ 달방고개

분류 : 〈물형〉

성내리 두쪽 편에 있는 마루턱으로 닭의 목처럼 생겼다.

－『산청군 지명고』

4. 사월리(沙月里)

■ 돈방실[동방곡]

분류 : 〈설화〉, 〈묘지〉

잣풀 서쪽에 있는 골짜기다. 사방으로 산이 둘러 싸여 방처럼 되었는데, 옛날 원당 마을에 사는 김용정(金用貞)이란 사람이 묵은 묘를 파내고 그 부인을 장사지냈다가 한 달이 못되어 죽고, 그의 아들도 뒤따라 죽어서 손이 끊겼다고 한다.

－『산청군 지명고』

■ 마근재

분류 : 〈형국〉, 〈비보〉, 〈묘지〉

도평에서 입석리로 가는 고개다. 옆에 이도연(李道淵)이란 사람의 아버지 묘가 있는데, 청룡날이 끊어져 후손에게 나쁘다는 말을 듣고 인공적으로 축대를 쌓아 묘 앞을 가려 막았다.

－『산청군 지명고』

■ 사동(巳洞)

분류 : 〈형국〉, 〈지명〉

배미. 동리 앞 능구가 뱀같이 가는 형세고 남쪽의 독매가 개구리형이다. 뱀이 개구리를 보고 입을 벌리고 가는 형이라 하여 '사동'이라 이름 붙였다.

－『산청군 지명고』

■ 배양(培養)

분류 : 〈형국〉, 〈설화〉, 〈단맥〉

배양 마을은 고려 이전에는 사동(巳洞)이라 하였던 곳인데, 배양이라 이름하게 된 것은 면화의 시배지라는 이유 때문이 아닌가 싶다.

이 마을에는 아래와 같은 풍수지리설이 전해 온다. 산세는 지리산맥으로 동으로 뻗으면서 웅석봉을 이루고, 이 맥이 남으로 뻗으면서 석대산(石坮山)을 이루고 그 산이 동남으로 뻗어 내산(來山, 200미터)을 이루니 이 산이 옛 단성고을의 진산이다. 이 산맥이 남으로 순연(順延)하여 동으로 약간 낮게 좌우로 뻗어 이 마을의 배경을 이루어 좌행한 북동의 결봉이 다시 저맥으로 능구가 되어 미 마을 앞을 꾸불꾸불하여 남으로 연맥하였고, 한편 수맥은 멀리 지리산 북단을 수원한 엄천의 물과 덕유산을 수원한 남계가 생초의 와룡정에 합류되어 경호상류라 강을 이루어 남으로 멀리 흘러 단성의 백마산과 적벽산록을 거쳐 엄혜산에 이르면 또 하나 멀리 황매산을 수원한 단계천과 자굴산을 수원한 생비량천의 물이 한빈(漢濱)에서 합류되어 양천강을 이루고 남으로 흐르다가 서로 흘러 엄혜산 밑에 와서 경호강과 다시 합류하여 나강을 이루는 지점 서쪽으로 멀리 마주보는 지점이 사동(배양)이다.

이와 같은 산세로 본 풍수지리설에 이 마을을 뱀(사동)으로 부르는 연유는 마을 앞의 능구(陵丘)가 양개(兩開)로 나누어지는 모양은 뱀이 입을 벌리는 형용인데, 전방 500미터 지점의 야중독산을 개구리 형용이라 달리는 뱀이 앞의 개구리를 보고 입을 벌리는 형용이라 하여 속칭 배양을 뱀혈이라 하여 옛날에 동명을 뱀으로 했을 때 이 마을은 명성을 떨치던 시대 였다고 한다.

배양이 퇴운된 이유는 임진왜란 시 이여송이 배양의 산맥을 끊은 탓이라 한다. 지금 단성 성내에서 마주보이는 단분치가 바로 그곳이다. V자로 끊은 산의 높이는 30미터나 된다. 이 고개가 잘리기 전에는 원당면 내에서 명사가 많이 났다.

이 고장의 운이 쇠퇴된 다른 이유가 있다. 마을 앞을 달리는 능구에는

28개의 바위가 있어 속칭 28수라 하였는데 임난시 경상감사 김수(金睟)가 단성성을 축성하면서 근처의 암석을 영척(盈尺) 5판에 금포(錦布) 한 필을 주고 축성할 적에 이곳에 있는 28개 바위를 모두 파석운반해 갔다 한다. 이 마을에서 애지중지하던 바위였다. 마을의 별로 상징되던 바위를 국령에 의하여 징발 당했으니 누구에게 원망할 수도 없는 일이었다. 이런 변을 당한 뱀마을은 이후에 인물이 나지 않는다.

이 마을의 능구에는 수백 년 된 노송이 앞산의 험준함을 막고 있었는데, 풍수설에 의한 조치였다. 이 보배로운 노송이 일본의 이차대전 때 벌목되었다고 한다. 지금의 마을 앞 수림(藪林)은 허적한 임목으로 막고 있다.

－『산청군 지명고』

배양은 지세가 뒷산이 단성의 진산인 내산의 백호가 동남으로 뻗으면서 봉이 날아 둥지에 돌라오는 모양(飛鳳歸巢形)을 하고 있고, 마을 앞 능구는 봉의 천룡에서 남쪽의 두꺼비(獨山)을 보고 입을 벌리며 꾸불거리고 어정어정가는 사두형으로 초로행사설(草路行巳說)이다. … 배양은 오래 전부터 뒷산 봉의 허리가 잘리고 있다. 원당에서 성내가는 오솔길이 생기면서 산 능선에서 20미터 가량 파헤쳐져 터널 모양으로 되면서 이 고개를 단분고개라 했다. 옛날 임란 때 중국의 이여송이 조선의 명산 맥을 잘랐다는 전설 탓인지 알 수 없다. 지금은 고속도로가 되면서 봉의 허리가 단전히 단절되고 중복되는 도로가 도시도 아닌 농촌 생활에 장애물이 되고 있다.

－『산청문화 7호』

■ 불밋골

분류 : 〈물형〉

초포 북쪽에 있는 골짜기인데 지형이 불미(풀무) 형국이다.

－『산청군 지명고』

5. 소남리(김南里)

■ 가맷골[등곡]

분류 : 〈물형〉

도독골 남쪽에 있는 골짜기인데 지형이 가마(솥)처럼 생겼다.

－『산청군 지명고』

■ 시리봉

분류 : 〈물형〉

오릿골못 동북쪽에 있는 산으로 시리(시루) 형국이라 한다.

－『산청군 지명고』

6. 호리(虎里)

◉ 호리(虎里)

분류 : 〈형국〉

호리에는 풍수설에 복호형(伏虎形)이라 하였다.

－『산청군 지명고』

■ 범식골

분류 : 〈물형〉

호리. 산세가 범과 같다.

－『산청군 지명고』

7. 당산리(堂山里)

◉ 당산(堂山)

분류 : 〈물형〉

당산은 풍수설에 반월형이라 하여 음월이라 하다가 시부(侍部)·장기
(場基)를 합쳐 당산이라 하였다.

－『산청군 지명고』

■ 음달

분류 : 〈물형〉

음촌. 동전 마을로 반달형이다.

－『산청군 지명고』

8. 창촌리(倉村里)

■ 송장골

분류 : 〈물형〉

울력복탕 서쪽에 있는 골짜기로 지형이 송장 같다고 한다.

－『산청군 지명고』

■ 신장군맷-굼팅이

분류 : 〈형국〉, 〈명당〉, 〈묘지〉

방아내굼팅이 남쪽에 있는 골짜기로 신씨의 묘가 있는데, 장군대좌혈
의 명당이라 한다.

－『산청군 지명고』

■ 쥐설-모티이

분류 : 〈형국〉

묘동 동쪽에 있는 모퉁이다. 쥐형국인데 그 맞은편에 고양이 바위가
있다.

- 『산청군 지명고』

9. 길리(吉里)

■ 애미랑산[아미랑산]

분류 : 〈물형〉

지릿골 서쪽에 있는 산인데 지형이 눈썹처럼 생겼다.

- 『산청군 지명고』

■ 이판징이

분류 : 〈명당〉

지릿골 북쪽에 있는 들로 두 판서가 날 명당이 있다고 한다.

- 『산청군 지명고』

10. 백운리(白雲里)

■ 나우설

분류 : 〈형국〉, 〈지명〉, 〈무덤〉

나우설에 있는 진양 하씨의 무덤인데 나우(나비)혈이라고 한다.

- 『산청군 지명고』

■ 선연무수[신인무수]

분류 : 〈형국〉

점촌 북쪽에 있는 산으로 선인이 춤추는 선인무수(仙人舞袖)의 혈이 있
다고 한다.

-『산청군 지명고』

11. 자양리(紫陽里)

■ 안장등

분류 : 〈물형〉

톳골 서남쪽에 있는 등성이로 지형이 말안장처럼 생겼다.

-『산청군 지명고』

12. 묵곡리(黙谷里)

■ 자라봉

분류 : 〈형국〉, 〈설화〉, 〈단맥〉

묵곡 뒷산에 자라를 닮은 큰바위가 있는데 남쪽에 있는 명석면 오미(五
美)를 바라보고 앉아 있다. 전하는 말에 '오목오목 먹고 묵실묵실 놓는다'
하여 오미는 빈한하고 묵곡은 부유해진다는 것이다. 오미 사람들이 이 말
을 듣고 하룻밤에 몰래 와서 자라목을 떼었다고 한다. 그 뒤로 다시 시멘
트로 때워서 붙였다 한다.

-『산청군 지명고』

13. 청계리(淸溪里)

◉ 개당(介塘) 마을

분류 : 〈물형〉

옛적에는 진자동(榛子洞)이라 하였는데 전하는 말에 의하면 마을 뒷산이 개가 누워있는 형태라서 개당이라는 설이 있다.

— 『산청군 지명고』

◉ 용두(龍頭)

분류 : 〈형국〉

용두는 풍수설에 의한 옥녀직금(玉女織錦)의 용두머리가 이 마을 뒷산에 해당된다고 한다.

— 『산청군 지명고』

신안면(新安面)

—

1. 하정리(下丁里)

■ 암쇠골

분류 : 〈물형〉

황쇠골 동남쪽에 있는 골짜기로 지형이 암소의 형국 같다고 한다.

– 『산청군 지명고』

■ 옥녀봉

분류 : 〈형국〉

원지 동쪽에 있는 산인데. 옥녀탄금(玉女彈琴) 형국이라고 한다.

– 『산청군 지명고』

■ 갈매산

분류 : 〈물형〉

짜른고개 뒤쪽에 있는 산이다. 지형이 질마(길마) 형국으로 되었다고 한다.

-『산청군 지명고』

■ 짜른고개

분류 : 〈설화〉, 〈단맥〉

언지 북동쪽 약 1킬로미터 지점에 있는 신기 마을로 통하는 고개길로 서 이 산 밑에 사람이 살면 곧 장군이 난다고 하여, 장군이 나지 못하도록 옛날에 이 산을 잘랐다고 한다.

-『산청군 지명고』

2. 신기리(新基里)

■ 신촌(新村)

분류 : 〈형국〉

본래의 동명(洞名)은 새[鳥]마을이나 마을 뒤 삼봉에서 새가 나르는 형용이라 해서 새마을로 불러왔다.

-『산청군 지명고』

■ 무등

분류 : 〈물형〉

신기 북쪽에 있는 골짜기로 지형이 바랑처럼 생겼다.

-『산청군 지명고』

■ 티배미

분류 : 〈형국〉

신기 북쪽에 있는 논인데 양쪽으로 물이 흘러 배가 떠나가는 것 같이
되었다고 한다.

-『산청군 지명고』

■ 자래골[벽등]

분류 : 〈물형〉

신기 남쪽에 있는 골짜기로 지형이 자래모양이라고 한다.

-『산청군 지명고』

3. 청현리(靑峴里)

■ 우장골

분류 : 〈물형〉

청현 북쪽에 있는 골짜기로 지형이 우장처럼 생겼다.

-『산청군 지명고』

■ 칼나등

분류 : 〈물형〉

무내미 북쪽에 있는 등성이인데 지형이 칼 모양이다.

-『산청군 지명고』

4. 문태리(文台里)

■ 갈미봉

분류 : 〈물형〉

부칫골 남쪽에 있는 산으로 지형이 갈미(갈모)처럼 생겼다고 한다. 이 산에서 숫돌이 많이 생산되었다.

- 『산청군 지명고』

■ 응봉산(鷹峰山)

분류 : 〈형국〉

진태 남서쪽에 있는 산인데 매가 날아가는 형국이라고 한다.

- 『산청군 지명고』

■ 조산(造山)백이

분류 : 〈설화〉, 〈단맥〉

진태(進台) 마을 하단 강성 들판에 칠성바위가 있으므로 붙여진 이름이다. 이조 중종 때 이곳 조산백이에 왕씨들이 마을을 이루고 삼대가 살았다고 한다. 마을 중심부에 칠성바위가 있었으며 왕씨 중에 부자가 있었는데 승려들이 시주 얻으러 오면 포박하고 욕보였다고 한다. 어느 날 시주 온 중이 말하길 부자집 마당에 칠성바위 중 쪽박에 해당하는 바위가 있었는데, '저 바위를 없애면 큰 부자가 될 텐데...'하고 중얼거리는 말을 듣고 주인이 다그쳐 물으며 바위를 깨어 없앴다 한다. 그 후 재앙이 일기 시작하여 화재가 일고 다음해 큰 홍수가 있어 집들과 칠성바위돌 4개가 떠내려가서 그곳에 살 수가 없어 왕씨들이 떠났다고 한다. 칠성바위 자루 쪽 3개가 남아 있었는데 광복 후 경지정리 사업을 하며 땅속으로 깊이 묻어버렸다 한다. 지금은 칠성바위의 전설만 남아있고 농지로 바뀌어 지금은 조산백이 논밭들로 통칭한다.

- 『산청군 지명고』

■ 부처골의 심씨 종산(沈氏宗山)

분류 : 〈형국〉, 〈설화〉, 〈묘지〉

문대리 옆 산에 부처골이 있다. 여기에 심씨들의 종산이 있는데 이 묏자리는 국풍(國風)이 잡은 곳이라 한다.

약 130년 전의 일이다. 장사 때 국풍이 말하길, '여기 묘를 쓰면 후손들의 화젓대 그늘에 이웃 사람들이 볕구경을 못할 것'이라 하고, 또한 '하관(下棺)은 여인이 쇠갓을 쓰고 지나갈 때 하라.'라고 이르고서 떠났다. 시간이 지난 후 여인이 쇠솥 뚜껑을 이고 지나가는 것을 보고 하관하려 하였으나, 묘혈이 얕아서 더 파고 있는 중에 반석(盤石)이 나왔다. 반석을 일으키니 뜻밖에도 백학 3마리가 나와 날아가고 또한 석인석마(石人石馬, 말을 타고 있는 형상) 3쌍이 발견되었다. 이것을 산하에 새로 굴을 파서 넣어 두었는데 근년에 없어졌다고 한다.

－『산청군 지명고』

5. 장죽리(長竹里)

■ 멍에배미

분류 : 〈물형〉

장구배미 위쪽에 있는 논으로 지형이 멍에처럼 생겼다.

－『산청군 지명고』

■ 장구배미

분류 : 〈물형〉

앵구배미 위쪽에 있는 논으로 지형이 장구처럼 생겼다.

－『산청군 지명고』

■ 장군덤

분류 : 〈형국〉

원산 북쪽에 있는 더미다. 장군대좌혈이 있다고 한다.

－『산청군 지명고』

6. 소이리(所耳里)

◉ 태계(台溪)

분류 : 〈명당〉

태계는 삼태지상(三台之上)과 삼계지하(三溪之下)의 중심지에 위치하고 있다. 전래하는 풍수설에 삼계지하(단계 · 원계 · 벽계)이고 삼태지상(진태 · 문태 · 정태)의 사이에 문천무만지지(文千武萬之地)가 있다고 일러온다.

－『산청군 지명고』

■ 갓골

분류 : 〈물형〉

벽계 서남쪽에 있는 골짜기인데 지형이 갓처럼 생겼다.

－『산청군 지명고』

■ 호두혈(虎頭穴, 호두설)

분류 : 〈물형〉, 〈형국〉, 〈묘지〉

벽계 앞에 있는 산으로 지형이 호랑이 모양으로 생겼으며 진양 강씨 뫼(묘)를 호두혈이라고 한다.

－『산청군 지명고』

7. 외고리(外古里)

◉ 귀담(龜潭)·방동(方洞)

분류 : 〈도참〉, 〈지명〉

귀담은 옛날부터 귀담이라 하여 큰못이 생길 것이란 말이 전해오고 있었는데 과연 1942년에 큰 저수지가 생겼다. 방동은 지형설에 의해서 지은 이름이라 하며, 일설에는 단계지역에 벼슬이 많이 나서 방을 달았던 곳이라 한다.

— 『산청군 지명고』

■ 구시골

분류 : 〈물형〉

내고 뒤 골짜기로 구슬을 바가지에 담아 놓은 형상이라 생긴 이름이다.

— 『산청군 지명고』

■ 얼청재

분류 : 〈물형〉

내고에서 갈전리로 넘어가는 고개로 지형이 얼챙이(언챙이)처럼 생겼다고 한다.

— 『산청군 지명고』

8. 갈전리(葛田里)

■ 나오등[나우등, 나부등]

분류 : 〈물형〉

내북 동북 동북쪽에 있는 등성이로 지형이 나우(나비) 형국이라고 한다.

-『산청군 지명고』

■ 도란갓

분류 : 〈물형〉

갈전 남쪽에 있는 산인데, 돌아 앉아 있는 형이라고 한다.

-『산청군 지명고』

9. 안봉리(安峰里)

◉ 안봉(安峰)·신안(新安)·창안(蒼安)

분류 : 〈설화〉, 〈도참〉

풍수지리학에 능하였다는 남사고의 전설에 "대성산(大聖山, 屯鐵山) 십리하(十里下)에 유삼안지지(有三安之地)하니 가득삼안(可得三安)이라"고 했다. 일왈 안봉(一曰安峰), 이왈 신안(二曰新安), 삼왈 창안촌(三曰蒼安村) 등 세 개 마을을 삼안지지라 했고, 가득삼안은 일왈 난세피란안(一曰亂世避亂安), 이왈 병마미침안(二曰病魔未侵安), 삼왈 흉년행면안(三曰凶年倖免安)이라 삼안이라 하였다고 한다.

-『산청군 지명고』

■ 매방골

분류 : 〈형국〉

안봉 서쪽에 있는 골짝이다. 풍수설에서 근처에 꿩이 엎드려 있는 복치혈(伏雉穴)이 있다고 한다.

-『산청군 지명고』

■ 서재(書齋)땀

분류 : 〈도참〉

안봉리 뒤에 용립국사봉(聳立國師峰)이 있고 마을 앞에는 "알학사암(謁學士岩)하니 봉암지간(峰岩之間)에 유득월계자(有得月桂者)"라는 설에 따라 근재(謹齋) 문재엽(文在燁), 박정화(朴禎和), 권기환(權麒煥), 문재도(文在道) 등이 설계(設稧)하고 수덕재(修德齋)라는 서당을 짓고 후학을 교도하였다하여 서재땀으로 전해오고 있다. 지금은 터만 남았다.

—『산청군 지명고』

10. 외송리(外松里)

◉ 심거(深渠)와 구절비룡(九節飛龍)

분류 : 〈형국〉, 〈명당〉

신라시대의 지품천이 지품골이 되고 지품이 다시 깊은골이 되어 현대심거로 변천하였다.

심거의 뒷산은 구절비룡의 형상으로 굽이쳐 내리고 있고, 옛날부터 삼정승·육판서가 날 자리라 하여 지사들의 왕래가 많던 곳이다.

—『산청군 지명고』

■ 생이덤

분류 : 〈물형〉

법숫골 북쪽에 있는 더미이다. 생이(상여) 모양이다.

—『산청군 지명고』

■ 점띳골

분류 : 〈물형〉

챙이골 동쪽에 있는 골짜기인데 지형이 챙이처럼 생겼다.

-『산청군 지명고』

■ 투구봉

분류 : 〈물형〉

생이덤 동쪽에 있는 산인데 지형이 투구처럼 생겼다.

-『산청군 지명고』

■ 임걸용굴(林傑龍窟) 이야기

외송(外松)에서 북쪽으로 300미터 거리의 굴바위터에 의적 임걸용(林傑龍)이 거주하던 굴이 있는데, 이 굴은 혈맥이 멀리 뻗치어 있어 이곳에서 불을 지피면 척지(尺旨) 뒷산에서 연기가 난다고 전한다.

-『산청군 지명고』

11. 신안리(新安里)

◉ 안봉(安峰) · 신안(新安) · 창안(蒼安)

분류 : 〈설화〉, 〈도참〉

풍수지리학에 능하였다는 남사고의 전설에 "대성산(大聖山, 屯鐵山) 십리하(十里下)에 유삼안지지(有三安之地)하니 가득삼안(可得三安)이라"고 했다. 일왈 안봉(一曰安峰), 이왈 신안(二曰新安), 삼왈 창안촌(三曰蒼安村) 등 세 개 마을을 삼안지지라 했고, 가득삼안은 일왈 난세피란안(一曰亂世避亂安), 이왈 병마미침안(二曰病魔未侵安), 삼왈 흉년행면안(三曰凶年倖免安)이라 삼안이라 하였다고 한다.

-『산청군 지명고』

■ 까막소

분류 : 〈물형〉

황정 서남쪽에 있는 소인데 지형이 가마처럼 생겼다.

- 『산청군 지명고』

■ 뱃소

분류 : 〈물형〉

황정 서쪽에 있는 소인데 지형이 배 형국이며 옛날 싸움터라고도 한다.

- 『산청군 지명고』

■ 질매재

분류 : 〈형국〉

못안에서 중촌리 산정으로 넘어가는 고개로 지형이 질매(길마) 형국으로 되었다고 한다.

- 『산청군 지명고』

12. 중촌리(中村里)

◉ 안봉(安峰) · 신안(新安) · 창안(蒼安)

분류 : 〈설화〉, 〈도참〉

풍수지리학에 능하였다는 남사고의 전설에 "대성산(大聖山, 屯鐵山) 십리하(十里下)에 유삼안지지(有三安之地)하니 가득삼안(可得三安)이라"고 했다. 일왈 안봉(一曰安峰), 이왈 신안(二曰新安), 삼왈 창안촌(三曰蒼安村) 등 세 개 마을을 삼안지지라 했고, 가득삼안은 일왈 난세피란안(一曰亂世避亂安), 이왈 병마미침안(二曰病魔未侵安), 삼왈 흉년행면안(三曰凶年倖免

安)이라 삼안이라 하였다고 한다.

-『산청군 지명고』

■ 시리봉

분류 : 〈물형〉

중촌리에 있는 산인데 모양이 시루 형국이라고 한다.

-『산청군 지명고』

■ 애미산[아미산]

분류 : 〈물형〉

석남 남쪽에 있는 산으로 지형이 눈썹 형국으로 되었다고 한다.

-『산청군 지명고』

■ 와우형

분류 : 〈물형〉

모례등(동쪽)에 소가 누워있는 형세의 산등이다.

-『산청군 지명고』

■ 황새골

분류 : 〈물형〉

숫골 남쪽에 있는 골짜기로 지형이 황새형국이라고 한다.

-『산청군 지명고』

생비량면(生比良面)

―

―

1. 도리(道里)

■ 고치동(古致洞)

분류 : 〈물형〉

마을을 둘러싼 산이 앞산은 누에, 뒷산은 고치 형상이다. 고치로도 부른다.

- 『산청군 지명고』

■ 외도(外道)

분류 : 〈물형〉, 〈지명〉

예부터 살목[矢項]이라 했다. 안산(案山) 절벽암산(絶壁岩山)이 병풍과 같이 쑥 내밀어 활살목매기라 하여 시항(矢項) 즉 살목이라 불렀다하고, 살목과 내도를 합하여 돗골[猪洞]이라고도 했다.

- 『산청군 지명고』

■ 범등골

분류 : 〈물형〉

삼밭골 동북쪽에 있는 골짜기로 지형이 범과 같다고 한다.

- 『산청군 지명고』

■ 부실골[부곡]

분류 : 〈물형〉

논골 서쪽에 있는 골짜기로 지형이 가마솥 안처럼 되었다고 한다.

- 『산청군 지명고』

2. 화현리(禾峴里)

■ 방아재[침곡령, 방화재]

분류 : 〈물형〉

방아실 북쪽에서 가계리의 방골로 넘어가는 고개로 지형이 디딜방아의 형국으로 되었다고 한다.

- 『산청군 지명고』

3. 도전리(道田里)

◉ 장란(長卵) 마을[쟁난(爭鸞)]

분류 : 〈형국〉, 〈지명〉, 〈설화〉

장란 마을 뒷산은 봉황(鳳凰)의 형국을 하고 있어 봉황산(鳳凰山)이라 하고, 건너편 동남쪽에 있는 산은 뱀의 모양을 하고 있어서 뱀등이라고 한다. 원래 장란 마을은 봉황(鳳凰)이 알을 품고 있는 것을 보고 건너편에 있던 뱀이 품고 있던 알을 빼앗으려고 서로 다투고 있는 형국이라 하여 쟁난(爭卵)으로 부르게 되었는데 후에 오행 및 풍수지리상으로 볼 때, '다툴 쟁(爭)', '알란(卵)'은 상서롭지 못한 지명이라 하여 장란(長鸞)으로 바꾸어 부르게 되었다.

마을 앞에는 보가 있는데 물살이 너무 빨라 빈번이 홍수에 휩쓸려 가 버렸다. 그러던 어느 날 운창(雲窓) 이시분(李時蕡) 선생의 꿈에 백발노인이 나타나 "나는 이 지방 텃신인데 너희들이 실패를 거듭하여도 뜻을 굽히지 않으니 가상하다. 내가 너희들의 숙원이 이루어지게 도와주겠다."라고 하며, 보를 만들 자리를 가르쳐 주었다. 다음날 새벽에 운창 선생이 강에 나가보니 노인이 말한 그 자리에 하얀 서리가 내려 마치 줄을 그어놓은 듯하였다. 그곳에 표지를 세우고 공사를 하였으나 급류로 인해 보를 막을 일이 쉽지 않았는데 어느 날 밤에 도깨비들이 몰려와서 메밀죽을 끓여달라고 하기에 마을 사람들이 집집마다 메밀죽을 끓여서 대접 하였다. 그랬더니 도깨비들이 달려들어 큰 바윗돌을 굴려다가 며칠 안에 100m가 넘는 보를 완성시켰다 그러나 메밀죽을 못 얻어먹은 도깨비가 돌한 개를 빼어버려 늘 그곳에 탈이 났다고 하여 도깨비보라고 부르게 되었다고 전해지며 현재는 장란보가 위치하고 있다.

－『산청군청』

■ 우장군의 설화

분류 : 〈설화〉, 〈단맥〉

어은(漁隱)에 우판서의 아들 우장군이 살고 있었다. 하루는 중이 시주하러 온 것을 대테를 머리에 씌워 고통을 주게 하였는데, 중이 용서를 청하면서 마을 입구에 서 있는 바위허리를 자르면 벼슬할 것이라고 하였다. 우장군은 이 말을 듣고 나막신으로 바위를 치니 바위허리가 부러짐과 동

시에 우장군도 사망하였다는 설화가 전해온다. 지금도 마을 앞에는 허리
가 부러진 뾰족한 바위가 서 있다.

-『산청군 지명고』

신등면(新等面)

1. 단계리(丹溪里)

■ 단계(丹溪)

분류 : 〈형국〉, 〈비보〉

단계란 지명은 적화촌(赤火村)에서 유래된 것이란 설도 있으며, 또한 계천의 바닥 암석이 붉은 색깔을 많이 띠고 있어서 생긴 이름이라 한다. 단계의 형국은 배와 같다하여 시장 안에 안치해둔 미륵 석불이 뱃사공의 소임을 하고 있다고 전한다.

-『산청군 지명고』

■ 미륵

분류 : 〈형국〉, 〈비보〉

단계 남쪽 부분에 있는 돌미륵 부처로서, 단계가 뱃설이라고 하여 세운

가상의 사공이며 세운 연대는 미상이다.(고려 때로 추정)

-『산청군 지명고』

- **삐깔먼당**

분류 : 〈물형〉

도들 동쪽에 있는 들인데 지형이 바깔(볏가리)처럼 되었다고 한다.

-『산청군 지명고』

- **솥골**

분류 : 〈물형〉

배앗골 남쪽에 있는 골짜기로 지형이 솥처럼 생겼다.

-『산청군 지명고』

2. 양전리(陽田里)

- **도승의 예언**

분류 : 〈설화〉, 〈풍수도참〉

현재 신등중고등학교의 부지는 산비탈에 위치하고 있다. 옛날 어느 도승이 이곳을 가리켜 중이 천명 날 수 있는 길지라고 하였다는 말이 전해오고 있다.

-『산청군 지명고』

- **대롱갓**

분류 : 〈물형〉

수청 서쪽에 있는 산으로 지형이 대롱같이 생겼다고 한다.

-『산청군 지명고』

3. 가술리(可述里)

■ 구이당골

분류 : 〈물형〉

가림 남쪽에 있는 골짜기로 지형이 구유형국이라고 한다.

-『산청군 지명고』

■ 다랫골

분류 : 〈물형〉

거등 앞에 있는 골짜기로 반달 형국이라고 한다.

-『산청군 지명고』

■ 독잣골

분류 : 〈물형〉

깐치미 동쪽에 있는 골짜기로 소가 누워있는 형국이라 한다.

-『산청군 지명고』

■ 배암골

분류 : 〈물형〉

가림 남동쪽에 있는 골짜기인데 지형이 뱀처럼 생겼다고 한다.

-『산청군 지명고』

■ 새실골[봉곡]

분류 : 〈물형〉

웃청산 북쪽에 있는 골짜기인데 새의 형국이라고 한다.

- 『산청군 지명고』

4. 사정리(射亭里)

■ 가마실골

분류 : 〈물형〉

사정리에 있는 골짜기다. 지형이 가마(솥)처럼 되었는데, 이상하게 이곳에서 솟아나는 물은 따뜻하다.

- 『산청군 지명고』

■ 용산잇골

분류 : 〈물형〉

생실골 동쪽에 있는 골짜기다. 지형이 용 모양이라 한다.

- 『산청군 지명고』

5. 평지리(坪地里)

■ 백새등과 황새등

분류 : 〈물형〉, 〈명당〉

법물 마을 앞 좌우에는 백새·황새의 두등이 있다. 보암산이 궁궐같이 보인다하여 명당설이 전해온다.

- 『산청군 지명고』

■ 가매실

분류 : 〈물형〉

평지에 있는 골짜기로 지형이 가마와 같다고 한다.

- 『산청군 지명고』

■ 말배미

분류 : 〈물형〉

머에배미 위쪽에 있는 논인데 지형이 말같이 생겼다고 한다.

- 『산청군 지명고』

■ 장구배미

분류 : 〈물형〉

웃들에 있는 논이다. 지형이 장구처럼 잘록하다.

- 『산청군 지명고』

■ 황새멀랑

분류 : 〈물형〉

해징이 서쪽에 있는 산으로 지형이 황새처럼 생겼다.

- 『산청군 지명고』

6. 장천리(長川里)

■ 호박골

분류 : 〈물형〉

밴다리 서쪽에 있는 골짜기로 지형이 디딜방아의 호박(확) 형국으로 되었다고 한다.

— 『산청군 지명고』

7. 율현리(栗峴里)

■ 질매재

분류 : 〈물형〉

율현 서쪽에 있는 고개다. 지형이 질매(길마)처럼 되었다고 한다.

— 『산청군 지명고』

■ 챙이쏘

분류 : 〈물형〉

갱이쏘 밑에 있는 소로 지형이 챙이(키) 모양으로 되었다고 한다.

— 『산청군 지명고』

8. 모례리(慕禮里)

■ 척지(尺旨)

분류 : 〈형국〉, 〈지명〉

척지는 산청척지와 신등척지가 머리를 맞대고 있는 곳이며, 금사옥척(金絲玉尺)의 풍수설에서 유래된 것이다.

— 『산청군 지명고』

■ 말배미

분류 : 〈물형〉

· 지리산권 민속풍수 자료집

왼기배미 밑에 있는 논으로 말[斗]같이 생겼다고 한다.

-『산청군 지명고』

■ 북쏘

분류 : 〈물형〉

모례 앞에 있는 소인데 지형이 북 모양이다.

-『산청군 지명고』

■ 장구배미

분류 : 〈물형〉

쑥둑배미 밑에 있는 논으로 지형이 장구처럼 생겼다고 한다.

-『산청군 지명고』

■ 짝두실

분류 : 〈물형〉

사창징이 남서쪽에 있는 마을인데 지형이 짝두(작두) 같다고 한다.

-『산청군 지명고』

■ 응아래들[어안들]

분류 : 〈물형〉

사창징이 남쪽에 있는 들인데 고기가 알을 깐 것과 흡사하다고 한다.

-『산청군 지명고』

제5부

함양군 풍수 자료

함양읍(咸陽邑)

■ 대관림[상림(上林)]

1. 명칭 : 대관림[상림(上林)]

2. 소재지 : 경상남도 함양군 함양면 상동

3. 지황 : 함양 읍내의 서북쪽 0.4킬로미터 가장자리에서 낙동강 지류 남강의 분류인 위천의 동안을 이루는 것으로, 면적은 13헥타 남짓(대장면 적 국유지 12정 9반 2무 28보, 기타 약간의 민유지)하고 남북으로 이어졌으며 길이 1400미터, 최대 폭 200미터로서 토양은 부식되어 풍부한 사양토로 이루어져 있다. 결합도 연(軟), 습도 윤(潤), 심도 심, 지형은 양호한 하반평탄지이다. 서쪽은 일부 끼어 있는 논을 제외하면 바로 강바닥에, 동쪽은 논으로 이어지고 함양읍과 떨어져 넓게 동남쪽으로 기름진 들판을 곁에 두고 있다.

4. 임황 : 수종 120여 종으로 이루어진 혼효림으로서 서어나무, 느티나무, 밤나무, 굴참나무, 졸참나무류, 떡갈나무, 층층나무, 이팝나무, 때죽나

무, 민윤노리나무, 대팻집나무 등을 주 임목으로 하고 가장 큰 흉고직경은 160센티미터, 가장 많은 경급은 50센티미터의 큰 나무로 가득 찬 노령림으로 숲안은 지표 식생이 무성하고 낙엽 또한 잘 쌓여 있다.

5. 기타 : 이 숲의 상류 산기슭 밑의 북림 끝에 시냇물이 있고 위천으로 흐르는 계곡 입구 부근에서 물길[導水]인 둑이 서림 가장자리로 뚫려 있다. 둑은 또한 직접 위천의 물길에 취수구가 설치되어 물길을 만들고 이를 모아 일부 숲 안을 주로 하여 서림 가장자리 경작지 경계에 개설되어 본 숲의 남쪽 끝에서 꺾이어 읍의 북쪽을 돌아 넓게 기름진 들판에 물을 댄 후 위천으로 흘러간다. 또한 전라북도 경계인 병곡 오지에 이르는 개수 도로는 본 숲의 강가 임연 혹은 일부 숲 안을 통과하며 강가에 인접한 곳은 돌을 쌓는 호안공사가 시설되고 있다. 1923년 12월 수해방비 보안림으로 편입되어 위천보안림이라 불리고 최근 읍민은 상림공원이라 부르는데, 늘 산책하는 휴양장소로 이용되고 있다. 숲 안에는 신라시대 유선 최치원의 비각 등이 있다.

-『조선의 임수』

■ 하림(下林)

1. 명칭 : 하림
2. 소재지 : 경상남도 함양군 함양면 하동
3. 지황 : 함양 읍내의 동남쪽 위천의 하류 북안에 위치하는 총 연장 약 800미터의 긴 띠 모양의 하반평탄지로서 강가는 현저하게 침식되고 무너졌으며 숲 뒤 북방은 넓게 읍교의 기름진 논을 감싸고 있다.
4. 임황 : 소나무로 가득 찬 단순림으로 흉고직경은 평균 50센티미터, 숲 안은 낙엽이 상당히 쌓였지만 지표 식생이 결여되었다.
5. 기타 : 사유림으로 숲 안에 작은 정자가 있고, 하류 상림과 같이 성립된 것이라고 전해지고 했다.

-『조선의 임수』

1. 교산리(校山里)

◉ 봉강 마을

분류 : 〈형국〉, 〈지명〉

북촌마을과 진고개마을을 합쳐 봉강(鳳崗)마을이라고 한다. 필봉산 기슭에 기왓골이 있었는데 여기에 종사라는 사람들이 많았으며 그들이 취락을 이루어 산 곳이 기왓골이고 진고개는 옛날 길이 포장되지 않았을 때 이 고갯길은 진흙탕이라 길을 걸을 수 없을 정도였다. 길이 질다고 하여 진고개라 하였다.

함양여중 뒤쪽 마을을 북촌이라 하였는데 함양의 북쪽에 위치하였다고 붙여진 이름이다. 약 70여 년 전 임승섭이란 지관이 봉이 알을 품고 있는 자리라 하여 봉강이라고 이름 지었다고도 한다.

봉강마을 뒤의 산을 문필봉이라 하는데 지금은 필봉산이라 하여 산책로가 마련되어 있고 산위에는 함양읍민이 먹는 상수도 저수 탱크가 설치되어 있다. 그리고 지금의 함양중학교 터가 고려 초기에 용산사 터라고 전해오고 있다. 여기에 큰 절이 있었고 이곳에서 연화문와당금동제 소형불상(蓮花紋瓦當 金銅製 小形佛像)이 출토된 바 있다.

－『함양군청』

2. 구룡리(九龍里)

◉ 구만 마을

분류 : 〈형국〉, 〈명당〉

구만동(九萬洞) 마을과 대군동 제한 마을은 가락국 구형왕이 마천면 빈대골에서 구만대군을 거느리고 구만동으로 왔기 때문에 마을 이름을 구만(구만동)으로 부르게 되었다고 전하고 있다.

또 하나의 전설은 할개미 위에 풍수지리학상으로 장군대좌라는 명당자리가 있는데 장군이 있으면 군사가 있어야 하니 구만 대군과 제한역의 지명이 정해지게 되었을 것이라고 하는 말이 나와서 전설로 이어져 내려오는 것이라고 하는 설이다.

구만동은 구룡리의 맨 아래쪽에 위치한 삼십여 호가 살고 있는 한가한 산촌 마을이다. 마을이 형성된 연대는 잘 알 수 없으나 마을 부근의 전답에서 옛날의 기와조각이 나오는 것으로 볼 때 오랜 옛날부터 사람이 살았던 것으로 추측된다.

팔령천을 중심으로 양쪽에 마을이 형성되어 있어 구만에는 남원양씨가 이백여 년 전부터 이 마을에 거주하고 있으며 대군동에는 조성 숙종 때 의령 남씨가 의령에서 들어와 살았으며 함양 박씨가 오래 전부터 대를 이어 살아오고 있다.

－『함양군청』

3. 이은리(吏隱里)

◉ 거면 마을

분류 : 〈형국〉

걸문으로도 불리우는 거면(巨面) 마을은 와우형 명소가 있는데 그 명소의 산 밑에 위치한 단아한 마을이다. 마을 앞에는 넓은 들이 있었으나 지금은 농공단지가 들어서고 생산에 힘을 쏟고 있으며 팔령천이 난평에서 흘러내려 위천수로 합수되고 있다. 용평리에 있던 제재소가 이곳으로 옮겨와서 대규모로 가동하고 있다.

처음 들어와 살아온 연대는 미상이나 지금은 함양박씨 여양 진씨가 오

래도록 살아오고 있으며 그 외에 여러 성씨가 주로 농사를 지으며 살아
오고 있다.

-『함양군청』

4. 신관리(新官里)

◉ 학동마을

분류 : 〈형국〉, 〈지명〉, 〈단맥〉

신당골이라고 불리는 학동(鶴洞) 마을은 매봉산 밑에 자리잡고 있으며
한들을 바라보고 있는 마을이다. 관변 마을보다는 비교적 뒤에 생겼으며
지형이 학이 알을 품고 앉아 있는 형국이라 하여 학동(鶴洞)이라고 했는
데, 일제가 행정구역 통폐합 시에 신당(新塘)이라 바꾸었다. 그래서 일반
적으로 신당골이라 불렀는데 마을 사람들이 왜적의 잔재를 그대로 쓸 수
없다 하여 1995년 학동 마을로 이름을 다시 환원했다. 한때는 함양에서
제일 부촌이라 할 만큼 잘 살았던 마을이다.

일제 때 관변으로 도로가 나면서 산세의 맥을 끊어 마을이 손해를 보
았다고 한다. 처음 터를 잡은 연대는 정확하지 않으나 경주 이씨가 마을
을 일구었고 그 뒤 진씨와 최씨가 들어와 지금까지 주류를 이루고 있는
성씨라고 한다.

-『함양군청』

5. 난평리(蘭坪里)

◉ 신기 마을

분류 : 〈물형〉

새로운 터를 잡아 마을을 이루었다고 하여 새터라고 한다. 이 마을은 옛날 병곡면과 백전을 서면(西面)이라고 하였는데 서면골에서 거둔 세곡 (稅穀)이나 군량미를 보관하던 창고가 있었다 하여 마을 이름을 창터라고도 한다.

이 새터 마을은 삼국시대에는 신라와 백제의 접경지대로써 이 창터에 군사가 주둔하고 있었다는 이야기도 전하며, 창터 앞에 흥성대(興城臺)라고 부르는 터가 있다.

또 이 마을은 풍수지리설로 농악의 악기인 징의 형국이라고 한다.

-『함양군청』

6. 신천리(新泉里)

◉ 삼천 마을

분류 : 〈형국〉, 〈지명〉

메주골이라고 부르는 삼천동(三泉洞)마을은 백암삼 밑에 있는 마을과 길가에 있는 마을을 합쳐서 삼천동이라 한다.

옛날 흉년에 효자 삼형제가 죽은 자리에서 우물이 세 개가 생겨나서 효자의 어머니 뿐만 아니라 마을 사람들을 갈증에서 구했다고 해서 삼천동이라 했다고 한다.

또 하나는 마을 뒤의 백암산 산혈이 마을로 뻗은 형세가 매화가지와 같다고 하여 매지골(梅枝谷)이라 부르게 되었는데 음이 변하여 메주골이라고 하는 것이다. 마을 앞들에 칼바위가 있었는데 벼락 맞은 바위가 마치 칼로 자른 것 같다 하여 붙여진 이름이며, 들을 '칼바위들'이라고 한다. 마을 동쪽에는 목동과 초동들이 모여 놀던 조대골이 있고 굴박골이 있다. 마을이 생긴 연대나 개척한 씨족은 잘 알 수 없으나 현재 약 사십

여 호가 주로 농사를 짓고 살고 있는데 여러 성씨들이 합심해서 살아가
고 있다.

─『함양군청』

마천면(馬川面)

—

1. 창원리(昌元里)

◉ 창원 마을

분류 : 〈물형〉

창촌, 창말이라고도 부르는 창원(昌元) 마을은 창고가 있는 마을이라는 뜻이다. 조선 시대에 마천면내의 세금으로 거둔 차나 약초, 곡식을 이 마을의 창고에 보관하였다가 오도재를 넘어서 지게로 날랐다고 한다. 조선 인조 때 김해 김씨가 파주에서 들어와 살았다는 기록이 전한다. 마을의 지형이 마치 거북이 등처럼 생겼는데 양편에 계곡이 있다. 마을 입구에 숲이 있는데 이곳을 독무정이라고 한다. 옛날 개암(介庵) 강익(姜翼)이 혼자 시를 읊으며 노셨다고 하여 독무정(獨舞亭)이란 지명이 붙었다고 한다.

－『함양군청』

2. 덕전리(德田里)

◉ 내마 마을

분류 : 〈형국〉, 〈묘지〉

안마천으로 불리워 오던 내마(內馬) 마을은 외마 마을을 지나 조금만 더 올라가면 위치하고 있다

마을에서 바라보면 왼편 산맥 끝에 광천 동씨 입향조의 묘가 있는데 와우형(臥牛形)이라고 한다. 산맥을 조금만 내려오면 '떡닥날'이라고 하는데 송아지의 등날이라는 것이다.

-『함양군청』

3. 구양리(九楊里)

◉ 촉동 마을

분류 : 〈물형〉, 〈형국〉, 〈명당〉, 〈지명〉

빈대궐이라고 부르는데 비어있는 대궐이 있었다고 하여 붙여진 이름이다. 가락국 마지막 왕인 구형왕이 궁궐터를 닦아놓고 여건상 여의치 않아 추성으로 옮겨 성을 쌓고 궁을 지었다고 전한다.

촉동(燭洞)이란 이름은 마을 뒤 촛대봉이란 산이 솟아 있는데 지관들이 조천납촉(朝天納燭)의 명당자리가 있다고 한다. 빈대궐로 불러오다가 마을 학자들이 촉동으로 고쳐 부르게 되었다고 전한다.

『신증동국여지승람』에 등구사는 오도봉 아래에 있다고 했고, 김일손의 「속두류록」에 등구사의 산형은 거북과 같으며 절은 그 등에 올라 앉아 있으므로 등구사라 했다 하였고, 축대 틈에 깊숙한 구멍이 있어 시냇물이 북으로부터 내려와 그 속으로 흐르는 소리가 골골하다고 하였다

가락국이 입성하지 못한 빈대궐터라고 하는 곳과 일치하며, 주변에 삼
층석탑의 부재가 있는 등 매우 큰 사찰이 있었던 것으로 전한다.

－『함양군청』

4. 군자리(君子里)

◉ 외마 마을

분류 : 〈물형〉, 〈지명〉

밭마천으로 불리워 오던 외마(外馬)마을은 나주임씨의 집성촌이다. 외
마천은 마을의 생긴 형세가 말이 누워있는 격이라 하여 붙여진 이름이다.
외마천과 군자마을 사이 능선을 대왕재라고 한다.

옛날 진평왕이 지리산에 사냥을 나갔다가 늦게 돌아오면 왕자와 궁녀
들이 군자 앞산에 앉아서 왕을 마중 나와 기다렸다고 하여 대왕재라 하
는 전설이 있다.

－『함양군청』

휴천면(休川面)

―

1. 금반리(金盤里)

◉ 금반 마을

분류 : 〈형국〉, 〈묘지〉

금바실이라고도 불리는 금반(金盤) 마을은 옛날 휴지면에 속했던 마을로 1914년 행정구역 개편에 따라 휴천면에 편입되었다.

옛날부터 이름난 풍류객들이 이구동성으로 금반은 그 지형이 묘하게 생겼다고 하였다. 마을은 금소반처럼 생겼고 하동 정씨 선조의 묘소가 있는 곳은 옥으로 빚어 만든 술잔 같아서 어찌 여기에 여인과 춤과 노래가 없을손가 하였다. 벼리안에 뻗친 산줄기는 여인이 춤추는 형상이라 한다. 마을 건너 영변의 험준한 산기슭은 협소하다 못해 병안과 같아서 골짜기의 이름을 병목안이라 했으니 여인이 병목을 잡고 금반옥분에다 술을 따르며 권주가로 가무하는 춤추는 형국이라 하여 금반이라 부른다.

석정동(石井洞), 양지새터[陽村], 음지새터[陰村]가 있고 마을 안에 돌정
지나무[石亭]가 있는데 마을 입구 축대위에 큰 바위가 모여 있고 그 가운
데 4백여 년 전 한 그루의 느티나무가 나서 정자를 이루게 되었다. 나무
아래쪽에 큰 혹이 2개 있는데 아이를 낳지 못하는 여인이 치성을 드리면
영험이 있다하여 신성시 해오고 있다고 한다.

- 『함양군청』

2. 대천리(大川里)

◉ 대포 마을

분류 : 〈비보〉

과거에는 미천과 대포가 한 마을이었으나 지금은 두 행정구역으로 나
뉘었다. 16세기 초 하산 장씨가 초등학교자리 뒤 골당에 살면서 처음 마
을 이름을 덕보라 하였는데 어원이 변하여 대포(大浦)로 불리고 있다.

영조 때에 경주 김씨가 남원에서 이거해 왔고 정조 때에 하산 장씨가
칠곡에서 들어와 살게 되었다. 그 후 인동 장씨, 밀양 박씨, 진양 강씨 등
이 모여서 촌락을 이루면서 살게 되었다. 진입로 입구에는 3백년 된 소나
무 한그루가 축대 위에 서 있다. 옛날 이 소나무 뒤쪽으로 길이 있었는데
소년상(少年喪)과 같은 재앙이 자주 일어났다. 동민들이 흙을 져다가 길
을 메우고 노송나무 앞으로 길을 내자 재앙이 사라졌다고 한다.

이런 사실을 기념하고 재앙을 예방하기 위해 매년 정월 보름날 제관을
정하여 15일간 목신제를 지냈다고 한다. 이 노송은 마을 수호신으로 이름
하였고 모든 질병과 재앙을 씻는 뜻에서 세심대(洗心臺)라 부른다.

- 『함양군청』

3. 태관리(台官里)

◉ 진관 마을

분류 : 〈형국〉

태관리에 속하는 마을로써 비록 보잘 것 없는 초가지붕이지만 고관대
작의 관저와도 같이 웅장하다고 하여 '별 태(台)'자와 '벼슬 관(官)'자를 써
서 태관리라 한다. 태관리는 고태, 진관, 마상 마을을 이루고 있는데 그중
진관 마을은 '참 진(眞)'자를 써서 참되고 틀림없는 관저와 같다 하여 진
관(眞官)이라 부르게 되었다 한다.

마을 남쪽에는 장닭의 혈이 있는 곳이라 하여 장닭재가 있고 서쪽에는
새재골이 있으며 북쪽에는 비단바우가 있다.

－ 『함양군청』

◉ 마상 마을

분류 : 〈형국〉, 〈묘지〉

마상(馬上) 마을은 법화산에서 풀을 베어 실어 나를 때에 거쳐야 하는
마을인데 법화산에서 뻗어 내린 산줄기가 내려와 우뚝 솟은 자세가 말머
리 같고 능성을 따라 내려오면 안장혈(합천 이씨 묘소)이 있다.

산흐름이 한발은 짚고 한발은 굽힌 말의 발 형상이며, 고삐는 길게 늘
어져 있어 천연 그대로 말의 형상이다. 그 우측 말을 탄 모양의 마을이
마상이다. 마을의 서남쪽에는 말바구몬당이 있고 그 상봉에 말바구가 있
다. 남쪽의 큰 산 밑에 점탄골, 용시골이 있고 마을 서쪽에 당산나무가 있
어 매년 정월 초하룻날 당산제를 지냈다.

－ 『함양군청』

4. 호산리(湖山里)

● 임호 마을

분류 : 〈형국〉, 〈명당〉, 〈묘지〉

임호(林湖) 마을의 처음 이름은 여림청(呂林淸)이었다. 여림청은 함양 여씨 2세인 여림청 대장군이 고려 중기에 터를 잡고 살았으며 함양 여씨 의 본거지면서 여림청 장군의 묘소가 있는 마을이다. 조선 영조 때에 창 녕 최씨가 남원에서 왔고 정조 때 안동 권씨가 교하에서 이거해 왔다는 기록이 있다.

여림청 대장군의 부인은 여흥민씨로서 세 자매가 모두 장군에게 출가 했다. 큰 딸은 박실(朴實) 대장군, 둘째는 여림청 대장군, 셋째는 오광휘 (吳光輝) 상장군의 아내가 되었다. 오광휘 상장군은 지관으로 세 동서의 묏자리를 손수 잡아 주었다. 박실 대장군은 남산의 괘등혈(掛燈穴)에 여 림청 대장군은 임호의 노서하전지혈(老鼠下田之穴)에 그리고 오광휘 상장 군 자신은 회동의 학의 무릎에 묻혔다고 한다.

장군의 묘소 노서하전지혈의 이 지형은 앞산의 고양이가 쥐를 보고 덮 치려 해도 그 사이 냇물이 있어 못 잡아먹는 형국의 괭이봉이 있고 이를 보고 놀라 짖고 있는 까치봉이 임호마을 뒷산이다. 쥐 고양이 까치가 서 로 상생상극(相生相剋)한다는 명당자리이다.

여림청 대장군이 묻혀있는 임호마을 묘소에서 약 5백 미터 떨어진 산 두마을 쪽에 하마비가 있다. 함양 산청 진주로 왕래하는 큰 길목인데 이 곳을 지나는 사람은 지위고하를 막론하고 말에서 내려 경건한 마음으로 장군의 명복을 빌고 걸어서 지나가야 했다고 한다.

- 『함양군청』

5. 월평리(月坪里)

◉ 월평 마을

분류 : 〈형국〉, 〈명당〉

월배라고 불리우는 월평(月坪)마을은 옛날에는 함양군 휴지면에 속해 있던 마을인데 1914년 행정구역을 개편하면서 휴천면에 편입된 마을이다. 오도재 기슭에 위치하고 있어 구름 속의 반달격이라 하였다. 날씨가 흐리고 안개가 낀 날에는 구름이 마을을 감싸고 있어 구름 속에 달이 떠 있는 모습이라 하여 붙여진 이름이다. 오도재는 지형상으로 지네 머리형의 명당이라 하여 많은 지관들이 드나들던 곳이기도 하다.

－『함양군청』

유림면(柳林面)

—

—

1. 옥매리(玉梅里)

◉ 매촌 마을

분류 : 〈형국〉, 〈지명〉

매촌(梅村) 마을이 생기고 그 이름이 정해진 것은 뒷산의 지형이 매화 낙지 형국이라 하여 매촌이라고 부르게 되었다.

또 다른 이야기로는 이 마을에 살던 정씨가 뒷산을 개간하여 매화원을 조성하고 매화를 생산해서 매촌이라 하였다고 전해지고 있다.

이 마을을 일구어낸 성씨로는 정씨와 나주임씨 그리고 덕수 이씨가 터를 잡고 살게 되었다고 하나 상세히는 알 수 없다.

지금은 이 세 성씨와 그 외의 여러 성씨가 모여 안락한 마을을 이루고 있다.

옛날에는 방화재를 올라가는 길은 오솔길이었으나 지금은 지방도로가 확장 포장되어 교통이 편리해지고 살기좋은 마을이 되었다.

- 『함양군청』

2. 웅평리(熊坪里)

◉ 안평 마을

분류 : 〈형국〉

안평(雁坪) 마을은 밀성 박씨가 4백여 년 전에 잡목림을 베어 내고 터를 잡아 마을을 형성했다고 전한다. 산수가 아름답고 마을의 지형이 돛단배형이라 하여 배설이라고 하기도 하고 나는 기러기의 모양을 따서 일명 고안이라고 부르기도 하였다.

안평마을 입구에는 수백년 된 정자나무가 여러 그루 있었으나 일제시대에 베어가고 지금은 두 그루만 남아있다. 나무 밑에 있는 자연석에는 영류정이란 글자가 새겨져 있고 동리 서편에는 박씨 재실 담모재(膽慕齋)가 있는데 그 재실에 모여 충효의 뜻을 이어가며 전수하고 있다.

- 『함양군청』

3. 대궁리(大宮里)

◉ 재궁 마을

분류 : 〈형국〉, 〈명당〉, 〈지명〉

재궁(才宮) 마을은 조선 선조 때 임진왜란 후에 김녕 김씨가 충북 영동에서 지리산으로 피란을 가던 중 현재의 재궁을 들러서 여기가 좋은 터라고 생각하였다. 이곳이 살기 좋은 곳이 될 것이라 하여 다래덩굴을 쳐

내고 마을을 개척하여 마을 이름을 재궁이라 지었다. 이곳은 그 지형이
두 개의 활이 놓여있는 형상이라 하여 지어진 이름이다.

- 『함양군청』

◉ 대치 마을

분류 : 〈형국〉, 〈지명〉

대치(大峙) 마을은 원래 사기소(沙器所) 라는 눈박이 그릇을 만드는 점
촌마을로 형전자락에 몇 가구가 모여 살던 곳이다. 임진왜란 이후에 밀성
박씨가 단성 진태에서 왜란을 겪은 후라 피란지를 찾아 나선 곳이 이 마
을이다. 지금 마을 뒤의 술터(酒谷)에다 터를 잡고 마을을 개척하면서 사
안마을 뒷산을 넘어다니게 되면서 큰재[大峙]를 넘는다고 하여 대치마을
이라 이르게 되었다. 또 하나의 유래설은 마을 뒷산 모양이 물을 마시러
내려오는 꿩의 모습을 닮았다 하여 한치라 하였으며 한은 크다는 뜻이고
치는 꿩을 가리키는 대치 혹은 한치라 했다.

그 후 차츰 가구수가 불어나게 되어 마을 자리가 협소하여 장자터로
터전을 옮겨 살게 되면서 큰 재를 넘지 않아도 지금의 구룡고개를 넘어
다니게 되었다. 따라서 편안하게 재를 넘는다고 하여 한치(閑峙)라는 이
름을 얻게 되었다고 한다.

조선 순조 때 밀양 박씨가 단성에서 이곳으로 옮아 산 기록이 있다.

동리 오른편 입구에 약 4백년 된 수려한 정자나무가 일제말기까지 있
었던 것을 이차대전 때 왜인들이 이 나무로 배를 만든다는 구실로 베어
버리고 두 그루가 남아있었는데 새마을 사업을 할 당시 없어졌다. 지금은
밀성 박씨와 남평 문씨가 터주가 되어 마을을 이루고 있다.

- 『함양군청』

4. 장항리(獐項里)

◉ 장항 마을

분류 : 〈물형〉

장항(獐項) 마을은 남으로는 엄천강이 흐르고 있고, 서쪽으로는 화장산이 자리를 잡고 버티고 솟아 있으며 앞에는 넓은 들이 펼쳐져 있다.

마을 이름의 유래는 뛰는 노루가 어미를 돌아다보는 형국이라 하며, 남명 조식 선생이 이곳을 찾았을 때 노루목 같이 생겼다 하여 이름을 노루목이라 하였다고 전한다.

조선 숙종 때 하양 허씨가 괴산에서 와서 살았고, 철종 때에 함양 박씨가 예천에서 와서 살았다는 기록이 있다

장항은 동부가 넓고 토지가 비옥하여 은거하는 사람에게 알맞은 곳이다, 남명 조식은 일찍이 이곳을 찾아 왔고 옥계(玉溪) 노진도 이곳에 별장을 지으려 했다가 뜻을 이루지 못하자 그의 손자인 선옹 척이 모정(茅亭)을 지었다, 현재 모정은 없고 그 유지만 남아 있다, 마을 뒤쪽에는 허영(許泳)이 풍류를 즐기던 강선대가 있다.

― 『함양군청』

5. 화촌리(花村里)

◉ 화촌 마을

분류 : 〈형국〉, 〈명당〉, 〈지명〉

화촌(花村) 마을은 14세기에 제일 처음 해주 석씨가 황해도 해주에서 이곳으로 이동해 오면서 입촌하게 되었다고 한다. 그러나 기록에 의하면 고려 충렬왕 때(13세기) 성주 이씨 이백년과 이억년이 이곳에 살다 문정

으로 들어갔다는 기록이 있고, 그 뒤 조선 선조 때 김녕 김씨가 대구에서 들어왔고 철종 때 밀양 박씨가, 순조 때 함양 박씨가 들어왔다는 기록이 있다. 마을 이름은 별은계라 이르게 되었으나 한자로 쓰면서 화촌 마을이라고 하며 현재에 이르고 있다. 또 일설에는 옛날 지관이 뒷산에 화심이라는 명당자리가 있다고 하여 화촌이라고 부르게 되었다고도 한다.

1922년 옥산에서 이 마을로 면사무소가 이전되었다. 마을 앞 입구에는 높이가 25미터 수령이 약 오백년 된 느티나무가 있다. 나무의 하단부에 큰 혹이 두 개 있는 것이 특징이며 십미터 높이 지점에서 봄에 수액이 떨어지면 그해 풍년이 들고 수액이 떨어지지 않으면 흉년이 든다는 전설이 전해지고 있다.

이 마을에는 남장골, 도틀봉, 사두남, 성짓골, 씨아싯골, 중산골, 하이태굼터, 진골 등의 골짜기가 있고 모래가 많은 모래등 여인의 치마같이 생긴 치마바위 방아들꺼리 등의 이름이 있다.

－『함양군청』

● 우동 마을

분류 : 〈형국〉, 〈지명〉

우동(牛洞) 마을은 산수 지형을 볼 때, 꼭 소(牛)와 같이 마을이 생겼다 하여 쇳골이라 이르게 되었다. 이 쇳골을 한자로 표기할 때 우동이라고 쓰게 되므로 그렇게 부르게 된 것이라 한다. 산세의 생긴 모양이 풍수지리상으로 목마른 소가 물을 마시는 설(혈)이라 하며 마을 앞은 넓은 들이 있어 들로 인하여 양식이 풍부하며 들 앞으로 경호강이 흐르고 있어 만복감을 느끼게 하는 마을이기도 하다.

이 마을에 처음 들어와 터를 잡아 취락을 형성하며 살기 시작한 성씨는 임진왜란 후 도씨라고 하는데 처음 들어와 우거진 칡덩굴을 쳐서 들어내고 입촌하였다 한다. 그 뒤에 여러 성씨가 모여서 살아오고 있으며 현재는 53가구가 마을을 형성하여 평화롭게 살고 있다.

- 『함양군청』

6. 서주리(西州里)

◉ 회동 마을

분류 : 〈형국〉, 〈명당〉, 〈지명〉

그믐골이라고 부르는 회동(晦洞) 마을은 조선 태종 때 나주 임씨가 나주에서 옮겨오고, 조선 인조 때에 반남 박씨가 함양 대구에서, 영조 때 단양 우씨가 진주에서 들어와 정착하였다고 한다. 그 당시 마을 이름은 백화동(百花洞)으로 불러오다가 그 후 고성에서 단양 우씨가 들어와 정착해 살면서 마을 뒷산에 금조탁시(金鳥啄尸)라는 명당이 있다 하여 금명동(金鳴洞)이라 불러왔으며 지금은 음이 변하여 그믐골로 부르고 있는 것이다.

희동 마을은 밀양 박씨와 경주 김씨, 그리고 하동 정씨, 달성 서씨가 모여 대대손손 이어살고 있으며 이름은 그믐골이라 하나 지금은 보름 같이 밝고 명랑한 마을을 이루어 살아가고 있다.

- 『함양군청』

7. 유평리(柳坪里)

◉ 유평 마을

분류 : 〈형국〉, 〈명당〉, 〈묘지〉

버들이 라고도 부르는 유평(柳坪) 마을은 약 350년 전부터 청송 심씨가 진양 형씨와 함께 터를 잡아 마을을 일구어 왔다고 한다. 정조 때 분성 배씨가, 순조 때 진양 정씨가 들어왔다.

마을 이름의 유래는 어느 지관이 이 마을 뒷산에 유지앵소(柳枝鶯巢)라는 명당이 있다하여 유평 마을로 불렀다. 그 후 하동 정씨가 유지앵소에 묘를 썼으며 그 후손이 후학을 가르치기 위하여 서당을 지었으며 주위에 많은 유생들을 배출하였다. 서당 옆에는 주자경당이라는 사당을 지어놓고 춘추로 제향하고 있다.

- 『함양군청』

수동면(水東面)

1. 우명리(牛鳴里)

◉ 가성 마을

분류 : 〈도참〉

가성(加省) 마을은 조선 성종 때에 삼척 박씨 삼형제가 삼척에서 안의를 거쳐 승안사지로 들어갔으나 앞이 막히고 들도 없고 골이 너무 좁아서 산을 넘어서 보니 양지바른 들과 평지가 있어 이곳에 살기로 하고 가시를 쳐내고 정착하여 처음에는 형곡(荊谷)이라고 이름 붙였다.

그 뒤 골이 아름답다고 하여 가사곡(佳土谷)이라고도 하였다 한다. 얼마 후에 앞뒤를 보니 장래에 큰 인물이 출생할 지세가 아니라고 하여 그 아래 마을에 가보니 이미 남원 양씨가 정착하고 있어 다시 돌아와서 더한번 살폈다고 하여 '더할 가(加)'자와 '살필 성(省)'자를 써서 가성이라는 마을로 정하였다고 한다.

그 후 나주 임씨 하양 허씨 경주 김씨가 대대로 살고 있다. 그 실증으로 처음 들어오면서 심었다는 수령 500년이 넘는 느티나무가 군나무로 지정이 되어있다.

- 『함양군청』

◉ 효리 마을

분류 : 〈형국〉

효리 마을은 조선 초기 남원 양씨가 이곳에 들어와 터를 잡고 대를 이어 살아왔으며 그 뒤 양씨가 쇠퇴하고 하동 정씨가 들어와 정착하게 되었다. 지형이 소가 우는 형세라 하여 소울리라고 부르게 되었고 효자가 많이 났다하여 효리(孝里)로 불리게 되었다 한다. 조선 시대에는 남대문 밖에서 가장 살기 좋은 마을이라 하였다. 마을의 이름은 한 때 효우동(孝友洞)이라 일컫기도 하였다. 얼마 후 나주임씨가 들어오게 되어 차차 큰 마을로 성장해 갔던 것이다.

- 『함양군청』

지곡면(池谷面)

—

1. 공배리(功倍里)

◉ 공배 마을

분류 : 〈형국〉

곤부 마을이라고 부르기도 하는 공배(功倍) 마을은 수원이 좋고 평야지 대로서 살기 좋은 마을이라고 알려져 있다. 조선 세조 때 하양 허씨가 서울에서 내려와 살았다. 옛날에는 당주(塘州) 마을이라 하였는데 이 마을에 당주서원이 있었기 때문이다. 그때에는 염씨가 대성을 이루었고 그 뒤에는 공씨가 살았다. 들에서 작업을 하다가 금부처를 발견하여 진상했는데 그 공의 대가로 상금을 배로 받아서 부유하게 살게 되었다고 하여 공배라는 이름이 붙게 되었다고도 한다.

지금은 동래 정씨와 김해 김씨가 터를 잡아 살고 있다. 넓은 들이 있기 때문에 농토를 넉넉하게 가지고 경작을 하고 있는 마을이다.

마을 남쪽 지형이 망아지혈이라는 애물미가 있고 와우형의 소문산이 있다. 북쪽에 이무기소가 있는데 용이 승천하는 것을 여인이 보아 승천하지 못하고 이무기가 되었다고 전한다.

- 『함양군청』

◉ 부야 마을

분류 : 〈형국〉, 〈지명〉

감뱅이로 불리우는 부야(釜野)마을은 들판이 가매솥과 같이 생겼다고 하여 가매부자를 붙여서 부야라고 부르게 되었다. 옛날에는 밤야자를 사용하여 부야(釜夜)라고 하였는데 밤야(夜)자는 논다랭이를 세는데 한뱀이 두뱀이로 세었기 때문이라 한다. 그 뒤에 부야(釜野)로 고쳐 부르게 되었다.

처음 입촌하여 마을을 개간한 성씨는 하양허씨가 입촌한 것으로 알고 있다. 마을이 아늑하고 온화해 보이는 곳이다. 마을 남쪽에 지형이 까마귀 형국이라 하여 오동골이란 곳이 있고 지형이 사두형이라 하여 사두설이 있고 번정지 고개라는 지명이 있다.

이 마을 아래쪽 남계천변에 떨어진 바위가 있다. 강변 들판이 펼쳐진 한가운데 울창한 나무숲이 둘러싸인 층층바위로 된 대가 있는데 이를 대고대라 혹은 떨어진 바위, 떠내려 온 바위라고도 부른다. 대고대에 오르면 남북으로 사십리를 전망할 수 있어 막혔던 가슴이 툭 트인다. 바위틈에서 난 무성한 나무들이 숲을 이루고 있어 경치가 아름답다.

바위 맨 위에는 반석이 평탄하여 백여사람이 앉을만 하여 옛날 유생들의 강회소나 시회로 적합한 장소였다. 지금은 죽었지만 바위 위에 노송이 한그루 서 있어 유생들의 발길이 잦았음을 알 수 있다.

대 아래에는 구졸암 양희의 신도비가 있으며 대 중턱에 청근정 대아래 산앙재가 있어 당시 글을 숭상하던 선비들이 많이 찾아들었던 곳임을 말해주고 있다. 전설에 의하면 이 대고대는 강 위쪽에서 떠 내려 오다가 빨래하던 여인의 고함소리에 바위가 그 자리에 멈춰서고 말았다는 이야기다.

- 『함양군청』

2. 개평리(介坪里)

◉ 오평 마을

분류 : 〈형국〉, 〈금기〉

오라대 마을이라고도 하는 오평(梧坪) 마을은 약 250여 년 전 개평 마을과 합쳐져서 개오대라고 하여 전해온 마을이었다. 그 뒤 마을에 괴질이 퍼져 마을 사람들이 많이 죽고 마을이 망하게 되자 들판에 있던 마을을 지금의 위치로 옮겨서 새로 일구어온 마을이라고 한다.

마을 형국이 오리설(혈)이라고 하여 오리대라고 부르게 되었는데 세월이 지나자 그 음이 바뀌어 지금은 오라대라고 불리어지고 있다. 마을에서 징소리와 꽹과리 소리를 내면 오리가 다 달아난다고 하여 꽹과리 소리와 징소리를 금하고 있다. 풍천 노씨들이 대를 이어 살아오고 있다.

- 『함양군청』

◉ 개평 마을

분류 : 〈형국〉, 〈금기〉, 〈지명〉

개화대 마을이라고도 하는 개평(介坪) 마을은 지형이 개(介)자 모양으로 형성되어 있다. 그래서 개평이라고 일컬으며 풍수지리설로는 배설(혈)이라고 한다. 배에 구멍을 내면 배가 가라앉는다고 하여 우물을 파지 못하게 하였다 그러나 일제시대에 지곡 보통학교가 설립되고 왜인 교장이

이 마을에 들어와 우물을 파기 시작하여 지금은 몇 군데 우물이 있다.

옥계 노진 선생의 호를 따서 마을 앞 계곡을 옥계천이라 부르게 되었고 문헌공 정여창 선생의 종가가 있는 마을이다. 옥계 선생이 경상감사 때 상을 당하여 묘소 옆 산막을 치고 임시 집무소를 만들어 집무를 하였다 하여 그 골짜기를 산막골이라고 부르고 있다.

민속자료 제186호인 정여창 고택(정병옥 가옥)은 일두 선생이 타계한지 일세기 후 그가 살던 터전에 새로 지은 집이다. 특색은 솟을 대문에 정려를 게시한 4개의 문패가 편액처럼 걸려있다. 사랑채 앞마당 끝에 석가산의 원치(石假山園治)가 있다 보통은 후원에 정원을 잘 꾸미는데 이 집은 사랑채의 마루에서 내려다보며 운치를 즐길 수 있게 조성되어 있다.

- 『함양군청』

3. 시목리(柿木里)

◉ 시목 마을

분류 : 〈비보〉

시목(柿木) 마을은 옛날에 두동이라고 하였다. 또 일설에는 남계 표연말 선생께서 상을 당했을 때 시묘를 하였다 하여 시묘골이 변하여 시목이라고 부르게 되었다고 하기도 한다. 풍수지리상 서하면 동문산이 마주 보여 화재가 자주 일어난다고 하여 이를 방지하기 위하여 마을 앞에 못을 파고 물버들 나무를 심어 화재를 예방했다는 전설이 있는데 마을 앞 못은 메워지고 지금도 마을 수호목으로 두 그루가 있다.

- 『함양군청』

◉ 봉곡 마을

분류 : 〈형국〉

버실이라고 부르는 봉곡(峰谷) 마을은 버실과 안중방, 바깥중방, 독자
동 마을로 이루어져 있다.

마을 형국이 벌통 같이 생겼다 하여 봉곡이라 하였으며 이것을 순우리
말로 벌실인데 벌실이 변하여 버실로 되었다.

버실마을 뒤 골짜기에 독좌동은 신선이 앉아서 글을 읽는 형국에다 책
상 바위까지 현존하고 있다.

이 마을을 처음 일으킨 성씨는 알 수 없으나 지금은 여러 성씨가 살고
있으며 밀양 박씨 진양 강씨 등이 거주하고 있다.

- 『함양군청』

4. 마산리(馬山里)

◉ 계곡 마을

분류 : 〈형국〉

더더실이라고 부르는 계곡(鷄谷) 마을은 마을 뒤에 있는 산이 금계가
알을 품고 있는 형국이라 자손이 번창하게 된다고 하여 풍수설을 생각하
면서 계곡이라고 이름을 지었다고 한다.

조선 세종 때 이백량이 본도 도백으로 있다가 노쇠하여 물러나서 이곳
이 살만한 곳이라고 생각하여 자리를 잡아 살게 되었다. 조선 문종이 특
별히 생활할 수 있도록 식록을 내렸다 하여 공세동(貢稅洞)이라고 이름을
지어 부르기도 하였다.

북면 당시에는 계도곡(鷄刀谷)이였는데 뒤에 행정구역 개편 시 계곡으
로 이름이 변하였다.

이 마을을 처음 일으켜 개척한 사람은 잘 알려져 있지 않으나 오래도록 살고 있는 성씨로서는 함안 조씨가 있고 부안 김씨도 있다. 그 외에도 여러 성씨가 들며 나며 살아가고 있다.

ー『함양군청』

5. 덕암리(德岩里)

◉ 주암 마을

분류 : 〈형국〉, 〈비보〉

주암(舟岩) 마을은 양지담과 음지담 그리고 대밭말 용소말 등이 모여서 이루어진 마을이다. 마을의 형국이 배가 떠가는 모습이라 하여 '배 주(舟)'자와 암석이 많은 곳이라 하여 '바위 암(巖)'자를 합해서 마을 이름을 주암이라고 부르게 되었다.

십여 년 전까지만 해도 배에서 깃발을 다는 것처럼 나무로 깃대를 만들어 동리 어구에 세워서 깃발을 달았던 것이다.

그리고 마을 입구에는 용소라는 소(沼)가 있는데 물이 깊어서 보기가 어지러울 정도이며 시내 양쪽의 기암괴석의 아름다움은 누구나 탄성을 올릴 정도이다. 이 용소에 얽힌 전설이 있다. 하늘에서 죄를 짓고 쫓겨난 선녀가 내려와 결혼을 하고 아기를 낳았는데 그 아기가 이곳에서 용이 되어 하늘로 올라갔다고 한다. 그 용이 올라간 곳이 패여서 소(沼)가 되었다. 그 소를 애기소 또는 용소라고 부른다.

이 마을에 처음 들어와 터를 잡고 사는 성씨는 이천 서씨인데 선조시대에 이곳으로 옮겨와서 살기 시작했다. 그 뒤를 이어 진양 강씨가 들어와 살고 있다.

ー『함양군청』

6. 평촌리(坪村里)

◉ 주곡 마을

분류 : 〈형국〉

수구실이라고 부르는 주곡(酒谷) 마을은 지형이 술병 모양으로 생겼다 하여 주곡이라 부르게 되었다고 한다. 마을 뒤에 있는 산의 모양이 소가 졸고 있는 모양인 수우형(睡牛形)이라 하는데, 수우실이 변하여 수구실로 부르게 되었다고 한다. 이 마을에 터를 잡고 사는 사람들은 풍천 노씨가 대를 잇고 있다고 한다.

— 『함양군청』

안의면(安義面)

---

1. 월림리(月林里)

◉ 방정 마을

분류 : 〈형국〉, 〈금기〉

방정(放亭)마을은 방선들과 높은지(高亭)마을로 형성되어 있다. 흐르는 계곡에 넓은 반석이 아름답게 깔려있고 자갈밭 사이로 바위덩어리가 많은 계곡에 농월정이라는 정자가 있어 명승지로 유명한 곳이다.

계곡 주위에는 마을 앞뒤로 논밭의 들로 쌓여있는 가운데 마을이 형성되어 있다. 그리고 이 마을은 배설(혈)이라 하여 우물을 파지 못하였으며 높은지(고정) 마을은 방선들 마을 아래 높은 곳에 있다 하여 붙여진 이름이다.

옛날에는 현재의 마을 뒤 하천에 전답과 마을로 형성되어 있었고, 지금의 마을은 하천이라고 한다. 마을에 욕심 많은 만석군 부자가 살고 있었는데 탁발승이 와서 목탁을 두드리면서 구걸을 하는데 심한 매직을 하여 쪽박까지 깨버리고 내쫓았다. 그 결과 심한 홍수로 논밭과 그 부잣집이 흔적도 없이 떠내려가고 하천으로 변하여 현재처럼 되었다고 한다. 마을 엔 주로 경주 이씨가 집성촌을 이루고 있다.

월림리에는 갈비봉, 건는들, 높은지, 대밭산, 만밭골, 무심이, 배나무징 이, 북서들, 성주골, 피바우, 서당암 들 지명이나 바위가 있다.

-『함양군청』

◉ 황대 마을

분류 : 〈명당〉

황대(黃垈) 마을은 황석산의 힘찬 줄기가 뻗어내려 온 명당이라 일컬어온 곳으로서 황석산의 황자와 명당의 집터라 하여 집터 대자를 따서 황대라고 마을 이름을 지었다. 또한 황씨 성을 가진 사람이 제일 먼저 이 명당 자리에 터를 잡았다고 하여 마을 이름을 황대라고 지었다는 말도 전하고 있다. 취락을 이루고 마을로 개척한 시기는 언제인지 확실하지 않다.

-『함양군청』

2. 교북리(校北里)

◉ 후암 마을

분류 : 〈형국〉, 〈설화〉

메뿌리 마을로도 불리는 후암(厚岩) 마을은 조선시대에 마을이 형성된 것으로 전해지며 마을이 일자형으로 길게 늘어져 개울가에 위치하고 있다. 바위가 많아 옛날에 메뿌리라 하였다. 후암이라는 한자 이름은 '두터

울 후(厚)', '바위 암(巖)'자 그대로 바위가 많다 하여 마을 이름으로 부르게 되었다. 옛날에는 정자가 있어 점풍대라는 지명을 가졌으나 지금은 없어지고 사람들의 입으로 전설처럼 전해지고 있다. 마을 앞에 구우대라는 바위가 있다. 씨족으로는 영월 엄씨 파평 윤씨가 주성이고 여러 성씨들이 모여 살고 있다. 마을 뒤 갈마 골짜기가 있는데 말이 목말라하여 못을 파서 이 마을에 천석지기 부자가 나왔다는 전설이 전해지고 있다.

- 『함양군청』

3. 상원리(上源里)

◉ 마음 마을

분류 : 〈물형〉

마음(馬音) 마을은 황석산 줄기(등날)가 마을 앞으로 뻗어내려 말등같이 형성되어 있으며 말이 소리를 낸다고 하여 마음이라고 하였다.

또한 앞 당산에는 몇백년 되는 정자나무가 있으며 정자나무 아래 곰바위가 있으며 북쪽 방향에는 기백산이 감싸고 있고 기백산 줄기에 말들바위가 본 마을을 향하여 보고 있어 마을 이름을 말이 소리낸다 하여 마음이라 부르게 되었다고도 한다.

- 『함양군청』

4. 봉산리(鳳山里)

◉ 임내 마을, 평림 마을

분류 : 〈형국〉, 〈금기〉

숲안 마을로도 불리우는 임내(林內) 마을은 우청룡 좌백호라 하며 숲으로 울창해 숲속의 마을이라 숲안이라고 부르게 되었다. 아래 마을이 있는데 들가운데 있다하여 평림(平林) 마을이라고 한다. 마을 앞 들 가운데 조그만 산이 있는데 배설(혈)이라고 하여 평림 마을은 우물을 팔수가 없었다고 한다.

약 3백년 전 숲안 마을에는 파주 염씨가 처음 입촌하였고 이어서 문화 류씨 선산 김씨 순이며 평림 마을은 동래 정씨가 입촌하였다.

– 『함양군청』

서하면(西下面)

1. 운곡리(雲谷里)

◉ 은행 마을

분류 : 〈형국〉, 〈비보〉, 〈금기〉

팔백여 년 전 현재의 마을 아래의 개장천변(開場川邊)에 마씨가 살았는데 천재지변이 일어나서 개장천은 평야가 되고 광대한 평야는 하천으로 변하였다. 그는 지금의 은행촌으로 이사를 하여 토장(土墻)집을 지었다. 마을의 지형이 배설(혈)인데 돛대가 없어서 은행나무를 심어 돛대로 삼았다고 전해온다.

한편 이 마을은 배설(혈)이기 때문에 우물을 파지 못한다. 우물을 팠다가 송아지가 우물에 빠져 죽어 그 우물을 메우고 나니 그 자리에 은행나무가 났다고도 한다. 그 후에 해주 오씨가 들어오고 김해 김씨가 들어와 대성을 이루며 마을이 커졌다. 그리하여 마을 이름을 은행정이라 하여 현재까지 내려오고 있다.

마을 내에 우뚝 서있는 은행나무는 약 8백년의 수령을 가지고 있으며 오랜 세월 동안 마을의 수호신목으로 숭앙을 받고 있다. 이 나무에 얽힌 전설도 많이 전해지고 있다. 그중 일제말기에 배를 만든다는 구실로 공출을 강요할 때 이 은행목은 매각처분 하자고 모의를 한 마을의 유지들은 그 후 모두가 이름 모를 병에 걸려 명대로 살지 못하고 다 죽고 말았다 한다. 마을 사람들은 이들이 은행목신의 벌을 받아 병사한 것이라도 여기고 있다.

－『함양군청』

◉ 옥환 마을

분류 : 〈명당〉, 〈지명〉

옥고리터로 불리어 오던 옥환(玉環) 마을은 고려말경 분성 배씨가 진주 근처 마을에서 이곳으로 들어왔고, 이어서 청주 한씨가 충청도에서 이곳으로 옮겨와서 같이 마을을 개척하여 농경촌으로 발전하게 되었다 한다.

풍수지리설에 의하여 마을 근처에 있는 산에는 옥고리 명당터가 있다고 하여 마을 이름을 옥고리터[玉環]라고 부르게 되어 오늘에 이르게 되었다.

－『함양군청』

서상면(西上面)

1. 상남리(上南里)

◉ 신기 마을

분류 : 〈형국〉, 〈금기〉

장구지 마을 아래 새로 터를 잡아 마을을 개척하고 살게 되었다고 하여 새터(新基)라 한다. 이 새터 마을은 풍수지리학상 배설(혈)이라 하였고 당산을 배의 돛대라 하였는데, 전설에 의하면 옛날에는 이 마을에 우물을 파지 못하게 하였다 한다. 배의 바닥을 파면 배가 구멍이 나기 때문이다. 옛날 사람들은 이 풍수설을 믿고 마을에 화가 미칠까 두려워해서 금기로 여기고 불편한 생활을 했다고 한다.

－『함양군청』

2. 중남리(中南里)

● 복동 마을

분류 : 〈형국〉

복골이라 부르다가 한자로 복동(伏洞)이라고 부르게 되었다.

복골이란 마을 뒤 당산이 풍수설로 호복(虎伏)설이 있어 범이 엎드려 있는 형상이라 하여 복골이라 한다.

당산 바로 뒤 골짜기 입구에 매산바위가 있는데 사람이 옆에 지나가면 소리가 난다고 한다. 복골에는 또 500년 정도 된 느티나무가 있어서 해마다 음력 초하룻날 마을의 안녕과 풍년을 기원하는 당산제를 지내고 있다.

3. 금당리(金塘里)

● 방지 마을

분류 : 〈형국〉

깃대봉에서 뻗어 내린 능선이 벙드미재에서 남북으로 갈라져 감싸 돌아서 나들이에서 서로 마주보며 마을 입구를 만들고 있다. 그 감싼 품안에 방지 마을이 있고 마을 옆 복판으로 자그마하게 흘러내린 능선이 골짜기 한복판에서 봉두를 이루었는데 이곳을 연화출수(蓮花出水)라 한다.

이 골짜기는 좌우 능선을 방축으로 하는 못을 뜻하는데 못에 연꽃이 피었다는 뜻이다.

옛날 삼국시대에 이 마을 앞에 방지성이 있었기 때문에 그 때부터 마을이 있었다고 한다. 국경지대이기 때문에 어느 성씨가 마을을 개척하기보다는 변방을 지키는 군사들에 의해서 그 가족들이 와서 개척된 것으로 본다.

- 『함양군청』

●구평 마을

분류 : 〈형국〉, 〈명당〉

옛날에는 니구평(泥龜坪)이라고 한 구평(龜坪) 마을은 마을 북쪽 동호
천변에 거북바위와 거북소가 있고 거북이가 놀던 들이라 해서 구평이라
불렀다고 한다.

이곳은 금구몰니(金龜沒泥)라는 명당자리가 있다고 해서 이를 찾기 위
해 각지에서 식자들이 몰려와서 살다가 실패하고 떠났다고 한다.

행정구역 개편 시에 마을 이름을 구평으로 고쳤고 면사무소와 경찰 주
재소가 이곳에 설치되었으나 곧 칠형정으로 옮겨 갔다고 한다.

마을에는 금선(琴仙)들이 있는데 옛날에 선인이 거문고를 탔다고 해서
붙여진 이름이다. 마을 앞 우륵산이 있는데 옛날 우륵산이 큰 소리를 내
며 떠나가는데 밥을 짓던 아낙네가 부지깽이로 솥뚜껑을 두드리며 소리
를 쳤더니 산이 멈추어 섰다는 전설이 있다.

－『함양군청』

4. 옥산리(玉山里)

●봉정 마을

분류 : 〈형국〉, 〈지명〉

봉정(鳳亭) 마을은 봉천교를 건너 옥산으로 들어가는 입구에 있는 마을
이다. 이 마을이 생긴 유래는 구구하다. 첫째는 옛날 이곳에 벌이 많이
있었는데 벌을 잡아먹기 위해서 많은 새가 모여들어 봉정이라 이름했다
고 하며, 둘째 설은 학이 알을 품고 있다는 형국을 따라 '봉새 봉(鳳)'자를
써서 봉정이라 했다고 하며, 세 번째는 이 마을 앞에 봉두(鳳頭)라는 산봉
우리가 있는데 그 봉자를 따서 봉정이라 했다는 설이 전하고 있다. 옥산

마을과 부전동으로 갈라지는 곳에 위치하고 있다.

–『함양군청』

5. 도천리(道川里)

◉ 도천 마을

분류 : 〈형국〉, 〈명당〉

갈고개 마을로 불리는 도천(道川)마을은 풍수지리학상으로 마을의 지형이 칡덩굴 같다고 하여 '갈고개[葛峴]'라 하였고 서상중학교가 있는 곳이 갈꽃[葛花]이라는 명당이라고 한다. 마을과 우락산 사이의 골짜기에 서당골이 있는데 옛날 그곳에 서당이 있었으며 신처로라는 선비가 강학하던 곳이라 전하고 있다. 백여 호의 큰 마을로 피적래 보다 먼저 생간 마을이라 하며 처음에는 칡덩굴과 다래덩굴을 걷어내고 마을을 개척하였다 한다.

–『함양군청』

6. 대남리(大南里)

◉ 대로 마을

분류 : 〈명당〉

큰가내라고 불리던 대로(大蘆) 마을은 갈뫼소와 칠형정 마을과 더불어 세 축을 이루어 발전하기 시작하였다. 이 마을에 취락이 형성되기 시작한 시기는 농사를 짓고 저장했다는 사실을 볼 때 삼국시대라 할 수 있을 것이나, 확실히 알 수 있는 것은 약 5백 년 전 김해 김씨와 밀양 박씨 달성 서씨가 옮겨와서 거친 땅을 개척하였다고 전해진다.

풍수지리상 서상에는 삼대 명당자리가 있다고 한다. 첫째 금성(金城), 둘째 백마(白馬), 셋째 칠형(七兄)이라 하는데, 그중 백마는 큰가내(대로) 뒷산을 말하며 이 명당을 찾아 18세기 말 유씨를 비롯한 여러 성씨가 모여 들어서 정착하기 시작하여 백여 호의 큰 마을을 이루었다고 한다.

- 『함양군청』

◉ 오산 마을

분류 : 〈설화〉, 〈단맥〉

오무라고 불러오다가 일제의 행정구역 개편 시에 오산(梧山)이라 부르게 되었다.

전설에 의하면 오백여 년 전 이 마을에 천석을 하는 부자가 과객이 오는 것이 싫어 백발도사의 말을 듣고 이 마을 좌측에 함박산의 맥을 잘라 그 부자와 마을이 망해 빈촌으로 전락했다는 이야기가 전하고 있다.

마을의 형성 연대는 알 수 없으나 조선 선조 때 이천 서씨가 부산에서 와서 살았다는 기록이 전한다.

- 『함양군청』

백전면(栢田面)

1. 백운리(白雲里)

◉ 대방 마을

분류 : 〈명당〉, 〈주택〉

일명 때뺑이라고도 불리고 있는 이 마을은 풍수지리상 집터가 좋기로 유명한 곳이다. 군내에서 첫째가 대방, 둘째가 효리, 셋째가 개평이라고 전해오는 이야기가 있다. 1914년 행정구역 개편 시 대방으로 불리는 이 마을은 옛날부터 마을이 있었으나 근대 마을로 취락이 형성된 것은 임진왜란 이후라고 전해 오고 있으며 나주 임씨가 대를 이어 살아오는 곳이다.

－『함양군청』

◉ 백운 마을

분류 : 〈형국〉

윗새재와 아랫새재를 합한 마을의 이름으로서 이 마을의 산 모양이 큰 새가 나는 형상이라 하여 옛날에는 봉현(鳳峴)이라고 불렀다고 한다. 이후 1914년 행정구역을 개편하면서 백운산 기슭에 있다고 해서 백운(白雲)이라고 부르게 되었으며, 새재는 순수한 우리말 이름이기 때문에 아직도 많이 불리고 있다.

임진왜란 때 피난처로 몇 사람이 들어와 살았으며 일제 때 화전민이 많이 모여든 마을이라고 한다.

- 『함양군청』

병곡면(瓶谷面)

—

—

1. 월암리(月岩里)

◉ 망월 마을

분류 : 〈형국〉

망월 마을은 산으로 둘러싸여 사방이 막히고 마을 밖에서는 마을이 보이지 않아 피난처로써 중요한 지대이기도 하다.

마을의 형국이 옥토끼가 하늘의 보름달을 바라보며 살아가는 모습이라 하여 망월(望月)이라 부르게 되었다고 전하고 있다.

– 『함양군청』

2. 광평리(光坪里)

◉ 마평 마을

분류 : 〈형국〉

마평 마을은 처음으로 장흥 마씨가 들어와 수풀을 헤치고 바위틈에다 터를 잡아 살았다 하여 마평이라고 부르게 되었다는 설이 있다. 또 일설에는 마을의 지형이 노마유구(老馬乳口, 늙은 말이 새끼에게 젖을 먹이는 형국)라 하여 마평이라고 불렸다고도 한다. 마을 중앙으로 내려온 날등은 말의 다리라 하고 건너편 들판은 마들이라 하여 한자로 마평(馬坪)이라 불렀다고 한다.

마을 서쪽에 구못골이 있는데 목마른 송아지가 어미소의 젖을 찾는 형국이라 하여 붙여진 이름이며, 마을 동쪽으로 시루소가 있다.

– 『함양군청』

3. 도천리(道川里)

◉ 도천 마을

분류 : 〈형국〉, 〈지명〉

처음 이름은 우항(牛項)이라 하였다. 마을의 터가 와우형(臥牛形)이라 소가 누워있는 형국이라고 하여 붙여진 이름이다.

그 후 우동(牛洞)으로 개명한 것도 우리말로 우루목이란 뜻과 서로 통하여 지금도 우루목으로 많이 불리고 있다.

1914년 행정구역 개편 시에 지금의 도천 마을로 고쳐 부르게 되었다.

조선 중종 때에 진양 하씨가 진주 단목에서 들어와 대대로 살아오고 있는 진양 하씨 집성촌이다. 마을 가운데 있는 문충세가는 진양 하씨 문충공(文忠公)의 별묘(別廟)인 진산부원군묘가 영조시대에 창건되어 매년 제를 올리고 있다. 마을 앞 하천변에 솔숲이 있어 여름철 좋은 휴식처가 되고 있으며 송림숲에는 위수 하재구가 유영하던 하한정이 있는데 여름에도 추울 정도로 시원하다고 해서 한한정(夏寒亭)이라 한다.

– 『함양군청』

4. 옥계리(玉溪里)

◉ 토내 마을

분류 : 〈형국〉, 〈금기〉

이전에는 도안이라 불렀으며 양쪽으로 시냇물이 흐르는 섬이었고 기러기나 물오리 등 많은 조류가 먹이를 찾아서 날아들고 있었다. 그로 인해 도안(島雁)이라 불러온 것이 우리말로 변형되어 지금껏 도란 마을로 부르고 있다.

도란에 모여든 모든 새들이 새끼에게 먹이를 물어다 줄 때 먹은 먹이를 토해내서 새끼에게 먹인다고 하여 토내(吐內) 마을로 이름 지어졌다고 한다.

풍수지리설에 의하면 마을의 지형이 행주형(行舟形), 즉 배의 형국이라 하여 마을 안에는 우물을 파지 못하게 한다고 한다. 우물을 파면 배에 구멍을 뚫는 것이기 때문에 배가 갈 수 없고 가라앉는다고 전하고 있다.

－『함양군청』

◉ 축동 마을

분류 : 〈형국〉, 〈명당〉

조선 성종시대에 삼척 박씨가 안음(安陰 : 지금의 안의면)에서 이주하여 와서 박달나무와 싸리나무 등 잡목을 베어내고 개간하여 살면서 싸리골 마을로 불러왔다, 이를 한자로 표기하여 축동 마을이라 하며, 마을의 형국이 버드나무가지에 앵무새가 알을 품은 형상으로 좋은 길지(吉地)라 전한다.

－『함양군청』

편자 약력

최원석 | 편자

국립경상대학교 명산문화연구센터장, 경남문화연구원 인문한국(HK)교수. 서울대학교 지리학
과 졸업. 고려대학교 대학원 지리학과 문학박사. 저역서로는 『사람의 산 우리 산의 인문학』,
『한국의 풍수와 비보』 등이 있으며, 연구논문으로는 「지리산유람록에 나타난 주민생활사의
역사지리적 재구성」, 「한국의 산 연구전통에 대한 유형별 고찰」 등이 있음.

구진성 | 보조자

국립경상대학교 한문학과 졸업, 동 대학교 문학박사.
현 국립경상대학교 강사.

지리산인문학대전09 기초자료09
지리산권 민속풍수 자료집
남원·구례·하동·산청·함양

초판 1쇄 발행   2016년 7월 30일

엮은이 | 국립순천대·국립경상대 인문한국(HK) 지리산권문화연구단
         최원석
펴낸이 | 윤관백
펴낸곳 | 도서출판 선인

등록 | 제5-77호(1998.11.4)
주소 | 서울시 마포구 마포대로 4다길 4(마포동 324-1) 곳마루빌딩 1층
전화 | 02)718-6252 / 6257
팩스 | 02)718-6253
E-mail | sunin72@chol.com
Homepage | www.suninbook.com

정가   40,000원
ISBN   978-89-5933-997-6   94380
       978-89-5933-920-4   (세트)

·이 책은 2007년 정부(교육과학기술부)의 재원으로 한국연구재단의 지원을 받
  아 수행된 연구임(KRF-2007-361-AM0015)

·잘못된 책은 바꾸어 드립니다.